suhrkamp taschenbuch
wissenschaft 696

Die in diesem Band enthaltenen Untersuchungen fragen alle, obgleich auf unterschiedliche thematische Schwerpunkte gerichtet, nach dem Wesen von Kultur, ihrer Rolle im sozialen Leben und ihrer adäquaten Untersuchung.
Kultur, so Geertz, ist ein geschichtlich übermittelter Komplex von Bedeutungen und Vorstellungen, die in sybolischer Form zutage treten und es den Menschen ermöglichen, ihr Wissen über das Leben und ihre Einstellung zur Welt einander mitzuteilen, zu erhalten und weiterzuentwickeln. Kultur ist ein System gemeinsamer Symbole, mit deren Hilfe der einzelne seinen Erfahrungen Form und Bedeutung geben kann. Sie ist ein öffentlicher gesellschaftlicher Diskurs, der »im Hof, auf dem Markt und auf dem städtischen Platz« anzutreffen ist. In den beobachtbaren sozialen Handlungen der Menschen artikulieren sich kulturelle Formen: sie geben somit nicht nur über sich selbst Aufschluß, sondern weisen auf grundlegendere kulturelle Bedeutungen hin. Durch ihre »dichte« Beschreibung eröffnen sie eine Möglichkeit des Verstehens von Kultur. Im Gegensatz zu »dünner Beschreibung«, die sich auf das Sammeln von Daten beschränkt, heißt »dichte Beschreibung«, die komplexen, oft übereinandergelagerten und ineinander verwobenen Vorstellungsstrukturen herauszuarbeiten und dadurch einen Zugang zur Gedankenwelt der untersuchten Subjekte zu erschließen, »so daß wir – in einem weiteren Sinn des Wortes – ein Gespräch mit ihnen führen können«.

Clifford Geertz (1926-2006) war zuletzt Professor des Institute of Advanced Study in Princeton. Im Suhrkamp Verlag liegt außerdem vor: *Religiöse Entwicklungen im Islam. Beobachtet in Marokko und Indonesien.*

Clifford Geertz

Dichte Beschreibung

Beiträge zum Verstehen kultureller Systeme

Übersetzt von Brigitte Luchesi
und Rolf Bindemann

Suhrkamp

15. Auflage 2022

Erste Auflage 1987
suhrkamp taschenbuch wissenschaft 696

Suhrkamp Taschenbuch Verlag

Umschlag nach Entwürfen von
Willy Fleckhaus und Rolf Staudt
Druck und Bindung: C. H. Beck, Nördlingen
Diese Buch wurde klimaneutral produziert.
ClimatePartner.com/14438-2110-1001
Printed in Germany
ISBN 978-3-518-28296-0

www.suhrkamp.de

Inhalt

Dichte Beschreibung. Bemerkungen zu einer deutenden Theorie von Kultur

I

In ihrem Buch *Philosophie auf neuem Wege* bemerkt Susanne Langer, daß bestimmte Ideen ungeheuer nachhaltig in die geistige Landschaft einschlagen. Sie lösen mit einem Mal derartig viele fundamentale Probleme, daß sie auch die Lösung aller anderen fundamentalen Probleme, die Klärung aller anderen dunklen Punkte zu versprechen scheinen. Jedermann greift sie als das Sesam-öffne-dich einer neuen positiven Wissenschaft auf, als den begrifflichen Mittelpunkt, um den herum ein umfassendes analytisches System erstellt werden kann. Daß eine solche *grande idée,* die eine Zeitlang fast alles andere verdrängt, plötzlich so hoch im Kurs steht, rührt, wie sie sagt, daher, »daß alle wachen und aktiven Köpfe sich sofort mit ihr beschäftigen, ihre Anwendbarkeit in allen nur erdenklichen Zusammensetzungen erproben und sie in Hinblick auf ihre Generalisierbarkeit und mögliche Ausweitung ihrer eigentlichen Bedeutung untersuchen«.

Sind wir jedoch mit der neuen Idee einmal vertraut, ist sie Teil unseres allgemeinen theoretischen Ideenbestands geworden, so passen sich unsere Erwartungen ihren tatsächlichen Anwendungsmöglichkeiten weitgehend an, und mit ihrer übertriebenen Popularität ist es vorbei. Ein paar Eiferer halten sie weiterhin für den Schlüssel zum Universum, doch die weniger besessenen Philosophen greifen nach einiger Zeit jene Probleme auf, die die Idee tatsächlich aufgeworfen hat. Sie versuchen, sie anzuwenden und zu erweitern, wo sie anwendbar und der Erweiterung fähig ist, und lassen sie fallen, wo sie nicht anwendbar ist oder nicht erweitert werden kann. War sie eine wirklich fruchtbare Idee, so wird sie zu einem bleibenden und dauerhaften Teil unseres geistigen Rüstzeugs. Sie hat dann jedoch nicht mehr jene grandiose, alles versprechende Reichweite, jene unendliche Vielseitigkeit vermeintlicher Anwendungsmöglichkeiten, die ihr früher einmal zukommen sollte. Weder das zweite thermodynamische Gesetz

noch das Prinzip der natürlichen Zuchtwahl, weder die Theorie der unbewußten Motivierung noch die Organisation der Produktionsmittel erklären alles oder wenigstens alles Menschliche, aber sie erklären immer noch etwas. Und wir konzentrieren uns jetzt darauf, ausschließlich dieses Etwas zu betrachten und uns von dem pseudowissenschaftlichen Wust frei zu machen, der im ersten Überschwang ihres Bekanntwerdens mit aufkam.
Ob dieser Ablauf bei allen wirklich wichtigen wissenschaftlichen Begriffen zu beobachten ist, weiß ich nicht. Ganz sicher jedoch liegt er für den Kulturbegriff vor, um den herum sich die gesamte Ethnologie als Fach bildete und dessen beherrschende Stellung dieses Fach in der Folge zu begrenzen, zu spezifizieren, zu fassen und in den Griff zu bekommen suchte. Die folgenden Aufsätze befassen sich auf verschiedene Art und aus verschiedenen Blickrichtungen mit eben diesem Problem einer Einschränkung des Kulturbegriffs. Sie untergraben ihn damit nicht etwa, sondern unterstreichen vielmehr seine ungebrochene Bedeutung. Sie alle wollen – manchmal explizit, häufiger jedoch nur durch die jeweils vorgetragene Untersuchung – auf einen engeren, präziseren und, wie ich meine, theoretisch tragfähigeren Kulturbegriff hinaus, der E. B. Tylors berühmtes Konzept eines »hochkomplexen Ganzen« ablösen soll, das mir, ohne daß ich seine Originalität in Frage stellen wollte, den Punkt erreicht zu haben scheint, wo es mehr verwirrt als erhellt.
Das begriffliche Durcheinander, in die das *pot-au-feu*-Theoretisieren über Kultur nach Art Tylors führen kann, wird in Clyde Kluckhohns *Mirror for Man* deutlich, einem Buch, das trotzdem noch immer eine der besseren Einführungen in die Ethnologie ist. In dem entsprechenden Kapitel bringt es Kluckhohn auf rund siebenundzwanzig Seiten fertig, Kultur nacheinander wie folgt zu bestimmen: (1) als »Gesamtlebensstil eines Volkes«, (2) als »das soziale Erbe, das das Individuum von seiner Gruppe übernimmt«, (3) als »eine Weise des Denkens, Fühlens und Glaubens«, (4) als »eine abstrakte Form des Verhaltens«, (5) als eine Theorie, die der Ethnologe über das tatsächliche Verhalten einer Gruppe von Menschen aufstellt, (6) als »ein Speicher gemeinsamer Erfahrungen«, (7) als »ein System standardisierter Orientierungen angesichts wiederkehrender Probleme«, (8) als »erlerntes

Verhalten«, (9) als ein Mechanismus zur normativen Verhaltensregelung, (10) als »System von Techniken zur Anpassung an die Umwelt sowie an andere Menschen«, (11) als »Ablagerung von Geschichte« und unter Heranziehung von Vergleichen – vielleicht aus Verzweiflung – als Karte, Sieb und Matrix. Angesichts eines solchen Verlusts aller theoretischen Konturen stellt schon ein etwas engerer und nicht völlig standardisierter Kulturbegriff, der wenigstens in sich kohärent ist und, wichtiger noch, eine definierbare Aussage vorzubringen hat, einen Fortschritt dar (was, um gerecht zu sein, auch Kluckhohn deutlich sah). Wenn Eklektizismus zu nichts führt, so nicht deshalb, weil es nur eine Richtung gäbe, die sinnvollerweise einzuschlagen wäre, sondern weil es so viele gibt: man muß eine Wahl treffen.

Der Kulturbegriff, den ich vertrete und dessen Nützlichkeit ich in den folgenden Aufsätzen zeigen möchte, ist wesentlich ein semiotischer. Ich meine mit Max Weber, daß der Mensch ein Wesen ist, das in selbstgesponnene Bedeutungsgewebe verstrickt ist, wobei ich Kultur als dieses Gewebe ansehe. Ihre Untersuchung ist daher keine experimentelle Wissenschaft, die nach Gesetzen sucht, sondern eine interpretierende, die nach Bedeutungen sucht. Mir geht es um Erläuterungen, um das Deuten gesellschaftlicher Ausdrucksformen, die zunächst rätselhaft scheinen. Diese Ankündigung, ein Programm in einem Satz, bedarf jedoch selber der Erläuterung.

II

Operationalismus als methodologisches Dogma war in den Sozialwissenschaften nie sonderlich sinnvoll und hat sich – von einigen, fast zu gut ausgefegten Winkeln wie Skinners Behaviorismus, Intelligenztests etc. abgesehen – heute überlebt. Trotz allem aber hat er einen wesentlichen Beitrag geliefert, der – wie immer wir zu dem Versuch stehen, Charisma oder Entfremdung in operationalen Begriffen zu definieren – noch immer eine gewisse Wirkung ausübt: Will man eine Wissenschaft verstehen, so sollte man nicht in erster Linie ihre Theorien oder Entdeckungen ansehen und keinesfalls das, was ihre Apologeten über sie zu sagen haben, sondern das, was ihre Praktiker tun.

In der Ethnologie – wie überhaupt in der Sozialanthropologie – ist Ethnographie das, was die Praktiker tun. Mit dem Verständnis dessen, was Ethnographie ist oder, genauer gesagt, was es heißt, *ethnographisch zu arbeiten*, hat man schon Einblick in die ethnologische Analyse als Form des Wissens gewonnen. Es muß sogleich hinzugefügt werden, daß das mit Methodologie nichts zu tun hat. Aus einer bestimmten Sicht, der des Lehrbuchs, heißt ethnographische Arbeit die Herstellung einer Beziehung zu den Untersuchten, die Auswahl von Informanten, die Transkription von Texten, die Niederschrift von Genealogien, das Kartographieren von Feldern, das Führen eines Tagebuchs und so fort. Aber es sind nicht diese Dinge, Techniken und herkömmlichen Verfahrensweisen, die das ganze Unternehmen bestimmen. Entscheidend ist vielmehr die besondere geistige Anstrengung, die hinter allem steht, das komplizierte intellektuelle Wagnis der »dichten Beschreibung«, um einen Ausdruck von Gilbert Ryle zu verwenden.

Ryles Ausführungen zur »dichten Beschreibung« finden sich in zwei seiner neueren Aufsätze (jetzt wiederabgedruckt im zweiten Band seiner *Collected Papers*), die sich mit der Frage befassen, was – wie er sich ausdrückt – *le penseur* tut: »Thinking and Reflecting« und »Thinking of Thoughts«. Stellen wir uns, sagt er, zwei Knaben vor, die blitzschnell das Lid des rechten Auges bewegen. Beim einen ist es ein ungewolltes Zucken, beim anderen ein heimliches Zeichen an seinen Freund. Als Bewegungen sind die beiden Bewegungen identisch; vom Standpunkt einer photographischen, »phänomenologischen« Wahrnehmung, die nur sie sieht, ist nicht auszumachen, was Zucken und was Zwinkern war oder ob nicht gar beide gezuckt oder gezwinkert haben. Obgleich man ihn nicht photographisch festhalten kann, besteht jedoch ein gewichtiger Unterschied zwischen Zucken und Zwinkern, wie ein jeder bestätigen wird, der ersteres fatalerweise für letzteres hielt. Der Zwinkerer teilt etwas mit, und zwar auf ganz präzise und besondere Weise: (1) er richtet sich absichtlich (2) an jemand Bestimmten, (3) um eine bestimmte Nachricht zu übermitteln, (4) und zwar nach einem gesellschaftlich festgelegten

Code und (5) ohne daß die übrigen Anwesenden eingeweiht sind. Es ist nicht etwa so, sagt Ryle, daß derjenige, der zwinkert, zwei Dinge tut – sein Augenlid bewegt und zwinkert –, während derjenige, der zuckt, nur sein Augenlid bewegt. Sobald es einen öffentlichen Code gibt, demzufolge das absichtliche Bewegen des Augenlids als geheimes Zeichen gilt, so *ist* das eben Zwinkern. Das ist alles, was es dazu zu sagen gibt: ein bißchen Verhalten, ein wenig Kultur und – *voilà* – eine Gebärde.

Das aber ist nur der Anfang. Angenommen, fährt er fort, es gäbe noch einen dritten Knaben, der »zur hämischen Belustigung seiner Kumpel« das Zucken des ersten Knaben auf amateurhafte, unbeholfene, auffällige oder andere Weise parodiert. Er macht das natürlich genauso wie der zweite Knabe, der zwinkert, und der erste Knabe, der zuckt: er bewegt das rechte Augenlid. Nur daß dieser Knabe weder zwinkert noch zuckt, sondern den seiner Meinung nach lächerlichen Versuch eines anderen zu zwinkern parodiert. Auch hier liegt ein gesellschaftlich festgelegter Code (er »zwinkert« bemüht, zu offensichtlich, vielleicht schneidet er noch zusätzlich eine Grimasse – die üblichen Kunstgriffe eines Clowns) sowie eine Nachricht vor. Es geht jetzt jedoch nicht um eine geheime Verständigung, sondern um ein Lächerlichmachen. Sollten die anderen meinen, er zwinkere tatsächlich, so ist – wenn auch mit anderen Ergebnissen – sein ganzes Vorhaben ebenso fehlgeschlagen, wie wenn sie meinten, er zucke. Man kann noch weiter gehen: seiner mimischen Fähigkeiten nicht sicher, übt der Möchtegern-Satiriker vielleicht zu Hause vor dem Spiegel. Was er dort macht, ist weder Zucken noch Zwinkern und auch nicht Parodieren, sondern Proben, obwohl eine Kamera, ein radikaler Behaviorist oder ein Anhänger von Protokollsätzen ebenso, wie bei den anderen Knaben, nur eine schnelle Bewegung des rechten Augenlids festhalten würde. Weitere Komplizierungen sind möglich und stoßen auf keine logischen, wenn auch auf praktische Grenzen. Der ursprüngliche Zwinkerer könnte z. B. nur so getan haben, als ob er zwinkerte, um Außenstehenden eine geheime Abmachung vorzutäuschen, die gar nicht vorlag. In einem solchen Fall würde sich unsere Beschreibung davon, was der Parodist parodiert und der Probende probt, natürlich entsprechend verändern. Wichtig jedoch ist, daß zwischen Ryles »dünner Beschreibung« dessen, was der Probende (Parodierende, Zwinkernde, Zuckende ...) tut (»schnell das rechte Augenlid bewegen«), und der »dichten Beschreibung« dieser Tätigkeit (»einen Freund parodieren, so tun, als ob man zwinkerte, um einen Nichteingeweihten glauben zu machen, daß eine geheime Verabredung im Gange sei«) der Gegenstand der Ethnographie angesiedelt ist: eine geschichtete Hierarchie bedeutungsvoller Strukturen, in deren Rahmen Zucken, Zwinkern, Scheinzwinkern, Parodien und geprobte Parodien produziert, verstanden und interpretiert werden und ohne die es all dies – was immer man mit seinem rechten Augenlid getan haben mag – faktisch nicht gäbe (nicht einmal das Zucken, von dem ausgegangen wurde, das *als kulturelle Kategorie* ebensogut Nichtzwinkern sein kann wie Zwinkern Nichtzucken).

Wie so viele der kleinen Geschichten, die sich die Oxforder Philosophen gerne ausdenken, mag all dies Zwinkern, Scheinzwinkern, parodierte Scheinzwinkern und geprobte parodierte Scheinzwinkern ein wenig gekünstelt anmuten. Um dem Ganzen eine mehr empirische Note zu geben, möchte ich einen recht charakteristischen Auszug aus meinem eigenen Feldtagebuch wiedergeben, der – aus didaktischen Gründen geglättet und mit Absicht ohne einführenden Kommentar – zeigen soll, wie treffend Ryles Beispiel die Struktur dieser eigentümlich übereinandergeschichteten Schlüsse und Implikationen wiedergibt, durch die hindurch ein Ethnograph sich unaufhörlich seinen Weg zu bahnen sucht:

Die Franzosen (sagte mein Informant) waren gerade erst angekommen. Sie errichteten ungefähr zwanzig kleine Forts zwischen der Stadt hier und dem Marmuscha-Gebiet mitten in den Bergen, und zwar auf Felsvorsprüngen, damit sie das Land überschauen konnten. Trotzdem konnten sie das Gebiet nicht sichern, besonders nachts nicht, so daß das *mezrag*-System, das Handelspakt-System, das dem Gesetz nach abgeschafft sein sollte, in Wirklichkeit nach wie vor in Kraft war.

Eines Nachts, als Cohen (der die Sprache der Berber fließend spricht) dort oben bei den Marmuscha war, kamen zwei andere Juden, die mit einem benachbarten Stamm Handel trieben, um ein paar Waren von ihm zu kaufen. Einige Berber, die einem anderen Nachbarstamm angehörten, versuchten, in Cohens Unterkunft einzubrechen, doch er feuerte mit seinem Gewehr in die Luft. (Von jeher durften Juden keine Waffen tragen, doch damals war die

Lage so unsicher, daß es viele dennoch taten.) Das erregte die Aufmerksamkeit der Franzosen, und die Plünderer flohen.
In der darauffolgenden Nacht kehrten sie jedoch zurück. Einer von ihnen war als Frau verkleidet, er klopfte an die Tür und brachte irgendeine Geschichte vor. Cohen war mißtrauisch und wollte »sie« nicht hereinlassen, aber die anderen Juden meinten: »Oh, es ist alles in Ordnung, es ist nur eine Frau.« So öffneten sie die Tür, und die ganze Meute stürzte herein. Sie tötete die beiden jüdischen Besucher, Cohen aber konnte sich in einem angrenzenden Raum verbarrikadieren. Er hörte, wie die Räuber den Plan faßten, ihn mitsamt seinem Laden bei lebendigem Leibe zu verbrennen, nachdem sie die Waren weggenommen hatten, und so öffnete er die Tür, und es gelang ihm, mit einem Knüppel wild um sich schlagend, durch ein Fenster zu entkommen. Er ging dann hinauf zum Fort, um sich seine Wunden verbinden zu lassen, beschwerte sich beim Ortskommandanten, einem gewissen Hauptmann Dumari, und forderte sein *'ar*, d.h. den vier- bis fünffachen Wert der Ware, um die er bestohlen war. Die Räuber gehörten zu einem Stamm, der sich der französischen Obrigkeit noch nicht unterworfen hatte und offen gegen sie rebellierte, und Cohen verlangte die Genehmigung, mit seinem *mezrag*-Partner, dem Scheich des Marmuscha-Stammes, den ihm nach traditionellen Regeln zustehenden Schadenersatz zurückzuholen. Hauptmann Dumari konnte ihm dazu keine offizielle Erlaubnis erteilen, weil die *mezrag*-Beziehungen von den Franzosen verboten worden waren, gab ihm aber eine mündliche Genehmigung und sagte: »Wenn du getötet wirst, ist das deine Sache.«
So zogen der Scheich, der Jude und eine kleine Truppe bewaffneter Marmuscha zehn oder fünfzehn Kilometer weit in das Rebellengebiet hinauf, wo es natürlich keine Franzosen gab, schlichen sich an den Schafhirten des räuberischen Stammes heran und stahlen seine Herden. Schon bald darauf stürmte der andere Stamm auf Pferden herbei und verfolgte sie, mit Flinten bewaffnet und zum Angriff bereit. Als sie jedoch sahen, um wen es sich bei den »Schafdieben« handelte, besannen sie sich eines Besseren und sagten: »In Ordnung, wir wollen reden.« Sie konnten den Vorfall – daß einige ihrer Männer Cohen ausgeräubert und die beiden Besucher getötet hatten – nicht gut leugnen, wollten sich jedoch auch nicht auf die gefährliche Fehde mit den Marmuscha einlassen, die eine Auseinandersetzung mit den Eindringlingen zur Folge gehabt hätte. Also redeten die beiden Gruppen miteinander dort oben in der Ebene zwischen Tausenden von Schafen und redeten und redeten und einigten sich schließlich auf fünfhundert Schafe Schadenersatz. Darauf reihten sich die beiden bewaffneten Berbergruppen zu Pferd an den beiden gegenüberliegenden Seiten der Ebene auf, die zusammengetriebenen Schafe zwischen sich, und Cohen in seinem schwarzen Gewand, Käppi und schlappenden Schuhen ging allein zwischen den Scha-

fen hin und her und wählte geruhsam und einzeln die besten Schafe als Entschädigung aus.
Cohen bekam also seine Schafe und trieb sie hinunter ins Marmuscha-Gebiet. Die Franzosen in ihrem Fort oben hörten sie schon von weitem kommen (»Bäh, bäh, bäh«, machte Cohen in froher Erinnerung an den Anblick) und sagten: »Was zum Teufel ist das?« Und Cohen antwortete: »Das ist mein *'ar.*« Die Franzosen konnten nicht glauben, daß er das, was er da erzählte, tatsächlich getan hatte, und beschuldigten ihn, für die aufständischen Berber zu spionieren, warfen ihn ins Gefängnis und nahmen ihm die Schafe fort. Seine Familie in der Stadt, die seit so langer Zeit nichts von ihm gehört hatte, glaubte ihn tot. Nach einiger Zeit jedoch ließen ihn die Franzosen frei, und er kehrte – ohne Schafe – nach Hause zurück. Darauf ging er zum Colonel der Stadt, dem zuständigen Franzosen für das gesamte Gebiet, um sich zu beklagen. Der Colonel jedoch erwiderte: »Ich kann in dieser Angelegenheit überhaupt nichts tun. Es ist nicht meine Sache.«

Diese unbearbeitete und flaschenpostartige Passage vermittelt ebenso wie jeder andere, ähnlich präsentierte Abschnitt aus meinem Tagebuch eine recht gute Vorstellung davon, wieviel selbst in eine ganz elementare Beschreibung eingeht – wie außerordentlich »dicht« sie ist. Dieser Sachverhalt – daß nämlich das, was wir als unsere Daten bezeichnen, in Wirklichkeit unsere Auslegungen davon sind, wie andere Menschen ihr eigenes Tun und das ihrer Mitmenschen auslegen – tritt in den fertigen Texten der ethnologischen Literatur (die im vorliegenden Buch zusammengestellten nicht ausgenommen) nicht mehr zutage, weil das meiste dessen, was wir zum Verständnis eines bestimmten Ereignisses, Rituals, Brauchs, Gedankens oder was immer sonst brauchen, sich als Hintergrundinformation einschleicht, bevor die Sache selbst direkt untersucht wird. (Schon die Mitteilung, daß sich dieses kleine Drama im Jahre 1912 im Hochland von Zentralmarokko ereignete und dort 1968 berichtet wurde, bestimmt unser Verständnis sehr weitgehend.) Das ist soweit in Ordnung und ohnehin unvermeidlich. Doch entsteht dadurch der Anschein, als sei die ethnologische Forschung eher eine Sache der Beobachtung und weniger eine der Interpretation, während es sich in Wirklichkeit umgekehrt verhält. Schon auf der Ebene der Fakten, dem unerschütterlichen Felsen des ganzen Unternehmens (wenn es den überhaupt gibt), erklären wir, schlimmer noch: erklären wir Erklärungen. Zwinkern über Zwinkern.

Analyse ist also das Herausarbeiten von Bedeutungsstrukturen – Ryle hat sie feststehende Codes genannt, eine etwas irreführende Bezeichnung, da sie vermuten läßt, es gehe dabei um die Arbeit eines Dechiffrierers und nicht vielmehr um die eines Literaturwissenschaftlers – und das Bestimmen ihrer gesellschaftlichen Grundlage und Tragweite. Hier, in unserem Text, hätte ein solches Aussondern mit der Unterscheidung der drei ungleichen Interpretationsrahmen der Situation – des jüdischen, des berberischen und des französischen – zu beginnen und dann zu dem Nachweis überzugehen, wie (und warum) ihr Nebeneinanderbestehen zu diesem Zeitpunkt und an diesem Ort eine Situation hervorbrachte, in der systematische Mißverständnisse die traditionelle Form zu einer bloßen gesellschaftlichen Farce machten. Es war eine Sprachverwirrung, die Cohen und mit ihm das gesamte althergebrachte Muster der gesellschaftlichen und ökonomischen Verhältnisse, in denen er handelte, zu Fall brachte.

Ich werde auf diesen allzu gedrängten Aphorismus und auch auf die Einzelheiten des Textes später zurückkommen. Gegenwärtig soll uns nur soviel interessieren: die Ethnographie ist dichte Beschreibung. Das, womit es der Ethnograph tatsächlich zu tun hat – wenn er nicht gerade mit der routinemäßigen Kleinarbeit der Datensammlung beschäftigt ist (die natürlich auch sein muß) –, ist eine Vielfalt komplexer, oft übereinandergelagerter oder ineinander verwobener Vorstellungsstrukturen, die fremdartig und zugleich ungeordnet und verborgen sind und die er zunächst einmal irgendwie fassen muß. Das gilt gerade für die elementarsten Ebenen seiner Tätigkeit im Dschungel der Feldarbeit: für die Interviews mit Informanten, die Beobachtung von Ritualen, das Zusammentragen von Verwandtschaftsbegriffen, das Aufspüren von Eigentumslinien, das Erstellen von Haushaltslisten ... das Schreiben seines Tagebuchs. Ethnographie betreiben gleicht dem Versuch, ein Manuskript zu lesen (im Sinne von »eine Lesart entwickeln«), das fremdartig, verblaßt, unvollständig, voll von Widersprüchen, fragwürdigen Verbesserungen und tendenziösen Kommentaren ist, aber nicht in konventionellen Lautzeichen, sondern in vergänglichen Beispielen geformten Verhaltens geschrieben ist.

III

Kultur, dieses Dokument, ist also öffentlich, genauso wie ein parodiertes Zwinkern oder ein fingierter Schafraub. Obwohl sie aus Ideen besteht, existiert sie nicht in den Köpfen; obwohl sie unkörperlich ist, ist sie keine okkulte Größe. Die endlose, weil nicht zu beendende Debatte in der Ethnologie, ob Kultur »subjektiv« oder »objektiv« ist, und die intellektuellen Schmähungen, die sich die Kontrahenten dabei an den Kopf werfen (»Idealist!« – »Materialist!«, »Mentalist!« – »Behaviorist!«, »Impressionist!« – »Positivist!«), gehen total in die Irre. Sobald menschliches Verhalten als symbolisches Handeln gesehen wird (oder zumeist symbolisches; manchmal ist es wirklich bloß Zucken!) – das heißt als Handeln, das wie die Lautbildung beim Sprechen, das Pigment in der Malerei, die Zeile beim Schreiben oder der Klang in der Musik eine Bedeutung hat –, verliert das Problem, ob Kultur vorgestanztes Verhalten, ein beschränkter intellektueller Horizont oder sogar von beiden etwas ist, seinen Sinn. Die Frage, die sich bei einem parodierten Zwinkern oder einem fingierten Schafraub stellt, ist nicht die nach ihrem ontologischen Status. Es ist der gleiche wie bei Felsen einerseits und Träumen andererseits: sie sind Dinge dieser Welt. Es ist nach ihrer Bedeutung zu fragen: Was wird mit ihnen und durch sie gesagt – Lächerlichkeit oder Herausforderung, Ironie oder Ärger, Hochnäsigkeit oder Stolz?

Auch wenn eine solche Wahrheit evident scheinen mag, läßt sie sich auf vielerlei Weise verstellen. Man kann z. B. annehmen, daß Kultur eine in sich geschlossene »überorganische« Realität mit eigenen Kräften und eigenen Absichten sei, sie also verdinglichen. Oder man kann behaupten, daß sie die rigide Matrix von Verhaltensäußerungen bilde, deren Vorkommen wir in irgendeiner bestimmten Gesellschaft tatsächlich beobachten können, sie also reduzieren. Obwohl diese beiden Verwechslungen immer noch vorkommen und zweifelsohne auch weiterhin vorkommen werden, ist die Hauptursache für das theoretische Durcheinander in der gegenwärtigen Anthropologie jedoch eine Auffassung, die als Reaktion darauf entstand und gerade heute sehr weit verbreitet ist, daß nämlich die »Kultur in den Köpfen und

Herzen der Menschen« beheimatet sei, wie ihr vielleicht bedeutendster Vertreter, Ward Goodenough, sich ausdrückt.
Diese Schule, die manchmal Ethnowissenschaft, aber auch Komponentialanalyse oder kognitive Anthropologie genannt wird (eine terminologische Unschlüssigkeit, die eine tieferliegende Unsicherheit reflektiert), ist der Meinung, daß Kultur sich aus psychologischen Strukturen zusammensetzt, mit deren Hilfe einzelne Menschen oder Gruppen von Menschen ihr Verhalten lenken. »Die Kultur einer Gesellschaft«, um Goodenough noch einmal zu zitieren – diesmal eine Stelle, die zum *locus classicus* der ganzen Bewegung geworden ist –, »besteht in dem, was man wissen oder glauben muß, um in einer von den Mitgliedern dieser Gesellschaft akzeptierten Weise zu funktionieren«. Und aus dieser Auffassung von Kultur folgt eine ebenso eindeutige Auffassung davon, was es heißt, eine Kultur zu beschreiben: nämlich ein System von Regeln aufzustellen, das es jedem, der diesem ethnographischen Algorithmus gehorcht, möglich macht, so zu funktionieren, daß man (von der physischen Erscheinung einmal abgesehen) als Eingeborener gelten kann. Auf diese Weise wird ein extremer Subjektivismus eng mit einem extremen Formalismus verbunden, und wie zu erwarten war, hat schlagartig eine Diskussion darüber eingesetzt, ob Einzelanalysen (in Form von Taxonomien, Paradigmen, Tafeln, Bäumen oder anderen sinnreichen Verfahren) das reflektieren, was die Eingeborenen »wirklich« denken, oder ob sie nur kluge, logisch zwar äquivalente, aber dem Wesen nach verschiedene Simulationen ihres Denkens sind.
Da dieser Ansatz auf den ersten Blick dem hier entwickelten so ähnlich sehen mag, daß er mit ihm verwechselt werden könnte, ist es nützlich, die Unterschiede zwischen ihnen deutlich zu machen. Wenn wir Zwinkern und Schafe einmal zurückstellen und uns z. B. einem Beethoven-Quartett zuwenden, ein zugegebenermaßen ziemlich spezielles, aber für diesen Zweck recht illustratives Beispiel für Kultur, so würde es meiner Ansicht nach niemand mit seiner Partitur gleichsetzen, ebensowenig mit den Fähigkeiten und dem Wissen, die nötig sind, um es zu spielen, oder mit dem Verständnis, das Aufführende und Hörer von ihm haben, noch auch (um *en passant* auch die Reduktionisten und

Verdinglicher zu berücksichtigen) mit einer bestimmten Aufführung oder mit irgendeiner mysteriösen Entität, die materiell nicht existiert. Das »niemand« ist vielleicht zu stark, da es immer Unbelehrbare gibt. Daß jedoch ein Beethoven-Quartett ein zeitlich verlaufendes tonales Gebilde, eine kohärente Abfolge geformter Laute, mit einem Wort Musik ist und nicht irgend jemandes Wissen oder Glauben an irgend etwas (einschließlich der Frage, wie es zu spielen sei), ist eine Aussage, der die meisten Leute nach einigem Nachdenken wahrscheinlich zustimmen werden.

Zum Geigenspielen braucht man bestimmte Fähigkeiten, Fertigkeiten, Kenntnisse und Talente, die Lust zum Spielen und (wie der alte Witz nun mal sagt) eine Geige. Aber Geigenspiel erschöpft sich weder in den Fähigkeiten, Fertigkeiten, Kenntnissen usw. noch auch in der Lust oder in der Geige (eine Vorstellung, der die Anhänger der »materiellen Kultur« offenbar anhängen). Will man in Marokko einen Handelsvertrag abschließen, muß man bestimmte Dinge auf bestimmte Weise machen (etwa Koranverse rezitierend vor den versammelten gesunden, erwachsenen männlichen Mitgliedern des eigenen Stammes einem Lamm die Kehle durchschneiden) und bestimmte psychologische Merkmale besitzen (etwa das Verlangen nach fernen Dingen). Ein Handelspakt besteht jedoch weder aus diesem Verlangen noch aus dem Kehledurchschneiden, obwohl auch das höchst real werden kann, wie sieben Verwandte unseres Marmuscha-Scheichs feststellen mußten, die bei einem früheren Diebstahl an Cohen eine räudige, im Grunde ganz wertlose Schafshaut nahmen und vom Scheich dafür hingerichtet wurden.

Kultur ist deshalb öffentlich, weil Bedeutung etwas Öffentliches ist. Man kann nicht zwinkern (oder jemanden parodieren) ohne zu wissen, was man unter Zwinkern versteht oder wie man – physisch – das Augenlid bewegt, und man kann keine Schafe stehlen (oder so tun, als ob man sie stehlen wollte), wenn man nicht weiß, was ein Schafdiebstahl ist und wie man ihn praktisch durchführt. Daraus jedoch den Schluß zu ziehen, daß zu wissen, wie man zwinkert, Zwinkern, und zu wissen, wie man Schafe stiehlt, Schafdiebstahl sei, hieße eine ebenso große Konfusion anrichten, wie wenn man dünne Beschreibungen mit dichten Beschreibungen verwechselte und Zwinkern mit der Bewegung des Augenlids oder Schafdiebstahl mit dem Wegtreiben wolliger Tiere von ihren Weideflächen gleichsetzte. Der kognitivistische Irrtum – daß (um mit Stephen Tyler einen anderen Exponenten jener Bewegung zu zitieren) Kultur aus »mentalen Phänomenen (bestehe), die mit formalen Methoden untersucht werden können [er meint »sollten«], die denen in Mathematik und Logik ähnlich sind« – macht eine sinnvolle Verwendung des Kulturbegriffs ebenso unmöglich wie die behavioristischen und idealistischen Irrtümer, die er erfolglos zu korrigieren suchte. Da seine Fehler komplizierter und seine Verzerrungen subtiler sind, gilt das für ihn vielleicht in besonderem Maße.

Der allgemeine Einwand gegen private Bedeutungstheorien gehört seit dem frühen Husserl und dem späten Wittgenstein so sehr zum modernen Denken, daß er hier nicht noch einmal vorgetragen werden muß. Allerdings muß noch dafür gesorgt werden, daß man auch in der Ethnologie Notiz davon nimmt. Vor allem aber ist eines deutlich zu machen: Wenn man sagt, Kultur bestehe aus sozial festgelegten Bedeutungsstrukturen, in deren Rahmen Menschen etwa ein Komplott signalisieren und eingehen oder sich beleidigt fühlen und darauf reagieren, so folgt daraus noch keineswegs, daß Kultur ein psychologisches Phänomen, ein Merkmal einer individuellen geistigen Verfassung, einer kognitiven Struktur oder was auch immer ist, sowie daraus ja auch nicht folgt, daß der Tantrismus, die Genetik, die Verlaufsform des Verbs, die Klassifizierung von Weinsorten, das Gewohnheitsrecht oder der Begriff des »bedingten Fluchs« (wie Westermarck jene Idee des *'ar* definierte, aufgrund derer Cohen seinen Anspruch auf Schadenersatz durchsetzen konnte) bloß ein psychologisches, mentales oder kognitives Phänomen ist. Was all jenen von uns, die von Kindesbeinen an gelernt haben, auf das Zwinkern von anderen zurückzuzwinkern oder sich nicht an den Schafen anderer zu vergreifen, in einem Land wie Marokko am meisten daran hindert zu verstehen, was die Leute tun, ist weniger die Unkenntnis darüber, wie Erkennen vor sich geht (obwohl ein solches Wissen für uns eine große Hilfe wäre, unsere Ignoranz zu verringern, zumal anzunehmen ist, daß das Erkennen bei ihnen ebenso wie bei uns vor sich geht) als ein Mangel an Vertrautheit mit der Vorstellungswelt, innerhalb derer ihre Handlungen Zeichen sind. Da auf Wittgenstein bereits angespielt wurde, kann er ebenso auch zitiert werden:

Wir sagen ... von einem Menschen, er sei uns durchsichtig. Aber es ist für diese Behauptung wichtig, daß ein Mensch für einen anderen ein völliges Rätsel sein kann. Das erfährt man, wenn man in ein fremdes Land mit gänzlich fremden Traditionen kommt; und zwar auch dann, wenn man die Sprache des Landes beherrscht. Man *versteht* die Menschen nicht. (Und nicht darum, weil man nicht weiß, was sie zu sich selber sprechen.) Wir können uns nicht in sie finden.

IV

Uns in sie zu finden, dieses entmutigende Unterfangen, das – wenn überhaupt – nur annähernd gelingt, ist es, woraus ethnographische Forschung als persönliche Erfahrung besteht. Und in dem Versuch festzuhalten, auf welcher Grundlage man – immer im Überschwang – in sie gefunden zu haben meint, besteht die ethnologische Schriftstellerei als wissenschaftliches Projekt. Wir wollen, jedenfalls was mich betrifft, weder Eingeborene werden (ein Wort, das ohnehin schon kompromittiert ist) noch auch die Eingeborenen nachahmen. Nur Romantiker oder Spione könnten darin vielleicht einen Sinn sehen. Wir wollen mit ihnen ins Gespräch kommen, uns mit ihnen austauschen, und zwar in jenem weiteren Sinne des Wortes, der mehr als nur Reden meint. Das nun ist – und nicht nur mit Fremden – sehr viel schwieriger, als man gemeinhin annimmt. »Wenn das Sprechen *für* jemand anderen rätselhaft anmutet,« schrieb Stanley Cavell, »so mag das daher rühren, daß das Sprechen *mit* jemandem nicht rätselhaft genug anmutet.«

So betrachtet ist das Ziel der Ethnologie die Erweiterung des menschlichen Diskursuniversums. Es ist natürlich nicht ihr einziges Ziel; daneben gibt es andere wie Ausbildung, Unterhaltung, praktische Unterweisung, moralischen Fortschritt und die Entdeckung einer natürlichen Ordnung im menschlichen Verhalten. Im übrigen ist die Ethnologie auch nicht die einzige

Wissenschaft, die dies anstrebt. Es ist jedoch ein Ziel, für das sich ein semiotischer Kulturbegriff ganz besonders eignet. Als ineinandergreifende Systeme auslegbarer Zeichen (wie ich unter Nichtbeachtung landläufiger Verwendungen Symbole bezeichnen würde) ist Kultur keine Instanz, der gesellschaftliche Ereignisse, Verhaltensweisen, Institutionen oder Prozesse kausal zugeordnet werden könnten. Sie ist ein Kontext, ein Rahmen, in dem sie verständlich – nämlich dicht – beschreibbar sind.

Das berüchtigte ethnologische Interesse am (für uns) Exotischen – Berber zu Pferd, jüdische Händler, französische Legionäre – ist daher im Grunde ein Ersatz für die abstumpfende Wahrnehmung des Vertrauten, durch die das Rätselhafte unserer Fähigkeit, uns perzeptiv aufeinander zu beziehen, verdeckt wird. Der Blick auf das Gewöhnliche an Orten, wo es in ungewohnten Formen auftritt, läßt nicht, wie oft behauptet, die Willkürlichkeit menschlichen Verhaltens zutage treten (wenn Schafdiebstahl in Marokko als Unverschämtheit angesehen wird, so ist daran nichts besonders Willkürliches), sondern das Maß, in dem seine Bedeutung entsprechend den Lebensmustern, von denen es bestimmt ist, variiert. Das Verstehen der Kultur eines Volkes führt dazu, seine Normalität zu enthüllen, ohne daß seine Besonderheit dabei zu kurz käme. (Je mehr ich dem, was die Marokkaner tun, folgen kann, desto logischer und einzigartiger erscheinen sie.) Es macht sie erreichbar: in den Kontext ihrer eigenen Alltäglichkeiten gestellt, schwindet ihre Unverständlichkeit.

Genau dieses Vorgehen, das gewöhnlich allzu unbestimmt als »Einnahme der Perspektive des Handelnden«, allzu gelehrt als »Verstehens-Ansatz« oder allzu technisch als »emische Analyse« bezeichnet wird, hat zu der verbreiteten Vorstellung geführt, daß die Ethnologie entweder eine Art Telepathie oder aber eine Form des Phantasierens über Kannibaleninseln sei. Jeder, der an einem Dutzend gesunkener Philosophien vorbeisegeln möchte, muß dieses Manöver daher mit großer Umsicht ausführen. Um zu begreifen, was ethnologische Interpretation ist und in welchem Ausmaß sie *Interpretation* ist, kommt es hauptsächlich darauf an zu verstehen, was die Forderung, die Symbolsysteme anderer

Völker aus der Sicht der Handelnden darzustellen, bedeutet und was sie nicht bedeutet.[1]

Sie bedeutet, daß Beschreibungen der berberischen, jüdischen oder französischen Kultur unter Zuhilfenahme jener Deutungen vorgenommen werden müssen, die unserer Vorstellung nach die Berber, Juden und Franzosen ihrem Leben geben, jener Formel, die sie zur Erklärung dessen, was mit ihnen geschieht, heranziehen. Aus diesem Postulat folgt nicht, daß solche Beschreibungen selbst berberisch, jüdisch oder französisch zu sein hätten, d. h. jener Wirklichkeit angehören müßten, die sie angeblich beschreiben. Sie sind ethnologische Beschreibungen, d. h. Teil eines fortschreitenden Systems wissenschaftlicher Untersuchung. Sie müssen im Rahmen der Interpretationen vorgenommen werden, die die Erfahrung von Personen bestimmter Herkunft leiten, weil sie ja eben diese Erfahrung beschreiben wollen. Sie sind ethnologisch, weil es nun einmal Ethnologen sind, die sie liefern wollen. Für gewöhnlich ist es nicht notwendig, derart ausführlich darauf hinzuweisen, daß der Untersuchungsgegenstand eine Sache und die Untersuchung selbst eine andere ist. Wir alle wissen, daß physikalische Welt und Physik oder *A Skeleton Key to Finnegan's Wake* und *Finnegan's Wake* nicht ein und dasselbe sind. Da aber bei der Untersuchung von Kultur die Analyse den Gegenstand selbst prägt – *wir interpretieren zunächst, was unsere Informanten meinen, oder was sie unserer Auffassung nach meinen, und systematisieren diese Interpretationen dann* –, wird die Trennungslinie zwischen (marokkanischer) Kultur als natürlichem Faktum und (marokkanischer) Kultur als theoretischer Einheit tendenziell aufgehoben, zumal letztere in Form einer Beschreibung der (marokkanischen) Vorstellungen von Gewalt, Ehre, Heiligkeit und Gerechtigkeit, aber auch der Auffassungen von Stamm, Eigentum, Patronage und Führerschaft aus der Sicht der Akteure vorgelegt werden soll.

Kurz, ethnologische Schriften sind selbst Interpretationen und

1 Nicht nur die anderer Völker. Ethnologie *kann* an der Kultur, von der sie selbst ein Teil ist, eingeübt werden, was zunehmend auch geschieht. Das ist ein äußerst wichtiger Sachverhalt, den ich aber wegen einiger vertrackter und recht spezieller Probleme, die hier nicht im Vordergrund stehen, im Moment nicht berücksichtige.

obendrein solche zweiter und dritter Ordnung. (Nur ein »Eingeborener« liefert Informationen erster Ordnung – es ist *seine* Kultur.)[2] Sie sind Fiktionen, und zwar in dem Sinn, daß sie »etwas Gemachtes« sind, »etwas Hergestelltes« – die ursprüngliche Bedeutung von *fictio* –, nicht in dem Sinne, daß sie falsch wären, nicht den Tatsachen entsprächen oder bloße Als-ob-Gedankenexperimente wären. Der Versuch, die gegenseitige Abhängigkeit eines Berbers, eines jüdischen Kaufmanns und eines französischen Soldaten im Marokko des Jahres 1912 aus der Sicht der Handelnden zu beschreiben, ist ganz eindeutig ein imaginativer Vorgang und gar nicht so sehr verschieden vom Aufbau ähnlicher Beschreibungen, beispielsweise der gegenseitigen Beziehungen zwischen einem französischen Provinzdoktor, seiner törichten, untreuen Frau und ihrem nichtsnutzigen Liebhaber im Frankreich des neunzehnten Jahrhunderts. Im letztgenannten Fall werden die Handelnden so dargestellt, als hätten sie nie existiert, und die Ereignisse so, als hätten sie sich nie ereignet, wohingegen sie im ersten Fall als wirkliche oder wirklich stattgehabte dargestellt werden. Der Unterschied ist von ziemlicher Wichtigkeit – eben genau jener, den Madame Bovary nicht begreifen konnte. Die Wichtigkeit liegt jedoch nicht in der Tatsache, daß ihre Geschichte geschaffen, während die von Cohen nur aufgezeichnet wurde. Die Bedingungen und der Zweck ihrer Entstehung (von der Art und Weise und der Qualität dieser Schöpfung ganz abgesehen) machen den Unterschied aus. Aber die eine Geschichte ist genauso *fictio* – »etwas Gemachtes« – wie die andere.

Die Ethnologen waren sich nicht immer mit der wünschenswerten Deutlichkeit darüber im klaren, daß es Kultur zwar in den Handelsstationen, Bergforts und auf den Schafweiden gibt, Eth-

2 Die Frage der Ordnungen ist ebenfalls komplex. Ethnologische Arbeiten, die auf anderen ethnologischen Arbeiten beruhen (etwa die von Lévi-Strauss), können natürlich auch an vierter oder weiterer Stelle stehen, und schon die Aussagen der Informanten sind häufig, wenn nicht sogar fast durchgehend, zu den Interpretationen zweiter Ordnung zu rechnen; man spricht bekanntlich von »Eingeborenen-Modellen«. In Schriftkulturen, wo die »eingeborene« Interpretation höhere Ordnungsstufen erreichen kann – für den Maghreb braucht man nur an Ibn Khaldun, für die Vereinigten Staaten nur an Margaret Mead zu denken – wird die Sache wirklich schwierig.

nologie dagegen nur in Büchern, Artikeln, Vorlesungen, in Museumsausstellungen oder heute auch manchmal in Filmen. Sich darüber im klaren zu sein heißt zu realisieren, daß es in der Untersuchung von Kultur ebensowenig wie in der Malerei möglich ist, eine Grenze zwischen Darstellungsweise und zugrunde liegendem Inhalt zu ziehen. Diese Tatsache scheint nun ihrerseits den objektiven Status des ethnologischen Wissens zu bedrohen, da sie nämlich nahelegt, daß sein Ursprung nicht in der gesellschaftlichen Wirklichkeit liegt, sondern künstlicher Gelehrsamkeit entstammt.

Sie bedroht sie, aber es ist eine leere Drohung. Die Aufmerksamkeit, die eine ethnographische Erklärung beanspruchen kann, beruht nicht auf der Fähigkeit des Autors, simple Fakten an entlegenen Orten einzusammeln und sie wie eine Maske oder eine Schnitzerei nach Hause zu tragen, sondern darauf, inwieweit er zu erhellen vermag, was sich an derartigen Orten ereignet, und die Rätsel zu lösen weiß – was für Leute sind das? –, die befremdliche Handlungen in unbegriffenen Zusammenhängen zwangsläufig hervorrufen. Das wirft natürlich einige wichtige Probleme der Verifizierung auf oder, falls »Verifizierung« ein zu hartes Wort für eine solch weiche Wissenschaft sein sollte (ich würde »Einschätzung« vorziehen): Probleme, wie man einen guten Bericht von einem schlechten unterscheiden kann. Aber genau hier liegt ihr Vorzug. Ist nämlich Ethnographie dichte Beschreibung und Ethnograph derjenige, der solche Beschreibungen gibt, dann lautet in jedem einzelnen Fall – ob es sich um eine Kladde mit Feldnotizen oder um eine Monographie vom Umfang malinowskischer Werke handelt – die entscheidende Frage, ob Zwinkern von Zucken und wirkliches Zwinkern von parodiertem Zwinkern unterschieden wird. Wir haben die Triftigkeit unserer Erklärung nicht nach der Anzahl uninterpretierter Daten und radikal verdünnter Beschreibungen zu beurteilen, sondern danach, inwieweit ihre wissenschaftliche Imagination uns mit dem Leben von Fremden in Berührung zu bringen vermag. Es lohnt nicht, wie Thoreau sagt, um die ganze Welt zu reisen, bloß um die Katzen auf Sansibar zu zählen.

V

Nun ist die Behauptung, daß es nicht in unserem Interesse liegen kann, bereits vor Untersuchungsbeginn das menschliche Verhalten von eben jenen Eigenschaften zu reinigen, die uns interessieren, bisweilen noch weiter gefaßt worden: daß wir nämlich, da uns nur diese Eigenschaften interessieren, das Verhalten überhaupt nicht oder höchstens nebenher zu beachten brauchten. Am ergiebigsten sei es, sagt man, Kultur rein als symbolisches System zu behandeln (die gängige Formulierung lautet: »im Rahmen ihrer eigenen Bedingungen«), indem man ihre Elemente isoliert, die innere Beziehung zwischen diesen Elementen näher bestimmt und dann das gesamte System auf allgemeine Weise charakterisiert – etwa nach den zentralen Symbolen, um die es organisiert ist, nach seinen inneren Strukturen, deren äußerer Ausdruck es ist, oder nach den ideologischen Prinzipien, auf denen es gründet. Obwohl dieser hermetische Ansatz im Vergleich zu solchen Vorstellungen von Kultur, die von »erlerntem Verhalten« und »mentalen Phänomenen« sprechen, eine entschiedene Verbesserung darstellt und einige der bedeutendsten theoretischen Leistungen in der gegenwärtigen Ethnologie hervorgebracht hat, läuft er in meinen Augen Gefahr (und ist ihr in zunehmendem Maße bereits erlegen), die Erforschung von Kultur von ihrem eigentlichen Gegenstand, der informellen Logik des tatsächlichen Lebens, abzuschneiden. Es führt nicht viel weiter, einen Begriff von den Mängeln des Psychologismus zu befreien, wenn man ihn sofort darauf mit den Mängeln des Schematismus behaftet.

Dem Verhalten muß Beachtung geschenkt werden, eine recht gründliche Beachtung sogar, weil es nämlich der Ablauf des Verhaltens ist – oder genauer gesagt, der Ablauf des sozialen Handelns –, in dessen Rahmen kulturelle Formen ihren Ausdruck finden. Sie finden ihn natürlich auch in verschiedenen Artefakten und Bewußtseinszuständen; aber diese beziehen ihre Bedeutung von der Rolle (Wittgenstein würde sagen, ihrem »Gebrauch«), die sie in einer fortgesetzten Lebensform spielen, und nicht aus den inneren Beziehungen, in denen sie zueinander stehen. Das, was Cohen, der Scheich und »Hauptmann Dumari« *taten*, als sie über die Absichten der jeweils anderen strauchelten – nämlich

Handel treiben, die eigene Ehre verteidigen und Überlegenheit untermauern –, schürzte den dramatischen Knoten unseres Schäferspiels und bildete dessen »Einsatz«. Was immer Symbolsysteme »im Rahmen ihrer eigenen Bedingungen« sein mögen, wo immer sie bestehen, empirisch werden wir ihrer erst habhaft, wenn wir Ereignisse untersuchen, und nicht, indem wir abstrahierte Entitäten zu einheitlichen Mustern zusammenfügen.

Das impliziert auch, daß nicht Kohärenz der ausschlaggebende Gültigkeitsbeweis für die Beschreibung einer Kultur sein kann. Kulturelle Systeme müssen ein gewisses Mindestmaß an Kohärenz aufweisen, andernfalls würden wir sie nicht als Systeme bezeichnen; und bei näherer Betrachtung haben sie normalerweise sehr viel mehr davon. Nichts jedoch ist kohärenter als die Wahnvorstellung eines Paranoikers oder die Geschichte eines Schwindlers. Die Gültigkeit unserer Interpretationen kann nicht, wie es heute so oft behauptet wird, auf der Stringenz beruhen, mit der sie zusammengefügt sind, oder auf der Sicherheit, mit der sie vorgetragen werden. Nichts hat meiner Meinung nach mehr zur Diskreditierung von Kulturanalysen beigetragen als die Erstellung einwandfreier Abbildungen von formalen Ordnungen, an deren Existenz niemand so recht glauben kann.

Wenn die ethnologische Interpretation darin besteht, eine Lesart dessen zu erstellen, was geschieht, dann bedeutet die Trennung dieser Interpretation von dem, was geschieht – von dem, was gerade jetzt oder gerade dort bestimmte Leute sagen, was sie tun, was ihnen angetan wird, von der ganzen ungeheuren Geschäftigkeit der Welt –, eine Abtrennung von ihren Anwendungen und eine Entleerung. Eine gute Interpretation von was auch immer – einem Gedicht, einer Person, einer Geschichte, einem Ritual, einer Institution, einer Gesellschaft – versetzt uns mitten hinein in das, was interpretiert wird. Wenn sie das nicht tut, sondern statt dessen etwas anderes in uns bewirkt – Bewunderung für ihre Eleganz, die Klugheit des Interpretierenden oder für die Schönheit der Euklidischen Ordnung –, dann mag sie zwar durchaus ihren eigenen Reiz haben, liefert aber etwas ganz anderes, als was sie liefern sollte: nämlich herauszufinden, worum es bei dem ganzen Hin und Her mit den Schafen geht.

Das Hin und Her mit den Schafen – ihr fingierter Diebstahl, ihre

Übereignung als Wiedergutmachung, ihre politische Konfiszierung – ist (oder war) im Grunde ein sozialer Diskurs, selbst wenn er – wie bereits angedeutet – in vielen verschiedenen Zungen und ebensosehr mit Taten wie Worten geführt wurde.
Cohen erhob Anspruch auf sein *'ar* und wandte sich an seinen Handelspartner; der Scheich erkannte den Anspruch an und zwang den Stamm der Angreifer, sich zu erklären; der Stamm der Angreifer nahm die Verantwortung auf sich und zahlte die Entschädigung; die Franzosen nun waren bestrebt, sowohl den Scheichs wie den Händlern zu zeigen, wer hier jetzt am Ruder war, und kehrten ihre Macht heraus. Wie in jedem Diskurs legte der Code nicht den Verlauf fest, und wie das Ganze dann tatsächlich ablief, hätte so keineswegs ablaufen müssen. Cohen hätte in Anbetracht der Ungesetzlichkeit seines Anspruchs in den Augen der Protektoren nicht darauf bestehen müssen, ihn durchzusetzen. Der Scheich hätte ihn aus ähnlichen Gründen zurückweisen können. Der Stamm der Angreifer, der sich der französischen Oberhoheit noch immer widersetzte, hätte sich entscheiden können, den Raub als einen »wirklichen« anzusehen und zu kämpfen statt zu verhandeln. Wären die Franzosen mehr *habile* und weniger *dur* gewesen (was sie unter Marschall Lyauteys patriarchaler Herrschaft dann später tatsächlich auch wurden), so hätten sie Cohen vielleicht erlaubt, seine Schafe zu behalten, und über das Fortbestehen des Handelssystems und die damit einhergehende Einschränkung ihrer Autorität augenzwinkernd (wie gehabt!) hinweggesehen. Es sind auch noch andere Möglichkeiten denkbar: die Marmuscha hätten das Vorgehen der Franzosen als einen unerträglichen Affront betrachten und ebenfalls zum Widerstand übergehen können; die Franzosen hätten versuchen können, nicht einfach nur gegen Cohen einzuschreiten, sondern auch den Scheich fester in die Hand zu bekommen; und Cohen hätte zu dem Schluß kommen können, daß der Handel zwischen widerständlerischen Berbern und *beau-geste*-Soldaten im hohen Atlas der Mühe nicht wert war, und sich auf die besser geschützte Umgebung der Stadt beschränken können. Das geschah dann übrigens auch etwas später, als sich das Protektorat in Richtung auf eine Monarchie entwickelte. Aber hier geht es nicht um die Beschreibung dessen, was sich in Marokko ereignete oder nicht

ereignete (ausgehend von diesem einfachen Vorfall kann man zu enorm komplexen Aufschlüssen über die Gesellschaft kommen). Es geht vielmehr darum zu zeigen, was ethnologische Interpretation ist: der Versuch, den Bogen eines sozialen Diskurses nachzuzeichnen, ihn in einer nachvollziehbaren Form festzuhalten.

Der Ethnograph »schreibt« den sozialen Diskurs »nieder«, *er hält ihn fest.* Indem er das tut, macht er aus einem flüchtigen Ereignis, das nur im Moment seines Stattfindens existiert, einen Bericht, der in der Niederschrift des Geschehenen existiert und wieder herangezogen werden kann. Der Scheich ist lange tot, getötet im Zuge der »Pazifizierung«, wie die Franzosen es nannten; »Hauptmann Dumari«, der ihn »pazifiziert« hat, lebt zurückgezogen mit seinen Erinnerungen in Südfrankreich; und Cohen kehrte im letzten Jahr – Flüchtling, Pilger und sterbender Patriarch zugleich – »heim« nach Israel. Was sie jedoch vor sechzig Jahren auf einer Hochebene im Atlas zueinander »sagten« (in jenem weiten Sinn, den ich auszuführen versuchte), besteht, wenn auch keineswegs in vollkommener Form, für die Untersuchung weiter. »Was«, so fragt Paul Ricœur, von dem ich diese ganze Idee der Niederschrift von Handlungen in leicht abgewandelter Form übernommen habe, »was hält das Schreiben fest?«

> Nicht das Ereignis des Sprechens, sondern das beim Sprechen »Gesagte«, wobei wir unter dem beim Sprechen »Gesagten« jene intentionale Veräußerlichung verstehen, die für das Ziel des Diskurses konstitutiv ist; sie bewirkt, daß das *Sagen* zur *Aus-Sage* [A. d. Ü.: Deutsch im Original] werden will. Kurz, was wir schreiben, ist das *noema* (»Gedanke«, »Inhalt«, »Gehalt«) des Sprechens. Es ist die Bedeutung des Sprechereignisses, nicht das Ereignis als Ereignis.

Das müßte selbst nicht unbedingt »gesagt« werden (Oxforder Philosophen produzieren gern kurze Geschichten, Phänomenologen dagegen lieber lange Sätze), aber es bringt uns jedenfalls einer präziseren Antwort auf unsere ursprüngliche Frage näher. »Was macht der Ethnograph?« Antwort: er schreibt.[3] Auch diese Entdeckung mag nicht sonderlich aufregend erscheinen und für

3 Oder wiederum genauer gesagt: er »schreibt nieder«. Meist findet sich Ethnographie in der Tat in Büchern und Artikeln und nicht auf Schallplatten, in Filmen, Museumsausstellungen oder dergleichen. Doch selbst dort gibt es natürlich Photographien, Zeichnungen, Schemata, Tabellen und so weiter.

jemanden, der mit der gängigen »Literatur« vertraut ist, nicht einmal plausibel sein. Da jedoch die stehende Antwort auf unsere Frage lautet: »Er beobachtet, er hält fest, er analysiert« – eine Art *veni, vidi, vici*-Auffassung –, mag diese Entdeckung tiefgreifendere Konsequenzen haben, als zunächst absehbar ist; vor allem die, daß unter Umständen die Unterscheidung dieser drei Phasen der Erkenntnissuche normalerweise überhaupt nicht möglich ist, daß sie als autonome »Operationen« vielleicht gar nicht existieren.

Die Sache ist sogar noch heikler, weil, wie bereits erwähnt, das, was wir niederschreiben (oder niederzuschreiben versuchen), kein unbearbeiteter sozialer Diskurs ist, sondern – eben weil wir keine Handelnden sind (oder jedenfalls nur ganz nebengeordnete oder ganz besondere Handelnde) und daher keinen direkten Zugang zu diesem Diskurs haben – nur jener begrenzte Teil, den unsere Informanten uns näherbringen können.[4] Das ist nicht so fatal, wie es klingt – nicht alle Kreter lügen, und es ist nicht nötig, alles zu wissen, um etwas zu verstehen. Was damit aber offenbar ziemlich problematisch wird, ist die Auffassung, die ethnologische Analyse bestehe in der begrifflichen Verarbeitung entdeckter Tatsachen oder sei die gedankliche Rekonstruktion bloßer Realität. Wenn man symmetrische Bedeutungskristalle herausarbeitet, denen nichts mehr von der Komplexität der Materie anhaftet, aus der sie stammen, und ihre Existenz dann auf autogene Ordnungsprinzipien, universale Eigenschaften des menschlichen Geistes oder vage, apriorische *Weltanschauungen* [A. d. Ü.: Deutsch im Original] zurückführt, so spiegelt man eine Wissenschaft vor, die es nicht gibt, und entwirft eine Wirklichkeit, die nicht vorhanden ist. Die Untersuchung von Kultur besteht darin (oder sollte darin

Eine Reflexion über die Darstellungsweisen (von den Experimenten mit ihnen nicht zu sprechen) hat in der Ethnologie sehr gefehlt.

4 Wo die Idee der »teilnehmenden Beobachtung« den Ethnologen darin bestärkt hat, sich mit seinen Informanten als Personen und nicht als Objekten einzulassen, war sie eine nützliche Idee gewesen. Wo sie dagegen dem Ethnologen die Wahrnehmung seiner eigenen, ganz spezifischen, kulturell bedingten Rolle versperrte und ihn dazu brachte, sich für etwas anderes zu halten als einen interessierten Beobachter (im Sinne eines beteiligten wie voreingenommenen Beobachters), war sie unsere mächtigste Quelle von Unaufrichtigkeit.

bestehen), Vermutungen über Bedeutungen anzustellen, diese Vermutungen zu bewerten und aus den besseren Vermutungen erklärende Schlüsse zu ziehen; nicht aber darin, den Kontinent Bedeutung zu entdecken und seine unkörperliche Landschaft zu kartographieren.

VI

Es gibt also drei Merkmale der ethnographischen Beschreibung: sie ist deutend; das, was sie deutet, ist der Ablauf des sozialen Diskurses; und das Deuten besteht darin, das »Gesagte« eines solchen Diskurses dem vergänglichen Augenblick zu entreißen. Der *kula*-Ringtausch ist verschwunden oder hat sich verändert, das Buch *Die Argonauten des westlichen Pazifik* ist geblieben. Außerdem jedoch gibt es ein viertes Kennzeichen derartiger Beschreibungen, zumindest wie ich sie praktiziere: sie sind mikroskopisch.

Das soll nun nicht heißen, daß es keine großangelegten ethnologischen Interpretationen ganzer Gesellschaften, Zivilisationen, Weltereignisse usw. geben könne. Tatsächlich ist es gerade eine solche Ausweitung unserer Untersuchungen auf umfassendere Zusammenhänge, wodurch ethnologische Interpretationen und ihre theoretischen Implikationen eine allgemeine Beachtung beanspruchen und unsere Bemühungen rechtfertigen können. Niemand, nicht einmal Cohen (oder allenfalls noch Cohen) kümmert sich wirklich noch um die Schafe. Die Geschichte mag zwar unauffällige Wendepunkte haben, aber diese kleine Begebenheit gehört gewiß nicht dazu.

Es soll nur heißen, daß sich der Ethnologe typischerweise solchen umfassenden Interpretationen und abstrakteren Analysen von der sehr intensiven Bekanntschaft mit äußerst kleinen Sachen her nähert. Er steht den gleichen großen Realitäten gegenüber, mit denen es andere – Historiker, Ökonomen, Politikwissenschaftler, Soziologen – in schicksalhafteren Konstellationen zu tun haben: *Macht, Veränderung, Glaube, Unterdrückung, Arbeit, Leidenschaft, Autorität, Schönheit, Gewalt, Liebe, Prestige,* aber er begegnet ihnen in reichlich obskuren Zusammenhängen –

Orten wie der Marmuscha-Gegend und Biographien wie der von Cohen –, die es ihm nicht geraten sein lassen, solche großen Worte im Munde zu führen. Diese allzumenschlichen Konstanten, »jene großen Worte, die uns allen Angst machen«, nehmen in solchen bescheidenen Kontexten bescheidene Formen an. Aber genau da liegt der Vorteil. Es gibt bereits genügend tiefgründige Probleme in der Welt.

Gleichwohl läßt sich das Problem, wie man von einer Sammlung ethnographischer Miniaturen von der Art unserer Schaf-Geschichte – einer Mischung aus Anmerkungen und Anekdoten – zu wandfüllenden Kulturgemälden der Nation, der Epoche, des Kontinents oder der Zivilisation kommt, nicht einfach durch vage Andeutungen über die Vorzüge konkreter und nüchterner Arbeit überspielen. Für eine Wissenschaft, die bei indianischen Stämmen, auf pazifischen Inseln und mit afrikanischen Lineages begann und dann größere Ambitionen entwickelte, wurde diese Frage zu einem methodologischen Hauptproblem, und zwar meist zu einem, das schlecht gehandhabt wurde. Die Modelle, die die Ethnologen selbst erarbeitet haben, um den Schritt von räumlich begrenzten Wahrheiten zu allgemeinen Einsichten zu rechtfertigen, haben ihrer Sache im Grunde ebensosehr geschadet wie sämtliche Einwände ihrer Kritiker – Soziologen, die nur die Größe des Samples, Psychologen, die nichts als Messungen, und Ökonomen, die nichts als Aggregate im Kopf haben.

Die beiden wichtigsten dieser Modelle waren: das »mikroskopische« Modell (»Jonesville-ist-die-USA«) und das »natürliche Modell« (»Die-Osterinsel-ist-ein-Testfall«) – hie die Welt in einem Sandkorn, dort die fernen Gestade des Möglichen.

Das Jonesville-ist-Amerika-Modell (besonders aber das Amerika-ist-Jonesville-Modell) beruht so offensichtlich auf einem Trugschluß, daß man sich eigentlich nur zu fragen hat, wie irgend jemand darauf hereinfallen oder dies von anderen erwarten konnte. Die Vorstellung, man könne das Wesen nationaler Gesellschaften, Zivilisationen, großer Religionen oder ähnliches in zusammengefaßter und vereinfachter Form in sogenannten »typischen« Kleinstädten und Dörfern antreffen, ist schierer Unsinn. Was man in Kleinstädten und Dörfern antrifft, ist – je nun – Kleinstadt- und Dorfleben. Hinge die Relevanz lokaler mikroskopischer Untersuchungen wirklich von einer solchen Prämisse ab – also: die große Welt im kleinen zu enthalten –, hätten sie keinerlei Relevanz.

Selbstverständlich ist das nicht der Fall. Der Ort der Untersuchung ist nicht der Gegenstand der Untersuchung. Ethnologen untersuchen nicht Dörfer (Stämme, Städte, Wohnbezirke ...), sie untersuchen *in* Dörfern. Man kann verschiedene Dinge an verschiedenen Orten untersuchen, und manche Dinge – z. B. die Frage, wie sich koloniale Herrschaft auf das traditionelle System moralischer Verhaltenserwartungen auswirkt – kann man am besten an begrenzten Örtlichkeiten untersuchen. Aber das macht den Ort nicht zu dem, was man gerade untersucht. In den entlegeneren Gegenden Marokkos und Indonesiens habe ich mich mit den gleichen Fragen herumgeschlagen, die anderen Sozialwissenschaftlern an zentraleren Schauplätzen Kopfzerbrechen bereitet haben – z. B. wie es kommt, daß sich die hartnäckigsten Forderungen der Menschheit nach Humanität in Form von Gruppenstolz zum Ausdruck bringen – und mit nahezu derselben Entschiedenheit. Man kann zwar eine Dimension hinzufügen – eine, die man heutzutage, wo die Sozialwissenschaften ihre Probleme im Ruck-Zuck-Verfahren stellen und lösen, nötiger hätte denn je; aber das ist auch alles. Es hat, wenn man sich mit der Ausbeutung der Massen befaßt, einen gewissen Wert, wenn man einmal einen javanischen Teilpächter gesehen hat, wie er in einem tropischen Regensturz die Erde umpflügt, oder einen marokkanischen Schneider, der beim Schein einer Zwanzig-Watt-Birne Kaftans bestickt. Aber die Vorstellung, man hätte damit das ganze Problem erfaßt (und so etwas wie eine moralisch höhere Stufe erreicht, von der herab man auf die ethisch Unterprivilegierten herabblicken könnte), ist eine Idee, die nur jemand hegen kann, der möglicherweise zu lange im Busch war.

Die Vorstellung vom »natürlichen Laboratorium« ist ebenso schädlich gewesen, nicht nur weil der Vergleich falsch ist – um was für ein Laboratorium handelt es sich, in dem *keiner* der Parameter manipulierbar ist? –, sondern weil sie zu der Vorstellung führte, die aus ethnographischen Untersuchungen herrührenden Daten seien reiner, grundlegender, solider oder weniger konditioniert (das beliebteste Wort ist »elementarer«) als die anderer Arten von Sozialforschung. Die riesige natürliche Vielfalt der Kulturformen liefert der Ethnologie nicht nur ihre großen (und allmählich schwindenden) Ressourcen, sondern ist zugleich auch der Grund ihres größten theoretischen Dilemmas: Wie ist diese Vielfalt mit der biologischen Einheit der menschlichen Gattung in Einklang zu bringen? Aber es ist keine experimentelle Vielfalt, nicht einmal im metaphorischen Sinne, weil der Kontext, in dem sie auftritt, ebenso vielfältig ist wie sie selbst. Es ist nicht möglich (obwohl es Leute gibt, die es versuchen), die abhängigen von den unabhängigen Variablen zu sondern, um eine richtige Funktion darstellen zu können.

Die berühmten Untersuchungen, die zeigen sollten, daß sich auf den Trobriand-Inseln kein Ödipus-Komplex entwickelt, daß die Geschlechterrollen bei den Tschambuli vertauscht sind und es den Puebloindianern an Aggression fehlt (bezeichnenderweise waren alle negativ – »aber nicht im Süden«), sind, ungeachtet ihrer möglichen empirischen Gültigkeit, keine »wissenschaftlich überprüften und anerkannten« Hypothesen. Sie sind Interpretationen oder Fehlinterpretationen wie alle anderen auch, auf die gleiche Weise entstanden und in sich ebensowenig schlüssig wie diese; und der Versuch, ihnen die Autorität physikalischer Experimente zu verleihen, ist nur ein methodologischer Taschenspielertrick. Ethnographische Ergebnisse genießen keine Sonderstellung, sie sind nur besondere: man erfährt sie aus einem anderen Land. Wer darin mehr sieht *(oder weniger)*, zerstört sowohl sie selbst als auch ihre Implikationen, die für die Gesellschaftstheorie viel wichtiger sind als ihr rein empirischer Charakter.

Ein anderes Land, aus dem man sie erfährt: der Grund dafür, warum langwierige Beschreibungen von weitentfernten Schafdiebstählen (und ein wirklich guter Ethnograph wäre der Frage nachgegangen, um was für Schafe es sich handelte) eine allgemeine Relevanz haben, ist der, daß sie dem soziologischen Denken handfestes Material liefern, von dem es sich nähren kann. Das Wichtigste an den Ergebnissen des Ethnologen ist ihre komplexe Besonderheit, ihre Umständlichkeit. Es ist diese Art Material – in ausgiebiger, meist (wenn auch nicht ausschließlich) qualitativer, größtenteils teilnehmender und geradezu leidenschaftlich akribischer Feldforschung beigebracht –, das den gigantischen Begriffen, mit denen es die heutige Sozialwissenschaft zu tun hat – Legitimität, Modernisierung, Integration, Konflikt, Charisma, Struktur, Bedeutung – jene Feinfühligkeit und Aktualität verleihen kann, die man braucht, wenn man nicht nur realistisch und konkret *über* diese Begriffe, sondern – wichtiger noch – schöpferisch und einfallsreich *mit* ihnen denken will.

Das methodologische Problem, das die mikroskopische Beschaffenheit der Ethnographie stellt, ist real und kritisch zugleich. Es kann aber nicht dadurch gelöst werden, daß man einen entlegenen Ort als Miniaturwelt oder als das soziologische Gegenstück zu einer physikalischen Nebelkammer ansieht. Es kann gelöst oder zumindest ganz gut bewältigt werden, wenn man sich verdeutlicht, daß soziale Handlungen mehr als nur sich selbst kommentieren; daß die Herkunft einer Interpretation noch nichts über ihre möglichen Konsequenzen aussagt. Geringfügige Tatsachen können ungeahnte Folgen haben – ein Zwinkern evoziert die Wissenschaftstheorie, ein Schafdiebstahl führt zur Revolution –, weil eines mit dem anderen zusammenhängt.

VII

Womit wir schließlich bei der Theorie wären. Die Gewohnheitssünde vieler deutender Ansätze – sei es zur Untersuchung von Literatur, von Träumen, Symptomen oder Kulturen – besteht darin, daß es ihnen an begrifflicher Präzision fehlt, wodurch sie sich allen systematischen Bewertungsversuchen entziehen. Entweder man versteht eine Interpretation oder man versteht sie nicht, sieht den entscheidenden Punkt oder sieht ihn nicht, akzeptiert ihn oder akzeptiert ihn nicht. Der Unmittelbarkeit ihrer detaillierten Darstellung verhaftet, wird die Deutung so präsentiert, als verifizierte sie sich selbst oder als läge – schlimmer noch – ihr Beweis in der angeblichen Sensibilität ihres Autors. Jeder Versuch, ihre Aussage in anderen als ihren eigenen Begriffen zu fassen, wird als Zerrbild aufgefaßt, als ethnozentrisch – dem härtesten Wort des Ethnologen für einen moralischen Fehltritt.

Für eine Forschungsrichtung, die sich, wenn auch zaghaft (obwohl ich für meine Person in dieser Frage überhaupt nicht zaghaft bin) als Wissenschaft versteht, reicht das nicht aus. Es gibt keinen Grund, warum die begriffliche Struktur einer kulturellen Interpretation nicht ebenso formulierbar und damit ebensosehr expliziten Bewertungskriterien unterliegen sollte wie z. B. die einer biologischen Beobachtung oder eines physikalischen Experiments – keinen Grund außer vielleicht dem, daß uns die Begriffe, in denen derartige Formulierungen vorgenommen werden können, völlig oder doch fast völlig fehlen. Wir müssen uns auf Andeutungen beschränken, weil wir nicht fähig sind, Theorien aufzustellen.

Gleichzeitig muß man zugeben, daß der Interpretation von Kultur einige Merkmale eigen sind, die die Theoriebildung schwieriger gestalten als gemeinhin üblich. Zunächst einmal muß die Theorie näher am Boden der Tatsachen bleiben, als dies sonst bei Wissenschaften der Fall ist, die sich eher der imaginativen Abstraktion überlassen können. Meist sind es nur kurze Ausflüge ins Reich des Begriffsdenkens, die der Ethnologie etwas einbringen; längere dagegen führen leicht zu einem Abgleiten in logische Träumereien und akademische Gedankenspiele mit formalen Symmetrien. Der Angelpunkt des semiotischen Ansatzes liegt, wie bereits gesagt, darin, daß er uns einen Zugang zur Gedankenwelt der von uns untersuchten Subjekte erschließt, so daß wir – in einem weiteren Sinn des Wortes – ein Gespräch mit ihnen führen können. Die Spannung zwischen dieser Notwendigkeit, ein fremdes Universum symbolischen Handelns zu durchdringen, und den Erfordernissen eines technischen Fortschritts in der Kulturtheorie, zwischen der Notwendigkeit zu verstehen und der Notwendigkeit zu analysieren, ist demzufolge notgedrungen groß und unaufhebbar zugleich. Tatsächlich vergrößert sich die Spannung mit den Fortschritten der Theorieentwicklung immer mehr. Darin liegt die erste Bedingung für die Kulturtheorie: sie ist nicht ihr eigener Herr. Da sie von den unmittelbaren Momenten der dichten Beschreibung nicht zu trennen ist, bleibt ihre Möglichkeit, sich nach Maßgabe einer inneren Logik zu formen, ziemlich beschränkt. Die Allgemeinheit, die sie möglicherweise erreicht, verdankt sich der Genauigkeit ihrer Einzelbeschreibungen, nicht dem Höhenflug ihrer Abstraktionen.

Daraus ergibt sich ganz simpel als empirische Tatsache die eigentümliche Art und Weise, in der unsere Kenntnisse über Kultur ... Kulturen ... eine Kultur wachsen: ruckartig. Die Entwicklung der Kulturanalyse gleicht nicht so sehr einer ansteigenden Kurve kumulativer Ergebnisse, sondern zerfällt in eine Abfolge einzelner und dennoch zusammenhängender, immer kühnerer Vorstöße. Untersuchungen bauen auf anderen Untersuchungen auf, nicht in dem Sinne, daß sie da weitermachen, wo andere aufgehört haben, sondern in dem Sinne, daß sie mit besseren Kenntnissen und Begriffen ausgerüstet noch einmal tiefer in die gleichen Dinge eintauchen. Jede ernsthafte Analyse einer Kultur fängt ganz von vorn an und kommt so weit voran, wie es ihr intellektueller Impuls eben erlaubt. Vorliegende Tatsachen werden dabei mobilisiert, bereits früher entwickelte Begriffe verwendet, ältere Hypothesen ausprobiert; aber die Bewegung führt nicht von bereits bewiesenen Theoremen zu neuen, sondern von einem ersten unbeholfenen Umhertappen entsprechend einem ersten Vorverständnis zu dem begründeten Anspruch, daß man über dieses Stadium erfolgreich hinaus gelangt sei. Eine Untersuchung stellt einen Fortschritt dar, wenn sie tiefer eindringt – was immer das heißen mag – als die ihr vorausgehenden. Sie steht nicht so sehr auf deren Schultern, als daß sie Schulter an Schulter neben ihnen voranschreitet.

Das ist einer der Gründe dafür, warum sich der Essay – sei er nun dreißig oder dreihundert Seiten lang – als das natürliche Genre für die Präsentation kultureller Interpretationen und der ihnen zugrundeliegenden Theorien anbietet und warum man, wenn man hier nach systematischen Abhandlungen sucht, sehr bald enttäuscht sein wird, besonders dann, wenn man tatsächlich auf welche stößt. Selbst ethnologische Bestandsaufnahmen sind rar und ohnehin meist nur von bibliographischem Interesse. Nicht nur, daß sich die wichtigeren theoretischen Beiträge in ganz spezifischen Untersuchungen finden – das gilt auch sonst fast überall –, sie lassen sich auch nur sehr schwer von diesen Untersuchungen abstrahieren und in etwas, was als reine »Kulturtheorie« zu bezeichnen wäre, integrieren. Die theoretischen Formulierungen sind so eng an die von ihnen bestimmten Interpretationen gebunden, daß sie unabhängig davon wenig Sinn ergeben und nur selten interessant sind. Der Grund hierfür ist nicht etwa mangelnde Allgemeinheit (wären sie nicht allgemein, so wären sie auch nicht theoretisch), sondern die Tatsache, daß sie losgelöst von ihrem Anwendungsbereich trivial oder leer wirken. Man kann – und das ist auch das übliche Verfahren – einen theoretischen Strang, der in Verbindung mit einer bestimmten ethnographischen Interpretation entwickelt wurde, aufgreifen und auf neues Untersuchungsmaterial anwenden und damit seine Genauigkeit und Relevanz steigern, man kann aber keine ›Allgemeine Theorie der Interpretation von Kultur‹ schreiben. Oder vielmehr: man kann es zwar, aber es würde wohl kaum etwas einbringen, weil die Hauptaufgabe der Theoriebildung in der Ethnologie nicht darin besteht, abstrakte Regelmäßigkeiten festzuschreiben, sondern darin, dichte Beschreibung zu ermöglichen. Es werden keine allgemeinen Aussagen angestrebt, die sich auf verschiedene Fälle beziehen, sondern nur Generalisierungen im Rahmen eines Einzelfalls.

Allgemeine Aussagen über einzelne Fälle werden gewöhnlich – zumindest in der Medizin und in der Tiefenpsychologie – als klinische Schlußfolgerungen bezeichnet. Eine solche Schlußfolgerung geht nicht so vor, daß sie eine Reihe von Beobachtungen anstellt und sie dann einem beherrschenden Gesetz unterordnet, sondern geht vielmehr von einer Reihe (mutmaßlicher) Signifikanten aus, die sie in einen verständlichen Zusammenhang zu bringen sucht. Die Messungen entsprechen zwar den theoretischen Vorhersagen, aber die Symptome werden (selbst dann, wenn sie gemessen werden) auf ihre theoretische Besonderheit hin geprüft – d. h. diagnostiziert. Bei der Untersuchung von Kultur sind die Signifikanten keine Symptome oder Syndrome, sondern symbolische Handlungen oder Bündel von symbolischen Handlungen, und das Ziel ist nicht Therapie, sondern die Erforschung des sozialen Diskurses. Aber die Art und Weise, in der die Theorie eingesetzt wird – zum Aufspüren der nicht augenfälligen Bedeutung von Dingen –, ist die gleiche.

Das führt uns zur zweiten Bedingung der Kulturtheorie: sie sagt nicht voraus, zumindest nicht im strikten Sinn des Wortes. Der Diagnostiker sagt Masern nicht voraus. Er stellt fest, daß jemand sie hat, oder *antizipiert* allenfalls, daß jemand sie wahrscheinlich in Kürze bekommen wird. Doch diese ganz realistische Beschränkung wurde gemeinhin mißverstanden und auch übertrieben, weil man annahm, die Interpretation von Kulturen sei bloß eine Deutung *post festum:* als würden wir – wie der Bauer in der alten Geschichte – erst die Löcher in den Zaun schießen und anschließend um sie herum die Zielscheibe malen. Es ist kaum zu bestreiten, daß so etwas – zum Teil an ganz prominenten Stellen – vorkommt. Es muß jedoch bestritten werden, daß der Versuch, die Verwendungsweise einer Theorie in Analogie zur Klinik zu bestimmen, zwangsläufig zu einem solchen Ergebnis führen mußte.

Es stimmt, daß sich die Begriffsbildung klinischer Theorien an der Aufgabe orientiert, Interpretationen von bereits vorliegendem Material zu liefern, nicht daran, Ergebnisse experimenteller Verfahren zu prognostizieren oder künftige Zustände eines deterministischen Systems abzuleiten. Das heißt aber nicht, daß die Theorie nur vergangenen Realitäten Rechnung tragen müßte (oder, vorsichtiger ausgedrückt, zwingende Interpretationen dieser Realitäten zu entwickeln hätte); sie muß sich auch gegenüber kommenden Realitäten behaupten – d.h. als intellektuell tragfähig erweisen. Auch wenn wir eine Situation, in der gezwinkert wird oder Schafe gestohlen werden, erst interpretieren, nachdem sie stattgefunden hat – manchmal erheblich viel später –, so muß der theoretische Begriffsrahmen, aus dem eine solche Interpretation besteht, in der Lage sein, haltbare Interpretationen auch beim Auftauchen neuer sozialer Phänomene bereitzustellen. Auch wenn man jeden Versuch einer dichten Beschreibung, der sich nicht auf das Offensichtliche und Überflüssige richtet, in einem Zustand allgemeiner Verwirrung darüber beginnt, was zum Teufel da vorgeht, und sich erst zurechtfinden muß, geht man an die Sache doch nicht ohne irgendwelche intellektuellen Vorkenntnisse heran (jedenfalls sollte man es nicht). Theoretische Ideen entstehen nicht in einer jeden Studie völlig neu. Wie ich bereits sagte, werden sie von anderen, verwandten Untersuchungen übernommen und – fortschreitend verbessert – auf neue Interpretationsprobleme angewendet. Sobald sie für neue Probleme nichts mehr bringen, werden sie meist zur Seite gelegt und mehr oder weniger aufgegeben. Wenn sie nützlich bleiben und zu neuen Verständnismöglichkeiten führen, werden sie weiter ausgearbeitet und weiterhin verwendet.[5]

Diese Auffassung vom Funktionieren der Theorie in einer deutenden Wissenschaft legt nahe, daß die – wie immer relative – Unterscheidung der experimentellen Wissenschaften zwischen »Beschreibung« und »Erklärung« hier als – noch relativere – Unterscheidung zwischen »Niederschrift« (»dichte Beschreibung«) und »Spezifizierung« (»Diagnose«) wiederkehrt. Es wird also unterschieden zwischen dem Festhalten der Bedeutung, die bestimmte soziale Handlungen für die Akteure besitzen, und der möglichst expliziten Aussage darüber, was das so erworbene Wissen über die Gesellschaft, in der man es vorfand, und darüber hinaus über das soziale Leben im allgemeinen mitteilt. Unsere Aufgabe ist eine doppelte: Sie besteht darin, Vorstellungsstrukturen, die die Handlungen unserer Subjekte bestimmen – das »Gesagte« des sozialen Diskurses –, aufzudecken und zum anderen ein analytisches Begriffssystem zu entwickeln, das geeignet ist, die typischen Eigenschaften dieser Strukturen (das, was sie zu dem macht, was sie sind) gegenüber anderen Determinanten menschlichen Verhaltens herauszustellen. Die Aufgabe der Theorie in der Ethnographie besteht darin, ein Vokabular bereitzustellen, in dem das Wissen, das das symbolische Handeln über sich selbst, d. h. über die Rolle der Kultur im menschlichen Leben hat, ausgedrückt werden kann.

5 Das ist zugegebenermaßen etwas idealisiert dargestellt. Weil Theorien im klinischen Gebrauch selten, wenn überhaupt endgültig als falsch beiseite gelegt werden, sondern nur immer unhandlicher, unproduktiver, gekünstelter oder nichtssagender werden, bleiben sie oft lange über den Punkt hinaus bestehen, an dem alle bis auf ein paar Leute das Interesse an ihnen verloren haben (obwohl diese oft die leidenschaftlichsten Vertreter sind). Tatsächlich ist es im Fall der Ethnologie fast ein größeres Problem, unergiebig gewordene Ideen aus der Literatur verschwinden zu lassen, als produktive hereinzubekommen. Die theoretische Diskussion ist daher – mehr als man es sich wünschen würde – eher kritisch denn konstruktiv, und ganze Karrieren waren dem Bemühen gewidmet, das Ableben moribunder Ideen zu beschleunigen. Es ist zu hoffen, daß mit den Fortschritten in unserem Fach auch diese Art intellektueller Unkrautbekämpfung einmal zu einem weniger maßgeblichen Teil unserer Tätigkeiten wird. Für die jetzige Situation gilt jedoch noch immer weitgehend, daß die alten Theorien nicht so einfach aussterben, sondern eher in die zweite Auflage gehen.

Abgesehen von einigen einführenden Artikeln, die sich mit grundlegenderen Fragen befassen, verfahren die hier zusammengestellten Aufsätze in dieser Weise. Ein Repertoire von sehr allgemeinen, akademischen Begriffen und Begriffssystemen – »Integration«, »Rationalisierung«, »Symbol«, »Ideologie«, »Ethos«, »Revolution«, »Identität«, »Metapher«, »Struktur«, »Ritual«, »Weltanschauung«, »Funktion«, »Heiliges« und natürlich »Kultur« selbst – wurde in den Korpus dichter ethnographischer Beschreibungen eingewoben, in der Hoffnung, bloße Ereignisse wissenschaftlich aussagekräftig zu machen.[6] Das Ziel dabei ist es, aus einzelnen, aber sehr dichten Tatsachen weitreichende Schlußfolgerungen zu ziehen und vermöge einer präzisen Charakterisierung dieser Tatsachen in ihrem jeweiligen Kontext zu generellen Einschätzungen der Rolle von Kultur im Gefüge des kollektiven Lebens zu gelangen.

Nicht nur die Interpretation, sondern auch die Theorie, von der diese Interpretation begrifflich abhängt, reicht also hinunter bis auf die Ebene der unmittelbarsten Beobachtung. Meinem Interesse an Cohens Geschichte liegen ebenso wie Ryles Interesse am Zwinkern in Wirklichkeit sehr allgemeine Ideen zugrunde. Das Modell der »Sprachverwirrung« – die Auffassung, daß soziale Konflikte nicht etwa dann eintreten, wenn kulturelle Formen zu funktionieren aufhören, weil sie schwach, unbestimmt, überholt oder unbrauchbar geworden wären, sondern vielmehr dann, wenn (wie beim parodierten Zwinkern) diese Formen durch ungewöhnliche Situationen oder ungewöhnliche Intentionen dazu gebracht werden, auf ungewöhnliche Weise zu funktionieren – ist keine Idee, die mir erst anhand von Cohens Geschichte gekommen ist. Es ist ein Gedanke, den ich von Kollegen, Studenten und Vorgängern übernommen und an diese Geschichte herangetragen habe.

Unsere unschuldig wirkende »Flaschenpost« ist mehr als nur eine Schilderung der verschiedenen Bedeutungssysteme jüdischer

6 Die folgenden Kapitel befassen sich vor allem mit Indonesien, weniger mit Marokko, da ich erst jetzt damit begonnen habe, mich meinem nordafrikanischen Material, das größtenteils jüngeren Datums ist, eingehender zu widmen. In Indonesien habe ich 1952-54, 1957-58 und 1971 gearbeitet; in Marokko 1964, 1965-66, 1968-69 und 1972.

Kleinhändler, berberischer Krieger und französischer Kolonialherren oder deren wechselseitiger Beziehungen. Es ist ein Beweis dafür, daß sich mit der Umformung der sozialen Beziehungsmuster auch die Koordinaten der erfahrenen Welt verschieben. Die Formen der Gesellschaft sind das Wesen der Kultur.

VIII

Es gibt eine indische Geschichte – zumindest wurde sie mir als indische Geschichte erzählt – über einen Engländer, dem man erklärt hatte, die Welt stehe auf einem Podest, das auf dem Rükken eines Elefanten stehe, der selbst wiederum auf dem Rücken einer Schildkröte stehe; und dieser Engländer fragte daraufhin (vielleicht war es ein Ethnograph – so verhalten die sich nämlich), worauf denn die Schildkröte stehe? Auf einer anderen Schildkröte. Und diese andere Schildkröte? »Oh Sahib, dann kommen nur noch Schildkröten, immer weiter hinunter.«
So ist es tatsächlich. Ich weiß nicht, ob es sich noch lohnt, über die Begegnung zwischen Cohen, dem Scheich und »Dumari« nachzudenken (vielleicht ist der Punkt längst überschritten); ich weiß jedoch, ich käme dabei niemals auch nur in die Nähe eines letzten Grundes, wie lange ich es auch versuchte. Und auch nichts von dem, worüber ich sonst geschrieben habe, zum Beispiel in den folgenden Aufsätzen, habe ich jemals bis ins Letzte verfolgt. Die Untersuchung von Kultur ist ihrem Wesen nach unvollständig. Und mehr noch, je tiefer sie geht, desto unvollständiger wird sie. Es ist eine eigenartige Wissenschaft: gerade ihre eindrucksvollsten Erklärungen stehen auf dem unsichersten Grund, und der Versuch, mit dem vorhandenen Material weiter zu gelangen, führt nur dazu, daß der – eigene und fremde – Verdacht, man habe es nicht recht im Griff, immer stärker wird. Das aber – und das Plagen schlauer Leute mit dummen Fragen – kennzeichnet einen Ethnographen.
Es gibt eine Reihe von möglichen Auswegen aus dem Dilemma: Man kann Kultur in Folklore verwandeln, die man sammelt; man kann sie in Merkmale auflösen, die man zählt; man kann aus ihr Institutionen machen, die man klassifiziert, oder Strukturen, mit

denen man spielt. Aber es *gibt* Auswege. Wer allerdings einen semiotischen Begriff von Kultur und einen deutenden Ansatz zu ihrer Untersuchung vertritt, macht sich damit eine Auffassung von ethnographischer Erklärung zu eigen, die – um W. B. Gallies inzwischen berühmten Ausspruch zu übernehmen – »in hohem Maße anfechtbar« ist. Ethnologie, zumindest die deutende Ethnologie, ist eine Wissenschaft, deren Fortschritt sich weniger in einem größeren Konsens als in immer ausgefeilteren Debatten zeigt. Was sich entwickelt, ist die Präzision, mit der wir einander ärgern.

Solange nur eine einzige Partei alle Aufmerksamkeit auf sich zieht, ist das schwer zu erkennen. Monologe haben hier freilich nur geringen Wert, weil es keine Schlußfolgerungen mitzuteilen gibt; es gilt vielmehr, eine Diskussion in Gang zu halten. Sofern den folgenden Aufsätzen irgendeine Bedeutung zukommt, so besteht sie weniger in dem, was sie sagen, als in dem, was sie belegen: nämlich ein enormes Anwachsen des Interesses an der Rolle der symbolischen Formen im menschlichen Leben, und zwar nicht nur in der Ethnologie, sondern in den Sozialwissenschaften allgemein. Bedeutung, diese schwer faßbare und verworrene Pseudoeinheit, die wir bislang nur zu gerne den Philosophen und Literaturwissenschaftlern zum Herumprobieren überließen, ist heute ins Zentrum unserer Disziplin zurückgekehrt. Selbst Marxisten zitieren Cassirer, selbst Positivisten Kenneth Burke.

Was meine eigene Position inmitten dieser Entwicklung betrifft, so habe ich stets versucht, einerseits dem Subjektivismus und andererseits dem Kabbalismus zu entgehen, die Erforschung der symbolischen Formen so eng wie möglich anhand konkreter sozialer Ereignisse und Vorfälle in der Öffentlichkeit des Alltagslebens durchzuführen, und zwar so, daß der Zusammenhang zwischen theoretischen Formulierungen und deskriptiven Interpretationen nicht von den Verlockungen eines wissenschaftlichen Obskurantismus überschattet würde. Mich hat das Argument, daß man – da vollständige Objektivität in diesen Dingen ohnehin unmöglich sei (was natürlich zutrifft) – genausogut seinen Gefühlen freien Lauf lassen könne, nie überzeugt. Wie Robert Solow bemerkte, könnte man dann mit gleichem Recht sagen, daß man – da eine völlig keimfreie Umgebung nicht möglich sei –

Operationen auch in einer Kloake vornehmen könne. Ebensowenig haben mich andererseits Behauptungen überzeugt, wonach es uns die strukturale Linguistik, die Computertechnik oder irgendeine andere fortgeschrittene Form des Denkens möglich macht, Menschen zu verstehen, ohne sie zu kennen. Nichts kann einen semiotischen Kulturansatz schneller diskreditieren, als wenn man ihm gestattet, in eine Mischung aus Intuitionalismus und Alchimie abzugleiten. Es spielt dabei keine Rolle, wie elegant die Intuitionen ausgedrückt werden und in welch modernem Gewand die Alchimie erscheint.

Die Gefahr, daß die Analyse der Kultur auf der Suche nach allzu tief verborgenen Schildkröten die Verbindung zur harten Oberfläche des Lebens, zu den Realitäten von Politik, Ökonomie und sozialer Schichtung verliert, mit denen es die Menschen überall zu tun haben, und daß sie überdies die biologischen und physikalischen Notwendigkeiten aus dem Auge verliert, auf denen diese Oberfläche ruht, diese Gefahr lauert überall. Der einzige Schutz dagegen – und zugleich auch gegen das Umkippen der Kulturanalyse in eine Art soziologischen Ästhetizismus – ist es, eine derartige Untersuchung hauptsächlich auf jene Realitäten und Notwendigkeiten zu richten. Aus diesem Grund habe ich über Nationalismus, Gewalt, Identität, menschliche Natur, Legitimität, Revolution, Ethnizität, Urbanisierung, Status, Tod und Zeit geschrieben, vor allem aber auch über ganz bestimmte Versuche ganz bestimmter Menschen, Dingen einen verständlichen, bedeutungsvollen Rahmen zu geben.

Die Auseinandersetzung mit den symbolischen Dimensionen sozialen Handelns – Kunst, Religion, Ideologie, Wissenschaft, Gesetz, Ethik, Common sense – bedeutet keine Abwendung von den existentiellen Lebensproblemen zugunsten eines empyreischen Bereichs ent-emotionalisierter Formen, sondern im Gegenteil den Sprung mitten hinein in diese Probleme. Die eigentliche Aufgabe der deutenden Ethnologie ist es nicht, unsere tiefsten Fragen zu beantworten, sondern uns mit anderen Antworten vertraut zu machen, die andere Menschen – mit anderen Schafen in anderen Tälern – gefunden haben, und diese Antworten in das jedermann zugängliche Archiv menschlicher Äußerungen aufzunehmen.

Religion als kulturelles System

Der Versuch zu sprechen, ohne eine konkrete Sprache zu sprechen, ist ebenso zum Scheitern verurteilt wie der Versuch, ohne Bezug auf eine bestimmte Religion religiös zu sein ... So hat eine jede lebendige und gesunde Religion ihre deutlich hervorstechenden Eigenarten. Ihre Stärke liegt in ihrer je besonderen und überraschenden Botschaft und in der Färbung, die diese Offenbarung dem Leben verleiht. Die Ausblicke, die sie eröffnet, wie auch die Rätsel, die sie aufgibt, bilden eine andere, bewohnbare Welt. Und eine solche andere, bewohnbare Welt meinen wir, wenn wir uns als religiös bezeichnen – unabhängig davon, ob wir nun daran glauben, einmal vollständig in sie einzugehen oder nicht.

Santayana, *Reason in Religion*

I

Vergleicht man die ethnologischen Arbeiten über Religion, die seit dem Zweiten Weltkrieg geschrieben wurden, mit denjenigen, die kurz vor oder kurz nach dem Ersten Weltkrieg entstanden sind, so fallen an der neueren Forschung zwei eigentümliche Merkmale ins Auge. Zum einen enthält sie keine nennenswerten theoretischen Fortschritte. Sie zehrt vom Ideenkapital ihrer Vorgänger, dem sie – abgesehen von einer gewissen empirischen Anreicherung – sehr wenig hinzugefügt hat. Zum anderen stammen die Ideen, auf die zurückgegriffen wird, aus einer sehr begrenzten geistigen Tradition, nämlich der von Durkheim, Weber, Freud und Malinowski. Dem Ansatz von mindestens einem dieser großen Männer folgen alle Arbeiten, und wenn sie ihn überhaupt verändern, so meist nur deshalb, weil die betreffenden Autoren bestrebt waren, ihren fruchtbaren Ansatz über seine Grenzen hinauszutreiben, oder weil es das inzwischen angehäufte und gesicherte deskriptive Material notwendig machte. Im Unterschied zu jenen Männern kommt es jedoch fast niemandem mehr in den Sinn, sich bei der Suche nach analytischen Ideen woanders umzuschauen – in der Philosophie, in der Geschichtswissenschaft, im Recht, in der Literaturwissenschaft oder in den »harten« Natur-

wissenschaften. Wahrscheinlich besteht zwischen diesen beiden auffallenden Momenten sogar ein Zusammenhang.
Wenn es stimmt, daß sich die ethnologische Religionsforschung in einem Zustand allgemeiner Stagnation befindet, so glaube ich kaum, daß sie durch immer neue minimale Variationen der klassischen Theorien wieder in Gang gebracht werden kann. Jede weitere akribisch ausgeführte Untermauerung von Thesen, die derart gut belegt sind wie die, daß Ahnenverehrung die Rechtsautorität der Älteren stützt, Initiationsriten zur Ausbildung von Geschlechter- und Erwachsenenrollen beitragen, rituelle Vereinigungen politische Gegensätze reflektieren oder Mythen soziale Institutionen legitimieren und gesellschaftliche Privilegien rechtfertigen, kann eigentlich nur noch dazu führen, eine möglichst große Zahl von Leuten innerhalb und außerhalb des Faches davon zu überzeugen, daß es den Ethnologen – ähnlich wie den Theologen – darum geht, das fraglos Feststehende zu beweisen. In der Kunst wird dieses ehrfurchtsvolle Kopieren der Leistungen großer Meister Akademismus genannt, ein Begriff, der meines Erachtens auch unsere Malaise zutreffend beschreibt. Nur wenn wir, wie Leo Steinberg sagt, auf jenes schöne Gefühl verzichten, das mit der Vorführung routinierter Fähigkeiten einhergeht, und uns Problemen zuwenden, die noch so ungeklärt sind, daß sie möglicherweise Entdeckungen zulassen, dürfen wir auf ein Resultat hoffen, in dem sich die Errungenschaften jener großen Männer aus dem ersten Viertel dieses Jahrhunderts nicht nur einfach neu verkörpern, sondern das sich auch mit ihnen messen kann.[1]
Um das zu erreichen, muß man die überkommenen Traditionen der Sozialanthropologie nicht etwa aufgeben, sondern erweitern. Mindestens vier Beiträge jener Männer, die, wie ich sagte, unser Denken so weitgehend bestimmen, daß sie es bisweilen geradezu hemmen, sind in meinen Augen unentbehrliche Ausgangspunkte für eine jede brauchbare ethnologische Religionstheorie: Durkheims Begriff des Heiligen, Webers verstehende Methode, Freuds Vergleich von individuellen und kollektiven Riten und Mali-

1 L. Steinberg, »The Eye is Part of the Mind«, *Partisan Review* 70, 1953, S. 194-212.

nowskis Versuch, Religion und Common sense zu unterscheiden. Aber es sind nur Ausgangspunkte. Um über sie hinausgehen zu können, müssen wir sie in den Kontext des gegenwärtigen Denkens stellen, der bedeutend weiter zu sein hat als der, den sie ihrerseits be- und umschreiben. Die Gefahren eines solchen Vorgehens liegen auf der Hand: willkürlicher Eklektizismus, oberflächliches Theorienschmieden und bloßes intellektuelles Verwirrspiel. Ich sehe jedoch nicht, wie anders man dem entgehen kann, was Janowitz generell in bezug auf die Ethnologie die Hypothek der tradierten Fachkompetenz genannt hat.[2]

Beim Versuch, den theoretischen Rahmen unserer Untersuchungen zu erweitern, kann man natürlich eine Vielzahl von Richtungen einschlagen, und das vielleicht wichtigste Ausgangsproblem besteht darin, nicht wie Stephen Leacocks berittener Polizist in alle Richtungen zugleich aufbrechen zu wollen. Ich für meinen Teil werde mich nur um die Entwicklung dessen bemühen, was ich im Anschluß an Parsons und Shils die kulturelle Dimension der Erforschung von Religion nenne.[3] Der Begriff »Kultur« ist wegen seiner vielfältigen Bezüge und der geflissentlichen Verschwommenheit, in der er nur zu häufig verwendet wurde, bei vielen heutigen Ethnologen in Verruf geraten. (Obwohl ich nicht ganz verstehe, wieso dann eigentlich die Begriffe »Sozialstruktur« oder »Persönlichkeit« besser davonkommen.) Der Kulturbegriff, den ich verwende, bezieht sich jedenfalls nicht auf mehrere Referenten und weist, soweit ich sehe, auch keine besonderen Vieldeutigkeiten auf: er bezeichnet ein historisch überliefertes System von Bedeutungen, die in symbolischer Gestalt auftreten, ein System überkommener Vorstellungen, die sich in symbolischen Formen ausdrücken, ein System, mit dessen Hilfe die Menschen ihr Wissen vom Leben und ihre Einstellungen zum Leben mitteilen, erhalten und weiterentwickeln. Es steht außer Frage, daß Begriffe wie »Bedeutung«, »Symbol« und »Vorstellung« nach Erklärung verlangen. Und an genau diesem Punkt hat nun die Arbeit der Erweiterung und Verbreiterung des theoretischen

2 M. Janowitz, »Anthropology and the Social Sciences«, *Current Anthropology* 4, 1963, S. 139 und S. 146-54.

3 T. Parsons und E. Shils, *Toward a General Theory of Action*, Cambridge/Mass. 1951.

Horizonts einzusetzen. Wenn Langer zu Recht sagt, daß »der Bedeutungsbegriff in allen seinen Spielarten der vorherrschende philosophische Begriff unserer Zeit ist« und daß »Zeichen, Symbol, Bezeichnung, Bedeutung, Kommunikation ... unser [geistiges] Rüstzeug sind«, ist es wohl an der Zeit, daß sich die Sozialanthropologie und besonders jener Teilbereich, der sich mit der Untersuchung von Religion befaßt, dieser Tatsache bewußt wird.[4]

II

Da wir es mit Bedeutung zu tun haben werden, wollen wir mit einem Paradigma beginnen: heilige Symbole haben die Funktion, das Ethos eines Volkes – Stil, Charakter und Beschaffenheit seines Lebens, seine Ethik, ästhetische Ausrichtung und Stimmung – mit seiner Weltauffassung – dem Bild, das es über die Dinge in ihrer reinen Vorfindlichkeit hat, seinen Ordnungsvorstellungen im weitesten Sinne – zu verknüpfen. Religiöse Vorstellungen und Praktiken machen das Ethos einer Gruppe zu etwas intellektuell Glaubwürdigem, indem sie es als Ausdruck einer Lebensform darstellen, die vollkommen jenen tatsächlichen Gegebenheiten entspricht, wie sie die Weltauffassung beschreibt. Die Weltauffassung hingegen machen sie zu etwas emotional Überzeugendem, indem sie sie als Bild der tatsächlichen Gegebenheiten darstellen, das einer solchen Lebensform ganz besonders nahekommt. Diese Gegenüberstellung und wechselseitige Bestätigung bewirkt zwei grundlegende Dinge. Einmal werden dadurch moralische und ästhetische Präferenzen objektiviert: Sie erscheinen als notwendige Lebensbedingungen, wie sie von einer in bestimmter Weise strukturierten Welt vorgegeben werden, als reiner *Common sense* angesichts der unveränderlichen Gestalt der Wirklichkeit. Zum anderen erfahren diese überlieferten Vorstellungen vom Weltganzen eine Bekräftigung, indem nämlich tiefverwurzelte moralische und ästhetische Empfindungen als empirische Beweise für ihre Gültigkeit angeführt werden. Reli-

4 S. Langer, *Philosophical Sketches*, Baltimore 1962.

giöse Symbole behaupten eine Grundübereinstimmung zwischen einem bestimmten Lebensstil und einer bestimmten (wenn auch meist impliziten) Metaphysik und stützen so jede Seite mit der Autorität der jeweils anderen.

Abgesehen von einzelnen Formulierungen ist dagegen wohl nicht viel einzuwenden. Die Auffassung, daß Religion die menschlichen Handlungen auf eine vorgestellte kosmische Ordnung abstimmt und Bilder der kosmischen Ordnung auf den menschlichen Erfahrungsbereich projiziert, ist keineswegs neu. Ihr ist jedoch auch kaum wissenschaftlich nachgegangen worden, so daß wir fast nichts darüber wissen, wie sich dieses Mirakel empirisch eigentlich ereignet. Wir wissen nur, daß es sich ereignet – jährlich, wöchentlich, täglich, für manche Menschen nahezu stündlich –, und es gibt eine umfangreiche ethnographische Literatur, die das belegen kann. Doch der theoretische Rahmen, der uns eine analytische Erklärung dafür liefern könnte – eine Erklärung, wie wir sie etwa für Lineage-Segmentierung, politische Sukzession, Austausch von Arbeitsleistungen oder die Sozialisation des Kindes besitzen – fehlt.

Wir wollen deshalb unser Paradigma zu einer Definition zusammenfassen, weil Definitionen, auch wenn sie bekanntlich nichts beweisen, bei genügend sorgfältiger Formulierung doch zur Orientierung oder Neuorientierung des Denkens beitragen können. Ihre detaillierte Ausarbeitung kann sich für die Entwicklung und Kontrolle einer neuen Forschungsrichtung als außerordentlich nützlich erweisen. Ihr Vorzug liegt in ihrer Explizitheit. Definitionen präsentieren sich in einer Deutlichkeit, wie das in der diskursiven Prosa, die gerade in unserem Fall anstelle der Argumentation gerne die Rhetorik setzt, nicht der Fall ist. Ohne weitere Umschweife also:
eine Religion ist

(1) ein Symbolsystem, das darauf zielt, (2) starke, umfassende und dauerhafte Stimmungen und Motivationen in den Menschen zu schaffen, (3) indem es Vorstellungen einer allgemeinen Seinsordnung formuliert und (4) diese Vorstellungen mit einer solchen Aura von Faktizität umgibt, daß (5) die Stimmungen und Motivationen völlig der Wirklichkeit zu entsprechen scheinen.

In Anbetracht des großen Gewichts, das hier auf dem Begriff »Symbol« liegt, muß unser erster Schritt der sein, einigermaßen genau zu bestimmen, was wir darunter verstehen wollen. Das ist gar nicht so leicht, da mit »Symbol« (ähnlich wie mit »Kultur«) sehr verschiedene Dinge – oft sogar gleichzeitig – bezeichnet worden sind.

Manche verwenden ihn für alles, was jemandem etwas anderes anzeigt: schwarze Wolken etwa sind die symbolischen Vorboten eines bevorstehenden Regens. Einige verwenden ihn nur für explizit vereinbarte Zeichen verschiedenster Art: eine rote Fahne ist ein Symbol für Gefahr, eine weiße für Kapitulation. Andere schränken ihn auf etwas ein, das in indirekter und figurativer Weise ausdrückt, was direkt und unverstellt nicht gesagt werden kann, weshalb es Symbole zwar in der Dichtung, nicht aber in der Wissenschaft gibt und die Bezeichnung »symbolische Logik« irreführend ist. Wieder andere verwenden ihn für alle Gegenstände, Handlungen, Ereignisse, Eigenschaften oder Beziehungen, die Ausdrucksmittel einer Vorstellung sind, wobei diese Vorstellung die »Bedeutung« des Symbols ist; eben diesem Ansatz werde ich mich anschließen.[5] Die Zahl 6, ob geschrieben, vorgestellt, mit Hilfe von Steinen ausgelegt oder in Computerlochkarten gestanzt, ist ein Symbol. Das gleiche gilt für das Kreuz – sei es, daß man darüber spricht, es sich veranschaulicht, geängstigt in die Luft zeichnet oder verträumt damit an der Halskette spielt –, für die riesige bemalte Leinwand mit dem Titel »Guernica« oder für den kleinen bemalten Stein, den man Churinga nennt, für das Wort »Wirklichkeit« und schließlich sogar für das Morphem »-ing«. Sie alle sind Symbole oder zumindest symbolische Elemente, da sie faßbare Formen von Vorstellungen sind, aus der Erfahrung abgeleitete, in wahrnehmbare Formen geronnene Abstraktionen, konkrete Verkörperungen von Ideen, Verhaltensweisen, Meinungen, Sehnsüchten und Glaubensanschauungen. Die Erforschung kultureller Tätigkeiten – Tätigkeiten, deren empi-

5 S. Langer, *Philosophy in a New Key*. 4. A., Cambridge/Mass. 1960 (dt.: *Philosophie auf neuem Wege*, übers. von Ada Löwith, Frankfurt am Main 1965).

risch faßbare Seite Symbole sind – bedeutet also nicht, daß man die Untersuchung von Gesellschaften zugunsten der Untersuchung einer platonischen Schattenhöhle aufgeben müßte, in die mentalistische Welt einer introspektiven Psychologie oder, schlimmer noch, spekulativen Philosophie einzutreten und dort auf ewig in einem Dunst von »Kognitionen«, »Affektionen«, »Konationen« und anderen schemenhaften Begriffen herumzuirren hätte. Kulturelle Handlungen – das Bilden, Auffassen und Verwenden symbolischer Formen – sind soziale Ereignisse wie all die anderen auch; sie sind ebenso öffentlich wie eine Heirat und ebenso beobachtbar wie etwa die Landwirtschaft.

Sie sind jedoch nicht ganz dasselbe; genauer gesagt, die symbolische Dimension sozialer Ereignisse kann wie die psychologische getrennt von diesen Ereignissen als empirischen Gesamtheiten betrachtet werden. Es bleibt, um eine Bemerkung von Kenneth Burke aufzugreifen, ein Unterschied, ob man ein Haus baut oder einen Bauplan für ein Haus zeichnet, und es ist etwas grundsätzlich anderes, ob man ein Gedicht über Heirat und Kinder liest oder selbst heiratet und Kinder hat.[6] Auch wenn sich der Bau eines Hauses am Plan orientieren oder der Wunsch nach Kindern durch die Lektüre des Gedichts hervorgerufen worden sein mag (eine Sache, die weniger wahrscheinlich ist), bedarf es doch einer Präzisierung, damit unser Umgang mit Symbolen nicht mit unserem Umgang mit Gegenständen oder Menschen verwechselt wird: letztere sind an sich keine Symbole, auch wenn sie häufig als solche fungieren können.[7] Wie eng auch immer im Alltagsleben das Kulturelle, Soziale und Psychologische bei Häusern, Farmen, Gedichten und Heiraten miteinander verwoben sein mag,

6 K. Burke, *The Philosophy of Literary Form,* Baton Rouge, La. 1941, S. 9 (dt.: *Dichtung als symbolische Handlung,* übers. von Günther Rebing, Frankfurt am Main 1966, S. 14).

7 Der umgekehrte Irrtum, den Neukantianer wie Cassirer häufig begehen, nämlich Symbole mit ihren Referenten gleichzusetzen oder sie als »konstitutiv« für sie anzunehmen, ist ebenso schädlich (Vgl. Ernst Cassirer, *Philosophie der symbolischen Formen,* 4. A., unveränderter fotomechanischer Nachdruck der 2. A., Darmstadt 1964. »Man kann mit dem Finger auf den Mond deuten«, soll ein wahrscheinlich erfundener Zen-Lehrer gesagt haben, »aber den Finger für den Mond zu halten ist töricht.«

ist es doch nützlich, sie in der Analyse auseinanderzuhalten und dabei die Gattungsmerkmale eines jeden auf dem standardisierten Hintergrund der anderen beiden gesondert darzustellen.
Was die Kulturmuster, d.h. die Symbolsysteme oder Symbolkomplexe betrifft, so ist ihr für uns in diesem Zusammenhang wichtigstes Gattungsmerkmal, daß sie extrinsische Informationsquellen sind. Unter »extrinsisch« verstehe ich nichts weiter, als daß sie – anders als z. B. die Gene – außerhalb der Grenzen des einzelnen Organismus in jenem intersubjektiven Bereich allgemeiner Verständigung angesiedelt sind, in den alle Menschen hineingeboren werden, in dem sie ihre getrennten Lebenswege verfolgen und der auch nach ihrem Tod ohne sie weiterbesteht. Unter »Informationsquellen« verstehe ich nichts weiter, als daß sie – ebenso wie die Gene – Baupläne oder Schablonen sind, mit deren Hilfe Prozessen, die ihnen nicht angehören, eine bestimmte Form verliehen werden kann. So wie die Anordnung der Basen in einer DNS-Kette ein codiertes Programm ist, Bündel von Instruktionen oder Rezept für die Synthese der komplexen Proteinstrukturen, die das Funktionieren des Organismus steuern, liefern auch Kulturmuster Programme für die Anordnung der sozialen und psychologischen Prozesse, die das öffentliche Verhalten steuern. Obwohl die Art der Information und die Weise ihrer Übermittlung hier und dort völlig verschieden sind, ist dieser Vergleich zwischen Gen und Symbol mehr als nur eine der üblichen stark strapazierten Analogien vom Typus »soziale Vererbung«. Es besteht eine tatsächliche substantielle Beziehung. Gerade weil nämlich beim Menschen die durch die Gene programmierten Prozesse im Vergleich zu den niederen Tieren so unspezifisch sind, sind die durch die Kultur programmierten so wichtig; gerade weil das menschliche Verhalten nur wenig durch intrinsische Informationsquellen determiniert ist, sind die extrinsischen Quellen so wesentlich. Ein Biber benötigt zum Bau eines Dammes nur den richtigen Platz und die geeigneten Materialien – seine Vorgehensweise ist durch seine Physiologie bestimmt. Der Mensch aber, dessen Gene bei baulichen Aktivitäten nichts zu sagen haben, benötigt dazu noch eine Vorstellung davon, was es heißt, einen Damm zu bauen; eine Vorstellung, die er nur aus einer symbolischen Quelle beziehen kann – aus einem Bauplan,

einem Lehrbuch oder aus verschiedenen Äußerungen von jemandem, der bereits weiß, wie man Dämme baut – oder natürlich daraus, daß er graphische oder sprachliche Elemente so bearbeitet, daß er eine Vorstellung davon entwickeln kann, was Dämme sind und wie sie gebaut werden.

Dieser Punkt wird bisweilen als Beweis dafür angeführt, daß Kulturmuster »Modelle« seien, Mengen von Symbolen, deren Beziehungen zueinander die Beziehungen zwischen Größen, Prozessen oder was es sonst noch in physikalischen, organischen sozialen und psychologischen Systemen gibt, »nachbilden«, indem sie sie »abbilden«, »imitieren« oder »simulieren«.[8] Der Begriff »Modell« hat jedoch zwei Bedeutungen – die Bedeutung »Modell von etwas« und die Bedeutung »Modell für etwas« –, und obwohl beide nur verschiedene Aspekte ein und desselben Grundbegriffs sind, empfiehlt es sich, sie zum Zweck der Analyse auseinanderzuhalten. In der ersten Bedeutung liegt die Betonung auf der Manipulation von Symbolstrukturen: sie werden so konstruiert, daß sie das vorgegebene nichtsymbolische System möglichst genau abbilden, etwa wenn wir uns das Prinzip, nach dem Dämme funktionieren, mit Hilfe einer Theorie der Hydraulik oder eines Flußdiagramms begreiflich machen. Die Theorie oder das Diagramm führt die physikalischen Verhältnisse in einem Modell vor, indem sie nämlich deren Struktur in synoptischer Form ausdrücken, um sie verständlich zu machen. Es sind Modelle *von* »Wirklichkeit«. In der zweiten Bedeutung liegt die Betonung auf der Manipulation nichtsymbolischer Systeme nach Maßgabe der Beziehungen, die in den symbolischen zum Ausdruck kommen. Das geschieht z. B. dann, wenn wir einen Damm nach den Bauvorschriften errichten, die wir aus einer Theorie der Hydraulik oder aus einem Flußdiagramm gewonnen haben. Hier ist die Theorie ein Modell, nach dessen Vorbild die physikalischen Beziehungen organisiert werden: sie ist ein Modell *für* »Wirklichkeit«. Psychologische und soziale Systeme wie auch kulturelle Modelle, die wir gemeinhin nicht als »Theorien«, sondern als »Lehren«, »Melodien« oder »Riten« bezeichnen, unterscheiden sich hiervon überhaupt nicht. Im Unterschied zu den

8 K. Craik, *The Nature of Explanation*, Cambridge 1952.

Genen und anderen nichtsymbolischen Informationsquellen, die nur Modelle *für* etwas und keine Modelle *von* etwas sind, enthalten Kulturmuster einen doppelten Aspekt: Sie verleihen der sozialen und psychologischen Wirklichkeit Bedeutung, d. h. in Vorstellungen objektivierte Form, indem sie sich auf diese Wirklichkeit ausrichten und zugleich die Wirklichkeit auf sich ausrichten.

Es ist gerade dieser doppelte Aspekt, wodurch sich die echten Symbole von anderen Bedeutungsträgern unterscheiden. Modelle *für* etwas lassen sich, wie das Gen-Beispiel zeigt, überall in der Natur finden: wo immer ein Muster übermittelt werden soll, sind derartige Programme ganz einfach nötig. Das vielleicht schlagendste Beispiel aus der Tierwelt ist das Lernen durch Prägung, denn zu dieser Art des Lernens gehört die automatische Vorführung einer adäquaten Verhaltenssequenz durch ein Modelltier in Gegenwart eines lernenden Tiers, die ebenso automatisch zur Auslösung und Stabilisierung einer bestimmten, im lernenden Tier genetisch angelegten Reaktionsfolge führt.[9] Der Tanz, durch den zwei Bienen sich verständigen, von denen eine Nektar gefunden hat, während die andere ihn noch sucht, wäre ein weiteres Beispiel, obwohl von anderer Art und komplexer codiert.[10] Craik hat sogar angenommen, das dünne Wasserrinnsal, das sich als erstes einen Weg von der Bergquelle zum Meer hinabbahnt und eine schmale Rinne für die nachfolgende größere Wassermenge schafft, habe so etwas wie eine Modell-*für*-etwas-Funktion.[11] Aber Modelle *von* etwas – linguistische, graphische, mechanische, natürliche und andere Prozesse, deren Funktion nicht darin besteht, Informationen zu liefern, nach denen andere Prozesse gebildet werden können, sondern darin, eben diese nachgebildeten Prozesse darzustellen, ihre Struktur in einem anderen Medium auszudrücken – sind viel seltener und kommen unter den Lebewesen höchstwahrscheinlich nur beim Menschen vor. Die Wahrnehmung der strukturellen Übereinstimmung einer Menge von Prozessen, Tätigkeiten, Beziehungen, Größen usw. mit einer anderen Menge, der gegenüber sie als Programm auftritt, so daß

9 K. Lorenz, *King Solomon's Ring*, London 1952.

10 K. von Frisch, »Dialects in the Language of the Bees«, *Scientific American*, August 1962.

11 K. Craik, *Nature of Explanation*, a. a. O.

das Programm als Darstellung oder Vorstellung – als Symbol – des Programmierten verstanden werden kann, macht das Wesen des menschlichen Denkens aus. Die gegenseitige Übertragbarkeit von Modellen *für* etwas und Modellen *von* etwas, die durch die symbolische Formulierung möglich wird, ist das besondere Merkmal unserer Denkweise.

... starke, umfassende und dauerhafte Stimmungen und Motivationen in den Menschen schaffen ...

Was die religiösen Symbole und Symbolsysteme betrifft, so ist diese gegenseitige Übertragbarkeit nicht zu übersehen. Die Ausdauer, der Mut, die Eigenständigkeit, das Durchhaltevermögen und die leidenschaftliche Willenskraft, die sich der Prärieindianer auf der Suche nach Visionen antrainiert, sind mit den wichtigsten Tugenden, nach denen er zu leben versucht, identisch: im Streben nach Offenbarung festigt sich auch das Bewußtsein, wie er sich zu verhalten hast.[12] Das Gefühl vernachlässigter Pflichten, geheimgehaltener Schuld und öffentlicher Scham nach einer Beichte, das bei den Seancen der Manus beständig hervorgerufen wird, sind eben diejenigen Gefühlsregungen, die jener Ethik der Pflichterfüllung zugrundeliegen, von der seine eigentumsorientierte Gesellschaft zusammengehalten wird: mit dem Wunsch nach Absolution bildet sich auch ein Gewissen aus.[13] Die Selbstdisziplin, die einen regungslos ins Kerzenlicht starrenden javanischen Mystiker einer Gottheit näherbringen soll, trainiert ihn zugleich in jener rigorosen Kontrolle des Gefühlsausdrucks, die für jemanden, der ein quietistisches Leben führen will, unerläßlich ist.[14] Ob man die Vorstellung von einem persönlichen Schutzgeist, einer Familiengottheit oder einem inneren Gott als synoptische Formulierungen der jeweiligen Wirklichkeit auffaßt oder als Schablonen, die die betreffende Wirklichkeit hervorbringt, scheint weitgehend beliebig und hängt davon ab, welchen der beiden Aspekte – den des Modells *von* etwas oder den des

12 R. H. Lowie, *Primitive Religion,* New York 1924.

13 R. F. Fortune, *Manus Religion,* Philadelphia 1935.

14 C. Geertz, *The Religion of Java,* Glencoe, Ill. 1960.

Modells *für* etwas – man gerade in den Mittelpunkt stellen möchte. Die konkreten Symbole, mit denen wir es zu tun haben – sei es nun eine mythologische Gestalt, die in der Wildnis erscheint, der Schädel des verstorbenen Haushaltsvorstands, der wie ein Richter im Dachgebälk wacht, oder eine körperlose »Stimme in der Stille«, die tonlos rätselhafte alte Poesie rezitiert – verweisen sowohl in die eine wie in die andere Richtung. Sie drücken das jeweilige Leben aus und prägen es zugleich.

Sie prägen es, indem sie im Gläubigen bestimmte charakteristische Dispositionen wecken (Tendenzen, Fähigkeiten, Neigungen, Kenntnisse, Gewohnheiten, Verpflichtungen, Verantwortlichkeiten, Empfänglichkeiten), die den Ablauf seiner Tätigkeiten und die Art seiner Erfahrung in gewisser Weise festlegen. Eine Disposition bezeichnet nicht eine Tätigkeit oder ein Ereignis, sondern die Wahrscheinlichkeit, daß unter bestimmten Bedingungen eine Tätigkeit erfolgen oder ein Ereignis eintreten wird: »Wenn man behauptet, eine Kuh sei ein Wiederkäuer oder ein gewisser Mann sei ein Zigarettenraucher, so heißt das nicht, daß die Kuh gerade jetzt wiederkäut oder daß der Mann gerade jetzt eine Zigarette raucht. Ein Wiederkäuer sein heißt, von Zeit zu Zeit wiederzukäuen, und ein Zigarettenraucher sein heißt: die Gewohnheit haben, Zigaretten zu rauchen.«[15] Dementsprechend heißt fromm sein nicht, eine Art frommer Handlung zu begehen, sondern die Neigung zu derartigen Handlungen. Das gleiche gilt für den Mut des Prärieindianers, die Gewissensprobleme des Manus oder den Quietismus des Javaners, die im jeweiligen Zusammenhang das Wesen der Frömmigkeit ausmachen. Der Vorzug dieser Sichtweise liegt darin, daß sie das, was man gewöhnlich »mentale Züge« oder – wenn man den Cartesianismus nicht bemühen will – »psychologische Kräfte« nennt (beides an sich völlig unanfechtbare Begriffe), aus dem ganzen verschwommenen und unzugänglichen Bereich individueller Sinneswahrnehmung herauslöst und in jene klare Welt des Beobachtbaren verlegt, in der die Zerbrechlichkeit von Glas, die Entzündbarkeit von Papier und (um zur Metapher zurückzukehren) Englands feuchtes Klima angesiedelt sind.

15 G. Ryle, *The Concept of Mind*, London und New York 1949 (dt.: *Der Begriff des Geistes*. Übers. von Kurt Baier, Stuttgart 1969).

Was nun die religiösen Handlungen betrifft (und das Auswendiglernen eines Mythos ist ebensosehr eine religiöse Handlung wie das Abtrennen eines Fingerglieds), so wecken sie zwei in gewisser Hinsicht unterschiedliche Dispositionen: Stimmungen und Motivationen.

Eine Motivation ist eine beständige Tendenz, eine stets vorhandene Neigung, gewisse Arten von Handlungen zu begehen und in gewissen Arten von Situationen gewisse Arten von Gefühlen zu erleben, wobei es sich bei diesen drei »Arten« meist um ganz verschiedene und ziemlich unklare Kategorien handelt:

> ... wenn wir hören, jemand sei eitel [d. h. in seinem Handeln von Eitelkeit getrieben], erwarten wir von ihm in erster Linie, daß er sich in einer bestimmten Art verhält, nämlich daß er viel über sich selbst spricht, daß er sich in die Gesellschaft angesehener Leute drängt, daß er jegliche Kritik zurückweist, die Aufmerksamkeit auf sich zu lenken sucht und Unterhaltungen über die Verdienste anderer ausweicht. Wir erwarten von ihm auch, daß er sich rosigen Wachträumen über seine eigenen Erfolge hingibt, Gedanken an vergangene Mißerfolge vermeidet und viele Pläne für sein eigenes Vorwärtskommen schmiedet. Eitel sein heißt: sich auf diese und viele andere verwandte Arten benehmen. Gewiß erwarten wir von einem eitlen Menschen auch, daß er in gewissen Lagen Stiche und Zittern verspürt; wir erwarten, daß er einen Stich tief im Herzen verspürt, wenn eine prominente Person seinen Namen vergessen hat, und daß er sich leichtbeschwingt fühlt, wenn er über die Mißgeschikke seiner Nebenbuhler hört. Aber Gefühle der Verletzung und Leichtbeschwingtheit zeugen nicht klarer von Eitelkeit als öffentliches Prahlen oder heimliche Wachträume.[16]

Entsprechendes gilt für alle anderen Motivationen. »Unbezähmbarer Mut« als Motiv beinhaltet etwa die Entschlossenheit, in der Wildnis zu fasten oder Überfälle auf feindliche Lager ganz allein zu unternehmen und sich beim Gedanken an ein Bravourstück zu erregen. »Ethische Skrupelhaftigkeit« beinhaltet so tiefsitzende Tendenzen wie die, lästige Versprechen einzulösen, heimliche Sünden trotz starken öffentlichen Mißfallens zu beichten und Schuldgefühle zu entwickeln, wenn bei Seancen vage und allgemein gehaltene Beschuldigungen vorgebracht werden. »Ruhige Gelassenheit« schließlich beinhaltet den beständigen Willen, Haltung zu bewahren, was immer da kommen mag, das Zurschau-

16 Ebd. S. 86 (dt. A.: S. 110 f.).

stellen selbst minimaler Gefühlsregungen abzulehnen und über gestaltlose Wesenheiten inhaltslose Kontemplationen anzustellen. Motive sind also weder Handlungen (d.h. intentionale Verhaltensweisen) noch Gefühle, sondern Neigungen zu bestimmten Handlungen oder zu bestimmten Gefühlen. Und eben das meinen wir auch unter anderem – wenngleich auch nur unter anderem –, wenn wir jemanden als religiös, d.h. als durch Religion motiviert, bezeichnen.

Weiterhin meinen wir, daß er bei entsprechender Stimulierung für bestimmte Stimmungen empfänglich ist, Stimmungen, die wir manchmal unter Oberbegriffen wie »ehrerbietig«, »feierlich« oder »gläubig« zusammenfassen. Diese allgemeinen Bezeichnungen verdecken jedoch die ungeheure empirische Mannigfaltigkeit der jeweiligen Dispositionen und gleichen sie tendenziell der ganz besonders feierlichen Ausprägung an, die einen Großteil unseres eigenen religiösen Lebens kennzeichnet. Die Stimmungen, die heilige Symbole zu verschiedenen Zeiten und an verschiedenen Orten ausgelöst haben, reichen von Begeisterung bis zu Melancholie, von Selbstvertrauen bis zu Selbstmitleid, von überschäumender Ausgelassenheit bis zu völliger Teilnahmslosigkeit, von der erogenen Kraft so vieler Mythen und Rituale auf der Welt ganz zu schweigen. Ebenso wie es mehr als nur eine Art der Motivation gibt, die man Frömmigkeit nennen könnte, gibt es nicht nur eine Art der Stimmung, die man gläubig nennen könnte.

Der Hauptunterschied zwischen Stimmungen und Motivationen besteht darin, daß letztere sozusagen vektorielle Qualitäten, erstere dagegen nur skalare sind. Motive sind gerichtet, sie benennen einen bestimmten allgemeinen Verlauf, streben bestimmte, gewöhnlich temporäre, Erfüllungen an. Stimmungen hingegen verändern sich nur in ihrer Intensität: sie sind auf nichts gerichtet. Sie entspringen bestimmten Situationen, verfolgen aber keinen Zweck. Sie sind wie Nebel, sie verdichten sich und lichten sich wieder, sie steigen auf und verflüchtigen sich wie Gerüche. Wenn sie da sind, sind sie allumfassend: ist man traurig, so scheint alles und jedes düster; ist man lustig, so scheint alles und jedes herrlich. Daher kann man zwar gleichzeitig eitel, tapfer, willensstark und eigenständig, nicht aber ausgelassen und teilnahmslos oder frohlockend und melancholisch sein.[17] Weiterhin bleiben Motive über kürzere oder längere Zeiträume hinweg bestehen, während Stimmungen nur öfter oder weniger oft wiederkehren, aus meist unerfindlichen Gründen auftauchen und wieder verschwinden. Doch der für uns vielleicht wichtigste Unterschied zwischen Stimmungen und Motivationen besteht darin, daß Motivationen mit Bezug auf die Ziele, zu denen sie hinführen sollen, »Sinn ergeben«, während Stimmungen mit Bezug auf die Bedingungen, denen sie entspringen sollen, »Sinn ergeben«. Wir deuten Motive von ihren Zielen her. Wir sagen, jemand sei fleißig, weil er vorwärtskommen möchte; wir sagen, jemand sei ängstlich, weil er die nukleare Massenvernichtung kommen sieht. Dasselbe gilt auch für »transzendente« Deutungen. Nächstenliebe wird zu christlicher Nächstenliebe, wenn sie in eine Vorstellung von Gottes Ratschluß eingebettet ist; Optimismus wird zu christlichem Optimismus, wenn er in einer bestimmten Vorstellung vom Wesen Gottes gründet. Die Beharrlichkeit der Navaho erklärt sich logisch aus dem Glauben, daß die »Wirklichkeit« mechanisch abläuft und daher zwingbar ist; ihre beständige Furcht erklärt sich aus ihrer Überzeugung, daß die »Wirklichkeit«, wie immer sie abläuft, ungeheuer mächtig und auch entsetzlich gefährlich ist.[18]

... indem es Vorstellungen einer allgemeinen Seinsordnung formuliert und ...

Daß es dieselben Symbole und Symbolsysteme sind, die einerseits die von uns als religiös bezeichneten Dispositionen wecken und bestimmen und andererseits diese Dispositionen in einen kosmischen Rahmen stellen, sollte eigentlich nicht weiter verwundern. Wenn wir eine bestimmte ehrfürchtige Stimmung als religiös und nicht als säkular bezeichnen, so meinen wir doch wohl, daß sie aus der Vorstellung einer alles durchdringenden

17 Ebd. S. 99 (dt. A.: S. 130 f.).

18 C. Kluckhohn, »The Philosophy of the Navaho Indians«, in: *Ideological Differences and World Order*, hrsg. von F. S. C. Northrop, New Haven 1949, S. 356-84.

Lebenskraft, z. B. des *mana,* herrührt und nicht etwa von einem Ausflug zum Grand Canyon. Oder wenn wir eine bestimmte asketische Praktik als Beispiel religöser Motivierung anführen, so meinen wir doch wohl, daß sie sich auf ein absolutes Ziel, z. B. das Nirvana, richtet und nicht auf ein begrenztes wie etwa Gewichtsabnahme. Würden heilige Symbole nicht Dispositionen in den Menschen auslösen und zugleich allgemeine Ordnungsvorstellungen formulieren – wie dunkel, unartikuliert und unsystematisch sie auch sein mögen –, so gäbe es keine empirischen Unterscheidungsmerkmale, die für religiöse Tätigkeit oder religiöse Erfahrung spezifisch sind. Die Einstellung eines Golfspielers zu seinem Sport läßt sich zwar durchaus als »religiöse« beschreiben, aber nicht schon dann, wenn er ihn nur leidenschaftlich gerne und bloß sonntags betreibt: er muß in ihm außerdem ein Symbol für transzendente Wahrheiten sehen. Der pubertierende Knabe aus einer Karikatur von William Steig, der seelenvoll in die Augen des pubertierenden Mädchens schaut und murmelt: »Ethel, Du hast etwas, das mich irgendwie religiös stimmt«, ist wie die meisten Heranwachsenden einfach verwirrt. Was eine Religion über das innerste Wesen der Wirklichkeit aussagt, mag unverständlich, seicht und allzuoft auch verkehrt sein; doch muß sie etwas darüber aussagen, wenn sie nicht nur aus der Anhäufung überkommener Praktiken und konventioneller Gefühlsregungen, die wir gemeinhin als Moral bezeichnen, bestehen soll. Wollte man heute eine Minimaldefinition von Religion wagen, so liefe sie wahrscheinlich nicht auf Tylors berühmten »Glauben an geistige Wesen« hinaus, eine Definition, zu der zurückzukehren uns Goody, der theoretischen Spitzfindigkeiten überdrüssig, kürzlich aufgefordert hat; sondern eher auf das, was Salvador de Madariaga »das vergleichsweise bescheidene Dogma, daß Gott nicht verrückt ist«, genannt hat.[19]

Gewöhnlich behaupten die Religionen natürlich sehr viel mehr als nur das. Wir glauben, wie James es formulierte, alles, was wir können, und würden alles glauben, wenn wir nur könn-

19 J. Goody, »Religion and Ritual: The Definition Problem«, *British Journal of Psychology* 12, 1961. S. 143-64.

ten.[20] Was wir offenbar am wenigsten ertragen können, ist die Bedrohung unserer Vorstellungskräfte, die Möglichkeit, daß uns unsere Fähigkeit, Symbole zu schaffen, zu begreifen und zu gebrauchen, im Stich lassen könnte. Würde uns das nämlich widerfahren, so wären wir, wie ich bereits andeutete, hilfloser als die Biber. Die extreme Unspezifiziertheit, Ungerichtetheit und Veränderbarkeit der angeborenen (d. h. genetisch programmierten) Reaktionsfähigkeiten des Menschen bringt es mit sich, daß er ohne die Hilfe von Kulturmustern in seinen Funktionen defizient bliebe. Er wäre nicht etwa bloß ein begabter Affe, der wie ein benachteiligtes Kind unglücklicherweise an der vollen Entfaltung seiner Möglichkeiten gehindert wurde, sondern eine Art formloses Monster ohne Richtungssinn und ohne Befähigung zur Selbstkontrolle, ein Chaos sprunghafter Impulse und unbestimmter Emotionen. Die Abhängigkeit des Menschen von Symbolen und Symbolsystemen ist derart groß, daß sie über seine kreatürliche Lebensfähigkeit entscheiden. Schon der geringste Anlaß zu der Befürchtung, sie könnten mit irgendeinem Aspekt der Erfahrung nicht fertigwerden, löst daher die schwerwiegendsten Ängste in ihm aus:

Nun vermag er (der Mensch) sich zwar allem, womit seine Einbildungskraft es aufnehmen kann, irgendwie anzupassen, er kann aber nicht mit dem Chaos fertig werden. Weil sein charakteristisches Tun und seine höchste Gabe das Vorstellen ist, fürchtet er am meisten die Begegnung mit dem, was er nicht ausdeuten kann, – mit dem ›Unheimlichen‹, wie es volkstümlich heißt. Das braucht kein neuer Gegenstand zu sein; wir erleben neue Dinge und ›verstehen‹ sie sogleich, sei es auch versuchsweise, durch die nächstliegende Analogie, wenn der Geist in Freiheit funktioniert; unter geistigem Druck aber können ganz vertraute Dinge plötzlich ihre Einordnung verlieren und uns in Panik versetzen. Daher sind die Symbole der allgemeinen Orientierung in der Natur, auf der Erde, in der Gesellschaft und in dem, was wir tun, die Symbole unserer Weltanschauung und Lebensanschauung, immer am wichtigsten für uns. Folglich werden in der primitiven Gesellschaft die gewöhnlichen Tätigkeiten, Essen, Waschen, Feuermachen usw. ebenso wie das reine Zeremoniell mit einem täglichen Ritual versehen; denn die Notwendigkeit, die Stammesmoral ständig zu bekräftigen und ihre kosmische Bedingtheit anzuerkennen, wird fortwährend empfunden. Im christlichen Europa brachte die Kirche die Menschen täglich (in einigen Orden sogar stündlich) auf die Knie, um ihre

20 W. James, *The Principles of Psychology*, 2 Bände, New York 1904.

Anerkennung der letzten Begriffe, wenn schon nicht innerlich zu bedenken, so doch äußerlich zu vollziehen.[21]

Es gibt mindestens drei Punkte, an denen das Chaos – ein Aufruhr von Ereignissen, für die es nicht nur keine Interpretation, sondern auch keine *Interpretationsmöglichkeit* gibt – über den Menschen hereinzubrechen droht: an den Grenzen seiner analytischen Fähigkeiten, an den Grenzen seiner Leidensfähigkeit und an den Grenzen seiner ethischen Sicherheit. Sowohl Verwirrung und Leiden wie auch das Gefühl eines unauflöslichen ethischen Widerspruchs stellen, sobald sie nur intensiv genug werden oder lange genug anhalten, radikal die Grundannahme in Frage, daß das Leben begreifbar sei und daß wir uns mit Hilfe des Denkens erfolgreich in ihm zurechtfinden können – Forderungen, denen jede, auch die »primitivste« Religion irgendwie genügen muß, wenn sie Bestand haben will.

Es ist der erste dieser drei Problemkreise, der von den modernen Sozialanthropologen am wenigsten untersucht worden ist (Evans-Pritchards klassische Erörterung, warum Kornspeicher auf manche Zande fallen und auf andere nicht, bildet eine bemerkenswerte Ausnahme[22]). Schon die Überlegung, die religiösen Anschauungen der Menschen könnten Versuche sein, ungewöhnliche Ereignisse und Erfahrungen – Tod, Träume, Geistesabwesenheit, Vulkanausbrüche oder eheliche Untreue – in den Bereich des wenigstens potentiell Erklärbaren einzubeziehen, erinnert offenbar an Tylor oder Schlimmeres. Es scheint jedoch festzustehen, daß es zumindest einigen (wahrscheinlich aber den meisten) Menschen unmöglich ist, ungeklärte Fragen einfach auf sich beruhen zu lassen, die befremdlicheren Erscheinungen in der Welt nur mit sprachlosem Staunen oder gelassener Teilnahmslosigkeit zu betrachten, ohne zu versuchen, einige wie immer phantastische, widersinnige oder einfältige Ideen darüber zu entwickeln, wie diese Erscheinungen mit den alltäglicheren Erfahrungswerten in Einklang zu bringen wären. Jedes längere Versagen des vor-

21 S. Langer, *Philosophy in a New Key,* a. a. O., S. 287 (dt. A. S. 282).

22 E. E. Evans-Pritchard, *Witchcraft, Oracles and Magic among the Azande,* Oxford 1937 (dt.: *Hexerei, Orakel und Magie bei den Zande.* Von Eva Gillies eingeleitete und gekürzte Ausgabe. Übers. von Brigitte Luchesi. Frankfurt am Main 1978.)

handenen Erklärungsapparats, des Gesamtkomplexes der tradierten Kulturmuster (*Common sense*, Wissenschaft, Philosophie, Mythos), die man zur Verortung der empirischen Welt, zur Erklärung dessen, was nach Erklärung verlangt, zur Verfügung hat, birgt die Möglichkeit tiefer Beunruhigung – eine Möglichkeit, die verbreiteter, und eine Beunruhigung, die tiefer ist, als wir meist anzunehmen gewohnt sind, seit wir Religion zu Recht nicht mehr als Pseudowissenschaft auffassen. Immerhin hat selbst der Hohepriester des heroischen Atheismus, Lord Russell, einmal gesagt, daß ihn zwar das Problem der Existenz Gottes niemals berührt habe, aber die Vieldeutigkeit gewisser mathematischer Axiome fast um den Verstand gebracht hätten. Und Einsteins tiefe Unzufriedenheit mit der Quantenmechanik beruhte auf der – sicherlich religiösen – Unfähigkeit zu glauben, daß Gott, wie er sich ausdrückte, mit dem Weltall würfelt.

Dieser Suche nach Verständlichkeit und einem derartigen Aufwallen metaphysischer Ängste, wenn empirische Phänomene undurchdringlich dunkel zu bleiben drohen, begegnet man aber auch auf viel anspruchsloseren geistigen Gebieten. Ich war bei meiner eigenen Arbeit tief beeindruckt, mehr als ich je erwartet hätte, wie sehr sich meine animistischer denkenden Informanten wie echte Tylorianer verhielten. Es schien so, als gebrauchten sie ihre Glaubensanschauungen in einem fort, um Phänomene zu »erklären« oder, genauer gesagt, um sich zu versichern, daß die Phänomene im Rahmen ihres akzeptierten Weltbildes erklärbar waren, denn sie hielten an der jeweils vorgebrachten Hypothese – Besessenheit, emotionales Ungleichgewicht, Tabuverletzung oder Verhexung – für gewöhnlich nicht sehr lange fest und waren nur zu bereit, sie für eine andere, gleichartige Hypothese, die ihnen im gegebenen Fall plausibler vorkam, aufzugeben. Allerdings waren sie *nicht* bereit, sie ersatzlos – ohne andere Hypothese – aufzugeben, die Ereignisse auf sich beruhen zu lassen.

Damit nicht genug: sie nahmen diese furchtsame Geisteshaltung auch gegenüber Phänomenen ein, die keinen unmittelbar praktischen Einfluß auf ihr Leben oder überhaupt auf das Leben hatten. Als im Haus eines Schreiners ein eigentümlich geformter, ziemlich großer Giftpilz innerhalb weniger Tage (einige sagten, weniger Stunden) emporwuchs, kamen die Menschen meilenweit herbei, um ihn anzuschauen, und alle hatten irgendwelche Erklärungen für ihn parat – animistische, animatistische oder noch andere, die irgendwo dazwischenlagen. Dennoch läßt sich schwerlich behaupten, daß dem Giftpilz ein sozialer Wert im Sinne Radcliffe-Browns zukam oder daß er irgendwie mit einem solchen verknüpft war, dessen Stelle er vielleicht eingenommen hatte (wie die Grille bei den Andamanen).[23] Giftpilze spielen bei den Javanern ungefähr die gleiche Rolle wie bei uns, und gewöhnlich interessieren sie sich nicht mehr und nicht weniger dafür als wir. Nur war jener eben »seltsam«, »sonderbar«, »unheimlich« – *aneh*. Und es ging ganz einfach darum, das Seltsame, Sonderbare und Unheimliche zu erklären bzw. die Überzeugung, daß es *erklärt werden konnte*, aufrechtzuerhalten. Man reißt keinen Giftpilz aus, der fünfmal so schnell wächst, wie es einem Giftpilz normalerweise zukommt. Der »sonderbare« Giftpilz hatte im weitesten Sinne für alle, die von ihm hörten, Folgen – und zwar entscheidende. Er bedrohte ganz allgemein ihre Fähigkeit, die Welt zu verstehen, und warf die unbequeme Frage auf, ob ihre Anschauungen über die Natur eigentlich brauchbar, ihre Wahrheitsmaßstäbe gültig waren.

Damit soll nun nicht behauptet werden, daß das beunruhigende Gefühl des Menschen, seine kognitiven Mittel könnten unzulänglich sein, nur oder vor allem durch das plötzliche Eintreten außerordentlicher Ereignisse hervorgerufen würde, oder daß diese Erkenntnis nur in kritischen Situationen aufträte. Viel häufiger liegt der Grund für die chronische Beunruhigung in einer hartnäckigen, immer aufs neue erfahrenen Schwierigkeit, bestimmte Aspekte der Natur, des Selbst und der Gesellschaft zu verstehen, bestimmte schwer faßbare Phänomene den kulturell formulierbaren Fakten zuzuordnen, weshalb die Menschen ständig einen Strom diagnostischer Symbole auf sie richten. Es ist das, was jenseits einer relativ festgelegten Linie sicheren Wissens liegt und hinter dem täglichen praktischen Lebensablauf immer spürbar bleibt, was die gewöhnliche menschliche Erfahrung fortwährend in den Kontext metaphysischer Fragen stellt und den dunklen,

23 A. R. Radcliffe-Brown, *Structure and Function in Primitive Society*, Glencoe, Ill. 1952.

undeutlich bewußten Verdacht hervorruft, man könnte einer absurden Welt ausgeliefert sein.

Ein anderes Problem, das [bei den Iatmul] Gegenstand dieses typischen intellektuellen Nachforschens ist, sind die Kräusel und Wellen auf der Wasseroberfläche. Man sagt im geheimen, daß Menschen, Schweine, Bäume, Gras – alle Gegenstände in der Welt – nur Wellenmuster sind. Tatsächlich scheint man in diesem Punkt weitgehend einer Meinung zu sein, obwohl er möglicherweise der Theorie der Inkarnation widerspricht, derzufolge der Geist eines Toten vom Ostwind als Nebel den Fluß hinauf und in den Leib der Frau geblasen wird, die mit dem Sohn des Verstorbenen verheiratet ist. Wie dem auch sei, es bleibt die Frage, wie Kräusel und Wellen zustande kommen. Der Clan, der den Ostwind als Totem für sich beansprucht, ist sich darüber völlig im klaren: es ist der Wind mit seinem Moskitowedel, der die Wellen verursacht. Andere Clans dagegen haben die Wellen personifiziert und sagen, sie seien eine vom Wind unabhängige Person (Kontum-mali). Wieder andere Clans vertreten noch andere Theorien. Einmal, als ich einige Iatmul zur Küste mitgenommen hatte, fand ich einen von ihnen allein dasitzen und mit gespannter Aufmerksamkeit auf das Meer schauen. Es war ein windstiller Tag, aber eine leichte Dünung brach sich am Ufer. Zu den totemistischen Ahnen seines Clans gehörte auch eine personifizierte Schlitztrommel, die den Fluß hinunter ins Meer getrieben war und von der man glaubte, sie verursache die Wellen. Er starrte auf die Wellen, die sich auch ohne Wind aufwarfen und brachen und damit die Richtigkeit seines Clan-Mythos bewiesen.[24]

Die zweite bedrohliche Erfahrung, die die Sinnhaftigkeit eines bestimmten Lebensmusters in ein Chaos aus gegenstandslosen Namen und namenlosen Gegenständen zu zersprengen droht – das

24 G. Bateson, *Naven*, 2. A., Stanford 1958. Daß die chronischen und akuten Formen eines solchen kognitiven Interesses eng miteinander verbunden sind und daß die Reaktionen auf ungewöhnliche Vorkommnisse solchen Reaktionen nachgebildet sind, die im Umgang mit den gewöhnlichen entstanden, wird jedoch ebenfalls aus Batesons Beschreibung deutlich. Er fährt fort: »Ein anderes Mal lud ich einen meiner Informanten ein, bei der Entwicklung von Photoplatten dabei zu sein. Ich machte die Platten zunächst unempfindlich und entwickelte sie dann bei schwachem Licht in einem offenen Gefäß, so daß mein Informant das allmähliche Hervortreten der Bilder beobachten konnte. Er war sehr interessiert; einige Tage später nahm er mir das Versprechen ab, diesen Vorgang niemals Mitgliedern anderer Clans zu zeigen. Einer seiner Ahnen war Kontum-mali; den photographischen Entwicklungsprozeß betrachtete er als tatsächliche körperliche Verwandlung von kleinen Wellen in Bilder, und er hielt dies für eine Demonstration des Clangeheimnisses.«

Problem des Leidens –, wurde dagegen eingehender untersucht oder zumindest eingehender beschrieben, vor allem weil in Arbeiten über Stammesreligionen gerade Krankheit und Trauer, die beiden wahrscheinlich wichtigsten Erscheinungsformen des Leidens, besondere Beachtung gefunden haben. Doch ungeachtet des außerordentlichen Interesses an den Emotionen im Umkreis solcher Grenzsituationen wurde – mit Ausnahme von wenigen Arbeiten, darunter Lienhardts Buch über das Wahrsagen bei den Dinka – so gut wie kein theoretisches Konzept entwickelt, das über eine krude Theorie der Zuversicht à la Malinowski hinausginge, daß nämlich die Religion »Situationen emotionaler Spannung« erträglicher mache, indem sie »eine Flucht aus solchen Situationen und Sackgasen, die keinen anderen empirischen Ausweg in den Bereich des Übernatürlichen bieten als den über Ritual und Glaube« ermöglicht.[25] Die Unzulänglichkeit dieser »Theologie des Optimismus«, wie Nadel sie recht trocken bezeichnete, liegt natürlich auf der Hand.[26] Wahrscheinlich hat die Religion im Laufe der Geschichte die Menschen mindestens ebenso verstört wie ermuntert, ihnen mindestens ebensooft direkt und unverblümt klargemacht, daß sie zum Leiden geboren sind, wie sie ihnen eine solche Einsicht ersparen half, indem sie sie in eine Art kindlicher Märchenwelt versetzte, wo – nochmals Malinowski – »Hoffnung nicht fehlschlagen und der Wunsch nicht trügen kann«.[27] Mit Ausnahme vielleicht der Christlichen Wissenschaft gibt es so gut wie keine religiösen Traditionen, seien es nun »große« oder »kleine«, in denen der Satz, Leben sei nun einmal Leiden, nicht nachdrücklich vertreten würde; in einigen wird er geradezu verherrlicht.

Sie war eine alte [Ba-Ila] Frau aus einer Familie mit langer Ahnenreihe. Leza, »der Bedrängende«, erhob seine Hand gegen die Familie. Er tötete ihre Mutter und ihren Vater, als sie noch ein Kind war, und im Laufe der Jahre starben

25 G. Lienhardt, *Divinity and Experience*. Oxford 1961, S. 151 ff.; B. Malinowski, *Magic, Science and Religion*, Boston 1948, S. 67 (dt.: *Magie, Wissenschaft und Religion. Und andere Schriften*. Übers. von Eva Krafft-Bassermann. Frankfurt am Main 1973, S. 71).
26 S. F. Nadel, »Malinowski on Magic and Religion«, in: *Man and Culture*, hrsg. von R. Firth, London 1957, S. 189-208.
27 B. Malinowski, *Magic, Science and Religion*, a. a. O., S. 67 (dt. A.: S. 71).

alle ihre Verwandten. Sie sagte sich: »Ich werde bestimmt die behalten, die auf meinem Schoß sitzen.« Aber nein, sogar sie, die Kinder ihrer Kinder wurden ihr genommen ... Da faßte sie in ihrem Herzen den verzweifelten Entschluß, Gott aufzusuchen und ihn nach dem Sinn all dessen zu fragen ... So begann sie zu reisen, durchzog ein Land nach dem anderen und dachte unaufhörlich: »Ich werde an den Ort gelangen, wo die Erde aufhört, und dort werde ich einen Weg zu Gott finden, und ich werde ihn fragen: ›Was habe ich Dir getan, daß Du mich so heimsuchst?‹ Sie erreichte nie den Ort, wo die Erde aufhört, aber sie gab trotz all ihrer Enttäuschung die Suche nicht auf, und als sie durch die verschiedenen Länder kam, fragte man sie: »Weshalb bist du gekommen, alte Frau?«, und immer antwortete sie: »Ich suche Leza.« »Sie sucht Leza! Weshalb?« »Das fragt ihr mich, meine Brüder? Gibt es in diesen Ländern hier jemanden, der so viel erleidet, wie ich erlitten habe?« Und sie fragten weiter: »Was hast du erlitten?« »Das habe ich erlitten: Ich bin allein. Ich bin, wie ihr seht, eine alleingelassene alte Frau. So stehe ich nun da.« Und sie antworteten: »Ja, das sehen wir. So stehst du nun da! Ohne Freunde und Ehemann. Worin unterscheidest du dich von anderen? Der Bedrängende sitzt uns allen im Nacken, und wir können ihn nicht abschütteln.« Ihr Wunsch ging nie in Erfüllung. Sie starb an gebrochenem Herzen.[28]

Aus religiöser Sicht stellt das Problem des Leidens paradoxerweise nicht die Frage, wie es zu vermeiden sei, sondern die, wie zu leiden sei, wie man körperlichen Schmerz, persönliche Verluste, irdische Niederlagen oder die Hilflosigkeit gegenüber der Pein anderer erträglich, ertragbar, sozusagen zu etwas Leidlichem machen kann. Eben daran scheiterte die Ba-Ila-Frau, ob nun zwangsläufig oder nicht, und starb verwirrt und verzweifelt, weil sie buchstäblich nicht wußte, wie sie mit dem, was ihr widerfahren war, umgehen, wie sie es erleiden sollte. Das »Sinnproblem«, von dem Max Weber sprach, umfaßt eben nicht nur die eher rationale Frage, ob Erfahrung letztlich erklärbar ist, sondern auch das eher affektive Problem, wie sie letzten Endes ertragen werden kann. Während die Religion einerseits die Fähigkeit unserer symbolischen Funktion, analytische Ideen zu formulieren, dadurch befördert, daß sie eine verbindliche Auffassung der Realität insgesamt bereitstellt, ist unsere ebenfalls symbolische Fähigkeit, Gefühle – Stimmungen, Leidenschaften, Affekte – auszu-

28 C. W. Smith und A. M. Dale, *The Ila-Speaking Peoples of Northern Rhodesia,* London 1920, S. 179 ff.; zitiert in P. Radin, *Primitive Man as a Philosopher,* New York 1957, S. 100 f.

drücken, in einer analogen Konzeption vom generellen Wesen und der eigentümlichen Färbung der Wirklichkeit verankert. Wer sich die religiösen Symbole zu eigen machen kann, hat – solange er es kann – eine kosmische Garantie dafür, nicht nur die Welt zu verstehen, sondern auch seine Empfindungen und Gefühle präzise definieren zu können, wodurch es ihm möglich wird, diese Welt verdrießlich oder freudig, verbissen oder gelassen zu ertragen.

Wir wollen unter diesem Gesichtspunkt einmal die bekannten Heilungsriten der Navaho betrachten, die gewöhnlich als »Gesänge« bezeichnet werden.[29] Ein Gesang – die Navaho haben an die sechzig verschiedene davon für ganz verschiedene Zwecke; fast alle jedoch dienen der Beseitigung irgendeiner körperlichen oder geistigen Krankheit – ist ein religiöses Psychodrama mit drei Hauptpersonen: dem »Sänger« oder Heiler, dem Patienten und, gewissermaßen als antiphonischem Chor, den Familienmitgliedern und Freunden des Patienten. Die Struktur der verschiedenen Gesänge, ihre dramatische Handlung, ist weitgehend die gleiche. Es gibt drei Hauptakte: die Reinigung des Patienten und des Publikums, der in Form wiederholter Beschwörungen und ritueller Handlungen vorgebrachte Wunsch nach Wiederherstellung des Wohlergehens (der »Harmonie«) des Patienten, schließlich die Identifikation von Patient und Heiligem Volk mit der anschließenden »Heilung«. Die Reinigungsriten umfassen künstlich hervorgerufenes Schwitzen, Erbrechen und ähnliches, um die Krankheit auf physischem Wege aus dem Patienten zu vertreiben. Die zahllosen Beschwörungen bestehen hauptsächlich aus einfachen Wunschsätzen, wie »Möge es dem Patienten gut gehen«, »Mir geht es schon rundherum besser« etc. Die Identifikation des Patienten mit dem Heiligen Volk und also mit der kosmischen Ordnung überhaupt erfolgt mit Hilfe einer Sandzeichnung, die das Heilige Volk in einem jeweils passenden mythischen Zusammenhang darstellt. Der Sänger setzt den Patienten auf die Zeichnung, berührt zunächst Füße, Hände, Knie, Schultern, Brust, Rücken und Kopf der dargestellten Götter und anschließend die

29 C. Kluckhohn und D. Leighton, *The Navaho,* Cambridge/Mass. 1946; G. Reichard, *Navaho Religion,* 2 Bände, New York 1950.

entsprechenden Körperteile des Patienten. Damit vollzieht er eine im Grunde körperliche Identifikation von Menschlichem und Göttlichem.[30] Dies ist der Höhepunkt des Gesangs. Der gesamte Heilungsprozeß kann, wie Reichard sagt, mit einer spirituellen Osmose verglichen werden, in deren Verlauf die Krankheit des Menschen von der einen und die Kraft der Gottheit von der anderen Seite durch die Membrane der Zeremonie dringt, bis die Krankheit schließlich von dieser Kraft neutralisiert wird. Während der kranke Navaho schwitzt, erbricht oder auf sonstige Weise rituell gereinigt wird, dringt die Krankheit nach außen; und Gesundheit dringt nach innen, sobald er mit Hilfe des Sängers die heilige Sandzeichnung berührt. Die Symbolik des Gesangs konzentriert sich eindeutig auf das Problem des menschlichen Leidens, indem sie es in einen Sinnzusammenhang stellt. Sie stellt einen Modus des Handelns bereit, durch den es ausgedrückt, im Ausgedrücktwerden verstanden und im Verstehen ertragen werden kann. Die stärkende Wirkung des Gesangs (da es sich bei den Krankheiten vor allem um Tuberkulose handelt, kann er in den meisten Fällen nur stärkend wirken) beruht letztlich auf seiner Fähigkeit, der erkrankten Person ein Vokabular zur Verfügung zu stellen, mit dem sie die Natur ihres Leidens fassen und mit der übrigen Welt in Beziehung setzen kann. Wie bei einer Prozession, einer Rezitation von Buddhas Auszug aus dem väterlichen Palast oder einer Aufführung von *König Ödipus* in anderen religiösen Traditionen geht es bei einem Navaho-Gesang hauptsächlich um die Darbietung eines besonderen und konkreten Bildes wahrhaft menschlichen und damit erträglichen Leidens, das dem Ansturm des Gefühls von Sinnlosigkeit gewachsen ist, das sich bei großem und unabwendbarem grausamen Leiden einstellt.

Das Problem des Leidens geht oft bruchlos in das der Sünde über, weil schlimmes Leid zumindest beim Leidenden fast immer das Gefühl weckt, er habe es nicht verdient. Dennoch sind die beiden Fragen nicht völlig identisch – ein Sachverhalt, den Weber bei seiner Einbeziehung östlicher Religionen in das christliche Theodizeeproblem meines Erachtens deswegen nicht deutlich erkannte, weil er unter dem Einfluß einer monotheistischen Tradi-

30 Reichard, *Navaho Religion*, a. a. O.

tion stand, in der menschliches Leiden unmittelbar die Frage nach der Güte Gottes aufwirft, da die verschiedenen Aspekte menschlicher Erfahrung als von einem einzigen Willen herrührend begriffen werden müssen. Während sich nämlich beim Problem des Leidens unsere Fähigkeit bedroht sieht, den »undisziplinierten Haufen« unserer Gefühle in eine soldatische Ordnung zu bringen, geht es beim Problem der Sünde um die Bedrohung unserer moralischen Urteilsfähigkeit. Das Problem der Sünde zielt nicht darauf, ob unsere symbolischen Mittel hinreichen, um unser Gefühlsleben zu beherrschen, sondern darauf, ob diese Mittel hinreichen, um uns funktionierende ethische Kriterien und normative Richtlinien zur Lenkung unseres Handelns an die Hand zu geben. Die Beunruhigung rührt her von der Kluft zwischen den Dingen, wie sie sind und wie sie sein sollen, wenn unsere Vorstellungen von Richtig und Falsch einen Sinn haben; von der Kluft zwischen dem, was unserer Meinung nach die einzelnen Menschen verdienen, und dem, was sie offensichtlich bekommen – ein Sachverhalt, den der folgende Vierzeiler tiefgründig zusammenfaßt:

The rain falls on the just
And on the unjust fella;
But mainly upon the just,
Because the unjust has the just's umbrella.

Wem hier ein Thema, das in anderer Form dem Buch Hiob und der Baghavadgītā zugrundeliegt, etwas zu salopp formuliert ist, dem erscheint vielleicht das folgende klassische Gedicht aus Java, das dort fast jedem Kind geläufig ist und immer wieder gesungen und rezitiert wird, ein angemessenerer Ausdruck für das gleiche Problem – die Diskrepanz zwischen ethischen Vorschriften und materiellen Belohnungen, der offensichtliche Widerspruch zwischen »Sein« und »Sollen«:

Wir haben in einer Zeit der Unordnung gelebt,
in der alle verwirrt sind.
Einer will die Tollheiten nicht mitmachen.
Macht er sie aber nicht mit,
wird er nichts von der Beute erhalten
und am Ende verhungern.
Ja, Gott; das Schlechte ist schlecht:

Glücklich sind die, die vergessen,
doch glücklicher noch jene, die sich erinnern und die erkennen.

Man muß auch nicht theologisch gebildet sein, um religiöse Probleme zu haben. Die Sorge über unlösbare ethische Widersprüche, das beunruhigende Gefühl, daß die moralische Einsicht der moralischen Erfahrung nicht entspricht, ist sowohl in den sogenannten primitiven Religionen wie auch in den sogenannten zivilisierten vorhanden. Davon zeugen zum Beispiel die verschiedenen Vorstellungen über die »Teilung der Welt« bei den Dinka, die Lienhardt beschreibt.[31] Wie so viele Völker glauben die Dinka, daß der Himmel, wo »Gottheit« wohnt, und die Erde, wo die Menschen wohnen, einmal zusammenhingen. Der Himmel befand sich unmittelbar über der Erde und war durch ein Seil mit ihr verbunden, so daß die Menschen nach Belieben vom einen in den anderen Bereich gelangen konnten. Den Tod gab es nicht. Der erste Mann und die erste Frau lebten von einem Hirsekorn am Tage, mehr bedurften sie damals nicht, und mehr war ihnen auch nicht gestattet. Aus Habgier beschloß (natürlich) die Frau eines Tages, mehr als nur das erlaubte Quantum Hirse anzubauen, und in ihrer gierigen Hast und in ihrem Arbeitseifer traf sie Gottheit unglücklicherweise mit dem Stiel ihrer Hacke. Beleidigt löste sie das Seil und zog sich in den weit entfernten Himmel, wie es ihn heute gibt, zurück, während die Menschen fortan für ihr Essen arbeiten, Krankheit und Tod erleiden und vom Ursprung ihres Seins, ihrem Schöpfer, getrennt leben müssen. Die Bedeutung dieser uns eigentümlich vertrauten Geschichte für die Dinka ist ähnlich wie die der Schöpfungsgeschichte für Juden und Christen nicht homiletisch, sondern deskriptiv:

Diejenigen (Dinka), die die Geschichte erläuterten, machten mitunter keinen Hehl daraus, daß ihre Sympathien dem Menschen und seinem traurigen Los galten; sie wiesen auf die Geringfügigkeit des Vergehens hin, dessentwegen Gottheit ihm seine wohltätige Nähe entzog. Die Vorstellung, daß Gottheit von einer Hacke getroffen wurde ... löst häufig eine gewisse Belustigung aus, fast als ob man die Geschichte für zu kindisch hielte, um die Folgen zu erklären, die dieses Ereignis gehabt haben soll. Es ist jedoch klar, daß es in dieser Geschichte von Gottheits Rückzug nicht um eine belehrende moralische Beurteilung des menschlichen Verhaltens geht. Es geht darum, eine

31 Lienhardt, *Divinity and Experience*, a.a.O., S. 28-55.

Gesamtsituation darzustellen, wie sie die heutigen Dinka kennen. Die Menschen heute sind so, wie es der erste Mann und die erste Frau damals wurden: aktiv, selbstsicher, neugierig, lernbegierig. Sie sind aber auch Leiden und Tod unterworfen, erfolglos, unwissend und arm. Das Leben ist unsicher, die menschlichen Berechnungen erweisen sich häufig als falsch, und die Menschen müssen oft erfahren, daß auf ihre Handlungen nicht das folgt, was sie sich vorgestellt oder für recht und billig erachtet haben. Gottheits Rükzug vom Menschen als Folge einer nach menschlichen Maßstäben vergleichsweise geringfügigen Beleidigung zeigt den Gegensatz zwischen gerechten menschlichen Urteilen und dem Wirken der Macht, die nach allgemeiner Auffassung die Ereignisse im Leben der Dinka letztlich beherrscht ... Für die Dinka ist die moralische Ordnung letztlich nach Prinzipien verfaßt, die sich den Menschen häufig entziehen, die sich teilweise in Erfahrung und in Tradition zeigen und die durch menschliches Handeln nicht verändert werden können ... Der Mythos von Gottheits Rückzug spiegelt also die bestehenden Verhältnisse, wie man sie kennt. Die Dinka leben in einem Universum, das ihrer Kontrolle weitgehend entzogen ist und in dem Ereignisse den berechtigsten menschlichen Erwartungen zuwiderlaufen.[32]

Beim Problem der Sünde – oder vielleicht sollte man es das Problem *mit* der Sünde nennen –, handelt es sich im Grunde um das gleiche wie beim Problem der Verwirrung (oder mit der Verwirrung) und dem Problem des Leidens (bzw. mit dem Leiden). Die befremdliche Unverständlichkeit bestimmter empirischer Ereignisse, die dumpfe Sinnlosigkeit heftiger und unerbittlicher Schmerzen und die rätselhafte Unerklärbarkeit schreiender Ungerechtigkeit lassen gleichermaßen den beunruhigenden Verdacht aufkommen, daß die Welt, und damit das Leben der Menschen in der Welt, im Grunde vielleicht gar keine Ordnung aufweist – weder empirische Regelmäßigkeit noch emotionale Form noch moralische Kohärenz. Und die religiöse Antwort auf diesen Verdacht ist in allen Fällen dieselbe: sie formt mittels Symbolen das Bild einer solchen genuinen Ordnung, das die ins Auge springenden Zweideutigkeiten, Rätsel und Widersinnigkeiten in der menschlichen Erfahrung erklärt oder sogar hervorhebt. Es geht ihr nicht etwa darum zu bestreiten, daß es ungeklärte Ereignisse gibt, daß das Leben Schmerzen bringt oder daß es auf die Gerechten regnet; was sie bestreitet ist vielmehr, daß es unerklärbare Ereignisse gebe, daß das Leben unerträglich und Gerechtigkeit

32 Ebd.

ein Trugbild sei. Die Prinzipien der moralischen Ordnung mögen sich, wie Lienhardt sagt, dem Verständnis des Menschen häufig entziehen, aber das kann auch bei völlig befriedigenden Erklärungen außergewöhnlicher Ereignisse oder bei drastischen Formen des Gefühlsausdrucks der Fall sein. Entscheidend ist – zumindest für den religiösen Menschen –, daß diese Unverständlichkeit erklärbar ist, daß sie nicht etwa aus der Nichtexistenz solcher Prinzipien, Erklärungen und Formen, aus der Absurdität des Lebens oder der Nutzlosigkeit des Versuchs resultiert, der Erfahrung einen moralischen, intellektuellen oder emotionalen Sinn zu geben. Die Dinka können die moralischen Vieldeutigkeiten und Widersprüche in ihrem Leben gelten lassen, ja sogar darauf beharren, weil diese Vieldeutigkeiten und Widersprüche nicht als grundlegend angesehen werden, sondern als »rationale«, »natürliche«, »logische« (man mag hier nach Belieben eines dieser Adjektive einsetzen, weil keines wirklich angemessen ist) Folge der moralischen Struktur der Wirklichkeit, wie sie der Mythos von »Gottheits« Rückzug zeigt oder, wie Lienhardt sagt, »abbildet«.

Beim Sinnproblem in allen seinen ineinandergreifenden Aspekten (wie diese Aspekte im einzelnen Fall nun wirklich ineinandergreifen, welche Wechselbeziehungen zwischen dem Gefühl analytischen, emotionalen und moralischen Ungenügens bestehen, ist meines Erachtens eine der wichtigsten und mit Ausnahme von Weber noch kaum bearbeiteten Fragen der vergleichenden Forschung in diesem gesamten Gebiet) geht es darum, die Unvermeidlichkeit von Unverständnis, Schmerz und Ungerechtigkeit im menschlichen Leben zu bejahen oder zumindest anzuerkennen, während gleichzeitig verneint wird, daß diese irrationalen Züge der Welt insgesamt eigen seien. Und es sind die religiösen Symbole – Symbole, die einen Zusammenhang schaffen zwischen dem Bereich des menschlichen Seins und einer weiteren Sphäre, die die menschliche umgreifen soll –, durch die sowohl diese Bejahung als auch diese Verneinung ausgedrückt werden.[33]

33 Das soll jedoch *nicht* heißen, daß das jeder in jeder Gesellschaft tut, denn wie der unsterbliche Don Marquis einmal sagte, muß man nicht unbedingt eine Seele haben, es sei denn, man möchte wirklich eine. Die oft vorgebrachte Verallgemeinerung, daß Religion eine menschliche Universalie sei, verwech-

... diese Vorstellungen mit einer solchen Aura von Faktizität umgibt...

Hier stellt sich jedoch sogleich eine noch weitergehende Frage: Wie kommt es, daß diese Verneinung Glauben findet? Wie kommt es, daß der religiöse Mensch seine als beunruhigend erfahrene Wahrnehmung von Unordnung durch die mehr oder weniger feste Überzeugung von einer grundlegenden Ordnung ersetzt? Was bedeutet »Glauben« im religiösen Kontext eigentlich? Unter all den Fragen, die im Zusammenhang mit religionsethnologischen Untersuchungen aufgetaucht sind, ist dies die vielleicht schwierigste. Sie wird wohl auch deshalb so gerne ausgespart und der Psychologie zugeschoben, dieser liederlichen Außenseiter-Disziplin, an die die Ethnologen schon immer all jene Phänomene abgetreten haben, für deren Behandlung ihr abgegriffenes Durkheimsches Instrumentarium nicht ausreichte. Die Frage aber bleibt, sie ist (wie alles Soziale) keine rein »psychologische«, und jede ethnologische Religionstheorie, die ihr ausweicht, verdient den Namen nicht. Schon zu lange haben wir versucht, *Hamlet* ohne den Prinzen aufzuführen.

Zu Beginn jeder Annäherung an dieses Thema sollte man, so meine ich, festhalten, daß der religiöse Glauben nicht induktiv im Sinne von Bacon, auf der Grundlage der Alltagserfahrung, vorgeht – denn dann müßten wir alle Agnostiker sein –, sondern daß er eine Autorität unterstellt, die diese Erfahrung verwandelt. Verwirrung, Leiden und ethische Widersprüche – das Sinnproblem also – gehören zu den Dingen, die die Menschen zum Glauben an

selt die wahrscheinlich richtige (obwohl aufgrund der vorhandenen Beweise unüberprüfbare) Behauptung, daß es keine menschliche Gesellschaft gibt, in der kulturelle Muster, die wir entsprechend der gegebenen oder einer ähnlichen Definition religiös nennen könnten, vollständig fehlen, mit der sicher unrichtigen Behauptung, daß alle Menschen in allen Gesellschaften in irgendeiner sinnvollen Bedeutung des Wortes religiös seien. Während es kaum ethnologische Untersuchungen religiöser Bindungen gibt, fehlen ethnologische Untersuchungen des religiösen Nicht-Gebundenseins ganz und gar. Die Religionsethnologie wird erst dann den Kinderschuhen entwachsen sein, wenn ein subtilerer Malinowski ein Buch mit dem Titel »Glauben und Unglauben (oder gar »Glaube und Scheinheiligkeit«) bei den Wilden« geschrieben hat.

Götter, Teufel, Geister, totemistische Prinzipien oder die spirituelle Wirksamkeit von Kannibalismus treiben (andere Motive wären beispielsweise ein überwältigender Sinn für Schönheit oder die Faszination, die von der Macht ausgeht); sie sind jedoch nicht die Quelle solcher Glaubensanschauungen, sondern bilden vielmehr deren wichtigsten Anwendungsbereich:

> Wir verweisen auf den Zustand der Welt, um eine Lehre zu exemplifizieren, niemals aber, um sie damit zu beweisen. In diesem Sinn exemplifiziert Belsen eine Welt der Erbsünde. Die Erbsünde ist jedoch keine Hypothese, die Geschehnisse wie Belsen erklären könnte. Wir rechtfertigen eine bestimmte religiöse Glaubensvorstellung, indem wir ihren Ort in der religiösen Gesamtvorstellung aufzeigen; wir rechtfertigen einen religiösen Glauben als Gesamtheit, indem wir ihn auf eine Autorität beziehen. Wir erkennen die Autorität an, weil wir sie an irgendeinem Punkt in der Welt finden, an dem wir die Herrschaft von etwas Jenseitigem verehren und anerkennen. Wir beten nicht die Autorität an, aber wir akzeptieren sie als Instanz, die das Anbetungswürdige definiert. So lassen sich mögliche Gegenstände der Anbetung in den reformierten Kirchen mit der Autorität der Bibel begründen, während sie sich in der römisch-katholischen Kirche aus der Anerkennung der päpstlichen Autorität ergeben.[34]

Hier handelt es sich natürlich um eine christliche Darstellung unserer Problematik, die deshalb jedoch keine geringere Gültigkeit besitzt. In Stammesreligionen liegt die Autorität in der Überzeugungskraft traditioneller Vorstellungen, in mystischen Religionen in der apodiktischen Macht übersinnlicher Erfahrung, in charismatischen in der hypnotischen Anziehung, die von einer außergewöhnlichen Persönlichkeit ausgeht. Doch die Vorrangstellung, die in religiösen Fragen die Anerkennung einer autoritativen Instanz vor der Erkenntnis hat, die aus dieser Anerkennung folgen soll, ist hier ebenso mächtig wie in Religionen, die sich auf eine Schrift oder eine hierarchische Ordnung berufen. Das Grundaxiom hinter dem, was wir vielleicht die »religiöse Perspektive« nennen könnten, ist überall das gleiche: wer wissen möchte, muß zunächst glauben.

Von der »religiösen Perspektive« zu reden impliziert, daß es auch andere Perspektiven gibt. Eine Perspektive ist eine Weise des

34 A. MacIntyre, »The Logical Status of Religious Belief«, in: *Metaphysical Beliefs*, hrsg. von A. MacIntyre, London 1957, S. 167-211.

Sehens – »sehen« in jener weiten Bedeutung von »erkennen«, »begreifen«, »verstehen« oder »erfassen«. Sie ist eine bestimmte Weise, das Leben zu sehen, eine bestimmte Art, die Welt zu deuten, so wie wir etwa von einer historischen Perspektive, einer wissenschaftlichen Perspektive, einer ästhetischen Perspektive, einer *Common sense*-Perspektive oder sogar von einer bizarren Perspektive sprechen, wie wir sie in Träumen und Halluzinationen finden.[35] Wir haben daher zu fragen, erstens, worin das Typische der »religiösen Perspektive« im Unterschied zu anderen Perspektiven besteht; und zweitens, wie es kommt, daß die Menschen gerade sie wählen.

Die besondere Eigenart der religiösen Perspektive tritt deutlicher faßbar hervor, wenn wir sie anderen wichtigen Perspektiven gegenüberstellen, mit deren Hilfe die Menschen die Welt deuten: der des *Common sense*, der wissenschaftlichen und der ästhetischen Perspektive. Der *Common sense* als Weise des »Sehens« ist, wie Schütz gezeigt hat, dadurch gekennzeichnet, daß sie die Welt,

35 Der Terminus »Einstellung« wie in »ästhetischer Einstellung« oder »natürlicher Einstellung« ist ein anderer, vielleicht gebräuchlicherer Terminus für das, was ich »Perspektive« genannt habe. Zum ersten vgl. C. Bell, *Art*, London 1914; zum zweiten, obwohl der Ausdruck ursprünglich von Husserl stammt, A. Schütz, *The Problem of Social Reality*. Collected Papers, Bd. I, Den Haag 1962 (dt.: *Das Problem der sozialen Wirklichkeit. Gesammelte Aufsätze Bd. I*, übers. von Benita Luckmann und Richard Grathoff, Den Haag 1971, S. 119). Ich habe ihn jedoch wegen seiner starken subjektivistischen Konnotationen, seiner Tendenz, den Nachdruck auf einen angenommenen inneren Zustand eines Handelnden zu legen, statt auf eine bestimmte, nämlich symbolisch vermittelte Art von Beziehung zwischen einem Handelnden und einer Situation, vermieden. Das heißt selbstverständlich nicht, daß eine phänomenologische Untersuchung religiöser Erfahrung, wenn sie in intersubjektiven, nichttranszendentalen, genuin wissenschaftlichen Termini gefaßt ist (z. B. W. Percy, »Symbol, Consciousness and Intersubjectivity«, *Journal of Philosophy* 15, 1958, S. 631-41) für ein angemessenes Verständnis religiösen Glaubens unwesentlich sei, sondern nur, daß sie hier nicht im Mittelpunkt meines Interesses steht. Weitere Termini, die manchmal verwendet werden, sind »Ausblick«, »Bezugsrahmen«, »geistiger Rahmen«, »Orientierung«, »Haltung«, »mentales System« usw. Ihr Gebrauch hängt davon ab, ob der Untersuchende die sozialen, die psychologischen oder die kulturellen Aspekte des Gegenstandes hervorheben möchte.

deren Gegenstände und Prozesse einfach als das nimmt, was sie zu sein scheinen – was bisweilen als naiv realistisch bezeichnet wird –, sowie durch ein pragmatisches Motiv, nämlich den Wunsch, diese Welt entsprechend den eigenen praktischen Zielsetzungen zu gestalten, sie sich untertan zu machen oder, falls das nicht geht, sich ihr anzupassen.[36] Der festgelegte Schauplatz und vorgegebene Gegenstand unserer Handlungen ist die Alltagswelt, die ihrerseits natürlich ein Kulturprodukt ist, da sie sich im Rahmen symbolischer Vorstellungen von »unwandelbaren Tatsachen« formuliert, die von Generation zu Generation weitergegeben werden. Sie ist wie der Mount Everest einfach da, und das Einzige, was man mit ihm anfangen kann – wenn man überhaupt den Drang verspürt, etwas mit ihm anzufangen –, ist, ihn zu besteigen. Die wissenschaftliche Perspektive dagegen geht gerade nicht vom Feststehenden aus.[37] Wohlerwogener Zweifel und systematische Überprüfung, der Verzicht auf das pragmatische Motiv zugunsten objektiver Beobachtung, der Versuch, die Welt methodisch zu analysieren, wobei die Beziehung zu den informellen *Common sense*-Vorstellungen immer problematischer wird – all dies sind Merkmale des Bemühens, die Welt wissenschaftlich zu fassen. Was nun die ästhetische Perspektive angeht, die unter dem Stichwort »ästhetische Einstellung« vielleicht am genauesten untersucht wurde, so werden hier naiver Realismus und praktisches Interesse ebenfalls aufgegeben. Der Wirklichkeitsgehalt der Alltagserfahrung wird jedoch nicht in Zweifel gezogen, sondern einfach nicht zur Kenntnis genommen. Statt dessen wendet man sich begierig den Erscheinungen zu, läßt sich von der Oberfläche der Dinge in Beschlag nehmen und beschäftigt sich, wie man sagt, mit den Dingen »als solchen«: »Die Funktion der künstlerischen Illusion ist es nicht, ›glauben zu machen‹ ... sondern liegt vielmehr im Verzicht auf jeglichen Glauben – in der Betrachtung von Sinnesqualitäten, losgelöst von ihren gewöhnlichen Bedeutungen, die etwa signalisieren »hier ist dieser Stuhl«, »das ist mein Telefon« ... etc. Zu wissen, daß das, was wir vor uns haben,

36 A. Schütz, *The Problem of Social Reality*, a. a. O.
37 Ebd.

keine praktische Bedeutung in der Welt hat, ermöglicht es uns, seine Erscheinung als solche zu beachten.«[38] Und ebenso wie die *Common sense*-Perspektive und die wissenschaftliche (oder auch die historische, philosophische und künstlerische) ist diese Perspektive, diese »Weise des Sehens«, nicht das Ergebnis irgendeines geheimnisvollen cartesianischen Verfahrens, sondern wird induziert, vermittelt, ja geschaffen durch sonderbare quasi-gegenständliche Dinge – Gedichte, Schauspiele, Skulpturen, Symphonien –, die sich von der kompakten Welt des *Common sense* gelöst haben und damit jene besondere Aussagekraft erlangen, wie sie nur reinen Erscheinungen eigen ist.

Die religiöse Perspektive unterscheidet sich von der *Common sense*-Perspektive dadurch, daß sie, wie bereits angedeutet, über die Realitäten des Alltagslebens hinaus zu umfassenderen Realitäten hinstrebt, die jene korrigieren und ergänzen. Es geht ihr nicht um ein Einwirken auf diese umfassenderen Realitäten, sondern um ihre Anerkennung, um den Glauben an sie. Von der wissenschaftlichen Perspektive unterscheidet sie sich dadurch, daß sie die Realitäten des Alltagslebens nicht aufgrund institutionalisierter Zweifel in Frage stellt, die die feststehenden Aspekte der Welt in einen Strudel probabilistischer Hypothesen stürzen, sondern auf der Grundlage von Wahrheiten, die nach ihrem Dafürhalten umfassenderer und nicht-hypothetischer Natur sind. Ihr Losungswort ist Hingabe, nicht Distanz; Begegnung, nicht Analyse. Von der Kunst schließlich unterscheidet sie sich dadurch, daß sie sich von der Frage der Faktizität nicht löst und nicht absichtlich eine Aura des Scheins und der Illusion erzeugt, sondern das Interesse am Faktischen vertieft und eine Aura vollkommener Wirklichkeit zu schaffen versucht. Es ist eben diese Idee eines »wirklich Wirklichen«, die der religiösen Perspektive zugrundeliegt und die symbolische Praxis der Religion als kulturelles System hervorbringen, vertiefen und soweit wie möglich gegen die anderslautenden Erkenntnisse der säkularen Erfahrung immun machen soll. Analytisch gesehen liegt das Wesen des religiösen Handelns darin, daß ein ganz spezifischer Komplex von Symbolen – nämlich die Metaphysik, die sie formulieren, und der Le-

38 S. Langer, *Feeling and Form*, New York 1953, S. 49.

bensstil, den sie nahelegen – mit überzeugender Autorität ausgestattet wird.

Womit wir schließlich beim Ritual wären. Denn es ist das Ritual, d. h. der Komplex heiliger Handlungen, in dessen Rahmen sich in der einen oder anderen Weise die Überzeugung herausbildet, daß religiöse Vorstellungen mit der Wirklichkeit übereinstimmen und religiöse Verhaltensregeln begründet sind. Die Zeremonie ist der Ort, an dem die Stimmungen und die Motivationen, die die religiösen Symbole in den Menschen hervorrufen, und die allgemeinen Vorstellungen von der Seinsordnung, die sie für die Menschen ausdrücken, zusammentreffen und sich gegenseitig verstärken – auch wenn es sich bei dieser Zeremonie vielleicht nur um die Rezitation eines Mythos, die Befragung eines Orakels oder das Schmücken eines Grabes handeln mag. Im Ritual sind gelebte und vorgestellte Welt ein und dasselbe, sie sind in einem einzigen System symbolischer Formen verschmolzen und bewirken daher bei den Menschen jene eigentümliche Veränderung in der Wahrnehmung der Wirklichkeit, von der Santayana im eingangs angeführten Zitat spricht. Sieht man von der Rolle ab, die göttliches Eingreifen bei der Entstehung eines Glaubens spielen mag – und es ist nicht Sache des Wissenschaftlers, sich dazu zu äußern –, so ist es (jedenfalls in erster Linie) die Befolgung religiöser Vorschriften in Gestalt konkreter Handlungen, die auf der menschlichen Ebene die religiösen Überzeugungen in Erscheinung treten läßt.

Obwohl alle religiösen Rituale, wie automatisch oder konventionell sie auch scheinen mögen (wären sie es tatsächlich, so wären sie nicht religiös), diese Verschmelzung von Ethos und Weltauffassung in den Symbolen vollziehen, sind es doch vor allem die kunstvolleren und gewöhnlich öffentlichen Rituale – die ein breites Spektrum von Stimmungen und Motivationen einerseits und metaphysischen Vorstellungen andererseits umfassen –, welche das religiöse Bewußtsein eines Volkes prägen. Diese voll entfalteten Zeremonien lassen sich mit einem Begriff von Singer zutreffend als »kulturelle Veranstaltungen« bezeichnen: sie sind nicht nur der Punkt, an dem für die Gläubigen die gefühls- und vorstellungsmäßigen Aspekte des religiösen Lebens zusammenfließen, sondern auch der Punkt, an dem das Zusammenspiel dieser

Aspekte vom außenstehenden Beobachter am besten untersucht werden kann:

Wenn mir Brahmanen (und übrigens auch Nicht-Brahmanen) aus Madras irgendein Merkmal des Hinduismus deutlich machen wollten, bezogen sie sich immer auf einen bestimmten Ritus oder eine bestimmte Zeremonie, ob nun im Lebenszyklus eines einzelnen, im Rahmen von Tempelfeierlichkeiten oder bei allgemeinen religiösen und kulturellen Veranstaltungen, oder luden mich ein, sie mir anzusehen. Im Laufe meiner Interviews und Beobachtungen kam ich darauf, daß die meisten abstrakteren Allgemeinaussagen über den Hinduismus (meine eigenen wie auch jene, die ich hörte) direkt oder indirekt an diesen beobachtbaren Veranstaltungen überprüft werden konnten.[39]

Natürlich sind nicht alle kulturellen Veranstaltungen religiöse Veranstaltungen, und es ist in der Praxis häufig nicht so einfach, religiöse von künstlerischen oder auch politischen Veranstaltungen zu unterscheiden, da symbolische Formen – ähnlich wie die gesellschaftlichen Formen – ganz verschiedenen Zwecken dienen können. Interessant aber ist, daß – ich paraphrasiere etwas – die Inder (»und vielleicht alle Völker«) offenbar annehmen, ihre Religion sei »in diesen jeweiligen Veranstaltungen bündig zusammengefaßt, die sie Besuchern und sich selbst vorführen« können.[40] Was jedoch den Inhalt der Vorführung angeht, so ist er für die beiden Arten von Augenzeugen grundsätzlich verschieden; ein Faktum, das all jene, die »Religion für eine Form der menschlichen Kunstausübung« halten, anscheinend ganz übersehen.[41] Während nämlich die religiösen Veranstaltungen für die »Besucher« naturgemäß nur Ausdruck einer bestimmten religiösen Perspektive sein können und damit entweder ästhetischer Genuß oder wissenschaftlich bearbeitbares Material, sind sie für die Teilnehmenden darüber hinaus auch Inszenierungen, Materialisierungen, Realisierungen dieser Perspektive – nicht nur Modelle von Dingen, die sie glauben, sondern auch Modelle *für* ihren

39 M. Singer, »The Cultural Pattern of Indian Civilization«, *Far Eastern Quarterly* 15, 1955, S. 23-26.

40 M. Singer, »The Great Tradition in a Metropolitan Center: Madras«, in: *Traditional India*, hrsg. von M. Singer, Philadelphia 1958, S. 140-182.

41 R. Firth, *Elements of Social Organization*, London und New York 1951, S. 250.

Glauben. Die Menschen kommen in solchen schöpferischen Schaustellungen zu ihrem Glauben, während sie ihn darstellen.
Ich möchte das an einer besonders spektakulären kulturellen Veranstaltung aus Bali verdeutlichen: am rituellen Kampf zwischen einer schrecklichen Hexe namens Rangda und einem sympathischen Ungeheuer namens Barong.[42] Dieses Schauspiel wird meistens (wenn auch nicht ausschließlich) anläßlich eines Totentempelfestes aufgeführt und von Masken getanzt. Die Hexe, die als verblühte alte Witwe, Prostituierte und Kinderfresserin dargestellt ist, will Pest und Tod über das Land bringen. Ihr tritt das Ungeheuer entgegen, eine Mischung aus tapsigem Bären, törichtem Hündchen und protzigem chinesischen Drachen. Rangda, von einem einzelnen Mann getanzt, ist eine scheußliche Gestalt. Ihre Augen treten wie Geschwüre aus der Stirn hervor. Sie hat keine Zähne, sondern Hauer, die sich über den Backen aufwärtsbiegen, und Reißer, die hinab über das Kinn ragen. Ihr gelbliches Haar hängt verfilzt und wirr um ihren Körper herum. Ihre Brüste sind trockene, herabhängende behaarte Zitzen, zwischen denen Ketten gefärbter Därme wie Würste baumeln. Ihre lange, rote Zunge gleicht einem Feuerstrom. Beim Tanz spreizt sie ihre totenweißen Hände mit den gut dreißig Zentimeter langen klauenartigen Fingernägeln und stößt immer wieder ein entnervendes metallisches Gelächter aus. Barong dagegen, der wie ein Varieté-Pferd von zwei Männern – einer vorn, einer hinten – getanzt wird, verkörpert einen ganz anderen Typus. Sein zottiger Hirtenhundmantel ist mit Gold- und Flitterzeug übersät, das im Halbdunkel funkelt. Er ist mit Blumen, Bändern, Federn, Spiegeln und einem komischen Bart aus Menschenhaar herausgeputzt. Weil aber auch er ein Dämon ist, hat er ebenfalls herausquellende Augen und schnappt mit seinen hauerbewehrten Kinnbacken in

42 Der Rangda-Barong-Komplex wurde von einer Reihe außergewöhnlich begabter Ethnographen beschrieben und analysiert, und ich werde hier nicht versuchen, mehr als nur eine schematische Darstellung zu geben. Vgl. z. B. J. Belo, *Bali: Rangda and Barong*, New York 1949; B. DeZoete und W. Spies, *Dance and Drama in Bali*, London 1938; G. Bateson und M. Mead, *Balinese Character*, New York 1942; M. Covarrubias, *The Island of Bali*, New York 1937. Meine Interpretation des Komplexes beruht weitgehend auf eigenen Beobachtungen auf Bali in den Jahren 1957/58.

gebührender Wut, sobald er mit Rangda oder anderen zusammentrifft, die seine Würde in Frage stellen. Das Bündel klingender Schellen an seinem absonderlich gebogenen Schwanz trägt allerdings viel dazu bei, dieser Fürchterlichkeit die Spitze zu nehmen. Rangda ist eine satanische Gestalt, Barong dagegen eine lächerliche, ihr (unentschieden ausgehendes) Aufeinandertreffen ist eines zwischen Unheilvollem und Absurdem.

Dieser seltsame Kontrast von Horrorstück und billigem Schwank durchzieht die gesamte Vorstellung. Rangda bewegt sich, ihr magisches weißes Gewand raffend, schwankend langsam hin und her, hält manchmal reglos in Gedanken oder Ungewißheit versunken inne und taumelt dann plötzlich wieder vorwärts. Bei ihrem Erscheinen (man sieht, wenn sie durch die Toröffnung oben über einer niedrigen Steintreppe kommt, zuerst jene schrecklichen Hände mit den langen Nägeln) herrscht ungeheure Spannung, und es scheint (zumindest dem »Besucher«), als ob alles gleich aufspringen und panisch davonlaufen werde. Auch sie selbst wirkt, wie sie da unter wilden Gamelan-Klängen Verwünschungen gegen Barong ausstößt, aus Furcht und Haß wie von Sinnen. Bisweilen läuft sie tatsächlich Amok. Ich habe selbst gesehen, wie sich Rangdas kopfüber in das Gamelan-Orchester stürzten oder in totaler Verwirrung wild umherhetzten und nur durch die gemeinsamen Bemühungen von einem halben Dutzend Zuschauer beruhigt und wieder zu sich gebracht werden konnten. Es gibt auch viele Geschichten von rasenden Rangdas, die ein ganzes Dorf stundenlang in Schrecken versetzten, und von Darstellern, die durch das, was sie mitgemacht hatten, geistig verwirrt wurden. Barong dagegen hat offensichtlich die allergrößte Mühe, gefährlich zu wirken, obwohl er die gleiche mana-ähnliche Kraft (*sakti* im Balinesischen) wie Rangda besitzt und auch seine Darsteller in Trance agieren. Er reißt zusammen mit seinem Dämonengefolge (das auch durch eigene, taktlose Scherze zur allgemeinen Heiterkeit beiträgt) allerlei Possen, läßt sich etwa auf einem Metallophon nieder, während man darauf spielt, und schlägt mit den Beinen eine Trommel, oder er bewegt sich mit der vorderen Hälfte in eine Richtung und mit der hinteren in eine andere, verrenkt seinen zweigeteilten Körper auf die verrückteste Weise, bürstet sich Fliegen vom Leib, schnuppert in der Luft und gefällt sich immer wieder darin, eitel einherzustolzieren. Der Kontrast zu Rangda ist jedoch nicht durchgängig, denn auch sie ist zeitweise eine komische Figur – z. B. wenn sie so tut, als putze sie die Spiegel an Barongs Umhang –, wohingegen Barong nach Rangdas Erscheinen eher ernsthafter wird und nervös nach ihr schnappt und sie schließlich direkt angreift. Ebensowenig sind Komisches und Schreckliches immer streng auseinander gehalten; es gibt z. B. im Verlauf des Zyklus jene befremdliche Szene, in der sich mehrere untergeordnete Hexen (Schüler von Rangda) zur ungestümen Erheiterung des Publikums den Leichnam eines Totgeborenen zuwerfen, oder jene andere, nicht minder befremdliche Szene, in der eine schwangere Frau, die hysterisch einmal in Tränen und dann wieder in Gelächter ausbricht, von einer Gruppe Totengräber herumgestoßen wird und offenbar eine urkomische Erscheinung abgibt. Das Themenpaar Schrecken und Heiterkeit findet zwar in den beiden Hauptfiguren und ihrem endlosen, unentschiedenen Kampf um den Sieg den deutlichsten Ausdruck, durchzieht aber auch das übrige Schauspiel in allen seinen Facetten. Alles dreht sich um diese beiden Themen oder vielmehr um die Beziehung zwischen ihnen.

Es ist hier nicht nötig, eine Rangda-Barong-Aufführung ausführlich zu beschreiben. Die jeweiligen Aufführungen weichen in den Einzelheiten stark voneinander ab, umfassen verschiedene, nicht allzu eng miteinander verbundene Teile und haben in jedem Fall eine so komplexe Struktur, daß eine einfache Zusammenfassung nicht möglich ist. Der Punkt, auf den es uns in diesem Zusammenhang ankommt, ist der, daß das Stück für die Balinesen nicht nur ein Schauspiel ist, dem man zusieht, sondern auch ein Ritual, das man vollzieht. Es herrscht hier keine ästhetische Distanz, die die Schauspieler vom Publikum trennt und die dargestellten Ereignisse in eine unbetretbare Scheinwelt versetzt. Im Verlauf der gesamten Rangda-Barong-Begegnung sind viele, oft fast alle Mitglieder der Gruppe, die die Aufführung ausgerichtet hat, beteiligt, und zwar nicht nur gefühlsmäßig, sondern auch physisch. In einem von Belos Beispielen zählte ich mehr als fünfundsiebzig Menschen – Männer, Frauen und Kinder –, die zu irgendeinem Zeitpunkt an der Aufführung mitwirkten. Dreißig bis vierzig Teilnehmer sind keineswegs ungewöhnlich. In der Durchführung

gleicht das Schauspiel eher einem Hochamt und nicht so sehr einer Aufführung von *Mord im Dom*: es ist ein Teilnehmen, kein Zusehen.
Diese Teilnahme am Geschehen des Rituals erfolgt zum Teil über die verschiedenen Nebenrollen – untergeordnete Hexen, Dämonen und eine Reihe von legendären und mythischen Gestalten –, die von ausgewählten Dorfbewohnern gespielt werden. Meistens jedoch erfolgt sie aufgrund einer außergewöhnlich entwickelten Fähigkeit zur psychischen Dissoziation, die bei einem großen Teil der Bevölkerung vorliegt. Es gehört einfach dazu, daß bei einem Kampf zwischen Rangda und Barong mindestens drei, vier, meist aber mehrere Dutzend Zuschauer von einem Dämon ergriffen werden, in heftige Trancezustände verfallen – »wie Feuerwerkskörper, die einer nach dem anderen losgehen«[43] – und sich mit geschwungenem Kris in den Kampf stürzen. In der sich panikartig ausbreitenden Massentrance wird der einzelne Balinese aus der gewöhnlichen Welt, in der er normalerweise lebt, in jene völlig außergewöhnliche versetzt, in der Rangda und Barong leben. In Trance fallen bedeutet für die Balinesen das Überschreiten einer Schwelle zu einer anderen Seinsordnung. Das Wort für Trance ist *nadi*, von *dadi*, oft mit »werden« übersetzt, doch vielleicht zutreffender noch als »sein« wiederzugeben. Und selbst jene, die aus irgendeinem Grund diesen spirituellen Übergang nicht mitvollziehen, werden in das Geschehen einbezogen, da sie dafür zu sorgen haben, daß die Raserei der in Trance Gefallenen nicht völlig außer Kontrolle gerät – unter Einsatz von physischer Gewalt bei gewöhnlichen Leuten und unter Zuhilfenahme von geweihtem Wasser und magischen Sprüchen bei Priestern. Auf seinem Höhepunkt bewegt sich ein Rangda-Barong-Ritus am Rande eines Massen-Amoklaufs (zumindest scheint es so), wobei die immer kleiner werdende Zahl derer, die nicht in Trance sind, sich verzweifelt darum bemüht (offenbar fast immer erfolgreich), die wachsende Zahl der in Trance Gefallenen zu beaufsichtigen.
In der üblichen Form – wenn man von einer solchen sprechen kann – beginnt die Aufführung mit dem Auftritt von Barong, der angesichts der Dinge, die da kommen sollen, vorsorglich erst

43 Belo, *Trancee in Bali*, a. a. O.

einmal eitel auf und ab stolziert. Darauf können verschiedene mythische Szenen folgen – nicht immer exakt die gleichen –, welche die der Aufführung zugrundeliegende Geschichte erzählen, bis schließlich Barong und dann Rangda auftreten. Ihr Kampf beginnt. Barong schlägt Rangda bis zum Tor des Totentempels zurück. Er ist jedoch nicht stark genug, um sie vollständig zu vertreiben, und nun wird er bis zum Dorf zurückgeschlagen. Zuletzt, wenn es so aussieht, als ob Rangda schließlich die Oberhand gewänne, springen einige Männer in Trance auf und eilen mit gezücktem Kris Barong zu Hilfe. Doch sobald sie sich Rangda nähern (die ihnen in Gedanken versunken den Rücken zuwendet), wirbelt diese herum, stürzt sich auf sie und streckt sie mit einer Bewegung ihres weißen *sakti*-Gewands bewußtlos zu Boden. Darauf zieht sie sich eilig zum Tempel zurück (oder wird zurückgetragen), wo auch sie zusammenbricht, verborgen vor den Augen der aufgebrachten Menge, die, so sagte mir ein Informant, sie töten würde, wenn sie sie in diesem hilflosen Zustand sähe. Barong bewegt sich unterdes zwischen den Kris-Tänzern hin und her und weckt sie auf, indem er mit dem Maul nach ihnen schnappt oder sie mit seinem Bart kitzelt. Sobald sie – immer noch in Trance – wieder zu »Bewußtsein« kommen, geraten sie über Rangdas Verschwinden außer sich, und da sie sie nicht angreifen können, richten sie aus Enttäuschung den Kris gegen die eigene Brust (was in ihrem Zustand ungefährlich ist). Gewöhnlich verwandelt sich an dieser Stelle die Menge ins reinste Pandämonium: Zuschauer beiderlei Geschlechts fallen überall im Hof in Trance, springen vor, um sich zu erstechen, ringen miteinander, verschlingen lebende Küken oder Exkremente, wälzen sich zuckend im Schlamm und anderes mehr, während diejenigen, die nicht in Trance sind, sich bemühen, ihnen den Kris zu entwinden und sie wenigstens notdürftig zu zügeln. Nach und nach versinken die in Trance Gefallenen in einen Zustand regungsloser Starre, aus dem sie mit Hilfe des geweihten Wassers der Priester wieder erweckt werden. Die große Schlacht ist vorüber – auch diesmal völlig unentschieden. Rangda ist nicht besiegt worden, sie hat jedoch auch nicht gesiegt.

Will man der Bedeutung dieses Rituals nachgehen, so kann man z. B. versuchen, die verschiedenen Mythen, Erzählungen und expliziten Glaubensanschauungen zu sammeln, die hier vermutlich in Szene gesetzt werden. Aber nicht nur ist dieses Material vielfältig und veränderlich – für die einen ist Rangda die Inkarnation Durgas, Schivas bösartiger Gefährtin; für andere ist sie die Königin Mahendradatta, eine Gestalt aus einer höfischen Erzählung, die im Java des elften Jahrhunderts spielt; für wieder andere ist sie die spirituelle Führerin der Hexen, so wie der Brahmanenpriester spiritueller Führer der Menschen ist. Auch die Vorstellungen darüber, wer (oder »was«) Barong ist, gehen weit auseinander und sind womöglich noch unbestimmter. Doch scheint es, als spielten sie im balinesischen Verständnis dieses Dramas nur eine untergeordnete Rolle. Der Dorfbewohner lernt sie erst in der unmittelbaren Begegnung anläßlich der jeweiligen Aufführung als tatsächliche Realitäten kennen. Sie sind daher nicht irgendwelche Repräsentationen, sondern etwas gegenwärtig Präsentes. Und wenn die Dorfbewohner in Trance fallen, werden sie – *nadi* – Teil jenes Bereichs, in dem diese Erscheinungen existieren. Jemanden, der einmal Rangda *war,* zu fragen, ob es sie real gebe (wie ich es einmal tat), bringt einen leicht in den Verdacht, nicht ganz richtig im Kopf zu sein.

Die Anerkennung der Autorität hinter der religiösen Perspektive, die das Ritual ausdrückt, rührt also eigentlich aus dem Vollzug des Rituals selbst. Indem die Aufführung eine Reihe von Stimmungen und Motivationen – ein Ethos – hervorruft und mit Hilfe einer einzigen Symbolreihe ein Bild der kosmischen Ordnung – eine Weltsicht – umreißt, macht sie die beiden Aspekte des religiösen Glaubens – den des Modells *für* und den des Modells *von* etwas – einander konvertibel. Rangda erregt Furcht (ebenso Haß, Abscheu, Grausamkeit, Schrecken und auch Lust, obwohl ich die sexuellen Aspekte der Aufführung hier nicht behandeln konnte), sie ist aber auch ein Bild der Furcht:

Die Faszination, die die Gestalt der Hexe auf die Vorstellungskraft der Balinesen ausübt, ist nur dann zu erklären, wenn man erkennt, daß die Hexe nicht nur eine furchteinflößende Gestalt ist, sondern selbst die Inkarnation der Furcht ist. Ihre Hände mit den langen bedrohlichen Fingernägeln packen und greifen ihre Opfer nicht, auch wenn Kinder beim Hexespielen derartige Gesten mit den Händen vollführen. Sie streckt die Arme mit nach außen gekehrten Handflächen und zurückgebogenen Fingern aus, eine Bewegung, die bei den Balinesen *kapar* heißt, ein Wort, mit dem sie die plötzliche erschrockene Reaktion eines Menschen, der vom Baum stürzt, bezeichnen ... Nur dann, wenn wir sehen, daß die Hexe angstvoll und angsteinflößend zugleich ist, können wir ihre Ausstrahlung erklären, zugleich aber auch den Erregungszustand, in dem sie haarig, abstoßend, hauerbewehrt und einsam tanzt und dazwischen ihr schrilles unheimliches Lachen ausstößt.[44]

Barong wiederum löst nicht nur Gelächter aus. Er ist selbst die Verkörperung des Komischen, wie die Balinesen es auffassen: eine besondere Mischung aus Unernst, Exhibitionismus und Neigung zu übertriebener Eleganz, die neben Furcht vielleicht das vorherrschende Motiv in ihrem Leben ist. Der immer wieder ausbrechende Kampf zwischen Rangda und Barong, der zum unvermeidlichen Unentschieden führt, ist daher für den gläubigen Balinesen sowohl der Ausdruck einer allgemeinen religiösen Vorstellung wie auch die autoritative Erfahrung, die ihre Anerkennung rechtfertigt, ja sogar erzwingt.

... daß die Stimmungen und Motivationen völlig der Wirklichkeit zu entsprechen scheinen ...

Aber niemand, noch nicht einmal ein Heiliger, lebt die ganze Zeit hindurch in jener Welt, die die religiösen Symbole zum Ausdruck bringen. Die meisten Menschen leben nur für Augenblicke darin. Die – wie Schütz sagt – ausgezeichnete Wirklichkeit der menschlichen Erfahrung – ausgezeichnet in dem Sinne, daß sie die Welt ist, in der wir am festesten verwurzelt sind, deren eigentümliche Tatsächlichkeit wir kaum in Frage stellen können (wenn wir auch bestimmte Teile davon in Frage stellen mögen) und deren Zwängen und Erfordernissen wir nur schwer entkommen können –, ist die Alltagswelt der *Common sense*-Gegenstände und der praktischen Handlungen.[45] Ein Mensch, selbst eine größere Anzahl von Menschen, mag für Ästhetisches unempfänglich, religiös desinteressiert und für methodische wissenschaftliche Untersuchungen ungenügend gerüstet sein; er kann jedoch zum Überleben

44 B. Bateson und M. Mead, *Balinese Character*, a. a. O., S. 36.

45 A. Schütz, *The Problem of Social Reality*, a. a. O., S. 226 ff. (dt. A.: S. 260 ff.).

nicht völlig ohne *Common sense* auskommen. Die Dispositionen, die die religiösen Rituale wecken, üben daher – aus einer »diesseitigen« Perspektive betrachtet – ihre größte Wirkung außerhalb des rituellen Rahmens aus, insofern sie die Vorstellungen des Einzelnen von der gegebenen Welt der reinen Tatsachen beeinflussen und färben. Die besondere Ausprägung, die die Visionssuche bei den Prärieindianern, die Beichte bei den Manus oder die mystischen Praktiken bei den Javanern annehmen, durchzieht weite Bereiche des Lebens dieser Völker weit über die unmittelbar religiösen hinaus und drückt ihnen einen eigenen Stil auf, der sich sowohl in den vorherrschenden Stimmungen als auch in den charakteristischen Aktivitäten äußert. Die Mischung aus Schrecklichem und Komischem, die den Kampf zwischen Rangda und Barong durchzieht, bestimmt große Teile des balinesischen Alltagsverhaltens, in dem – wie bei jenem Ritual – häufig blankes Entsetzen und aufdringlicher Mutwillen ganz nahe beieinander liegen. Religion ist nicht etwa deswegen soziologisch interessant, weil sie, wie der Vulgärpositivismus meint, die soziale Ordnung wiedergibt (was sie, sofern sie das überhaupt tut, nur sehr indirekt und unvollständig tut), sondern deshalb, weil die soziale Ordnung von ihr – ebenso wie von der natürlichen Umwelt, der politischen Macht, von Reichtum, Recht, persönlichen Neigungen und einem Gefühl für Schönheit – geprägt wird.

Der beständige Wechsel zwischen religiöser Perspektive und *Common sense*-Perspektive gehört zweifellos zu den augenfälligeren empirischen Sachverhalten einer Gesellschaft, auch wenn ihn die Sozialanthropologen, die ihn fast alle unzählige Male miterlebten, kaum beachtet haben. Meist wurde der religiöse Glaube als ein homogenes Merkmal eines Menschen hingestellt, ähnlich seinem Wohnsitz, seinem Beruf oder seiner verwandtschaftlichen Stellung. Doch der religiöse Glaube, wie er sich im Ritual zeigt, wo er den ganzen Menschen erfaßt und ihn subjektiv gesehen in eine andere Seinsweise versetzt, einerseits und der religiöse Glaube im Alltagsleben, als der schwach erinnerte Widerschein jener Erfahrung andererseits, sind nicht ein und dasselbe. Die Nichtbeachtung dieses Sachverhalts hat zu einiger Verwirrung geführt, ganz besonders im Zusammenhang mit dem Problem der sogenannten primitiven Mentalität. Viele Mißverständnisse zwischen

Lévy-Bruhl und Malinowski z. B. über das »primitive Denken« rühren daher, daß dieser Unterschied nicht hinreichend erkannt wurde. Während sich nämlich der französische Philosoph dafür interessierte, wie die Wilden die Wirklichkeit sahen, wenn sie von einer spezifisch religiösen Perspektive ausgingen, befaßte sich der polnisch-englische Ethnograph damit, wie sie sie aus einer reinen *Common sense*-Perspektive wahrnahmen.[46] Vielleicht ahnten beide, daß sie nicht über dasselbe sprachen; keinem von beiden gelang es jedoch, diese beiden »Denkformen« – oder wie ich eher sagen würde: diese zwei symbolischen Ausdrucksweisen – miteinander in Zusammenhang zu bringen, so daß Lévy-Bruhls Wilde – trotz seiner späteren Dementis – in einer Welt zu leben scheinen, die völlig aus mystischen Begegnungen besteht, während Malinowskis Wilde – trotz seines Nachdrucks auf die funktionale Bedeutung von Religion – in einer Welt zu leben scheinen, die völlig aus praktischen Handlungen besteht. Beide wurden so zu Reduktionisten wider Willen (ein Idealist ist ebensosehr ein Reduktionist wie ein Materialist), weil sie nicht sahen, daß der Mensch sehr leicht und relativ häufig zwischen radikal entgegengesetzten Betrachtungsweisen der Welt hin und her wechseln kann – Weisen, die ohne Zusammenhang nebeneinander stehen und durch kulturelle Gräben getrennt sind, zu deren Überwindung es Kierkegaardscher Sprünge in beiden Richtungen bedarf:

> Es gibt so zahlreiche Arten verschiedener Schockerfahrungen, wie es verschiedene geschlossene Sinnbereiche gibt, denen ich den Wirklichkeitsakzent erteilen kann. Nennen wir einige Beispiele: der Schock des Einschlafens als Sprung in die Traumwelt; die innere Verwandlung, die wir beim Aufzug des Vorhangs im Theater erleben, als Übergang in die Welt des Bühnenspiels; die radikale Änderung unserer Einstellung, wenn wir vor einem Gemälde die Einengung unseres Blickfelds auf das innerhalb des Rahmens Dargestellte zulassen, als Übergang in die Welt der bildlichen Darstellung; der Zwiespalt, der sich im Lachen auflöst, wenn wir einem Witz lauschen und einen Augenblick lang bereit sind, die fiktive Welt des Witzes für wirklich zu halten, mit der verglichen unsere Alltagswelt närrisch erscheint; die Wendung des Kindes

46 Malinowski, *Magic, Science and Religion,* a. a. O.; L. Lévy-Bruhl, *Les fonctions mentales dans les sociétés inferieures,* Paris 1910 (dt.: *Das Denken der Naturvölker,* übers. von Paul Friedländer, 2. A., Wien und Leipzig 1926).

zu seinem Spielzeug als Übergang in die Welt des Spiels usw. Aber auch die religiösen Erfahrungen in all ihrer Vielfalt gehören zu diesen Beispielen, so etwa auch Kierkegaards Erfahrung des »Augenblicks« als Sprung in die religiöse Sphäre. Die Entscheidung des Wissenschaftlers, die leidenschaftliche Anteilnahme an den Geschehnissen »dieser Welt« mit einer desinteressierten, kontemplativen [analytischen] Einstellung zu ersetzen, ist ein weiteres Beispiel.[47]

Die Anerkennung und Erforschung des qualitativen Unterschieds – eines empirischen, nicht eines transzendentalen Unterschieds! – zwischen reiner und angewandter Religion, zwischen einer Begegnung mit der vermeintlich »wirklichen Wirklichkeit« und einer Betrachtung der gewöhnlichen Erfahrung im Lichte dessen, was diese Begegnung zu offenbaren scheint, wird uns deshalb zu verstehen helfen, was ein Bororo meint, wenn er sagt: »Ich bin ein Sittich«, oder was ein Christ meint, wenn er sagt: »Ich bin ein Sünder« – eher jedenfalls als eine Theorie des primitiven Mystizismus, die das Alltägliche in einen Dunst seltsamer Ideen einhüllt, oder auch eine Theorie eines primitiven Pragmatismus, die die Religion in eine Sammlung nützlicher Fiktionen auflöst. Das läßt sich recht gut am Sittich-Beispiel zeigen, das ich einem Artikel von Percy entnehme.[48] Wie er deutlich macht, genügt es nämlich nicht zu sagen, der Bororo glaube tatsächlich, ein Sittich zu sein (denn er versucht nicht, sich mit anderen Sittichen zu paaren). Seine Aussage ist auch nicht falsch oder sinnlos (denn er macht damit keine – oder jedenfalls *nicht nur* eine – Aussage über seine Zugehörigkeit zu einer Klasse, die bestätigt oder widerlegt werden kann, wie etwa der Satz »Ich bin ein Bororo« bestätigt oder widerlegt werden kann). Man kann auch nicht sagen, seine Aussage sei wissenschaftlich falsch, aber mythisch gesehen richtig (weil das unmittelbar zu dem pragmatischen Fiktionsbegriff führt, der in sich widersprüchlich ist, da er dem »Mythos« den Adel von Richtigkeit im selben Moment verleiht und wieder entzieht). Kurz, man kommt nicht umhin festzustellen, daß der Satz einen unterschiedlichen Sinn haben kann, je nachdem, ob man ihn im »begrenzten Bedeutungsbereich« der

47 A. Schütz, *The Problem of Social Reality*, a. a. O., S. 231 (dt. A.: S. 266).
48 W. Percy, »The Symbolic Structure of Interpersonal Process«, *Psychiatry* 24, 1961, S. 39-52.

religiösen Perspektive oder in dem der *Common sense*-Perspektive sieht. In der religiösen Perspektive ist unser Bororo »wirklich« ein »Sittich« und kann sich im entsprechenden rituellen Kontext sehr wohl mit anderen »Sittichen« »paaren« – mit metaphysischen Sittichen wie er, nicht gewöhnlichen, wie sie leibhaftig in gewöhnlichen Bäumen herumfliegen. In der *Common sense*-Perspektive ist er ein Sittich insofern, als er (so nehme ich an) einem Clan angehört, dessen Mitglieder den Sittich als Totem verehren, eine Mitgliedschaft, aus der sich in Anbetracht des fundamentalen Charakters von Wirklichkeit, wie ihn die religiöse Perspektive offenbart, bestimmte moralische und praktische Konsequenzen ergeben. Jemand, der sich als Sittich bezeichnet, will, wenn er das in einer normalenUnterhaltung vorbringt, damit sagen, daß er – wie Mythos und Ritual zeigen – vom Sittichsein geprägt ist und daß dieses religiöse Faktum entscheidende soziale Implikationen hat: wir Sittiche müssen zusammenhalten, dürfen einander nicht heiraten, keine leibhaftigen Sittiche essen usw. Sich nämlich anders verhalten hieße, dem Gefüge des gesamten Universums zuwider handeln. Eben dadurch, daß die Religion vertraute Handlungen in bestimmte Zusammenhänge stellt, wird sie – häufig zumindest – gesellschaftlich so mächtig. Sie verändert in oft radikaler Weise das gesamte Bild, das sich dem *Common sense* bietet, und zwar so weitgehend, daß es scheint, als seien die durch das religiöse Handeln erzeugten Stimmungen und Motivationen die allerzweckmäßigsten und einzig vernünftigen in Anbetracht der Dinge, wie sie wirklich sind.

Jemand, der beim Ritual in das von religiösen Vorstellungen bestimmte Bedeutungssystem »gesprungen« ist (vielleicht ist dieses Bild für die tatsächlichen Vorgänge ein wenig zu sportlich – »geglitten« mag zutreffender sein) und nach Beendigung desselben wieder in die Welt des *Common sense* zurückkehrt, ist – mit Ausnahme der wenigen Fälle, wo die Erfahrung folgenlos bleibt – verändert. Und so wie der Betreffende verändert ist, ist auch die Welt des *Common sense* verändert, denn sie wird jetzt nur noch als Teil einer umfassenderen Wirklichkeit gesehen, die sie zurechtrückt und ergänzt.

Dieses Zurechtrücken und Ergänzen ist jedoch nicht, wie einige Vertreter der »vergleichenden Religionswissenschaft« meinen, überall inhaltsgleich. Die Richtung, in der die Religion das gewöhnliche Leben beeinflußt, variiert mit der jeweiligen Religion und mit den besonderen Dispositionen, die im Gläubigen durch die von ihm akzeptierten Vorstellungen von der kosmischen Ordnung hervorgerufen werden. Für die »großen« Religionen steht die konstitutionelle Besonderheit meist außer Frage, sie wird bisweilen sogar mit fast blindem Eifer betont. Doch auch für die einfachsten Formen der Volks- und Stammesreligionen – deren individuelle Traditionen häufig durch so trockene Typisierungen wie »Animismus«, »Animatismus«, »Totemismus«, »Schamanismus«, »Ahnenverehrung« und all jene anderen schalen Kategorien, mit denen Religionsethnographen ihrem Material alles Leben nahmen, unkenntlich gemacht wurden – steht fest, daß die einzelnen menschlichen Gruppen sich ganz unterschiedlich verhalten, je nachdem, was sie selbst als ihre Erfahrung ansehen. Ein gelassener Javaner wäre bei den von Schuldgefühlen geplagten Manus ebenso fehl am Platze wie ein temperamentvoller Crow auf dem leidenschaftslosen Java. Und obwohl es Hexen und rituelle Spaßmacher überall auf der Welt gibt, sind Rangda und Barong keine typischen, sondern völlig einzigartige Darstellungen von Schrecken und Heiterkeit. Es gibt so viele Glaubensformen, wie es Menschen gibt – was auch in der Umkehrung gilt.

Diese vielfältigen Auswirkungen religiöser Systeme auf soziale Systeme (und auf Persönlichkeitssysteme) machen es unmöglich, die Bedeutung von Religion in ethischer oder auch funktionaler Hinsicht allgemeingültig festzulegen. Die Stimmungen und Motivationen desjenigen, der gerade von einem aztekischen Menschenopfer zurückkehrt, sind von denen eines Menschen, der eben seine Kachina-Maske abgelegt hat, ganz verschieden. Selbst innerhalb ein und derselben Gesellschaft kann das, was man aus einem Zauberritus und das, was man aus einem gemeinsamen Mahl über das eigentlich Wichtige im Leben »lernt«, völlig verschiedene Auswirkungen auf die sozialen und psychologischen Mechanismen haben. Eines der hauptsächlichsten methodologischen Probleme bei der wissenschaftlichen Beschreibung von Religion besteht darin, sowohl die Haltung des Dorfatheisten wie auch die des Dorfpredigers (und ihrer feineren Spielarten) abzulegen, damit die sozialen und psychologischen Implikationen der jeweiligen religiösen Glaubensanschauungen in klarem und neutralem Licht erscheinen können. Sobald dies einmal erreicht ist, verschwinden globale Fragestellungen – ob Religion »gut« oder »schlecht«, »funktional« oder »disfunktional«, »persönlichkeitsstärkend« oder »angsterzeugend« sei – wie Phantome, und übrig bleiben nur die einzelnen Bewertungen, Einschätzungen und Diagnosen einzelner Fälle. Natürlich gibt es auch weiterhin die sicher wichtigen Fragen, ob eine bestimmte religiöse Aussage wahr, eine bestimmte religiöse Erfahrung echt ist oder ob wahre religiöse Aussagen und echte religiöse Erfahrungen überhaupt möglich sind. Doch diese Fragen können im Rahmen der Grenzen, die sich die wissenschaftliche Perspektive selbst gesetzt hat, nicht gestellt, geschweige denn beantwortet werden.

III

Für den Ethnologen liegt die Bedeutung von Religion darin, daß sie in der Lage ist, dem einzelnen Menschen oder einer Gruppe von Menschen allgemeine und doch spezifische Auffassungen von der Welt, vom Selbst und von den Beziehungen zwischen Selbst und Welt zu liefern – als Modell *von* etwas – wie auch darin, tiefverwurzelte, ebenso spezifische »geistige« Dispositionen zu wecken – als Modell *für* etwas. Von diesen kulturellen Funktionen rühren wiederum ihre sozialen und psychologischen Funktionen her.

Religiöse Vorstellungen bleiben nicht auf ihre besonderen metaphysischen Zusammenhänge beschränkt; sie bieten vielmehr ein System allgemeiner Ideen, mit dem die Erfahrung in vielen Bereichen – im intellektuellen, emotionalen, moralischen Bereich – sinnvoll ausgedrückt werden kann. Der Christ sieht die nationalsozialistische Bewegung auf dem Hintergrund des Sündenfalls, der sie zwar nicht kausal erklärt, aber ihr moralisch, kognitiv und sogar affektiv einen Sinn verleiht. Wenn ein Getreidespeicher über einem Freund oder Verwandten einstürzt, so sieht ein Zande dies auf dem Hintergrund einer konkreten und ziemlich speziellen Hexereivorstellung und umgeht damit die philosophischen Schwierigkeiten und psychologischen Spannungen eines Indeterminismus. Ein Javaner findet in der von anderswo übernommenen und überarbeiteten Vorstellung des *rasa* (»Empfindung-Geschmack-Gefühl-Bedeutung«) ein Hilfsmittel, mit dem er choreographische, geschmackliche, emotionale und politische Phänomene in einem neuen Licht »sehen« kann. Eine Synopse der kosmischen Ordnung, ein religiöses Glaubenssystem, liefert auch eine Erklärung der irdischen Welt der sozialen Beziehungen und psychologischen Ereignisse. Sie macht sie faßlich.

Diese Glaubensvorstellungen liefern jedoch nicht bloß eine Erklärung, sondern auch eine Schablone. Sie interpretieren nicht nur die sozialen und psychologischen Prozesse in kosmischen Zusammenhängen – in dem Falle wären sie philosophisch, nicht religiös –, sie gestalten sie auch. Die Lehre von der Erbsünde enthält auch Anweisungen, wie man sich im Leben verhalten soll, eine durchgängige Stimmung und einen festen Bestand an Motivationen. Der Zande erfährt aus den Hexereivorstellungen nicht nur, daß scheinbare »Unfälle« keineswegs als Unfälle zu betrachten sind, sondern auch, daß er auf diese falschen Unfälle mit Haß auf denjenigen zu reagieren hat, der sie verursacht hat, um gegen ihn mit der entsprechenden Entschlossenheit vorzugehen. *Rasa* steht nicht nur für Wahrheit, Schönheit und Güte, es ist überdies eine bevorzugte Erfahrungsweise, eine Art emotionsloser Losgelöstheit, eine Form der sanften Abgeschlossenheit, eine unerschütterliche Ruhe. Die Stimmungen und Motivationen, die eine religiöse Orientierung hervorbringt, werfen einen Abglanz des Religiösen auch auf die säkularen Bereiche eines Volkes.

Die Erforschung der sozialen und psychologischen Rolle von Religion erschöpft sich daher nicht in der Suche nach Korrelationen zwischen bestimmten rituellen Handlungen und bestimmten säkularen sozialen Beziehungen, obwohl diese Korrelationen zweifellos existieren und unbedingt weiterhin untersucht werden sollten, besonders wenn wir damit zu neuen Aussagen über sie gelangen können. Sie soll vielmehr darüber hinaus zu einer Klärung der Frage führen, wieso die Vorstellungen der Menschen vom »wirklich Wirklichen« – wie implizit sie auch sein mögen – und die Dispositionen, die diese Vorstellungen in ihnen wecken, ihre Auffassung vom Vernünftigen, Praktischen, Humanen und Moralischen beeinflussen können. Inwieweit sie das tun (in vielen

Gesellschaften scheinen die Wirkungen der Religion ziemlich beschränkt, in anderen durchdringen sie alles), wie tiefgreifend sie das tun (einige Menschen und Menschengruppen behandeln ihre Religion im säkularen Bereich recht sorglos, während andere sich bei jeder noch so geringfügigen Angelegenheit auf ihren Glauben zu beziehen scheinen) und wie wirkungsvoll sie es tun (die Spanne zwischen dem, was die Religion vorschreibt, und dem was die Menschen tatsächlich tun, ist in den einzelnen Kulturen ganz unterschiedlich): dies alles sind für die vergleichende Religionssoziologie und -psychologie ganz entscheidende Fragen. Sogar der Entwicklungsstand der jeweiligen religiösen Systeme scheint sehr zu variieren, auch wenn man nicht von einem simplen evolutionistischen Standpunkt ausgeht. In der einen Gesellschaft kann das Niveau der symbolischen Ausformulierung einer letzten Wirklichkeit einen außerordentlich hohen Grad an Komplexität und systematischer Artikulation erreichen; in einer anderen, nicht weniger entwickelten Gesellschaft dagegen können diese Formulierungen primitiv, d. h. urtümlich bleiben, kaum mehr als Anhäufungen marginaler Glaubensfragmente und losgelöster Bilder, sakraler Widerspiegelungen und spiritueller Bildzeichen. Man braucht nur an Australier und Buschmänner, Toradja und Aloresen, Hopi und Arapesh, Hindus und Römer oder auch Italiener und Polen zu denken, um festzustellen, daß der Grad der religiösen Artikulation selbst bei Gesellschaften ähnlicher Komplexität keine Konstante ist.

Das Vorgehen bei der ethnologischen Untersuchung von Religion beinhaltet deswegen zwei Stufen: erstens eine Erforschung der Bedeutungssysteme, wie sie sich in den Symbolen materialisieren, die die eigentliche Religion ausmachen; und zweitens das Inbeziehungsetzen dieser Systeme mit soziokulturellen und psychologischen Prozessen. Ich finde so viele der heutigen ethnologischen Arbeiten nicht deswegen unbefriedigend, weil sie sich mit der zweiten Stufe befassen, sondern deshalb, weil sie die erste vernachlässigen und damit als erledigt ansehen, was am dringendsten einer gründlichen Erörterung bedürfte. Untersuchungen über die Rolle der Ahnenverehrung bei der Regelung der politischen Nachfolge, über die Rolle der Opferfeste bei der Bestimmung verwandtschaftlicher Verpflichtungen, über die Rolle der

Geisterverehrung bei der Planung landwirtschaftlicher Tätigkeiten, über die Rolle des Wahrsagens bei der Verstärkung sozialer Kontrolle und über die Rolle der Initiationsriten bei der Beförderung des Reifeprozesses einer Person sind keineswegs unwichtige Unterfangen; und ich plädiere nicht dafür, sie zugunsten jenes unfruchtbaren Kabbalismus aufzugeben, in den die symbolische Analyse exotischer Glaubensvorstellungen so leicht verfallen kann. Sie aber nur mit ganz allgemeinen *Common sense*-Vorstellungen von Ahnenverehrung, Tieropfer, Geisterverehrung, Wahrsagerei und Initiationsriten als religiöse Systeme in Angriff zu nehmen, scheint mir wenig erfolgversprechend. Erst wenn wir eine theoretische Analyse symbolischen Handelns zur Hand haben, die ihrem Stand nach mit der vergleichbar ist, über die wir heute für das soziale und psychologische Handeln verfügen, werden wir in der Lage sein, uns sinnvoll mit all jenen Aspekten des sozialen und psychologischen Lebens zu befassen, in denen Religion (oder auch Kunst, Wissenschaft oder Ideologie) eine bestimmende Rolle spielt.

Ritual und sozialer Wandel: ein javanisches Beispiel

Wie viele andere wichtige ethnologische Diskussionen werden auch die jüngsten theoretischen Erörterungen der Rolle der Religion in der Gesellschaft weitgehend vom Funktionalismus beherrscht, sei es nun von seiner soziologischen Variante, die mit dem Namen Radcliffe-Browns, oder von seiner sozialpsychologischen Ausprägung, die mit dem Namen Malinowskis verbunden ist. Der soziologische Ansatz (oder, wie die britischen Ethnologen zu sagen bevorzugen, der sozialanthropologische Ansatz), der ursprünglich auf Durkheims *Die elementaren Formen des religiösen Lebens* und Robertson-Smiths *Lectures on the Religion of the Semites* zurückgeht, hebt die Art und Weise hervor, in der der Glaube und insbesondere das Ritual die traditionellen sozialen Bindungen untermauert. Er legt den Nachdruck darauf, wie die Sozialstruktur einer Gruppe durch rituelle oder mythische Symbolisierung der zugrundeliegenden sozialen Werte gestärkt und fortgesetzt wird.[1] Der sozialpsychologische Ansatz, dessen Wegbereiter wohl Frazer und Tylor waren, der seinen klarsten Ausdruck aber in Malinowskis klassischem Werk *Magie, Wissenschaft und Religion* fand, hebt die Bedeutung der Religion für den einzelnen Menschen hervor, die Weise, wie sie sein kognitives und affektives Verlangen nach einer stabilen, verständlichen und beherrschbaren Welt befriedigt und ihn in die Lage versetzt, angesichts der natürlichen Wechselfälle ein Gefühl der Sicherheit zu bewahren.[2] Zusammengenommen haben uns diese beiden Ansätze ein zunehmend detailliertes Verständnis der sozialen und psychologischen »Funktionen« von Religion in einer Vielzahl von Gesellschaften ermöglicht.

Am wenigsten überzeugte jedoch der funktionalistische Ansatz in der Frage des sozialen Wandels. Wie bereits von verschiedenen

1 E. Durkheim, *Les formes élémentaires de la vie religieuse*, Paris 1912 (dt. A. übersetzt von Ludwig Schmidts, Frankfurt am Main 1981); W. Robertson-Smith, *Lectures on the Religion of the Semites*, Edinburgh 1894.

2 B. Malinowski, *Magic, Science and Religion*, Boston 1948 (dt. A. übersetzt von Eva Krafft-Bassermann, Frankfurt am Main 1973).

Autoren vermerkt, führt die Hervorhebung ausgewogener Systeme, sozialer Homöostase und zeitloser struktureller Bilder zu einer Bevorzugung »wohlintegrierter« Gesellschaften mit stabilem Gleichgewicht und einer tendenziellen Überbewertung der funktionalen Aspekte der Sitten und Gebräuche einer Gesellschaft gegenüber ihren disfunktionalen Begleiterscheinungen.[3] Bei der Untersuchung von Religion hat dieser statisch-ahistorische Ansatz zu einer Auffassung geführt, die die Rolle des Rituals und des Glaubens im gesellschaftlichen Leben zu einseitig als bewahrende darstellte. Trotz warnender Bemerkungen von Kluckhohn[4] und anderen zu den »Vor- und Nachteilen« verschiedener religiöser Praktiken, u. a. der Hexerei, ging die allgemeine Tendenz dahin, eher die harmonisierenden, integrierenden und psychologisch förderlichen Aspekte von religiösen Systemen in den Vordergrund zu stellen und die spaltenden, desintegrierenden und psychologisch verwirrenden zu vernachlässigen; man war eher an dem Nachweis interessiert, wie Religion die soziale und psychische Struktur erhält, als daran, in welcher Weise sie auf diese zerstörerisch wirkt oder sie transformiert. Wo der Wandel thematisiert wurde, wie in Redfields Studie über Yucatan, wurde er weitgehend unter dem Gesichtspunkt fortschreitender Desintegration abgehandelt: »Es sind vor allem drei Veränderungen der Kultur, die in Yucatan mit einer nachlassenden Isolation und Homogenität ›einherzugehen‹ scheinen: Desorganisation der Kultur, Säkularisierung und Individualisierung.«[5] Schon bei flüchtiger Kenntnis unserer eigenen religiösen Geschichte werden wir jedoch zögern, der Religion generell eine ausschließlich »positive Rolle« zuzuweisen.

Die These dieses Beitrags ist es, daß einer der Hauptgründe für die Unfähigkeit der funktionalistischen Theorie, dem Wandel Rechnung zu tragen, darin liegt, daß sie die gesellschaftlichen und kulturellen Prozesse nicht gleichwertig behandelt. Fast immer

3 Vgl. z. B. E. R. Leach, *Political Systems of Highland Burma*, Cambridge, Mass. 1954, und R. Merton, *Social Theory and Social Structure*, Glencoe, Ill. 1949.

4 Vgl. C. Kluckhohn, *Navaho Witchcraft*, Peabody Museum Papers, No. 22, Cambridge, Mass. 1944.

5 R. Redfield, *The Folk Culture of Yucatan*, Chicago 1941, S. 339.

wird eine der beiden Seiten ignoriert oder zum bloßen Reflex, zum ›Spiegelbild‹ der anderen degradiert. Entweder sieht man die ganze Kultur als Derivat der Formen der Sozialorganisation – ein Ansatz, der für die britischen Strukturalisten wie auch für viele amerikanische Soziologen charakteristisch ist –, oder man sieht die Formen der sozialen Organisation als behavioristische Verkörperung von kulturellen Mustern – so der Ansatz von Malinowski und vielen amerikanischen Ethnologen. Beidesmal fällt der unbedeutendere Teil als dynamischer Faktor tendenziell aus, und es bleibt entweder ein Sammelbegriff von Kultur (»dieses komplexe Ganze ...«) oder aber ein ganz allgemeiner Begriff von sozialer Struktur (»die soziale Struktur ist kein Aspekt von Kultur, sondern die gesamte Kultur eines gegebenen Volkes in einem besonderen theoretischen Rahmen«).[6] Unter derartigen Bedingungen sind die dynamischen Elemente des sozialen Wandels, die daraus entstehen, daß kulturelle Muster nicht völlig mit den Formen der sozialen Organisation übereinstimmen, kaum formulierbar. »Wir Funktionalisten«, bemerkte E. R. Leach kürzlich, »sind eigentlich nicht aus Prinzip ›antihistorisch‹, wir wissen nur nicht, wie die historischen Materialien in unseren Begriffsapparat einzufügen wären.«[7]

Eine Überarbeitung der Begriffe der funktionalistischen Theorie, die sie dazu befähigen soll, effektiver mit »historischen Materialien« umzugehen, sollte vielleicht mit dem Versuch beginnen, analytisch zwischen den kulturellen und sozialen Aspekten des menschlichen Lebens zu unterscheiden und sie als unabhängig variable, aber zugleich wechselseitig interdependente Faktoren zu behandeln. Man wird dann sehen, daß Kultur und soziale Struktur – obgleich sie nur begrifflich trennbar sind – einander in sehr verschiedener Weise integrieren können, wobei die einfache Isomorphie nur einen Grenzfall darstellt – eine Möglichkeit, die sich nur in Gesellschaften findet, die über einen so ausgedehnten Zeitraum hinweg stabil geblieben sind, daß es zu einer engen Angleichung von sozialen und kulturellen Aspekten kommen konnte. In den meisten Gesellschaften ist jedoch Wandel keine

6 M. Fortes, »The Structure of Unilineal Descent Groups«, *American Anthropologist*, 55, 1953, S. 17-41.

7 Leach, *Political Systems of Highland Burma*, S. 282.

außergewöhnliche Erscheinung, und es steht zu vermuten, daß wir in ihnen mehr oder minder radikale Diskontinuitäten zwischen Kultur und sozialer Struktur antreffen werden. Ich würde annehmen, daß eben in diesen Diskontinuitäten einige der primären Triebkräfte des Wandels am Werke sind.

Eine der brauchbarsten Vorgehensweisen (aber bei weitem nicht die einzige), um zwischen Kultur und sozialer Struktur zu unterscheiden, besteht darin, erstere als geordnetes System von Bedeutungen und Symbolen aufzufassen, vermittels dessen gesellschaftliche Interaktion stattfindet, und letztere als das soziale Interaktionssystem selbst.[8] Auf der einen Ebene liegt das Gefüge der Vorstellungen, expressiven Symbole und Werte, mit deren Hilfe die Menschen ihre Welt definieren, ihre Gefühle ausdrücken und ihre Urteile fällen. Auf der anderen Ebene findet der permanente Prozeß der Interaktion statt, dessen faßbare Form wir soziale Struktur nennen. Kultur ist das Geflecht von Bedeutungen, in denen Menschen ihre Erfahrung interpretieren und nach denen sie ihr Handeln ausrichten. Die soziale Struktur ist die Form, in der sich das Handeln manifestiert, das tatsächlich existierende Netz der sozialen Beziehungen. Kultur und Sozialstruktur sind daher nur verschiedene Abstraktionen der gleichen Phänomene: Die eine hat mit sozialem Handeln unter dem Aspekt seiner Bedeutung für die Handelnden zu tun, die andere mit eben diesem Handeln unter dem Gesichtspunkt seines Beitrags zum Funktionieren eines sozialen Systems.

Der eigentliche Unterschied zwischen Kultur und sozialem System wird klarer, wenn man die gegensätzlichen Arten der Integration betrachtet, die sie jeweils charakterisieren. Der Gegensatz besteht zwischen dem, was Sorokin »logisch-sinnstiftende Integration«, und dem, was er »kausal-funktionale Integration« genannt hat.[9] Mit logisch-sinnstiftender Integration, die die Kultur kennzeichnet, ist jene Art der Integration gemeint, die man in einer Fuge von Bach, im katholischen Dogma oder in der allgemeinen Relativitätstheorie findet: eine stilistische oder logische Einheit, ein einheitliches Bedeutungs- und Wertganzes. Mit kau-

8 T. Parsons und E. Shils, *Toward a General Theory of Action*, Cambridge, Mass. 1951.

9 P. Sorokin, *Social and Cultural Dynamics*, 3 Bände, New York 1937.

sal-funktionaler Integration, die das soziale System kennzeichnet, ist jene Art der Integration gemeint, die man bei einem Organismus findet, dessen Einzelteile in einem einzigen kausalen Gewebe vereint sind. Jedes Teil ist ein Element in einem rückgekoppelten kausalen Ring, der »das System in Gang hält«. Da nun diese beiden Integrationsmöglichkeiten nicht identisch sind, da die besondere Form der einen die jeweils andere nicht direkt impliziert, besteht eine innere Inkongruenz und Spannung sowohl zwischen ihnen als auch zwischen ihnen und einem dritten Element, nämlich dem System der motivationalen Integration im Individuum, das wir gewöhnlich Persönlichkeitsstruktur nennen:

So verstanden ist ein soziales System nur einer von drei Aspekten der Strukturierung eines höchst konkreten Systems sozialen Handelns. Die anderen beiden sind die Persönlichkeitssysteme der einzelnen Handelnden und das kulturelle System, das ihrem Handeln unterliegt. Jeder der drei Aspekte muß als jeweils unabhängiger Brennpunkt der Organisation der Elemente des Handlungssystems aufgefaßt werden, insofern theoretisch keiner von ihnen auf die Bedingungen eines der anderen oder auf eine Kombination der beiden anderen reduzierbar ist. Jeder ist insofern für die anderen beiden unabdingbar, als es ohne Persönlichkeiten und Kultur kein soziales System gäbe (und Entsprechendes gilt auch für alle anderen logischen Möglichkeiten). Aber diese Interdependenz und gegenseitige Durchdringung ist keineswegs mit Reduzierbarkeit identisch, die ja erst dann vorläge, wenn die wichtigen Eigenarten und Prozesse einer Systemklasse aus unserer theoretischen Kenntnis von einer der anderen Klassen oder von beiden theoretisch *abgeleitet* werden könnten. Der Gegenstandsbezug des Handelns ist bei allen dreien derselbe, und diese Tatsache macht bestimmte »Transformationen« zwischen ihnen möglich. Doch auf der Ebene der Theorie, die hier angestrebt wird, bilden sie kein zusammenhängendes System, auch wenn das auf einer anderen theoretischen Ebene der Fall sein mag.[10]

Ich werde versuchen, die Nützlichkeit dieses dynamischeren funktionalistischen Ansatzes zu demonstrieren, indem ich ihn auf den besonderen Fall eines Rituals anwende, das nicht ordnungsgemäß funktionierte. Ich möchte dabei zeigen, wie ein Ansatz, der die »logisch-sinnstiftend« kulturellen Aspekte des rituellen Musters nicht von den »kausal-funktionalen« soziostrukturellen Aspekten unterscheidet, außerstande ist, dieses Versagen des Ritus angemessen zu erklären, und wie dagegen ein Ansatz,

10 T. Parsons, *The Social System*, Glencoe, Ill. 1951, S. 6.

der sie zu unterscheiden versucht, in der Lage ist, die Ursache des Problems deutlicher zu machen. Es soll darüber hinaus bewiesen werden, daß ein solcher Ansatz die vereinfachende Sicht der funktionalen Rolle von Religion in der Gesellschaft – eine Betrachtungsweise, die der Religion ausschließlich strukturerhaltende Funktionen zubilligt – vermeiden kann. Statt dessen soll von einer komplexeren Auffassung der Beziehungen zwischen religiösen Vorstellungen, religiösen Praktiken und säkularem sozialen Leben ausgegangen werden. Diese Auffassung läßt es zu, historisches Material mitaufzunehmen, und erreicht damit eine Erweiterung der funktionalistischen Untersuchung von Religion, die auch eine angemessenere Behandlung von Veränderungsprozessen erlaubt.

Der Schauplatz

Bei dem Ereignis, das als Beispiel herangezogen werden soll, handelt es sich um ein Begräbnis in Modjokuto, einer kleinen Stadt im östlichen Zentraljava. Ein kleiner, ungefähr zehn Jahre alter Junge, der mit seinem Onkel und seiner Tante zusammenlebte, starb ganz plötzlich. Sein Tod zog nicht die üblichen eiligen, gedämpften und doch methodisch effizienten javanischen Bestattungszeremonien und Begräbnispraktiken nach sich, sondern führte statt dessen für eine längere Zeit zu einem deutlichen gesellschaftlichen Konflikt und schweren psychischen Spannungen. Die vielfältig verwobenen Glaubensvorstellungen und Rituale, die über Generationen hinweg zahllose Javaner sicher durch die schwierige Zeit nach einem Todesfall geleitet hatten, versagten plötzlich. Um dieses Versagen zu verstehen, ist es nötig, eine ganze Reihe sozialer und kultureller Veränderungen, die auf Java seit den ersten Jahrzehnten dieses Jahrhunderts stattgefunden haben, zu kennen und zu verstehen. Dieses problematische Begräbnis war tatsächlich ein mikroskopisches Beispiel für die weitreichenden Konflikte, strukturellen Auflösungserscheinungen und Reintegrationsversuche, die in der einen oder anderen Form die heutige indonesische Gesellschaft kennzeichnen.

Die religiöse Tradition Javas, insbesondere die der Bauernschaft, setzt sich aus indischen, islamischen und ursprünglich südostasiatischen Elementen zusammen. Das Aufkommen großer militärischer Königtümer in den Reisanbaugebieten im Innern während der ersten Jahrhunderte christlicher Zeitrechnung stand mit der Ausbreitung hinduistischer und buddhistischer Kulturmuster auf der Insel in Verbindung, während die Expansion des internationalen Seehandels in den Hafenstädten der Nordküste im 15. und 16. Jahrhundert mit der Verbreitung islamischer Muster einherging. Als diese beiden Weltreligionen die Masse der Bauern erreichten, wurden sie mit den vorhandenen animistischen Traditionen, die für den ganzen malaiischen Kulturbereich charakteristisch waren, verschmolzen. Es entstand ein ausgewogener Synkretismus sowohl in den Mythen als auch in den Ritualen, in dem hinduistische Götter und Göttinnen, islamische Propheten und Heilige und lokale Geister und Dämonen alle einen entsprechenden Platz fanden.

Die zentrale rituelle Form in diesem Synkretismus ist ein gemeinschaftliches Fest, der *slametan.* Slametane, die mit nur geringen formalen und inhaltlichen Abweichungen bei fast allen religiös bedeutsamen Gelegenheiten veranstaltet werden – bei *rites de passage* im Lebenszyklus, kalendarischen Festen, bestimmten Stadien des Erntezyklus, beim Wechsel des Wohnsitzes usw. –, sollen Opfer für die Geister sein und zugleich durch das gemeinsame Essen die gesellschaftliche Integration der Lebenden bewirken. Die Mahlzeit aus speziell hergestellten Speisen, wovon eine jede symbolisch für eine bestimmte religiöse Auffassung steht, wird von den weiblichen Mitgliedern des Haushalts einer Kernfamilie gekocht und auf Matten in der Mitte des Wohnraums ausgerichtet. Der männliche Haushaltsvorstand lädt die männlichen Vorstände von acht oder zehn benachbarten Haushalten zur Teilnahme ein, wobei ein näherer Nachbar niemals zugunsten eines weiter entfernt wohnenden übergangen wird. Nach einer Rede des Gastgebers, die den besonderen Anlaß des Festes erklärt, und einem kurzen arabischen Gesang nimmt jeder einige hastige, fast verstohlene Bissen Essen zu sich, packt dann den verbleibenden Teil der Mahlzeit in einen Korb aus Bananenblättern und geht nach Hause, um ihn mit seiner Familie zu teilen. Man sagt, daß sich die Geister vom Geruch des Essens, vom Räucherwerk, das verbrannt wird, und dem islamischen Gebet nähren, die menschlichen Teilnehmer dagegen von der materiellen Substanz des Essens und ihrer gesellschaftlichen Interaktion. Das Ergebnis dieses ruhigen, undramatischen kleinen Rituals ist ein doppeltes: die Geister werden beschwichtigt, und die nachbarschaftliche Solidarität wird gestärkt.

Die üblichen Grundsätze der funktionalistischen Theorie sind bei der Analyse eines solchen Musters durchaus anwendbar. Es läßt sich ziemlich leicht nachweisen, daß sich der Slametan gut dazu eignet, sowohl »die grundlegenden Wertvorstellungen in Gang zu setzen«, die für die wirkungsvolle Integration einer auf räumlicher Nähe gegründeten sozialen Struktur nötig sind, wie auch jene psychischen Bedürfnisse nach intellektueller Kohärenz und emotionaler Stabilität zu erfüllen, die einer bäuerlichen Gesellschaft eigen sind. Das javanische Dorf (in dem ein- bis zweimal im Jahr Slametane für das ganze Dorf abgehalten werden) ist im Grunde eine Ansammlung von geographisch zwar beieinanderliegenden, aber ziemlich eigenverantwortlichen, selbständigen Haushalten aus Kernfamilien, deren ökonomische und politische Abhängigkeit voneinander genau umschrieben ist und in etwa jener entspricht, die sich im Slametan ausdrückt. Die Erfordernisse des arbeitsintensiven Anbaus von Reis und Trockenfeldfrüchten verlangen die Aufrechterhaltung technischer Kooperationsformen und stärken einen Gemeinschaftssinn bei den im übrigen relativ voneinander abgeschlossenen Familien – einen Gemeinschaftssinn, den der Slametan eindeutig verstärkt. Wenn wir außerdem die Art und Weise betrachten, in der verschiedene Vorstellungs- und Verhaltenselemente aus Hinduismus, Buddhismus, Islam und »Animismus« neu interpretiert und gegeneinander austariert werden, um einen eigenen und fast homogenen religiösen Stil zu entwickeln, wird die enge funktionale Anpassung der Muster kollektiver Feste an die bäuerlichen Lebensbedingungen auf Java sogar noch deutlicher.

Tatsächlich aber wurden selbst in den entlegensten Gegenden Javas sowohl die einfache territoriale Grundlage der sozialen Integration, das Dorf, als auch die synkretistische Grundlage seiner kulturellen Homogenität in den letzten fünfzig Jahren fortlaufend untergraben. Bevölkerungswachstum, Urbanisierung, Einführung der Geldwirtschaft, berufliche Auffächerung und ähnliches trugen dazu bei, den traditionellen Zusammenhalt der bäuerlichen Sozialstruktur zu schwächen, und neue Ideen, die im Windschatten dieser strukturellen Veränderungen aufkamen, zerstörten die Übereinstimmung von religiösem Glauben und Praxis, wie sie für eine frühere Periode charakteristisch war. Die Ideologien des Nationalismus, Marxismus und der islamischen Reformbewegung, deren Aufkommen sich zum Teil der zunehmenden Komplexität der javanischen Gesellschaft verdankt, haben nicht nur die großen Städte erfaßt, wo diese Lehren zuerst auftauchten und immer schon die größte Durchschlagskraft gehabt hatten, sondern beeinflußten auch in hohem Maße die Kleinstädte und Dörfer. Tatsächlich lassen sich viele der jüngsten sozialen Veränderungen auf Java damit erklären, daß sich die Situation, in der die primäre Bindung zwischen den Individuen (oder Familien) durch die geographische Nähe zueinander bestimmt war, in eine andere gewandelt hat, in der sie über eine gleiche ideologische Gesinnung hergestellt wird.

In den Dörfern und Kleinstädten äußerten sich diese fundamentalen ideologischen Veränderungen vor allem in einem immer tiefer reichenden Bruch zwischen denen, die die islamischen Züge des einheimischen religiösen Synkretismus betonten, und denjenigen, die die hinduistischen und animistischen Elemente hervorhoben. Seit dem Auftreten des Islam gab es zwar schon immer gewisse Unterschiede zwischen diesen verschiedenen Traditionslinien. Es gab immer einzelne Personen, die die arabischen Gesänge besonders gut beherrschten, die im islamischen Gesetz besonders gut bewandert waren, während andere mit hinduistischen mystischen Praktiken besser vertraut waren oder sich besonders in den lokalen Heilverfahren auskannten. Aber diese Verschiedenheiten kamen dank der gelassenen Duldsamkeit der Javaner gegenüber einem breiten Spektrum religiöser Auffassungen nicht zum Tragen, solange ihre rituellen Grundmuster – nämlich die Slametane – unverändert befolgt wurden. Selbst wenn sie soziale Aufspaltungen verursachten, so blieben diese Gegensätze durch die dominierenden Gemeinsamkeiten im dörflichen und kleinstädtischen Leben verdeckt.

Als jedoch nach 1910 unter den ökonomisch und politisch aktiveren Händlerschichten der größeren Städte ein islamischer Modernismus (samt heftigen konservativen Gegenreaktionen) und ein religiöser Nationalismus aufkamen, wurde der Islam in den Augen des orthodoxeren Bevölkerungsteils zu einem exklusiven, antisynkretistischen Glaubensbekenntnis. Im gleichen Zeitraum bewirkten säkulare nationalistische und marxistische Strömungen unter den Staatsbeamten und dem anwachsenden Proletariat dieser Städte, daß diese Gruppen die vorislamischen (d. h. hinduistisch-animistischen) Elemente des synkretistischen Systems tendenziell als Gegengewicht zum puristischen Islam betonten und zum Teil als allgemeinen religiösen Rahmen übernahmen, in den sie dann ihre spezifischeren politischen Ideen einbetteten. So entstanden einerseits selbstbewußtere Mosleme, die ihre religiösen Vorstellungen und Praktiken eindeutiger auf die internationalen und universalistischen Lehren von Mohammed bezogen, andererseits selbstbewußtere »Nativisten«, die unter Abschwächung der islamischen Elemente versuchten, aus dem Material ihrer überkommenen religiösen Tradition ein allgemeineres religiöses System zu entwickeln. Der Gegensatz zwischen der ersten Gruppe, den *santri,* und der zweiten Gruppe, den *abangan,* wurde ständig ausgeprägter und stellt mittlerweile die wichtigste kulturelle Unterscheidung im gesamten Modjokuto-Gebiet dar.

Besonders in der Kleinstadt spielt dieser Gegensatz heute eine entscheidende Rolle. Der fehlende Zwang zu interfamiliärer Kooperation, der sich früher durch die technischen Erfordernisse des Naßreisanbaus ergab, und die nachlassende Effektivität der traditionellen Formen der Dorfverwaltung angesichts der komplexen Anforderungen des städtischen Lebens schwächen die gesellschaftlichen Stützpfeiler des synkretistischen dörflichen Lebensmusters bedrohlich. Wenn sich ein jeder selbst und mehr oder weniger unabhängig von seinen Nachbarn ernährt – als Chauffeur, Händler, Schreiber oder Arbeiter –, läßt der Sinn für die Wichtigkeit der nachbarschaftlichen Gemeinschaft natürlich nach. Ein differenziertes Klassensystem, bürokratischere und unpersönlichere Formen der Verwaltung, größere Heterogenität des gesellschaftlichen Hintergrunds – all das führt tendenziell zum gleichen Ergebnis: zur Schwächung strikt geographischer Bindungen zugunsten diffus ideologischer. Für den Städter geht die

Unterscheidung zwischen *santri* und *abangan* sogar noch weiter, da sie zum primären sozialen Orientierungspunkt wird. Sie ist vor allem ein Symbol seiner gesellschaftlichen Identität und nicht bloß ein Gegensatz zwischen zwei Glaubensanschauungen. Nahezu alles – die Freunde, die er hat, die Organisationen, denen er beitritt, die politische Führung, der er folgt, die Person, die er oder sein Sohn heiratet – hängt in hohem Maße davon ab, welcher Seite dieser ideologischen Zweiteilung er sich anschließt.

So entsteht in der Stadt – obwohl nicht nur in der Stadt – ein neues Muster des gesellschaftlichen Lebens, dessen Organisation den Bedingungen eines veränderten kulturellen Klassifikationsrahmens folgt. Während dieses neue Muster bei der Elite schon ziemlich weit entwickelt ist, ist es bei der Masse der Stadtbewohner erst im Entstehen begriffen. Besonders in den *kampong*, den Wohnsiedlungen abseits der Straße, in denen die gewöhnlichen javanischen Stadtbewohner in einem Drunter und Drüber kleiner Bambushäuser zusammengedrängt leben, findet man eine Gesellschaft im Übergang, in der die traditionellen bäuerlichen Formen stetig abnehmen, während sich neue Formen stetig entwickeln. In dieser Enklave aus zugezogenen Bauern (oder den Söhnen und Enkeln solcher Bauern) wird Redfields *folk-culture* fortwährend in das umgeformt, was er »städtische Kultur« nannte, obwohl diese Kultur durch solche negativen und residualen Begriffe wie »säkular«, »individualisiert« und »kulturell desorganisiert« nicht zutreffend beschrieben wird. Was in den *kampong* vor sich geht, ist nicht so sehr eine Zerstörung der traditionellen Lebensform als vielmehr die Entwicklung einer neuen. Die scharfen sozialen Konflikte, die die Wohnsiedlungen der Unterschichten kennzeichnen, zeigen nicht nur den Verlust eines kulturellen Konsens an, sondern weisen zugleich auf eine – immer noch tastende – Suche nach neuen, allgemeineren und flexibleren Glaubens- und Wertmustern hin.

In Modjokuto findet diese Suche wie fast überall in Indonesien vor allem im sozialen Kontext der politischen Massenparteien, aber auch in Frauenclubs, Jugendorganisationen, Gewerkschaften und anderen Vereinigungen statt, die formell oder informell mit ihnen verbunden sind. Es gibt verschiedene Parteien (obwohl die letzte allgemeine Wahl von 1955 ihre Anzahl einschneidend reduziert hat), die alle von den gebildeten städtischen Eliten – Staatsbeamten, Lehrern, Händlern, Studenten und so weiter – geführt werden und sich alle um die politische Gunst der halbländlichen, halb-städtischen *kampong*-Bewohner und der Masse der Bauern bemühen. Und fast ohne Ausnahme wenden sie sich entweder an die *santri*-Gruppen oder an die *abangan*-Gruppen. Aus der Gesamtheit der politischen Parteien und Vereinigungen sind hier nur zwei von unmittelbarem Interesse: Masjumi, eine riesige politische Partei, die sich auf den Islam beruft, und Permai, ein strikt anti-moslemischer politisch-religiöser Kult.

Die Masjumi-Partei leitet sich mehr oder minder direkt von der islamischen Reformbewegung der Vorkriegszeit her. Angeführt von modernistischen *santri*-Intellektuellen (jedenfalls ist das in Modjokuto der Fall) vertritt sie die sozial orientierte, antischolastische und recht puritanische Version eines Islam, der »zurück zum Koran« will. Im Verein mit den anderen moslemischen Parteien fordert sie auch die Errichtung eines »islamischen Staates« anstelle der gegenwärtigen säkularen indonesischen Republik. Die Bedeutung dieses Ideals ist jedoch nicht völlig klar. Die Feinde der Masjumi-Partei werfen ihr vor, eine intolerante mittelalterliche Theokratie anzustreben, in der alle *abangan* und Nicht-Mosleme verfolgt und zur genauen Einhaltung aller moslemischen Gesetzesvorschriften gezwungen würden, während die Masjumi-Führer geltend machen, daß der Islam grundsätzlich tolerant sei und daß es ihm nur um eine Regierung ginge, die ausdrücklich auf dem islamischen Glaubensbekenntnis gründe und deren Gesetze mit den Lehren des Koran und des Hadith übereinstimmten. In jedem Fall ist die Masjumi die größte Moslempartei des Landes, auf nationaler wie lokaler Ebene einer der Hauptbefürworter der Werte und Bestrebungen der *santri*-Gemeinschaft.

Die Permai-Partei ist, im nationalen Maßstab gesehen, nicht so eindrucksvoll. Obwohl eine landesweite Partei, ist sie recht klein und hat nur Einfluß in einigen ziemlich eng begrenzten Gebieten, darunter Modjokuto. Was ihr jedoch an nationaler Reichweite fehlt, macht sie durch lokale Intensität wett. Im wesentlichen vertritt die Permai eine Mischung aus marxistischen politischen Ideen und religiösen Elementen der *abangan*. Sie vereinigt eine recht ausgeprägte antiwestliche, antikapitalistische und antiimperialistische Haltung mit dem Versuch, einige der typischen diffusen Themen des bäuerlich-religiösen Synkretismus zu formalisieren und zu generalisieren. Permai-Versammlungen folgen der Form nach sowohl dem Muster eines Slametan – und zwar vollständig mit Räucherwerk und symbolischem Essen (aber ohne islamische Gesänge) – als auch dem modernen parlamentarischen Vorgehen. Die Broschüren der Permai-Partei enthalten neben Analysen des Klassenkonflikts auch divinatorische Kalender- und Zahlensysteme und mystische Lehren, und die Parteireden befassen sich ausführlich mit religiösen wie mit politischen Vorstellungen. In Modjokuto ist die Permai überdies ein Heilkult mit eigenen medizinischen Spezialpraktiken und magischen Formeln, einem geheimen Losungswort und kabbalistischen Interpretationen von Passagen der sozialen und politischen Schriften ihrer Führer.

Doch das hervorstechendste Merkmal der Permai-Partei ist ihr starker antimoslemischer Standpunkt. Sie beschuldigt den Islam, ein ausländischer Import zu sein, der den Bedürfnissen und Werten der Javaner nicht entspreche, und drängt zur Rückkehr zu »reinen« und »ursprünglichen« javanischen Glaubensformen, womit sie anscheinend den einheimischen Synkretismus meint, aus dem die ausgesprochen islamischen Elemente entfernt sind. In Übereinstimmung damit hat die Kult-Partei auf nationaler und lokaler Ebene Bestrebungen in Richtung auf säkulare (d. h. nichtislamische) Heirats- und Bestattungsrituale initiiert. Zur Zeit gelten mit Ausnahme der Eheschließungen von Christen und balinesischen Hindus nur jene Heiraten als legitim, die mit dem moslemischen Ritual geschlossen wurden.[11] Die Begräbnisrituale sind Sache des einzelnen, doch sind sie auf Grund der langen synkreti-

11 Tatsächlich bestehen die javanischen Heiratsriten aus zwei Teilen. Der eine, der zum allgemeinen Synkretismus gehört, wird im Haus der Frau abgehalten und umfaßt einen Slametan und eine feierliche »Begegnung« von Braut und Bräutigam. Die andere, in den Augen der Regierung eigentlich offizielle Zeremonie, folgt dem islamischen Gesetz und findet im Büro des Naib, des Beamten für religiöse Angelegenheiten des jeweiligen Unterdistrikts, statt. Vgl. C. Geertz, *The Religion of Java*, Glencoe, Ill. 1960, S. 51-61 und S. 203.

stischen Geschichte so innig mit den islamischen Gebräuchen verbunden, daß ein rein nicht-islamisches Begräbnis nahezu unmöglich ist.

Die Aktivitäten der Permai gegen die islamischen Heirats- und Begräbniszeremonien nahmen auf lokaler Ebene zwei Formen an. Sie übten einerseits heftigen Druck auf die lokalen Regierungsbeamten aus, nicht-islamische Praktiken zuzulassen, und setzten andererseits die eigenen Mitglieder unter heftigen Druck, freiwillig die von islamischen Elementen gereinigten Rituale zu befolgen. Bei den Heiraten war ein Erfolg nahezu ausgeschlossen, weil die Beamten an die Weisungen der Zentralregierung gebunden waren und sogar die eifrigsten Mitglieder des Kults es nicht wagten, öffentlich eine »illegitime« Ehe einzugehen. Ohne gesetzliche Veränderungen hatte die Permai kaum eine Chance, die Heiratsformen zu ändern. Es gab zwar einige Versuche, den zivilen Teil der Zeremonien *abangan*-treuen Dorfvorstehern anzuvertrauen; sie schlugen jedoch fehl.

Bei den Begräbnissen lag die Sache etwas anders, da hier weniger ein Gesetz als ein Brauch auf dem Spiel stand. Während der Zeit meiner Feldforschung (1952–54) verschärften sich die Spannungen zwischen Permai und Masjumi erheblich. Grund dafür war einmal das nahe Bevorstehen der ersten allgemeinen Wahlen in Indonesien und zum anderen die Auswirkungen des kalten Krieges. Darüber hinaus spielten verschiedene Einzelereignisse eine Rolle – etwa der Bericht, daß der nationale Führer der Permai Mohammed öffentlich einen falschen Propheten genannt hatte, oder die Rede eines Masjumi-Führers in der nahegelegenen Bezirkshauptstadt, in der er die Permai anklagte, eine Generation von Bastarden in Indonesien heranzüchten zu wollen, aber auch eine erbitterte Dorfvorsteher-Wahl, die weitgehend eine Auseinandersetzung zwischen *santri* und *abangan* war. Schließlich berief der lokale Regierungsbeamte, ein beunruhigter Bürokrat, der sich von allen Seiten bedrängt fühlte, ein Treffen aller religiösen Amtsträger (Modin) des Dorfes ein. Neben vielen anderen Pflichten hat ein Modin traditionell für die Durchführung der Begräbniszeremonien zu sorgen. Er beaufsichtigt das gesamte Ritual, leitet die Korangesänge und hält eine vorbereitete Rede für den Verstorbenen am Grabe. Der lokale Regierungsbeamte instruierte die Modin, die in ihrer Mehrzahl Führer der örtlichen Masjumi-Partei waren, daß sie im Todesfall eines Permai-Mitglieds nur Namen und Alter des Verstorbenen notieren und dann nach Hause zurückkehren sollten; sie sollten nicht am Ritual teilnehmen. Er machte sie darauf aufmerksam, daß sie, wenn sie seinen Anweisungen zuwider handelten, dafür verantwortlich wären, falls es Unruhe geben sollte, und daß er ihnen nicht zu Hilfe kommen würde.

So standen die Dinge, als am 17. Juni 1954 Paidjan, der Neffe von Karman, einem aktiven und eifrigen Permai-Mitglied, plötzlich im Modjokuto-*kampong* (wo ich wohnte) starb.

Das Begräbnis

Bei einem javanischen Begräbnis gibt es kein fassungsloses Wehklagen, kein hemmungsloses Schluchzen, nicht einmal förmliche Trauerbekundungen, mit denen man sich von dem Verstorbenen verabschiedet. Es ist vielmehr ein ruhiges, unauffälliges, fast schleppendes Fahrenlassen, ein kurzes ritualisiertes Beenden einer Beziehung, die nicht länger möglich ist. Tränen werden nicht gebilligt, viel weniger noch werden sie ermutigt. Alle Anstrengungen zielen darauf, die Sache hinter sich zu bringen und sich nicht dem Schmerz anheim zu geben. Die einzelnen Momente des Begräbnisverlaufs, der höflich-förmliche soziale Umgang mit den Nachbarn, die von allen Seiten hinzukommen, die Abfolge der Gedenk-Slametane, die sich mit Intervallen über fast drei Jahre hinweg erstrecken, das ganze System des javanischen Rituals soll dazu beitragen, dem einzelnen ohne ernstliche emotionale Störungen über den Schmerz hinwegzuhelfen. Man sagt, daß das Begräbnis und die folgenden Rituale im Trauernden ein Gefühl von *iklas*, eine Art gewollter Affektlosigkeit, erzeuge, einen abgelösten und statischen Zustand des »Nichtbetroffenseins«, in der Nachbarschaftsgruppe dagegen *rukun*, eine »Gemeinschaftsharmonie«.

Die eigentliche Zeremonie ist im Grunde nur eine Version des Slametan, die an die besonderen Erfordernisse einer Beerdigung angepaßt ist. Sobald die Todesnachricht öffentlich in der Nachbarschaft bekanntgegeben wird, muß jeder liegenlassen, was er gerade tut, und sich sofort zum Haus der Hinterbliebenen begeben. Die Frauen bringen Schalen voll Reis, der für den Slametan zubereitet wird. Die Männer machen sich daran, hölzerne Grabmarkierungen zu schnitzen und das Grab auszuheben. Bald erscheint auch der Modin und beaufsichtigt die verschiedenen Tätigkeiten. Der Leichnam wird von den Verwandten in zeremoniell zubereitetem Wasser gewaschen (sie halten den Leichnam entschlossen auf dem Schoß, um ihre Zuneigung zu dem Verstorbenen wie auch ihre Selbstbeherrschung zu zeigen) und anschließend in Musselin gehüllt. Etwa ein Dutzend *santri* rezitieren unter der Führung des Modin fünf oder zehn Minuten lang arabische Gebete über dem Toten, danach wird er in einer zeremoniellen Prozession zum Friedhof getragen, wo man ihn in vorgeschriebener Weise begräbt. Der Modin hält dem Verstorbenen eine Grabrede und erinnert ihn an seine Pflichten als treuer Moslem. Damit ist das Begräbnis vorüber – gewöhnlich bereits zwei oder drei Stunden nach dem Tod. Diesem eigentlichen Begräbnis folgen Gedenk-Slametane im Hause der Hinterbliebenen, und zwar nach sieben, vierzig und hundert Tagen, am ersten und zweiten Jahrestag des Todes und am tausendsten Tag. Man glaubt, daß sich zu diesem Zeitpunkt der Leichnam in Staub aufgelöst hat und der vollständige Bruch zwischen den Lebenden und dem Toten erreicht ist.

Dies war das rituelle Muster, das für das Vorgehen nach Paidjans Tod vorgegeben war. Sobald es hell wurde (der Tod trat in den frühen Morgenstunden ein), sandte Karman, der Onkel, ein Telegramm an die Eltern des Jungen in der nahegelegenen Stadt und teilte ihnen auf typisch javanische Art mit, daß ihr Sohn krank sei. Diese Formulierung sollte der Wirkung einer unmittelbaren Todesnachricht vorbeugen, indem sie es ihnen ermöglichte, sich darauf einzustellen. Die Javaner glauben, daß emotionale Schäden nicht von der Schwere einer Enttäuschung herrühren, sondern von der Plötzlichkeit, mit der sie hereinbricht, vom Ausmaß, in dem sie einen Unvorbereiteten »überrascht«. Es ist der »Schock« und nicht eigentlich der Schmerz, der gefürchtet wird. Als nächstes sandte Karman, der die Eltern innerhalb weniger Stunden erwartete, nach dem Modin, damit dieser bereits mit

der Zeremonie beginnen konnte. Seine Absicht war, daß bei Ankunft der Eltern wenig mehr zu tun bliebe, als den Leichnam zu begraben, und daß ihnen auf diese Weise weitere vermeidbare seelische Belastungen erspart blieben. Spätestens um zehn Uhr sollte alles vorbei sein, – ein betrübliches Ereignis, das aber durch das Ritual gemildert sein würde.
Als aber der Modin Karmans Haus betrat und das Permai-Plakat sah, das Karmans politische Parteizugehörigkeit anzeigte, erklärte er ihm, daß er das Ritual nicht abhalten könne. Schließlich, so erzählte er mir später, gehörte Karman einer »anderen Religion« an, und er, der Modin, kenne die richtigen Begräbnisrituale dafür nicht – alles was er kenne, sei der Islam. »Ich will Deine Religion nicht beleidigen«, habe er fromm gesagt, »im Gegenteil, ich habe die größte Achtung für sie, da es im Islam keine Intoleranz gibt. Aber ich kenne Dein Ritual nicht. Die Christen haben ihr eigenes Ritual und ihre eigenen Spezialisten (den lokalen Pfarrer), aber was praktizieren die Permai? Verbrennen sie den Leichnam oder was?« (Hier handelt es sich um eine versteckte Anspielung auf die Begräbnispraktiken der Hindus; der Modin amüsierte sich bei alledem offensichtlich.) Karman sei, berichtete der Modin weiter, ziemlich aufgebracht und offensichtlich überrascht gewesen. Obwohl aktives Permai-Mitglied, sei er recht naiv, und es sei ihm offenbar niemals aufgegangen, daß die Agitation der Partei gegen das moslemische Begräbnis jemals zum praktischen Problem werden könnte, oder daß sich der Modin tatsächlich weigern würde, sein Amt zu versehen. Karman sei, so schloß der Modin, im Grunde kein schlechter Kerl, eigentlich nur ein Spielball in den Händen seiner Parteioberen.
Nachdem er den hocherregten Karman verlassen hatte, ging der Modin direkt zum lokalen Regierungsbeamten, um sich zu vergewissern, daß er richtig gehandelt hatte. Der Beamte war offiziell dazu verpflichtet, ihm das zu bestätigen, und auf diese Weise bestärkt, ging der Modin nach Hause zurück, wo er bereits von Karman und dem Dorfpolizisten erwartet wurde, an den sich Karman in seiner Verzweiflung gewendet hatte. Der Polizist, ein persönlicher Freund von Karman, erklärte dem Modin, daß der althergebrachte Brauch es von ihm verlange, jeden unvoreingenommen zu beerdigen, ungeachtet aller politischen Zugehörig-

keit. Aber der Modin, der nunmehr persönlichen Rückhalt beim lokalen Regierungsbeamten hatte, bestand darauf, daß er nicht länger zuständig sei. Er schlug jedoch vor, daß Karman, sofern er dies wünsche, zum Büro des Dorfvorstehers gehen könne, um dort eine öffentliche Verlautbarung zu unterschreiben, die mit dem Stempel der Regierung versehen und im Beisein von zwei Zeugen vom Dorfvorsteher gegengezeichnet würde. Darin solle er erklären, daß er, Karman, ein rechtgläubiger Moslem sei und wünsche, daß der Modin den Jungen nach islamischem Brauch begrabe. Dieses Ansinnen, seine religiösen Auffassungen offiziell aufzugeben, ließ Karman wutentbrannt davonstürzen – ein ziemlich untypisches Verhalten für einen Javaner. Wieder zu Hause angekommen und völlig ratlos, was er nun unternehmen sollte, hörte er zu seiner Bestürzung, daß die Nachricht vom Tode des Jungen bekannt geworden war und die gesamte Nachbarschaft bereits im Begriff stand, sich für die Zeremonie zu versammeln.

Wie in den meisten *kampong* von Modjokuto lebten auch in dem, wo ich wohnte, viele fromme *santri* und überzeugte *abangan* (und natürlich auch viele weniger engagierte Anhänger beider Richtungen) mehr oder weniger zufällig nebeneinander. In der Stadt sind die Leute gezwungen, dort zu leben, wo Platz für sie ist, und jeden, den sie vorfinden, als Nachbarn anzuerkennen, im Gegensatz zu den ländlichen Gebieten, wo ganze Nachbarschaftsgruppen und sogar ganze Dörfer noch immer fast ausschließlich entweder aus *santri* oder aus *abangan* bestehen. Die Mehrheit der *santri* im *kampong* waren Masjumi-Mitglieder, und die meisten *abangan* Anhänger von Permai. Im täglichen Leben war die soziale Interaktion zwischen beiden Gruppen minimal. Die *abangan,* fast durchweg kleine Handwerker oder einfache Arbeiter, trafen sich spätnachmittags in Karmans Kaffeestube an der Straße zu den müßigen Unterhaltungen, die typisch für das abendliche Leben in den Kleinstädten und Dörfern auf Java sind. Die *santri* – größtenteils Schneider, Händler und Ladenbesitzer – versammelten sich gewöhnlich in einer der Kaffeestuben, die einem *santri* gehörten. Aber trotz des Fehlens enger sozialer Bindungen wurde es von beiden Gruppen als unumgängliche Pflicht angesehen, bei einem Begräbnis die territoriale Zusammengehörigkeit zu demonstrieren. Von allen javanischen Ritualen verpflichtet ein Begräbnis wahrscheinlich am meisten zur Teilnahme. Von jedem, der in einer gewissen räumlichen Nachbarschaft zu den Hinterbliebenen lebt, wird erwartet, zur Zeremonie zu kommen – und bei diesem Anlaß kommen auch alle.

So war es nicht erstaunlich, daß ich bei meiner Ankunft in Karmans Haus ungefähr um acht Uhr zwei getrennte Gruppen verdrießlicher Männer vorfand, die sich düster auf verschiedenen Seiten des Hofs niedergekauert hatten. Im Inneren des Hauses saß tatenlos eine nervöse Gruppe flüsternder Frauen in der Nähe des noch immer bekleideten Leichnams. Statt der ruhigen Geschäftigkeit der Slametan-Vorbereitungen, der Leichenwäsche und dem Begrüßen der Gäste herrschte eine allgemeine Atmosphäre des Zweifels und der Besorgnis. Die *abangan* hatten sich in der Nähe des Hauses gruppiert, wo Karman zusammengekauert hockte und geradeaus ins Leere starrte, und wo Sudjoko, der Permai-Vorsitzende der Stadt, und Sastro, der Parteisekretär (die einzigen, die nicht im *kampong* wohnten) auf Stühlen saßen und unbestimmt auf den Platz schauten. Die *santri* hatten sich im spärlichen Schatten einer Kokospalme etwa fünfundzwanzig Meter entfernt versammelt und unterhielten sich ruhig über alles mögliche, nur nicht über das gegenwärtige Problem. Die nahezu bewegungslose Szene erinnerte an die unerwartete Unterbrechung eines vertrauten Vorgangs, als ob ein Film plötzlich angehalten würde.

Nach ungefähr einer halben Stunde begannen einige *abangan* halbherzig, Holzstücke zurechtzuschneiden, um Grabmarkierungen herzustellen, und einige Frauen fingen mangels besserer Beschäftigung an, kleine Blumenspenden aufzubauen, aber es war klar, daß das Ritual aufgehalten war, und daß niemand recht wußte, wie es nun weitergehen sollte. Die Spannung wuchs allmählich. Die Leute beobachteten nervös, wie die Sonne am Himmel höher und höher stieg, oder sie warfen verstohlene Blicke auf den passiven Karman. Langsam wurden Klagen über die bedauerliche Lage der Dinge laut (»alles ist heutzutage ein politisches Problem«; ein alter Traditionalist von ungefähr achtzig Jahren raunte mir zu: »Man kann noch nicht einmal mehr sterben, ohne daß es zum politischen Problem wird«). Schließlich, um halb zehn, beschloß ein junger *santri*-Schneider namens Abu, etwas zu

tun, bevor die Situation gänzlich unmöglich wurde: er stand auf und machte sich Karman durch Zeichen bemerkbar – die erste förderliche Handlung während des ganzen Morgens. Und Karman, aus seiner Versenkung gerissen, überquerte das Niemandsland, um mit ihm zu reden.
Abu hatte eine vergleichsweise besondere Stellung im *kampong* inne. Obwohl er ein frommer *santri* und ein loyales Masjumi-Mitglied war, hatte er mehr Kontakt mit der Permai-Gruppe, da sein Schneiderladen direkt hinter Karmans Kaffeestube lag. Zwar gehörte Abu, der Tag und Nacht an seiner Nähmaschine saß, dieser Gruppe nicht an, doch tauschte er von seinem sechs Meter entfernten Arbeitsplatz oft Bemerkungen mit den Versammelten aus. Allerdings herrschte in religiösen Fragen eine gewisse Spannung zwischen ihm und den Permai-Leuten. Einmal, als ich sie über ihre eschatologischen Vorstellungen befragte, verwiesen sie mich sarkastisch an Abu, den sie als Experten ausgaben. Sie machten sich ziemlich offen lustig über ihn und bezeichneten die islamischen Theorien über das Leben nach dem Tod als völlig lächerlich. Nichtsdestotrotz bestand zwischen ihnen eine Art sozialer Bindung, und so war es durchaus einsichtig, daß er derjenige war, der den toten Punkt zu überwinden versuchte.
»Es ist schon fast Mittag«, sagte Abu. »Die Dinge können so nicht weiterlaufen.« Er schlug vor, Umar, einen anderen *santri*, zum Modin zu schicken, um festzustellen, ob dieser nunmehr bereit wäre zu kommen – vielleicht hatte er sich mittlerweile eines anderen besonnen. In der Zwischenzeit könne er das Waschen und Einhüllen des Leichnams selbst besorgen. Karman entgegnete, daß er darüber nachdenken werde, und kehrte auf die andere Seite des Hofs zurück, um mit den zwei Permai-Führern zu sprechen. Nach wenigen Minuten lebhaften Gestikulierens und Nickens kehrte Karman zurück und sagte einfach: »In Ordnung, so wird's gemacht.« »Ich weiß, wie Dir zumute ist«, sagte Abu. »Ich werde nur tun, was absolut notwendig ist, und halte den Islam soweit wie möglich heraus.« Er versammelte die *santri* und ging ins Haus.
Als erstes war es nötig, den Leichnam zu entkleiden (der immer noch auf dem Boden lag, da sich niemand hatte überwinden können, ihn fortzubewegen). Aber da mittlerweile die Leichenstarre

eingetreten war, mußte man die Kleider mit einem Messer aufschneiden, eine ungewöhnliche Prozedur, die jeden und insbesondere die in Gruppen herumstehenden Frauen zutiefst verstörte. Schließlich schafften es die *santri*, den Leichnam nach draußen zu bringen und die Vorbereitungen für die Waschung zu treffen. Abu fragte, wer freiwillig das Waschen übernehmen wolle, wobei er daran erinnerte, daß Gott dies als gute Tat ansehen würde. Aber die Verwandten, denen normalerweise diese Aufgabe zugefallen wäre, waren mittlerweile so tief betroffen und verwirrt, daß sie nicht in der Lage waren, den Jungen in der üblichen Weise auf dem Schoß zu halten. So entstand eine erneute Unterbrechung, in der sich die Leute entmutigte Blicke zuwarfen. Schließlich nahm Pak Sura, ein Mitglied von Karmans Gruppe, aber kein Verwandter, den Jungen auf den Schoß, obwohl er deutlich Angst hatte und dabei einen schützenden Spruch flüsterte. Die Javaner glauben nämlich, daß man einen Toten schnell begraben muß, da sie es für gefährlich halten, wenn sich der Geist des Verstorbenen in der Nähe des Hauses aufhält.

Bevor die Waschung beginnen konnte, stellte jedoch jemand die Frage, ob eine Person dafür genüge – waren es nicht gewöhnlich drei? Niemand war ganz sicher, selbst Abu nicht; einige glaubten, daß es zwar üblich, aber nicht obligatorisch sei, drei Leute zu haben, während andere meinten, daß drei Personen unabdingbar seien. Nach ungefähr zehn Minuten besorgter Diskussion fanden ein Cousin des Jungen und ein Schreiner, der nicht mit ihm verwandt war, den Mut, Pak Sura zu helfen. Abu, der versuchte, die Rolle des Modins so gut er konnte zu spielen, spritzte einige Tropfen Wasser auf den Leichnam, anschließend wurde er ziemlich aufs Geratewohl und mit ungeweihtem Wasser gewaschen. Als dies beendet war, trat wieder ein Stillstand ein, da niemand genau wußte, wie die kleinen Baumwollkissen, die nach moslemischem Gesetz die Körperöffnungen verschließen sollen, anzubringen seien. Karmans Frau, die Schwester der Mutter des Verstorbenen, konnte es offensichtlich nicht mehr ertragen; sie brach in ein lautes, ungehemmtes Wehklagen aus – die einzige Schmerzbekundung dieser Art, die ich bei javanischen Begräbnissen je erlebte. (Ich war bei mindestens zwölf zugegen.) Die allgemeine Erregung steigerte sich dadurch noch mehr. Fast alle Frauen aus dem *kampong* unternahmen verzweifelte, aber erfolglose Anstrengungen, sie zu beruhigen. Die Männer blieben größtenteils im Hof sitzen, äußerlich ruhig und ausdruckslos, doch das verlegene Unbehagen, das von Anfang an geherrscht hatte, schien sich in bange Verzweiflung zu verwandeln. »Es ist nicht gut für sie, so zu weinen«, sagten einige Männer zu mir. »Es gehört sich nicht«. In diesem Moment erschien der Modin.

Er war jedoch noch immer unerbittlich. Überdies warnte er Abu, dieser werde ewige Verdammnis durch seine Handlungen auf sich ziehen. »Du wirst Gott am Tag des Gerichts Rede und Antwort stehen müssen, wenn du beim Ritual Fehler machst«, sagte er. »Du wirst es zu verantworten haben. Für einen Moslem ist ein Begräbnis eine ernste Angelegenheit und muß nach dem Gesetz von jemandem ausgeführt werden, der das Gesetz kennt. Die Entscheidung darüber steht nicht im Belieben eines Einzelnen«. Dann legte er Sudjoko und Sastro, den Permai-Führern nahe, daß sie das Begräbniszeremoniell übernehmen sollten, da sie als Partei-»Intellektuelle« sicherlich wüßten, welche Begräbnisrituale die Permai befolgten. Die beiden Führer, die sich nicht von ihren Stühlen bewegt hatten, erwogen den Vorschlag unter den erwartungsvollen Blicken aller, wiesen ihn dann aber schließlich mit einigem Bedauern und der Begründung zurück, daß sie wirklich nicht damit umzugehen wüßten. Der Modin zuckte die Achseln und wandte sich zum Gehen. Einer der Umstehenden, ein Freund Karmans, schlug daraufhin vor, den Leichnam einfach hinauszutragen und zu begraben und das ganze Ritual zu vergessen; es sei außerordentlich gefährlich, die Dinge noch viel länger so zu belassen. Ich weiß nicht, ob dieser ungewöhnliche Vorschlag befolgt worden wäre, wenn nicht gerade da Mutter und Vater des toten Kindes den *kampong* betreten hätten.

Sie schienen ziemlich gefaßt. Dabei ahnten sie bereits, daß ihr Sohn tot war, da, so sagte mir der Vater später, er dies befürchtet habe, als er das Telegramm erhielt. Er und seine Frau hatten sich auf das Schlimmste vorbereitet und hatten sich, als sie ankamen, mehr oder weniger damit abgefunden. Sobald sie sich dem *kampong* näherten und die ganze Nachbarschaft versammelt sahen, wußten sie, daß ihre Befürchtungen begründet waren. Als Karmans Frau, deren Weinen etwas abgeklungen war, die Mutter des toten Kindes sah, riß sie sich von den Frauen, die sie beruhigten, los, und lief mit einem Schrei auf ihre Schwester zu. Kaum umarmten sie sich, als beide Frauen von einer wilden Hysterie erfaßt wurden; blitzschnell eilte die Menge hinzu, riß sie voneinander los und zerrte sie in Häuser auf entgegengesetzten Seiten des *kampong* – ein Vorgang, der kaum Sekunden zu dauern schien. Ihr Klagen aber hielt unvermindert an, und nervöse Bemerkungen wurden laut, mit dem Begräbnis in der einen oder anderen Weise fortzufahren, bevor der Geist des Jungen von irgend jemandem Besitz ergriffe.

Doch die Mutter bestand jetzt darauf, den Leichnam ihres Kindes zu sehen, bevor er eingehüllt wurde. Der Vater verbot dies zunächst und befahl ihr ärgerlich, mit dem Weinen aufzuhören – wußte sie nicht, daß ein solches Verhalten den Pfad des Jungen in die andere Welt verdunkelte? Aber sie blieb beharrlich, und so brachte man die Schwankende in Karmans Haus, wo er lag. Die Frauen versuchten, sie davon abzuhalten, ihm zu nahe zu kommen, aber sie riß sich los und küßte den Jungen in der Genitalgegend. Fast im gleichen Augenblick wurde sie von ihrem Mann und den Frauen zurückgerissen – obwohl sie schrie, daß sie noch nicht fertig sei – und in den hinteren Teil des Raums gezogen, wo sie niedersank. Nach einer Weile – der Leichnam war schließlich eingehüllt, da der Modin nun endlich doch gezeigt hatte, wohin die Baumwollkissen kamen – schien sie ihre Haltung völlig verloren zu haben und begann, durch den Hof zu gehen und den ihr Fremden nacheinander die Hand zu schütteln und zu sagen: »Vergebt mir, vergebt mir.« Wieder wurde sie mit Gewalt daran gehindert. Man sagte: »Beruhige dich, denke an deine anderen Kinder – willst du deinem Sohn ins Grab folgen?«

Nachdem nun der Leichnam eingehüllt war, wurde erneut vorgeschlagen, ihn sofort zum Friedhof zu bringen. Daraufhin ging Abu auf den Vater zu, der in seinen Augen jetzt an Karmans Stelle getreten und offiziell für den Fortgang verantwortlich war. Er erklärte ihm, daß sich der Modin als Regierungsbeamter nicht frei genug fühle, den Vater selbst anzusprechen, daß er aber gerne wüßte, wie er den Jungen zu begraben wünsche – nach islamischer Art oder auf andere Weise? Der Vater erwiderte einigermaßen bestürzt: »Natürlich auf islamische Weise. Ich bin zwar nicht sehr religiös, aber ich bin kein Christ, und beim Tode soll das Begräbnis natürlich islamisch sein. Vollständig islamisch.« Abu erklärte nochmals, daß sich der Modin dem Vater nicht direkt nähern könne, aber daß er, der er »frei« sei, machen könne, was er wolle. Er betonte, daß er versucht habe, so gut wie möglich zu helfen, aber daß er sehr darauf bedacht gewesen sei, nichts Islamisches zu tun, bevor nicht der Vater zugegen war. Es sei zu schlimm, sagte er entschuldigend, daß es so viele Spannungen gebe und politische Differenzen solchen Ärger verursachten. Aber dennoch müsse bei dem Begräbnis alles »klar« und »legal« sein. Das sei wichtig für die Seele des Jungen. Darauf stimmten die *santri,* deutlich erleichtert, die Gebete über dem Toten an, worauf er zum Friedhof gebracht und in der üblichen Weise begraben wurde. Der Modin sprach die für Kinder übliche Grabrede, und damit war das Begräbnis schließlich zu Ende. Weder Verwandte noch Frauen gingen mit zum Friedhof, aber als wir von dort zurückkehrten – es war jetzt weit nach Mittag –, wurde der Slametan aufgetragen, und Paidjans Geist, so hofften alle, verließ den *kampong,* um seine Reise in die andere Welt anzutreten.

Drei Tage später wurde abends der erste der Gedenk-Slametane abgehalten, aber es waren keine *santri* zugegen. Außerdem stellte es sich heraus, daß es kein reines Trauerritual, sondern auch ein politisches und religiöses Kulttreffen der Permai war. Karman begann in traditioneller Weise auf hochjavanisch zu verkünden, daß dies ein Slametan zum Angedenken des Todes von Paidjan sei. Sudjoko, der Permai-Führer, unterbrach ihn sogleich mit den Worten: »Nein, nein, das ist falsch. An einem Slametan des dritten Tages ißt man nur und stimmt einen langen islamischen Gesang für den Toten an, aber wir werden dies sicherlich nicht tun.« Dann ließ er eine lange weitschweifige Rede vom Stapel. Jeder, sagte er, müsse die philosophisch-religiösen Grundlagen des Landes kennen. »Nehmen wir an, dieser Amerikaner (er zeigte auf mich, dessen Gegenwart ihm überhaupt nicht behagte) käme und fragte Dich: Was sind die geistigen Grundlagen des Landes? Und Du wüßtest es nicht – wärest Du nicht beschämt?«

In diesem Stil fuhr er fort und entwickelte ein ganzes System von Prinzipien für die die gegenwärtige nationale politische Struktur, wobei er von Präsident Sukarnos »Fünf Punkten« (Monotheismus, soziale Gerechtigkeit, Nächstenliebe, Demokratie und Nationalismus), der offiziellen ideologischen Grundlage der neuen Republik, ausging und sie mystisch interpretierte. Unterstützt von Karman und anderen arbeitete er die Theorie einer Korrespondenz von Mikro- und Makrokosmos heraus, derzufolge das Individuum eine verkleinerte Nachbildung des Staates und der Staat nur ein vergrößertes Bild des Individuums sei. Wenn man den Staat ordnen müsse, müsse das auch mit dem Individuum geschehen; das eine impliziere das andere. So wie die fünf Punkte des Präsidenten die Grundlage des Staates bildeten, bildeten die fünf Sinne die Grundlage des Individuums. Der Prozeß, beide in Einklang miteinander zu bringen, sei hier wie dort der gleiche. Genau das müßten wir immer im Auge behalten. Die Diskussion zog sich noch fast eine halbe Stunde hin, es wurden dabei weitere religiöse, philosophische und politische Themen angeschnitten (darunter auch, offenbar auf mich gemünzt, Rosenbergs Hinrichtung).

Nach einer Kaffeepause, als Sudjoko gerade fortfahren wollte, fing Paidjans Vater, der ruhig und ausdruckslos dagesessen hatte, plötzlich zu reden an – weich und mit einer sonderbar mechanischen Tonlosigkeit, fast so, als redete er mit sich selbst, aber ohne viel Hoffnung auf Erfolg. »Es tut mir leid, daß ich einen so groben Stadtakzent habe«, sagte er, »aber ich möchte sehr gerne etwas sagen.« Sie könnten, so entschuldigte er sich, ihre Diskussion gleich wieder fortsetzen. »Ich habe versucht, *iklas* (»gelöst«, »ergeben«) über Paidjans Tod zu sein. Ich bin überzeugt, daß alles, was für ihn getan werden konnte, auch getan worden ist, und daß sein Tod nur etwas war, das einfach passierte.« Er sagte, er sei immer noch in Modjokuto, weil er seinen Nachbarn noch nicht gegenübertreten könne; er könne sich nicht der Tatsache stellen, jedem einzelnen erzählen zu müssen, was vorgefallen sei. Seine Frau sei mittlerweile auch etwas mehr *iklas*. Es sei trotzdem hart. Er sage sich immer wieder, daß dies einfach Gottes Wille gewesen sei, aber es sei so schwer, weil die Leute heutzutage nicht mehr einer Meinung seien. Er betonte, daß er all die Leute von Modjokuto, die zum Begräbnis gekommen waren, sehr schätze, und daß ihm die entstandenen Komplikationen leid täten. »Ich selbst bin nicht sehr religiös. Ich bin kein Masjumi, und ich bin kein Permai. Aber ich wollte, daß der Junge nach der alten Art begraben würde. Ich hoffe, daß niemandes Gefühle verletzt wurden.« Er wiederholte, daß er versuche, *iklas* zu sein, daß er sich sage, es sei allein der Wille Gottes gewesen, aber daß es dennoch schwer sei, da die Dinge heutzutage problematisch seien. Es sei schwer zu begreifen, warum der Junge habe sterben müssen.

Diese Art des öffentlichen Gefühlsausdrucks ist außerordentlich ungewöhnlich – meiner Erfahrung nach einzigartig – bei Javanern. Das förmliche traditionelle Slametan-Muster läßt dafür einfach keinen Raum (aber auch nicht für philosophische und politische Diskussionen). Jeder der Anwesenden war von der Rede des Vaters ziemlich betroffen, und es entstand ein peinliches Schweigen. Schließlich fing Sudjoko wieder an zu reden, aber diesmal führte er aus, wie der Junge starb. Zuerst hatte Paidjan Fieber bekommen, worauf Karman ihn, Sudjoko, rief, um über ihm einen magischen Spruch der Permai zu sprechen. Aber der Junge hatte nicht darauf angesprochen. So hatten sie ihn schließlich zu einem Pfleger ins Krankenhaus gebracht, wo er eine Injektion erhielt. Aber seine Lage verschlechterte sich weiter. Er erbrach Blut, bekam Krämpfe, die Sudjoko ziemlich plastisch schilderte, und dann starb er. »Ich weiß nicht, warum der Spruch der Permai nicht wirkte«, sagte er. »Meistens wirkt er. Diesmal nicht. Ich weiß nicht warum. Das läßt sich nicht erklären, wieviel man darüber auch nachdenken mag. Manchmal wirkt er, manchmal wirkt er einfach nicht.« Es entstand wieder ein Schweigen, und dann, nach ungefähr zehn Minuten weiterer politischer Diskussion, gingen wir auseinander. Der Vater kehrte am nächsten Tag nach Hause zurück. Ich wurde zu keinem der folgenden Slametane eingeladen. Als ich den Ort ungefähr vier Monate später verließ, hatte sich Karmans Frau noch immer nicht ganz von den Ereignissen erholt, die Spannungen zwischen *santri* und *abangan* im *kampong* hatten sich verstärkt, und jedermann fragte sich, was passieren würde, wenn der nächste Todesfall in einer Permai-Familie eintrat.

Analyse

»Von allen Ursprüngen der Religion«, schrieb Malinowski, »ist das letzte Grundereignis des Lebens – der Tod – von größter

Wichtigkeit.«[12] Der Tod, so argumentierte er, ruft in den Überlebenden eine doppelte Reaktion – Liebe und Abscheu – hervor, eine tiefe emotionale Ambivalenz von Zuneigung und Furcht, die sowohl die psychologischen wie auch die gesellschaftlichen Grundfesten der menschlichen Existenz bedroht. Die Überlebenden fühlen sich durch ihre Liebe zum Verstorbenen hingezogen und durch die schreckliche, vom Tod verursachte Veränderung von ihm abgestoßen. Die Bestattungsriten und darauffolgenden Praktiken der Trauer spiegeln dieses widersprüchliche Verlangen, nach dem Tode das Band aufrechtzuerhalten und zugleich jede Verbindung sofort und endgültig abzubrechen, und den Wunsch, daß der Lebenswille der drohenden Verzweiflung Herr werden möge. Begräbnisrituale halten die Kontinuität des menschlichen Lebens aufrecht, indem sie verhindern, daß die Überlebenden sich entweder dem Impuls überlassen, panisch vom Schauplatz zu fliehen, oder dem entgegengesetzten Impuls, dem Verstorbenen ins Grab zu folgen.

> Und hier, in dieses Spiel emotionaler Kräfte, in dieses äußerste Dilemma von Leben und endgültigem Tod, dringt die Religion ein, wählt die positive Weltanschauung, die tröstliche Aussicht, den kulturell wertvollen Glauben an die Unsterblichkeit, an den vom Körper unabhängigen Geist und an die Fortdauer des Lebens nach dem Tode. Durch die verschiedenen Todeszeremonien, durch Gedenken an den Verstorbenen und die Vereinigung mit ihm und durch die Verehrung der Geister der Ahnen gibt die Religion dem rettenden Glauben Form und Gestalt ... Sie erfüllt genau dieselbe Funktion auch in bezug auf die ganze Gruppe. Die Todeszeremonie, welche die Überlebenden an den Leichnam fesselt und sie an den Ort des Todes bindet, der Glaube an die Existenz des Geistes, an seine wohltätigen Einflüsse oder seine böswilligen Intentionen, an die Verpflichtungen zu einer Reihe von Gedächtnis- oder Opferzeremonien – in all diesem wirkt die Religion den zentrifugalen Kräften der Angst, des Schreckens, der Demoralisation entgegen und liefert die wirkungsvollsten Mittel zur Reintegration der erschütterten Solidarität der Gruppe und für die Wiederherstellung ihrer Moral. Kurz gesagt, die Religion sichert hier den Sieg der Tradition und der Kultur über die negative Reaktion des frustrierten Instinkts.[13]

12 Malinowski, *Magic, Science and Religion*, S. 29 (dt. A.: S. 32).
13 Ebd., S. 33-35 (dt. A.: S. 36-38).

Für diese Art von Theorie stellt ein Fall wie der oben beschriebene offenkundig einige schwierige Probleme. Nicht nur, daß der Sieg der Tradition und Kultur über den »frustrierten Instinkt« bestenfalls knapp war, es schien auch so, als ob das Ritual die Gesellschaft eher auseinandergerissen als integriert, Persönlichkeiten eher zerrüttet als geheilt hätte. Darauf hat der Funktionalist eine Antwort parat, die – je nachdem, ob er in der Tradition von Durkheim oder in der von Malinowski steht – entweder gesellschaftliche Desintegration oder kulturelle Demoralisierung lautet. Rascher sozialer Wandel habe die javanische Gesellschaft auseinandergerissen, und das zeige sich in einer desintegrierten Kultur. So wie sich die vereinte traditionelle Dorfgemeinschaft im vereinten Slametan gespiegelt habe, spiegele sich die gestörte Gemeinschaft des *kampong* im gestörten Slametan des Begräbnisrituals, von dem gerade die Rede war. Die andere Richtung würde von einem Niedergang der Kultur sprechen, der zu gesellschaftlicher Zersplitterung geführt habe. Der Verlust einer starken Volkstradition habe die ethischen Bindungen zwischen den Individuen geschwächt.

Es scheint mir, daß an dieser Argumentation zwei Dinge falsch sind, in welcher der beiden Formulierungen sie auch auftritt: sie setzt einen gesellschaftlichen (oder kulturellen) Konflikt der gesellschaftlichen (oder kulturellen) Desintegration gleich, und sie leugnet die Unabhängigkeit von Kultur und sozialer Struktur, indem sie sie nur als Epiphänomen der jeweils anderen sieht.

Zunächst ist das Leben im *kampong* nicht einfach ohne Gesetze. Obwohl es, ähnlich wie unsere eigene Gesellschaft, von starken sozialen Konflikten gekennzeichnet ist, verläuft es in den meisten Bereichen dennoch recht effektiv. Würden die verschiedenen Institutionen – Regierung, Wirtschaft, Familie, Schichten und soziale Kontrollinstanzen – tatsächlich nur so mangelhaft wie bei Paidjans Begräbnis funktionieren, so wäre ein *kampong* allerdings ein recht unerfreulicher Ort zum Leben. Doch trotz einiger typischer Symptome städtischen Umbruchs – wie zunehmendes Glücksspiel, Diebstahl und Prostitution – steht das soziale Leben im *kampong* eindeutig nicht vor dem Zusammenbruch. In der alltäglichen gesellschaftlichen Interaktion gibt es keine unterschwellige Verbitterung und tiefe Unsicherheit von der Art, wie wir sie beim Begräbnis vorgefunden haben. Für die meisten Bewohner einer der halbstädtischen Wohnsiedlungen Modjokutos bietet diese Umgebung trotz ihrer materiellen Nachteile und ihres Übergangscharakters die meiste Zeit hindurch eine zufriedenstellende Lebensmöglichkeit. Viel mehr läßt sich wahrscheinlich auch über das Leben im javanischen Dorf nicht sagen, sofern man es nicht mit der üblichen Sentimentalität betrachtet. Es hat den Anschein, als ob es der Bereich der religiösen Auffassungen und Praktiken sei – Slametane, Feiertage, Heilverfahren, Hexerei, Kultgruppen und so weiter –, in dem die meisten Konflikte aufbrechen. Die Religion ist hier offenbar das Zentrum und die Quelle von Spannungen, nicht nur die Spiegelung von Spannungen an anderen Punkten der Gesellschaft.

Doch ist sie nicht deshalb Quelle von Spannungen, weil die Bindung an die überkommenen Glaubens- und Ritualmuster geschwächt wäre. Der Konflikt bei Paidjans Tod brach gerade deshalb aus, *weil* alle Bewohner des *kampong* in bezug auf Begräbnisse einer gemeinsamen, sehr komplexen Tradition anhingen. Es herrschte keine Uneinigkeit darüber, ob ein Slametan das richtige Ritual sei, ob die Nachbarn verpflichtet wären, anwesend zu sein, oder ob die übernatürlichen Vorstellungen, auf denen das Ritual beruht, gültig seien. Sowohl für die *santri* wie auch für die *abangan* in den *kampong* behält der Slametan seine Kraft als unverfälschtes heiliges Symbol, er stellt noch immer einen sinnstiftenden Rahmen für die Begegnung mit dem Tode bereit – für die meisten Leute den einzigen sinnstiftenden Rahmen. Wir können das Mißlingen des Rituals ebensowenig mit Säkularisierung, wachsendem Skeptizismus oder einem Desinteresse an traditionellen »Erlösungsvorstellungen« wie mit Gesetzlosigkeit in Zusammenhang bringen.

Wir müssen es vielmehr, denke ich, einer Diskontinuität zwischen der Form der Integration im soziostrukturellen (»kausalfunktionalen«) Bereich und der Form der Integration im kulturellen (»logisch-sinnstiftenden«) Bereich zuschreiben – einer Diskontinuität, die nicht zu sozialer und kultureller Desintegration führt, sondern zu sozialem und kulturellem Konflikt. Konkreter, wenn auch aphoristischer, ausgedrückt, die Schwierigkeit liegt in der Tatsache, daß die Menschen im *kampong* sozial gesehen Städter sind, während sie in kultureller Hinsicht noch immer auf dem Land leben.

Ich habe bereits darauf hingewiesen, daß der javanische *kampong* eine Art Übergangsgesellschaft darstellt, daß sich seine Mitglieder »mitten« zwischen der mehr oder weniger vollständig urbanisierten Elite und der mehr oder weniger traditionell organisierten Bauernschaft befinden. Die soziostrukturellen Formen, an denen sie teilhaben, sind größtenteils städtische. Die Entwicklung einer hochdifferenzierten Berufsstruktur anstelle der fast vollständig agrikulturellen auf dem Lande, das faktische Verschwinden der halberblichen traditionellen Dorfregierung, die mit ihren persönlichen Momenten zwischen dem Einzelnen und der rationalisierten Bürokratie der Zentralregierung vermittelt hatte, und ihre Ablösung durch flexiblere Formen der modernen parlamentarischen Demokratie, das Aufkommen einer Vielklassengesellschaft, in der der *kampong* im Unterschied zum Dorf nicht einmal mehr potentiell eine selbstgenügsame Einheit, sondern nur eine abhängige Untereinheit ist – all dies hat zur Folge, daß der *kampong*-Bewohner in einer sehr städtischen Welt lebt. Sozial gesehen ist er ein *Gesellschaftswesen* [A. d. Ü.: Deutsch im Original].

Aber auf der kulturellen Ebene – der Ebene der Bedeutung – sind die Gegensätze zwischen einem *kampong*-Bewohner und einem Dorfbewohner viel weniger groß als zwischen ihm und einem Mitglied der städtischen Elite. Die Glaubens-, Ausdrucks- und Wertsysteme, denen ein *kampong*-Bewohner verpflichtet ist – seine Weltsicht, sein Ethos, seine Ethik oder was auch sonst –, unterscheiden sich nur wenig von denen eines Dorfbewohners. Obwohl in eine viel komplexere soziale Umgebung gestellt, hält er sich ganz eindeutig an die Symbole, die ihn oder seine Eltern in der ländlichen Gesellschaft durchs Leben geleitet haben. Und eben diese Tatsache ist es, die die psychische und soziale Spannung bei Paidjans Begräbnis verursachte.

Die Desorganisation des Rituals rührte von einer grundsätzlichen Mehrdeutigkeit des Rituals für diejenigen her, die daran teilnahmen. Ganz einfach gesagt bestand diese Mehrdeutigkeit darin, daß die einzelnen Symbole des Slametan sowohl religiöse wie politische Bedeutung hatten, mit sakralem wie profanem Sinn befrachtet waren. Die Leute, die in Karmans Hof kamen, und auch Karman selbst waren nicht sicher, ob sie an einem feierlichen Eingedenken der tiefsten religiösen Wahrheiten teilnahmen oder an einem weltlichen Kampf um Macht. Das ist der Grund, weshalb der alte Mann (übrigens ein Friedhofswärter) sich bei mir darüber beklagte, daß das Sterben heutzutage ein politisches Problem sei; weshalb der Dorfpolizist den Modin beschuldigte, aus politischer und nicht aus religiöser Voreingenommenheit Paidjan das Begräbnis zu verweigern; weshalb der arglose Karman erstaunt war, als seine ideologischen Bindungen sich plötzlich als Hindernis für seine religiösen Praktiken herausstellten; weshalb Abu zwischen seiner Bereitschaft, die politischen Differenzen im Interesse eines harmonischen Begräbnisses hintanzustellen und seiner Weigerung, im Hinblick auf sein eigenes Heil mit seinen religiösen Vorstellungen zu spielen, hin- und hergerissen war; weshalb der Gedenkritus zwischen politischer Polemik und dringender Suche nach einer passenden Erklärung für das Geschehene oszillierte – kurz, weshalb das religiöse Muster des Slametan mit seiner »positiven Weltanschauung« und dem »kulturell wertvollen Glauben« versagte.

Wie oben bereits betont, hängt der Ernst des gegenwärtigen Konflikts zwischen *santri* und *abangan* größtenteils mit dem Aufkommen der nationalistischen sozialen Bewegungen im Indonesien des zwanzigsten Jahrhunderts zusammen. Solche Bewegungen, die in den größeren Städten entstanden, waren ursprünglich ganz heterogen: Zusammenschlüsse von Händlern, die die chinesische Konkurrenz bekämpften; Arbeitergewerkschaften, die sich der Ausbeutung auf den Plantagen widersetzten, religiöse Gruppen, die die letzten Dinge neu zu bestimmen suchten; philosophische Diskussionsclubs, die die Klärung indonesischer Ideen von Metaphysik und Ethik anstrebten; Schulvereinigungen, die sich um die Wiederbelebung einer indonesischen Erziehung bemühten; Kooperativen, die neue Formen der ökonomischen Organisation ausarbeiten wollten; kulturelle Gruppen, deren Ziel eine Renaissance des künstlerischen Lebens in Indonesien war;

und natürlich politische Parteien, die am Aufbau einer effektiven Opposition gegen die holländische Herrschaft arbeiteten. Mit der Zeit aber absorbierte der Unabhängigkeitskampf die Energien aller dieser im Grunde elitären Gruppen mehr und mehr. Was immer das besondere Programm der jeweiligen Vereinigung gewesen war – ökonomischer Wiederaufbau, religiöse Reform, künstlerische Renaissance –, es wurde in einer diffusen politischen Ideologie aufgesaugt, und alle Gruppen hatten schließlich nur mehr ein Ziel, das als unbedingte Voraussetzung alles weiteren gesellschaftlichen und kulturellen Fortschritts angesehen wurde: Freiheit. Als 1945 die Revolution ausbrach, hatte die Entwicklung neuer Ideen außerhalb der politischen Sphäre merklich nachgelassen. Die meisten Aspekte des Lebens waren stark ideologisiert worden, eine Tendenz, die sich bis in die Nachkriegszeit hinein fortsetzte.

In den Dörfern und in den *kampong* der Kleinstädte hatte die erste, eigentliche Phase des Nationalismus nur geringe Wirkung. Aber als sich die Bewegung vereinte und schließlich auf einen Sieg zubewegte, wurden auch die Massen erfaßt, hauptsächlich, wie ich gezeigt habe, durch das Medium religiöser Symbole. Die Verbindung der stark urbanisierten Elite mit der Bauernschaft wurde nicht durch übergreifende politische und ökonomische Theorien hergestellt, die kaum eine Bedeutung im ländlichen Zusammenhang gehabt hätten, sondern durch Gedanken und Werte, die dort bereits vorhanden waren. Da sich die Elite vor allem in zwei Gruppierungen aufspaltete – in diejenigen, die sich auf der Grundlage der islamischen Lehre an die Massen wandten, und diejenigen, die sich auf eine philosophische Verallgemeinerung der heimischen synkretistischen Tradition beriefen –, entwickelten sich *santri* und *abangan*, die zunächst nur religiöse Kategorien waren, auf dem Lande zu politischen Gruppierungen, so daß mit diesen beiden Begriffen nunmehr die Anhänger zweier verschiedener Ansätze der entstehenden unabhängigen gesellschaftlichen Organisation wurden. Nach der politischen Befreiung, als die Bedeutung der Parteipolitik in der parlamentarischen Regierung an Gewicht zunahm, wurde die Unterscheidung in *santri* und *abangan*, zumindest auf lokaler Ebene, eine der primären ideologischen Achsen in der inneren Auseinandersetzung der Parteien.

Die Folge dieser Entwicklung ist, daß nun politische Erörterungen und religiöses Bekenntnis im gleichen Vokabular stattfinden. Ein Koranvers kann ebenso zur Bekundung politischer Treue wie zum Lobe Gottes angestimmt werden, und das Verbrennen von Räucherwerk kann sowohl die säkulare Ideologie als auch die sakralen Auffassungen eines Menschen ausdrücken. Slametane sind heute meistens gekennzeichnet durch besorgte Diskussionen über die verschiedenen Elemente des Rituals und deren »wirkliche« Bedeutung, durch Fragen wie die, ob eine bestimmte Praktik unabdingbar oder fakultativ sei, durch Unsicherheit bei den *abangan*, wenn die *santri* ein Gebet anstimmen, und durch Unsicherheit bei den *santri*, wenn die *abangan* eine schützende Zauberformel sprechen. Bei einem Todesfall spielen, wie wir gesehen haben, die traditionellen Symbole nunmehr eine doppelte Rolle: Sie machen den Einzelnen den sozialen Verlust erträglich und erinnern sie gleichzeitig an ihre Unterschiede; sie sprechen die allgemein menschlichen Themen der Sterblichkeit und des unverdienten Leidens an, aber auch die im engeren Sinne sozialen Probleme der Gruppengegensätze und Parteikämpfe; sie stärken die gemeinsamen Werte aller Anwesenden und wecken zugleich deren Mißtrauen und Verdacht. Die Rituale werden selbst Gegenstand des politischen Konflikts, die sakralen Handlungen bei Heirat und Bestattung werden zu wichtigen Parteiangelegenheiten. In einer solchen mehrdeutigen kulturellen Situation wird es für den normalen *kampong*-Javaner immer schwieriger, die richtige Haltung zu einem Ereignis einzunehmen, die angemessene Bedeutung eines bestimmten Symbols in einem bestimmten gesellschaftlichen Zusammenhang herauszufinden.

Dieses Eindringen politischer Bedeutungen in religiöse bewirkt umgekehrt auch ein Eindringen religiöser Bedeutungen in politische. Da sowohl in politischen wie in religiösen Zusammenhängen die gleichen Symbole verwendet werden, verstehen die Leute den Parteienkampf oftmals nicht nur als das übliche parlamentarische Hin und Her, als das notwendige Wechselspiel der Parteien in einer demokratischen Regierungsform, sondern auch als Auseinandersetzung über letzte Werte und grundsätzliche Dinge. Besonders die Leute aus den *kampong* sehen den offenen Kampf um Macht, der in der neuen parlamentarischen Regierungsform ausdrücklich institutionalisiert wurde, tendenziell als Auseinandersetzung um die offizielle Verbindlichkeit einer der im Kern religiösen Richtungen an: »Wenn die *abangan* drankommen, wird es den Koranlehrern verboten sein zu unterrichten.« »Wenn die *santri* drankommen, werden wir alle fünfmal am Tag beten müssen.« Der normale Konflikt, der zum Wahlkampf um ein Amt gehört, wird durch die Vorstellung verschärft, daß buchstäblich alles auf dem Spiel steht – die Vorstellung »Wenn wir gewinnen, ist es unser Land«, daß die Gruppe, die an die Macht kommt, das Recht hat, »den Staat auf ihren Grundlagen aufzubauen«, wie es ein Mann einmal ausdrückte. Die Politik erhält dadurch eine Art sakralisierter Schärfe. Eine Dorfwahl in einem Vorort von Modjokuto zum Beispiel mußte wegen der so erzeugten intensiven Spannungen tatsächlich zweimal abgehalten werden.

Der Bewohner des *kampong* ist sozusagen zwischen seinen höchsten Ideen und seinen unmittelbarsten Interessen hin- und hergerissen. Da er gezwungen ist, seine im wesentlichen metaphysischen Ideen, seine Antworten auf grundsätzliche »Probleme« wie Schicksal, Leiden und Übel in denselben Begriffen zu formulieren wie seine Forderungen nach säkularer Macht, seine Rechte und Bestrebungen, wird es ihm schwer, ein Begräbnis sozial und psychisch befriedigend durchzuführen oder eine Wahl reibungslos zu veranstalten.

Aber ein Ritual ist nicht nur ein Muster von Bedeutungen, es ist auch eine Form der gesellschaftlichen Interaktion. Daher verursacht der Versuch, ein religiöses Muster aus einem vergleichsweise wenig differenzierten ländlichen Milieu in einen städtischen Kontext einzuführen, nicht nur eine kulturelle Unsicherheit, sondern darüber hinaus auch einen sozialen Konflikt; einfach deswegen, weil die Art der sozialen Interaktion, die diesem Muster zugrundeliegt, nicht mit den allgemeineren Integrationsmustern der Gesellschaft insgesamt übereinstimmt. Die tatsächliche Art und Weise, in der die Menschen der *kampong* im Alltag Solidarität üben, unterscheidet sich recht deutlich von der Form, die im Slametan für das Alltagsleben gefordert wird.

Ich habe bereits darauf hingewiesen, daß der Slametan im Grunde ein Ritual ist, das von der Gemeinsamkeit eines Territoriums ausgeht. Es unterstellt, daß die primäre Bindung zwischen Familien die der räumlichen Nähe von Zusammenwohnenden ist. Eine bestimmte Gruppe von Nachbarn wird im Unterschied zu einer anderen Gruppe von Nachbarn als wichtige soziale Einheit (politischer, religiöser, ökonomischer Art) angesehen, und dasselbe gilt für ein bestimmtes Dorf im Unterschied zu einem anderen Dorf, für eine bestimmte Gruppe von Dörfern im Unterschied zu einer anderen Gruppe von Dörfern. In der Stadt hat sich dieses Muster weitgehend verändert. Wichtige soziale Gruppen bestimmen sich hier nach einer Vielzahl von Faktoren: nach Klasse, politischer Überzeugung, Beruf, ethnischer Zugehörigkeit, regionaler Herkunft, religiöser Orientierung, Alter und Geschlecht, aber auch Wohnort. Die neue städtische Organisationsform beruht auf einem diffizilen Gleichgewicht widerstreitender Kräfte, die ganz verschiedenen Zusammenhängen entstammen: Klassengegensätze werden durch Gemeinsamkeiten gemildert, ethische Konflikte durch übergreifende ökonomische Interessen und politische Widersprüche, wie wir sahen, durch den vertrauten Umgang als Nachbarn. Doch ungeachtet all dieses pluralistischen Probierens und Balancierens ringsumher bleibt der Slametan unverändert, blind gegenüber den entscheidenden gesellschaftlichen und kulturellen Demarkationslinien des städtischen Lebens. Für ihn ist das primäre Kennzeichen zur Klassifizierung eines Menschen nach wie vor der Ort, an dem er wohnt.

Die Folge davon ist, daß sich die vorgeschriebenen religiösen Formen bei einem Anlaß, der sakrale Handlungen erfordert – einem wichtigen Ereignis im Lebenszyklus, einem Festtag, einer ernsten Krankheit –, nicht im Einklang mit dem sozialen Gleichgewicht verändern, sondern ihm entgegenwirken. Der Slametan ignoriert all jene neuentstandenen Mechanismen gesellschaftlicher Vereinzelung, die im täglichen Leben Gruppenkonflikte in festgelegten Grenzen halten, wie auch all jene neu aufgekommenen Formen der sozialen Integration gegensätzlicher Gruppen; Integrationsformen, denen es im allgemeinen gelingt, auftretenden Spannungen gegenzusteuern. Den Leuten wird eine Nähe aufgezwungen, der sie gern entgehen würden; eine Nähe, bei der die Inkongruenz zwischen den gesellschaftlichen Voraussetzungen des Rituals (»wir alle sind kulturell homogene Bauern«) und den tatsächlichen Gegebenheiten (»wir sind ganz verschiedene

Gruppen von Leuten, die trotz ernster Meinungsverschiedenheiten über die richtigen Werte gezwungenermaßen zusammenleben«) eine tiefe Unsicherheit von der Art hervorruft, wie sie in extremer Form bei Paidjans Begräbnis festzustellen war. Im *kampong* führen die Slametane zu einem immer stärker werdenden Bewußtsein, daß die Nachbarschaftsbeziehungen, die durch dramatische Aufführungen dieser Art betont werden, nicht länger die Bindungen sind, die die Leute eigentlich zusammenhalten. Diese eigentlichen Bindungen sind solche, die auf gemeinsamer Ideologie, gleicher Klasse, Beschäftigung und politischer Überzeugung beruhen; es sind auseinanderführende Stränge, die nicht länger durch territoriale Beziehungen adäquat wiedergegeben werden können.

Insgesamt kann der Bruch bei Paidjans Begräbnis auf eine einzige Ursache zurückgeführt werden: auf eine Inkongruenz zwischen dem kulturellen Bedeutungsrahmen und den Formen der gesellschaftlichen Interaktion – eine Unstimmigkeit, die daher rührt, daß ein religiöses Symbolsystem, das einer bäuerlichen Sozialstruktur entspricht, in einer urbanen Umgebung fortbesteht. Der statische Funktionalismus in seiner soziologischen oder sozialpsychologischen Variante ist nicht in der Lage, diese Inkongruenz herauszuarbeiten, da er zwischen logisch-sinnstiftender und kausal-funktionaler Integration nicht unterscheiden kann und auch nicht erkennt, daß kulturelle und soziale Struktur keine bloßen Reflexe der jeweils anderen Seite, sondern unabhängige und zugleich interdependente Variablen sind. Die treibenden Kräfte des sozialen Wandels können nur von einer dynamischeren Version der funktionalistischen Theorie herausgearbeitet werden. Eine solche Version hat die Tatsache zu berücksichtigen, daß das Bedürfnis des Menschen, in einer Welt zu leben, der er Bedeutung zumessen kann und deren Wesen er zu begreifen glaubt, oft nicht mit dem gleichzeitigen Bedürfnis harmoniert, einen funktionierenden sozialen Organismus aufrechtzuerhalten. Ein so diffuser Begriff von Kultur wie der von »erlerntem Verhalten«, eine so statische Sicht der sozialen Struktur wie die eines ausbalancierten Interaktionsmusters nebst der mehr oder weniger deutlich ausgesprochenen Behauptung, daß die beiden Momente (abgesehen von »desorganisierten« Situationen) in irgendeiner Form einfache

Spiegelbilder voneinander sein müßten, reichen als Begriffsapparat einfach nicht aus, um solche Probleme anzugehen, wie sie bei Paidjans unglücklichem, aber lehrreichen Begräbnis aufgetaucht sind.

Person, Zeit und Umgangsformen auf Bali

Der gesellschaftliche Charakter des Denkens

Das menschliche Denken ist durch und durch gesellschaftlich: gesellschaftlich seiner Entstehung nach, gesellschaftlich in seinen Funktionen, gesellschaftlich in seinen Formen und gesellschaftlich in seinen Anwendungen. Denken ist im Grunde etwas Öffentliches – seine natürliche Heimat ist der Hof, der Markt und der städtische Platz. Die Implikationen dieses Sachverhalts für die ethnologische Erforschung von Kultur, der hier mein Interesse gilt, sind zahlreich, oft schwer faßbar und bislang nur wenig beachtet worden.

Ich möchte einige dieser Implikationen deutlich machen. Dazu bediene ich mich eines Forschungsgegenstandes, der auf den ersten Blick extrem spezialisiert, ja geradezu esoterisch anmuten mag: Ich frage nach den kulturellen Mitteln, mit deren Hilfe die Menschen auf Bali einzelne Personen bestimmen, wahrnehmen und auf sie reagieren, d. h. über sie denken. Eine derartige Untersuchung ist spezialisiert und esoterisch jedoch nur, was die beschriebenen Tatsachen anbelangt. Die Tatsachen als solche finden außerhalb der Ethnographie nur wenig unmittelbares Interesse, und ich werde sie daher so knapp wie möglich halten. Sieht man jedoch das balinesische Material auf dem Hintergrund eines allgemeinen theoretischen Ziels – nämlich die Konsequenzen aus der Annahme, daß das menschliche Denken wesentlich eine gesellschaftliche Tätigkeit ist, für die Analyse von Kultur zu bestimmen –, so gewinnt es eine ganz besondere Bedeutung.

Nicht nur sind die balinesischen Vorstellungen zu diesem Komplex ungewöhnlich reich entfaltet, sie muten den westlichen Betrachter auch derart ungewöhnlich an, daß es ihm dadurch möglich wird, einige allgemeine Beziehungen zwischen verschiedenen kulturellen Vorstellungssystemen ans Licht zu bringen, die ihm verborgen bleiben, wenn er zur Bestimmung, Einordnung und Behandlung von einzelnen Menschen und quasimenschlichen Gestalten nur sein eigenes, allzu vertrautes System heranzieht.

Insbesondere aber verweisen sie darauf, daß zwischen der Art und Weise, wie ein Volk sich selbst und wie es andere wahrnimmt, wie es Zeit erfährt und wie sein kollektives Leben gefühlsmäßig gefärbt ist, einige nicht offenkundige Zusammenhänge bestehen. Solche Zusammenhänge sind nicht nur für das Verständnis der balinesischen Gesellschaft von Bedeutung, sondern auch für das Verständnis der menschlichen Gesellschaft ganz allgemein.

Die wissenschaftliche Untersuchung von Kultur

Große Teile der sozialwissenschaftlichen Theorie beschäftigen sich gegenwärtig mit dem Versuch, zwei zentrale analytische Begriffe zu unterscheiden und näher zu bestimmen: Kultur und soziale Struktur[1]. Den Anstoß dazu gab der Wunsch, die Rolle von Ideen in sozialen Prozessen zu untersuchen, ohne einem hegelianischen oder marxistischen Reduktionismus anheimzufallen. Um Vorstellungen, Begriffe, Werte und Ausdrucksformen weder als Schatten auffassen zu müssen, die die Organisation der Gesellschaft auf die unbewegte Oberfläche von Geschichte wirft, noch als Weltgeist, dessen Fortschreiten sich der inneren Dialektik beider Momente verdankt, wurde es notwendig, sie als unabhängige, aber dennoch nicht voneinander losgelöste Kräfte zu sehen, deren Wirkungs- und Auswirkungsbereich nur inner-

1 Die systematischsten und ausführlichsten Erörterungen finden sich bei T. Parsons und E. Shils (Hrsg.), *Toward a General Theory of Action,* Cambridge, Mass. 1959, und T. Parsons, *The Social System,* Glencoe, Ill. 1951. Von den ethnologischen Abhandlungen wären vor allem die folgenden zu nennen, deren Ansätze jedoch zum Teil voneinander abweichen: S. F. Nadel, *Theory of Social Structure,* Glencoe, Ill. 1957; E. Leach, *Political Systems of Highland Burma,* Cambridge, Mass. 1954; E. E. Evans-Pritchard, *Social Anthropology,* Glencoe, Ill. 1951; R. Redfield, *The Primitive World and Its Transformations,* Ithaca 1953; C. Lévi-Strauss, »Soziale Organisation« in seinem Buch *Strukturale Anthropologie,* Frankfurt am Main 1967, S. 113-180; R. Firth, *Elements of Social Organization,* New York 1951, und M. Singer, »Culture« in *International Encyclopedia of the Social Sciences,* Bd. 3, New York 1968, S. 527.

halb bestimmter sozialer Kontexte liegt, an die sie sich anpassen und von denen sie stimuliert werden, auf die sie jedoch gleichzeitig einen mehr oder minder bestimmenden Einfluß ausüben. »Kann man sich wirklich einbilden«, schrieb Marc Bloch in seiner kleinen Schrift *Apologie der Geschichte oder Der Beruf des Historikers*, »über die großen europäischen Renaissancekaufleute, die Stoff- und Gewürzhändler, die Monopolhalter für Kupfer, Quecksilber oder Alaun, die königlichen und kaiserlichen Bankiers Bescheid zu wissen, wenn man nur ihre Waren kennt? Man bedenke, daß sie von Holbein gemalt wurden, daß sie Erasmus und Luther lasen. Will man die Einstellung des mittelalterlichen Vasallen zu seinem Feudalherren verstehen, so muß man auch seine Einstellung zu Gott kennen.« Man muß beides verstehen, die Organisation der sozialen Tätigkeiten – ihre institutionellen Formen – und die in ihnen verkörperten Vorstellungssysteme, aber auch die Art der Beziehungen zwischen beiden. Genau darauf richtete sich der Versuch, eine Klärung der Begriffe von sozialer Struktur und Kultur herbeizuführen.
Zweifellos war es jedoch der Kulturbegriff, der sich im Verlauf dieses doppelschichtigen Prozesses als der problematischere herausstellte und der noch immer nicht zur Genüge geklärt ist. Es liegt in der Natur des Gegenstandes, daß Vorstellungen wissenschaftlich schwieriger zu handhaben sind als die ökonomischen, politischen und sozialen Beziehungen zwischen Individuen und Gruppen, die von diesen Vorstellungen geprägt werden. Das gilt um so mehr dann, wenn es sich bei den betreffenden Vorstellungen nicht um die ausformulierten Lehren eines Luther und Erasmus oder die klar gegliederten Bilder eines Holbein, sondern um die vagen, unbefragt übernommenen und kaum geordneten Vorstellungen handelt, die die normalen Alltagsbeschäftigungen gewöhnlicher Menschen bestimmen. Wenn die wissenschaftliche Untersuchung von Kultur nur langsam vorankam und meistens in bloßer Beschreibung steckenblieb, so hauptsächlich deshalb, weil ihr Gegenstand nur schwer zu fassen ist. Das Grundproblem einer jeden Wissenschaft, nämlich den Untersuchungsgegenstand so zu bestimmen, daß er einer Analyse zugänglich ist, hat sich hier als ungewöhnlich kompliziert erwiesen.
An diesem Punkt nun kann die Auffassung, daß Denken im

Grunde ein gesellschaftliches Tun ist, das in derselben Öffentlichkeit stattfindet wie das übrige gesellschaftliche Tun auch, einen konstruktiven Beitrag leisten. Geht man davon aus, daß Denken nicht aus rätselhaften Prozessen besteht, die sich in einer – wie Gilbert Ryle sagt – geheimen Grotte im Kopf abspielen, sondern im Austausch bedeutungshaltiger Symbole – erfahrbarer Gegenstände (Rituale und Werkzeuge, Götzenidole und Wasserlöcher, Gesten, Kennzeichnungen, Bilder und Töne), die der Mensch mit Bedeutung versehen hat –, dann wird die Erforschung von Kultur zu einer positiven Wissenschaft wie jede andere auch.[2] Die Bedeutungen, die die Symbole – die gegenständlichen Vehikel des Denkens – verkörpern, sind oft schwer faßbar, vage, unbeständig und verworren, doch können sie – besonders wenn die Leute, die sich mit ihnen befassen, ein wenig kooperieren – im Prinzip ebenso durch systematische empirische Untersuchungen festgestellt werden wie das Atomgewicht des Wasserstoffs oder die Funktion der Adrenalindrüsen. Durch Kulturmuster, geordnete Mengen sinnhafter Symbole, verleiht der Mensch den Ereignissen, die er durchlebt, einen Sinn. Die Untersuchung von Kultur – der Gesamtheit solcher Muster – besteht daher in der Untersuchung jenes Apparats, dessen sich die Individuen und Gruppen von Individuen bedienen, um sich in einer andernfalls unverständlichen Welt zu orientieren.

In einer jeden Gesellschaft geht die Zahl der allgemein anerkannten und immer wieder verwendeten Kulturmuster ins Unermeßliche, so daß das Herausgreifen auch nur der wichtigsten Muster und ein Nachweis der möglicherweise zwischen ihnen bestehenden Beziehungen ein schwindelerregendes Forschungsunterneh-

2 G. Ryle, *The Concept of Mind*, New York 1949 (dt.: *Der Begriff des Geistes*, übersetzt von Kurt Baier, Stuttgart 1969). Ich habe mich mit einigen der philosophischen Fragen, die die »extrinsische Theorie des Denkens« betreffen und die ich hier stillschweigend übergehe, in meinem Aufsatz »The Growth of Culture and the Evolution of Mind« (in *The Interpretation of Cultures*, London 1973, S. 55-61) befaßt und möchte an dieser Stelle nur noch einmal darauf hinweisen, daß diese Theorie weder in methodologischer noch in erkenntnistheoretischer Hinsicht dem Behaviorismus verpflichtet ist. Sie zieht auch die schlichte Tatsache, daß es Individuen und nicht Kollektive sind, die denken, nicht in Zweifel.

men ist. Es wird jedoch dadurch etwas erleichtert, daß bestimmte Muster und bestimmte Beziehungen zwischen Mustern in unterschiedlichen Gesellschaften wiederkehren, ganz einfach deshalb, weil die Bedürfnisse nach Orientierung, denen sie entgegenkommen, allgemein menschliche sind. Die Probleme sind existentieller Natur und daher universal, die Lösungen allgemein-menschlicher Art und daher mannigfaltig. Es ist jedoch gerade das genaue Verständnis dieser einzelnen Lösungen (und – wie ich meine – nur ein solches), das uns in die Lage versetzt, die zugrundeliegenden Probleme, auf die sie vergleichbare Antworten geben, wirklich zu erfassen. Wie in so vielen anderen Wissenschaften windet sich auch hier der Weg zu den großen Abstraktionen durch ein Dickicht singulärer Fakten.

Zu diesen universellen Bedürfnissen nach Orientierung gehört mit Sicherheit das Kennzeichnen der einzelnen Menschen. Überall auf der Welt haben die Menschen symbolische Strukturen entwickelt, mit deren Hilfe Personen nicht nur schlichtweg als Personen, als bloße Angehörige der menschlichen Gattung verstanden werden, sondern als Repräsentanten bestimmter distinkter Kategorien von Personen, als besondere Individuen. Dabei gibt es jedesmal eine Vielzahl derartiger Strukturen. Einige, z. B. die Verwandtschaftsterminologien, sind auf ein Ego hin ausgerichtet: sie bestimmen den Status eines Individuums nach seinen Beziehungen zu einem besonderen sozialen Akteur. Andere orientieren sich an einem gesellschaftlichen Subsystem oder irgendeinem Aspekt der Gesellschaft, etwa an Adelshierarchien, Altersklassen oder Berufsgruppen. Wieder andere, z. B. Eigen- und Spitznamen, haben informellen Charakter und sind auf den Einzelnen bezogen, wohingegen etwa Amts- und Kastenbezeichnungen formelle Einheiten bilden. Die Alltagswelt, in der sich die Mitglieder einer jeden Gemeinschaft bewegen, der ihnen selbstverständliche Bereich sozialen Handelns, ist nicht mit beliebigen, gesichts- und eigenschaftslosen Menschen bevölkert, sondern mit ganz bestimmten Personen und Personenklassen, die positiv charakterisiert und entsprechend gekennzeichnet sind. Die Symbolsysteme nun, die diese Klassen abgrenzen, sind nicht natürlich gegeben; es sind historisch entstandene, gesellschaftlich bewahrte und individuell angewandte Systeme.

Doch selbst wenn man die Erforschung von Kultur nur auf jene

Muster beschränkt, die mit dem Kennzeichnen einzelner Menschen zu tun haben, so bleiben immer noch genügend Schwierigkeiten. Das liegt daran, daß es keinen ausgearbeiteten theoretischen Rahmen gibt, innerhalb dessen sie durchgeführt werden könnte. Die Untersuchungsmethode, die in der Soziologie und Sozialanthropologie als strukturale bekannt ist, kann die funktionalen Implikationen eines bestimmten Systems zur Klassifikation der Individuen für eine Gesellschaft aufspüren und bisweilen sogar voraussagen, wie sich dieses System unter dem Einfluß bestimmter sozialer Prozesse verändern mag; dies gelingt aber nur dann, wenn das System – die Kategorien, ihre Bedeutungen und logischen Beziehungen – als bekannt vorausgesetzt werden kann. Die Persönlichkeitstheorie der Sozialpsychologie kann die Dynamik der Motive, die der Herausbildung und der Verwendung derartiger Systeme zugrundeliegen, aufdecken und die Wirkung bestimmen, die sie auf die Charakterstrukturen jener Individuen haben, die sie tatsächlich einsetzen; dies gelingt aber nur dann, wenn bereits festgelegt ist, wie diese Individuen sich selbst und andere sehen. Es fehlt ein systematischer (nicht bloß literarischer oder impressionistischer) Ansatz, um herauszufinden, was tatsächlich vorhanden ist: wie eigentlich die Vorstellungsstruktur aussieht, die sich in den symbolischen Formen ausdrückt, mit deren Hilfe Personen wahrgenommen werden. Wir suchen noch immer nach einer angemessenen Methode zur Beschreibung und Analyse der Bedeutungsstruktur von Erfahrung (hier der Erfahrung von Personen), wie sie von typischen Angehörigen einer bestimmten Gesellschaft zu einem bestimmten Zeitpunkt verstanden wird. Was wir anstreben, ist also – mit einem Wort – eine wissenschaftliche Kulturphänomenologie.

Vorgänger, Zeitgenossen, Mitmenschen und Nachfolger

Immerhin gibt es einige verstreute und auch recht abstrakte Versuche einer derartigen Analyse von Kultur, deren Resultate einige brauchbare Hinweise für unser enger umgrenztes Unternehmen enthalten. Zu den für uns interessantesten Vorstößen gehören jene des verstorbenen Philosophen und Soziologen Alfred

Schütz, dessen Werk den großangelegten, dabei keineswegs erfolglosen Versuch darstellt, Ansätze von Scheler, Weber und Husserl mit solchen von James, Mead und Dewey zu verschmelzen.[3] Schütz behandelte eine Vielzahl von Themen, wobei er nur selten bestimmte soziale Prozesse ausführlicher oder systematisch betrachtete, und suchte dabei immer die Bedeutungsstruktur dessen aufzudecken, was er als die »ausgezeichnete Wirklichkeit« der menschlichen Erfahrung ansah: die alltägliche Lebenswelt, wie sie der Mensch vorfindet, tätig erlebt und durchlebt. Eine seiner theoretischen Arbeiten zur sozialen Phänomenologie, in der er den vagen Begriff des »Anderen« in »Vorgänger«, »Zeitgenossen«, »Mitmenschen« und »Nachfolger« aufgliedert, liefert uns einen besonders wertvollen Ansatzpunkt. Schlüsselt man nämlich das Bündel der Kulturmuster, die die Balinesen zur Kennzeichnung von Menschen verwenden, in dieser Weise auf, so treten sehr prägnant die Beziehungen hervor, die zwischen den Auffassungen von persönlicher Identität und den darin implizierten Vorstellungen von zeitlicher Ordnung und von der Art des angemessenen Verhaltens herrschen.

Die Unterscheidungen an sich sind klar, doch fällt es nicht leicht, sie mit der für analytische Kategorien erforderlichen Schärfe zu formulieren, da sich die Gruppen, die sie bezeichnen, überlappen und einander durchdringen. »Mitmenschen« sind Menschen, die tatsächlich aufeinander treffen, Personen, die einander im Alltagsleben begegnen. Sie bilden daher nicht nur eine zeitliche, sondern auch eine räumliche Gemeinschaft, wie kurzfristig oder zufällig diese auch sein mag. Indem sie auf direkte und persönliche Weise als Ego, Subjekt, Selbst miteinander zu tun haben, spielen sie eine wenn auch vielleicht nur unbedeutende Rolle in der Biographie des anderen. Zumindest »altern sie zusammen«. Liebende sind für die Dauer ihrer Liebe Mitmenschen, ebenso Ehepartner, solange sie sich nicht trennen, oder Freunde, solange sie befreundet sind. Das gleiche gilt für die Mitglieder eines Orchesters, die Teilnehmer an einem Spiel, Fremde, die sich im Zug

3 Dazu einführend sein Buch *The Problem of Social Reality*, Collected Papers 1, hrsg. von M. Natanson, Den Haag 1962 (dt.: *Das Problem der sozialen Wirklichkeit*. Gesammelte Aufsätze, Band 1, übersetzt von Benita Luckmann und Richard Grathoff, Den Haag 1971).

unterhalten, Leute, die auf dem Markt miteinander feilschen, oder die Bewohner eines Dorfs – für alle Konstellationen, in denen Menschen eine direkte, unmittelbare Beziehung zueinander haben. Den Kern dieser Kategorie bilden jedoch jene Personen, die solche Beziehungen mehr oder minder kontinuierlich unterhalten, eine feste Absicht damit verfolgen, und nicht solche, deren Beziehungen eher sporadisch und zufällig sind. Letztere tragen bereits Züge, die die zweite Kategorie von anderen Menschen, die »Zeitgenossen«, kennzeichnen.

Zeitgenossen sind Menschen, die eine zeitliche, aber keine räumliche Gemeinschaft bilden. Sie leben innerhalb der (etwa) gleichen geschichtlichen Zeit und unterhalten (häufig nur sehr flüchtige) soziale Beziehungen zueinander, doch treffen sie für gewöhnlich nicht zusammen. Ihre Verbindung beruht nicht auf direkter sozialer Interaktion, sondern auf einer Anzahl verallgemeinerter, symbolisch formulierter d. h. kultureller Annahmen über die typischen Verhaltensweisen des jeweilig anderen. Dabei lassen sich verschiedene Allgemeinheitsgrade unterscheiden: Die Abstufungen des persönlichen Beteiligtseins in den Beziehungen zwischen Mitmenschen – angefangen bei den Liebenden bis hin zu Zufallsbekanntschaften (Beziehungen, die natürlich ebenfalls kulturell bestimmt sind) – setzen sich hier also fort, bis die sozialen Bindungen schließlich in vollständiger Anonymität, Standardisierung und Austauschbarkeit münden:

> Denke ich an meinen abwesenden Freund A, so bilde ich auf Grund meiner früheren Erfahrungen von A als meinem Mitmenschen einen Idealtyp seiner Persönlichkeit und seines Verhaltens. – Werfe ich einen Brief in den Postkasten, so erwarte ich, daß mir unbekannte Personen, Postbeamte genannt, in typischer, mir nicht völlig verständlicher Weise handeln werden, damit mein Brief in typisch bemessener Zeit den Adressaten erreicht. – Ohne je einen Franzosen oder einen Deutschen getroffen zu haben, verstehe ich, »warum Frankreich die Wiederbewaffnung Deutschlands fürchtet«. – Wenn ich eine Regel der englischen Grammatik befolge, so folge ich einem sozial akzeptierten Verhaltensmuster zeitgenössischer englisch sprechender Mitmenschen, nach dem ich mein eigenes Verhalten richten muß, um mich verständlich zu machen. – Und schließlich verweisen jeder Gebrauchsgegenstand und jedes Gerät auf jenen anonymen Mitmenschen, der den Gegenstand produzierte, damit andere anonyme Mitmenschen ihn benutzen, um typische Ziele mit typischen Mitteln zu erreichen.

Diese wenigen Beispiele wurden dem Grad steigender Anonymität nach angeordnet, die das Verhältnis der betroffenen Zeitgenossen kennzeichnet: damit wird auch die wachsende Anonymität der Konstruktion angedeutet, die notwendig ist, um den Anderen und sein Verhalten zu fassen.[4]

»Vorgänger« und »Nachfolger« schließlich sind Personen, die noch nicht einmal eine zeitliche Gemeinschaft bilden und daher *per definitionem* nicht interagieren können. Verglichen mit Mitmenschen einerseits und Zeitgenossen andrerseits, die derlei können und tun, fallen sie daher nahezu in ein und dieselbe Kategorie. Für den einzelnen Handelnden dagegen unterscheiden sie sich in ihren Bedeutungen. Vorgänger, Menschen, die bereits gelebt haben, können einem bekannt sein oder, um es genauer zu sagen, man kann von ihnen wissen. Ihre Handlungen können das Leben jener, deren Vorfahren sie sind (ihrer Nachfolger also), beeinflussen, während das Umgekehrte naturgemäß nicht möglich ist. Nachfolger dagegen können einem nicht bekannt sein, man kann noch nicht einmal von ihnen wissen, da sie erst nach uns geboren werden. Obwohl ihr Leben durch die Handlungen jener, deren Nachfolger sie sind (ihrer Vorgänger also) beeinflußt werden kann, ist auch hier das Umgekehrte nicht möglich.[5]

Im konkreten Zusammenhang empfiehlt es sich jedoch, diese Unterscheidungen weniger strikt zu formulieren und darauf hinzuweisen, daß solche Trennungslinien, ähnlich wie die zwischen Mitmenschen und Zeitgenossen, in der alltäglichen Erfahrung nur relative Gültigkeit haben und nur unscharf gezogen

4 Ebd., S. 17-18 (dt. A.: S. 19 f.). Die Absatzeinteilung wurde verändert.

5 Wo es »Ahnenverehrung« und »Geisterglauben« gibt, können Nachfolger potentiell mit ihren Vorgängern (rituell) in Verbindung treten – ebenso wie Nachfolger (mystisch) mit ihren Vorgängern. Die beteiligten »Personen« sind dann jedoch zum Zeitpunkt der angenommenen Interaktion phänomenologisch gesehen nicht Vorgänger und Nachfolger, sondern Zeitgenossen oder sogar Mitmenschen. Man sollte hier wie in der folgenden Diskussion immer im Auge behalten, daß die angeführten Unterscheidungen die der Akteure sind und nicht die eines von außen beobachtenden Dritten. Zur Stellung der aktor-orientierten (bisweilen als »subjektiv« mißdeuteten) Denkmodelle in den Sozialwissenschaften vgl. T. Parsons, *The Structure of Social Action*, Glencoe, Ill. 1937, vor allem die Kapitel zu Max Webers methodologischen Schriften.

werden können. Unsere älteren Mitmenschen und Zeitgenossen verschwinden nicht plötzlich in der Vergangenheit. Während sie altern und schließlich sterben, werden sie allmählich zu unseren Vorgängern, und in dieser Zeit, in der sie in die Stellung von Ahnen hineinwachsen, können wir einigen Einfluß auf sie ausüben – prägen doch Kinder häufig genug das Lebensende ihrer Eltern. Unsere jüngeren Mitmenschen und Zeitgenossen dagegen werden allmählich zu unseren Nachfolgern, so daß diejenigen unter uns, die lange genug leben, oft das zweifelhafte Vergnügen haben, die Personen zu kennen, die an ihre Stelle treten werden, mitunter sogar einen flüchtigen Einfluß auf ihre Entwicklung ausüben können. Am besten ist es wohl, wenn man »Mitmenschen«, »Zeitgenossen«, »Vorgänger« und »Nachfolger« nicht als Rubriken betrachtet, in die Menschen einander aus Ordnungsgründen einteilen, sondern als Bezeichnungen für bestimmte allgemeine, keineswegs sauber getrennte Beziehungen, von denen die Menschen meinen, sie bestünden zwischen sich und den anderen.

Aber auch diese Beziehungen sind nicht direkt wahrzunehmen, sondern nur vermittelt über ihre kulturellen Ausformungen zu erfassen. Da es sich jedoch um kulturelle Ausformungen handelt, sind sie ihrer jeweiligen Eigenart nach von Gesellschaft zu Gesellschaft verschieden, weil der Bestand an verfügbaren Kulturmustern verschieden ist; selbst innerhalb einer einzigen Gesellschaft sind sie von Situation zu Situation verschieden, weil man jeweils andere Muster aus dem verfügbaren Bestand für die angemessenen hält; und schließlich sind sie trotz ähnlicher Situationen von Handelndem zu Handelndem verschieden, da persönliche Eigenheiten, Präferenzen und Interpretationen ins Spiel kommen. Unmittelbare soziale Erfahrungen von Belang kommen – außer vielleicht im frühen Kindesalter – im menschlichen Leben nicht vor. Alles trägt eine bestimmte Bedeutung, und die anderen Menschen werden ebenso wie die sozialen Gruppen, moralischen Verpflichtungen, politischen Institutionen oder ökologischen Bedingungen nur mit Hilfe eines Rasters signifikanter Symbole wahrgenommen, in denen sich jene überhaupt erst objektivieren. Dieses Raster ist nun gegenüber ihrem »wirklichen« Wesen alles andere als neutral. Zum Mitmenschen, Zeitgenossen, Vorgänger und Nachfolger wird man nicht allein geboren, man wird dazu mindestens ebensosehr gemacht.[6]

Ordnungen zur Personenbestimmung auf Bali

Auf diesem allgemeinen theoretischen Hintergrund möchte ich die sechs Arten von Bezeichnungen betrachten, die auf Bali[7] verwendet werden können, wenn man eine andere Person als Einzelwesen kennzeichnen will: 1. Eigennamen, 2. Namen der Geburtenfolge, 3. Verwandtschaftsbegriffe, 4. Teknonyme, 5. Statustitel, in der Literatur über Bali gewöhnlich »Kastenbezeichnungen« genannt und 6. öffentliche Titel, worunter ich solche verstehe, die eine Art Berufsbezeichnung für Vorsteher, Herrscher, Priester und Götter darstellen. Diese verschiedenen Bezeichnungen werden in den meisten Fällen nicht gleichzeitig, sondern al-

6 Genau in diesem Punkt unterscheidet sich die Theorie der Mitmenschen, Zeitgenossen, Vorgänger und Nachfolger wesentlich von zumindest einigen Spielarten der *Umwelt-*, *Mitwelt-*, *Vorwelt-*, *Folgewelt-*Theorie [A. d. Ü.: Deutsch im Original], von der sie herstammt, denn es geht hier um keine apodiktische Rettung einer »transzendentalen Subjektivität« im Sinne Husserls, sondern vielmehr um gesellschaftlich und psychologisch entwickelte sowie historisch überlieferte »Verstehensformen« im Weberschen Sinne. Eine ausführliche, wenngleich nicht immer eindeutige Erörterung dieses Gegensatzes findet sich bei M. Merleau-Ponty, »Phenomenology and the Sciences of Man«, in seinem Buch *The Primacy of Perception*, Evanston 1964, S. 43-55.

7 In der folgenden Erörterung muß ich die balinesischen Praktiken notgedrungen stark schematisieren und sie viel homogener und konsistenter darstellen, als sie es in Wirklichkeit sind. Besonders bei den kategorischen Aussagen, ob nun positiv oder negativ formuliert (»Alle Balinesen ...«, »Kein Balinese ...«), muß immer die implizite Einschränkung »... soweit ich weiß« mitgelesen werden. Bisweilen wurden auch Ausnahmen, die »anormal« schienen, rücksichtslos übergangen. Einige der hier nur summarisch vorgetragenen ethnographischen Angaben finden sich ausführlicher in H. und C. Geertz, »Teknonymy in Bali: Parenthood, Age-Grading, and Genealogical Amnesia«, *Journal of the Royal Anthropological Institute* 94 (Teil 2), 1964, S. 94-108; C. Geertz, »Tihingan: A Balinese Village«, *Bijdragen tot de taal-, land- en volkenkunde*, 120, 1964, S. 1-33, und C. Geertz, »Form and Variation in Balinese Village Structure«, *American Anthropologist* 61, 1959, S. 991-1012.

ternierend verwendet, entsprechend der Situation und manchmal auch der Person, von der die Rede ist. Daneben sind auch noch andere Bezeichnungen gebräuchlich, doch die genannten sind die einzigen, die allgemein anerkannt und regelmäßig verwendet werden. Da es sich nun bei keiner der Arten um eine zufällige Ansammlung nützlicher Kennzeichnungen, sondern in allen Fällen um distinkte und abgegrenzte terminologische Systeme handelt, werde ich sie als »symbolische Ordnungen zur Personenbestimmung« bezeichnen. Sie sollen zunächst der Reihe nach und erst anschließend als mehr oder weniger kohärentes Ganzes betrachtet werden.

Eigennamen

Die symbolische Ordnung der Eigennamen läßt sich am leichtesten beschreiben, weil sie formal gesehen die einfachste und sozial gesehen die unbedeutendste ist. Alle Balinesen haben Eigennamen, aber sie verwenden sie so gut wie nie, weder zur Eigenbezeichnung noch zur Bezeichnung und Anrede anderer. (Die eigenen Vorfahren beim Eigennamen zu nennen, gilt als Sakrileg. Das bezieht sich auch auf die Eltern.) Die Eigennamen der Kinder werden schon eher einmal im Gespräch gebraucht und gelegentlich auch in der Anrede. Daher werden diese Namen auch manchmal »Kindernamen« oder »kleine Namen« genannt, obwohl man sie nach der rituellen Verleihung (105 Tage nach der Geburt) ein Leben lang beibehält. Eigennamen sind im allgemeinen selten zu hören und spielen eine nur sehr geringe öffentliche Rolle.

Trotz seiner marginalen gesellschaftlichen Bedeutung besitzt das System der Eigennamen einige Eigenschaften, die, wenn auch eher in indirekter Weise, für ein Verständnis der balinesischen Auffassung von Persönlichkeit ausgesprochen wichtig sind. Erstens bestehen die Eigennamen, zumindest die der einfachen Leute (gut 90 Prozent der Bevölkerung), aus beliebig gewählten Silben ohne jeden Sinn. Sie entstammen keinem fest umrissenen Fundus von Namen, aus dem etwa irgendeine sekundäre Bedeutung abzuleiten wäre: Sie sind nicht »gebräuchlich« oder »ungebräuchlich«; man kann an ihnen nicht ersehen, ob jemand »nach« jemand anderem – nach einem Ahnen, einem Freund der Eltern, einer berühmten Person – benannt wurde oder ob sie für eine Gruppe oder Region glückbringend, geeignet oder charakteristisch sind; sie zeigen keine Verwandtschaftsbeziehungen an und so fort.[8] Zweitens achtet man sorgfältig darauf, daß innerhalb eines bestimmten Gemeinwesens – d. h. einer politisch einheitlichen, zusammenhängenden Siedlung – ein Eigenname nicht zweimal vorkommt. Eine solche Siedlung (*bandjar*, Weiler, genannt) ist nach dem rein häuslich-familiären Bereich die primäre soziale Bezugsgruppe; die Beziehungen darin sind in gewisser Hinsicht sogar noch intimer als in der Familie. Der balinesische Weiler, der für gewöhnlich in hohem Maße endogam und immer in hohem Maße korporativ ist, bildet die Welt der balinesischen Mitmenschen *par excellence*. Hier besitzt ein jeder zumindest ansatzweise eine ganz und gar individuelle kulturelle Identität, wie wenig diese auch auf der sozialen Ebene hervortreten mag. Drittens sind die Eigennamen Monome und bringen daher keine Familienzusammenhänge oder die Mitgliedschaft in irgendeiner Gruppe zum Ausdruck. Schließlich gibt es beim Adel (läßt man die wenigen und ohnehin nicht eindeutigen Ausnahmen beiseite) keinerlei Spitznamen oder Epitheta von der Art eines »Richard Löwenherz« oder »Iwan des Schrecklichen«, ja es finden sich nicht einmal Diminutive für Kinder oder Kosenamen zwischen Liebenden, Ehegatten usw.

Kurzum, welche Rolle der symbolischen Ordnung zur Personenbestimmung durch Eigennamen bei der individuellen Unter-

8 Während die Eigennamen der Nichtadeligen frei erfunden sind und keinerlei Bedeutung haben, sind die des Landadels häufig dem Sanskritschrifttum entnommen und »bedeuten« etwas, gewöhnlich etwas recht Hochtrabendes wie »tugendhafter Krieger« oder »mutiger Gelehrter«. Diese Bedeutung hat jedoch eher schmückenden als bezeichnenden Charakter. Die eigentliche Bedeutung des Namens (im Unterschied zum schlichten Faktum, daß er irgendeine hat) ist in den meisten Fällen nicht bekannt. Dieser Gegensatz von bloßen Lautverbindungen bei den bäuerlichen Namen und leeren Wortschöpfungen bei den adeligen Namen hat kulturell gesehen eine gewisse Wichtigkeit, doch eher für den Bereich des Ausdrucks und der Wahrnehmung von gesellschaftlicher Ungleichheit als für den der Identität einer Person.

scheidung der Balinesen und bei der Regelung ihrer Sozialbeziehungen auch zukommen mag, im Grunde ist sie eine residuale. Der Eigenname ist es, der übrigbleibt, wenn man von anderen, gesellschaftlich viel ausschlaggebenderen kulturellen Bezeichnungen, die einer Person beigelegt worden sind, absieht. Er ist, wie das – eigentlich religiös motivierte – Vermeiden seines direkten Gebrauchs anzeigt, etwas durch und durch Privates. Tatsächlich ist es oft so, daß ein Mensch am Ende seines Lebens, wenn ihn nur noch eine Handbreit vom göttlichen Zustand trennt, der ihn nach seinem Tod und seiner Einäscherung erwartet, die einzige Person ist, die den eigenen Namen noch kennt; allenfalls wissen ihn noch ein paar gleichaltrige Freunde. Wenn er stirbt, geht auch sein Name dahin. Der ganz persönliche Teil der kulturellen Bestimmung eines Menschen, das, was im Rahmen der unmittelbaren Gemeinschaft der Mitmenschen sein und nur sein eigen ist, tritt im hellen Licht des Alltagslebens fast überhaupt nicht zutage; ebensowenig wie die eher persönlich charakteristischen, rein biographischen und daher vergänglichen Aspekte seines Daseins als menschliches Wesen (das, was wir in unserem ichbezogeneren System »Persönlichkeit« nennen). Statt dessen werden die typischeren, eher konventionellen und daher auch weniger vergänglichen Aspekte hervorgehoben.

Namen der Geburtenfolge

Die einfachsten dieser eher klassifikatorischen Kennzeichnungen sind jene, die einem Kind, auch einem Totgeborenen, automatisch bei seiner Geburt beigelegt werden, je nachdem, ob es das erste, zweite, dritte, vierte usw. Mitglied einer Geschwistergruppe ist. Zwar gibt es je nach Ort und Statusgruppe Abweichungen, doch das häufigste System sieht so aus, daß *Wayan* für das erste Kind, *Njoman* für das zweite, *Made* (oder *Nengah*) für das dritte und *Ktut* für das vierte Kind gebraucht wird. Dann beginnt der Zyklus wieder von vorne: das fünfte heißt Wayan, das sechste Njoman und so fort.

Diese Namen der Geburtenfolge werden innerhalb des Weilers hauptsächlich dann verwendet, wenn man Kinder oder junge

Männer und Frauen, die noch keinen Nachwuchs haben, anredet oder von ihnen spricht. Als Anrede werden sie fast ausschließlich in der einfachen Form gebraucht, d.h. ohne Hinzufügung des Eigennamens: »Wayan, gib mir die Hacke« usw. Bezieht man sich auf jemanden, so kann der Eigenname hinzugefügt werden, besonders dann, wenn es keine andere Möglichkeit gibt, deutlich zu machen, welchen der vielen Wayan oder Njoman im Weiler man meint: »Nein, nicht Wayan Rugrug, sondern Wayan Kepig« usw. Eltern reden ihre Kinder fast ausschließlich mit diesen Namen und nicht mit ihren Eigennamen oder Verwandtschaftsbezeichnungen an; dasselbe gilt für kinderlose Geschwister. Dagegen werden sie nie (weder innerhalb noch außerhalb der Familie) für Personen gebraucht, die Kinder haben. Für sie verwendet man, wie wir noch sehen werden, statt dessen Teknonyme, wodurch jene Balinesen, die ohne eigene Kinder alt werden (eine kleine Minderheit), *kulturell gesehen* Kinder bleiben, d.h. symbolisch als Kinder dargestellt werden. Das ist meist sehr beschämend für sie und bringt ihre Mitmenschen in Verlegenheit, so daß diese häufig die direkte Anrede überhaupt vermeiden.[9]

Die Benennung nach der Geburtenfolge als System der Personenbestimmung kommt demnach einer Methode nahe, die dem Prinzip des *plus ça change* folgt. Sie ordnet Personen vier vollständig inhaltsleeren Benennungen zu, die weder wirkliche Gruppen kennzeichnen (denn die Gruppe aller Wayan oder aller Ktut einer Gemeinschaft hat keine wie auch immer geartete begriffliche oder soziale Realität) noch irgendwelche konkreten Merkmale der Individuen zu erkennen geben, auf die sie angewandt werden (denn man nimmt nicht an, daß die Wayan im Unterschied zu den Njoman oder Ktut irgendwelche psychologischen oder geistigen Gemeinsamkeiten hätten). Diese Namen, die keinerlei wörtliche Bedeutung tragen (sie sind weder Zahlworte noch von Zahlwör-

9 Das bedeutet natürlich nicht, daß diesen Leuten *sozial* (oder gar psychologisch) die Rolle eines Kindes zugewiesen würde. Sie gelten bei ihren Mitmenschen als Erwachsene, wenngleich als unvollständige Erwachsene. Allerdings ist Kinderlosigkeit für jeden, der nach mehr lokaler Macht und Prestige strebt, ein ernstes Hindernis. Kinderlose Männer haben, soweit mir bekannt ist, im Weilerrat kaum Einfluß. Sie nehmen auch sonst nur eine Randstellung in der Gesellschaft ein.

tern abgeleitet), geben nicht einmal die Stellung oder den Rang innerhalb einer Geschwisterreihe in irgend realistischer oder verläßlicher Weise an.[10] Ein Wayan kann das fünfte (oder neunte!), aber auch das erste Kind sein; und unter den Bedingungen einer traditionalen bäuerlichen Bevölkerungsstruktur – große Fruchtbarkeit, verbunden mit häufigen Totgeburten und einer hohen Säuglings- und Kindersterblichkeitsziffer – ist ein Made oder ein Ktut in Wirklichkeit vielleicht das älteste Kind in einer langen Kette von Geschwistern, ein Wayan dagegen vielleicht das jüngste. Sie bringen allerdings zum Ausdruck, daß Geburten für alle Paare mit Nachkommenschaft eine zyklische Abfolge von Wayan, Njoman, Made, Ktut und wieder Wayan sind, die unaufhörliche vierteilige Wiederholung einer unvergänglichen Form. In physischer Hinsicht kommen und gehen die Menschen, sie sind vergänglich. In sozialer Hinsicht aber bleiben die *dramatis personae* ewig dieselben: Neue Wayan und Ktut treten aus der zeitlosen Welt der Götter hervor (auch Kinder sind ja nur eine Handbreit vom Göttlichen entfernt) und ersetzen jene, die wieder in sie eingehen.

Verwandtschaftsbezeichnungen

Formal gesehen ist die balinesische Verwandtschaftsterminologie ziemlich einfach; sie gehört zum sogenannten ›Hawaii‹-Typus, der dem Generationsprinzip folgt. In diesem System klassifiziert ein Individuum seine Verwandten hauptsächlich nach der Generation, der sie in Beziehung zu seiner eigenen angehören. Das bedeutet, daß Geschwister, Halbgeschwister und Cousins (sowie die Geschwister ihrer Ehegatten usw.) den gleichen Terminus erhalten und eine Gruppe bilden. Alle Onkel und Tanten väterlicher- und mütterlicherseits werden terminologisch dem Vater und der Mutter gleichgestellt, alle Kinder der Brüder, Schwe-

10 Rein etymologisch gesehen tragen sie gewisse Bedeutungsspuren, da sie von obsolet gewordenen Wurzeln herstammen, die mit »führend«, »in der Mitte liegend« und »nachfolgend« zu tun haben. Aber diese kaum erkennbaren Bedeutungen sind für den Alltagsgebrauch unerheblich und werden, wenn überhaupt, nur ganz am Rande wahrgenommen.

stern, Cousins und Cousinen usw. (d. h. alle möglichen Neffen und Nichten) mit den eigenen Kindern identifiziert und so fort. Dasselbe gilt in absteigender Linie für die Generation der Enkel, Urenkel usw. und in aufsteigender Linie für die Generation der Großeltern, Urgroßeltern usw. Für jedes Subjekt ergibt sich daraus das allgemeine Bild einer Torte aus mehreren Schichten von Verwandten, deren jede aus einer anderen Generation besteht: die der Eltern des Subjekts oder die seiner Kinder, die seiner Großeltern oder die seiner Enkel usw. Seine eigene Schicht, jene, von der aus die Berechnungen angestellt werden, liegt genau in der Mitte der Torte.[11]

Dieses System funktioniert auf Bali nun allerdings mit einer sehr wichtigen und ungewöhnlichen Abweichung: Die Begriffe, die es umfaßt, werden fast nie in der Anrede, sondern nur dann gebraucht, wenn man sich auf jemanden bezieht, und selbst dann nicht sehr häufig. Ganz selten nur nennt man seinen eigenen Vater (oder Onkel) »Vater«, sein Kind (oder Neffen/Nichte) »Kind«, seinen Bruder (oder Cousin) »Bruder« usw. Für Verwandte, die einer jüngeren Generation angehören als man selbst, sind Anredeformen nicht einmal vorhanden. Für ältere Verwandte gibt es sie, doch genauso wie bei den Eigennamen gilt ihre Verwendung als Respektlosigkeit gegenüber den Älteren. Tatsächlich werden diese Formen selbst in der dritten Person nur dann gebraucht, wenn sie gezielt eine besondere Verwandtschaftsinformation mitteilen sollen und so gut wie nie, um Leute allgemein zu identifizieren.

Verwandtschaftstermini erscheinen im öffentlichen Gespräch nur als Antwort auf eine Frage oder in der Beschreibung eines bereits stattgefundenen oder eines erwarteten Ereignisses, wenn der Hinweis auf die verwandtschaftliche Verbindung dabei eine relevante Information darstellt (»Gehst Du zum Zahnfeilen von Vater-von-Regreg?« »Ja, er ist mein ›Bruder‹.«). So sind auch inner-

11 Genau besehen orientiert sich das balinesische System (wahrscheinlich auch alle anderen Systeme) nicht ausschließlich am Generationsprinzip, was aber hier nicht ausgeführt zu werden braucht, da es im gegenwärtigen Zusammenhang nur um die allgemeine Form des Systems und nicht um seine genaue Struktur geht. Zum vollständigen terminologischen System siehe H. und C. Geertz, »Teknonymy in Bali« a. a. O.

halb der Familie die Formen der Anrede und Bezugnahme nicht (oder nicht sehr viel) intimer als innerhalb des Weilers und bringen auch hier keine intensiveren verwandtschaftlichen Bindungen zum Ausdruck. Sobald ein Kind alt genug dazu ist (etwa sechs Jahre, obwohl es da natürlich Unterschiede gibt), redet es Mutter und Vater mit derselben Bezeichnung an, die alle ihre Bekannten ihnen gegenüber gebrauchen, d. h. mit einem Teknonym, einem Statusgruppennamen oder einem öffentlichen Titel, während es von ihnen umgekehrt Wayan, Ktut usw. genannt wird. Ganz bestimmt aber wird es diese allgemein gebräuchliche, außerhäusliche Bezeichnung verwenden, wenn es von ihnen redet, ob das nun in ihrer Hörweite oder außerhalb derselben geschieht.

Kurz, das balinesische System der Verwandtschaftsterminologie bestimmt Individuen in einem hauptsächlich taxonomischen, nicht in einem unmittelbaren Idiom; es bestimmt sie als Leute, die Bereiche in einem sozialen Feld innehaben, nicht als Partner im Rahmen einer sozialen Interaktion. Es funktioniert fast ausschließlich als eine kulturelle Karte, auf der bestimmte Personen lokalisiert und bestimmte andere, die auf der Karte nicht eingetragen sind, nicht lokalisiert werden können. Sobald derartige Bestimmungen einmal getroffen sind, der Platz einer Person in der Struktur festgelegt ist, ergeben sich daraus natürlich auch Vorstellungen über das angemessene Verhalten zwischen den Personen. Der entscheidende Punkt jedoch ist, daß die Verwandtschaftsterminologie in der konkreten Praxis eigentlich ausschließlich dieser Festlegung und fast gar nicht der Verhaltensstrukturierung dient, für die andere symbolische Hilfsmittel den Vorrang haben.[12] Die sich aus der Verwandtschaft ergebenden Normen sind – obwohl durchaus real – selbst innerhalb der eigentlichen Verwandtschaftsgruppen (Familien, Haushalte, Lineages) gewöhnlich von kulturell stärker wirksamen Normen überlagert, die an Religion und Politik, vor allem aber an die soziale Schichtung geknüpft sind.

12 Eine Unterscheidung zwischen den »ordnenden« und den »rollenzuweisenden« Aspekten von Verwandtschaftsterminologien, die der hier getroffenen sehr ähnlich ist, findet sich bei H. Schneider und G. Homans, »Kinship Terminology and the American Kinship System«, *American Anthropologist* 57, 1955, S. 1195-1208.

Trotz der zweitrangigen Rolle jedoch, die das System der Verwandtschaftsterminologie in konkreten Situationen des gesellschaftlichen Verkehrs spielt, trägt es, ebenso wie das System der Eigennamen, auf vielleicht indirekte, doch wichtige Weise zur balinesischen Vorstellung von der Person bei. Als System signifikanter Symbole verkörpert auch es eine begriffliche Struktur, in der man andere Menschen ebenso wie sich selbst wahrnimmt. Diese begriffliche Struktur stimmt überdies auffällig mit jener überein, die sich in den übrigen, ganz anders aufgebauten und ausgerichteten Ordnungen zur Personenbestimmung findet. Leitmotiv ist auch hier das Stillstellen der Zeit durch die Wiederholung der Form.

Diese Wiederholung kommt durch eine Eigenart der balinesischen Verwandtschaftsterminologie zustande, die ich noch nachtragen muß: Für die, vom Subjekt aus gesehen, dritte aufsteigende und dritte absteigende Generation werden die Bezeichnungen vollkommen austauschbar, d. h. der Terminus für »Urgroßeltern« und »Urenkel« ist derselbe – *kumpi*. Die beiden Generationen und die Personen, aus denen sie bestehen, werden kulturell identifiziert. Ein Mensch wird in aufsteigender Linie mit dem entferntesten Vorfahren, in absteigender Linie mit dem entferntesten Nachfahren, mit dem er als lebende Person noch zu tun haben könnte, symbolisch gleichgesetzt.

Tatsächlich erstreckt sich diese reziproke Terminologie auch auf die vierte und alle weiteren Generationen. Da sich jedoch nur in den allerseltensten Fällen die Lebenszeit eines Menschen mit der seines Ururgroßvaters (oder Ururenkels) überschneidet, kann diese Weiterführung nur theoretisch interessieren. Tatsächlich kennen die meisten nicht einmal die betreffenden Termini. Als erreichbares Ideal gilt – ähnlich unserem Bild eines erfüllten Lebens mit siebzig Jahren – eine Spanne von vier Generationen, nämlich die des Subjekts plus drei auf- oder absteigenden. Diese Spanne wird nun von der *kumpi-kumpi*-Terminologie sozusagen kulturell akzentuiert und umrahmt.

Auf diesen Rahmen deuten auch die Rituale, die den Tod umgeben. Beim Begräbnis eines Menschen müssen alle seine Verwandten, die einer jüngeren Generation angehören als er, an der Bahre wie auch später am Grab seinem fortlebenden Geist auf Hindu-Art (die gefalteten Hände an die Stirn gelegt) huldigen. Diese im Grunde unabdingbare Verpflichtung, das eigentlich Sakramentale der Beerdigungszeremonie, hört mit der zweiten Generation in absteigender Linie, mit seinen »Enkeln« auf. Seine »Urenkel« sind für ihn *kumpi*, wie er für sie *kumpi* ist, und deshalb, sagen die Balinesen, sind sie in Wirklichkeit keineswegs jünger als er, sondern vielmehr »gleichaltrig«. Als Gleichaltrige brauchen sie seinem Geist nicht zu huldigen, mehr noch: es ist ihnen ausdrücklich verboten. Man betet nur zu den Göttern und – was auf das gleiche hinausläuft – zu seinen Älteren, nicht zu Gleichgestellten oder Jüngeren.[13]

Die balinesische Verwandtschaftsterminologie teilt also die Menschen nicht nur in verschiedene Generationen ein, deren Schichten auf das jeweilige Subjekt bezogen sind, sondern verbindet diese Schichten auch zu einer einheitlichen Oberfläche, auf der sich die »niedrigste« mit der »höchsten« trifft, so daß man sich statt einer vielschichtigen Torte vielleicht zutreffender einen Zylinder vorstellen sollte, der in sechs parallele Längsstreifen geteilt ist, die für »Ich«, »Eltern«, »Großeltern«, »*kumpi*«, »Enkel« und »Kind« stehen.[14] Was zunächst wie eine sehr diachronische Formulierung aussah und das unaufhörliche Fortschreiten der Generationen zu betonen schien, ist in Wirklichkeit die Behauptung,

13 Aus dem gleichen Grund beten natürlich auch alte Männer, die der gleichen Generation wie der Verstorbene angehören, nicht zu ihm.

14 Es könnte so aussehen, als ob das Vorhandensein weiterer Bezeichnungen auch über die *kumpi* hinaus gegen diese Sichtweise spräche. Tatsächlich aber bestätigt es sie. In den seltenen Fällen nämlich, in denen jemand ein (»echtes« oder »klassifikatorisches«) Ururenkelkind *(kelab)* hat, das bei seinem Tod schon alt genug ist, daß es zu ihm beten könnte, ist das dem Kind nicht erlaubt. Hier aber nicht deshalb, weil es »genauso alt« wie der Verstorbene ist, sondern weil es »(eine Generation) älter« als er, d. h. dem »Vater« des Toten gleichgestellt ist. Entsprechend wird ein alter Mann am Grabe eines verstorbenen Ururenkels *(kelab)*, der das Kleinkindalter bereits überschritten hatte, beten, da das Kind (eine Generation) älter als er ist. Im Prinzip trifft das gleiche Muster auch auf entferntere Generationen zu, doch bleibt das ganze rein theoretisch, weil die Balinesen keine Verwandtschaftsbezeichnungen verwenden, um sich auf die Toten oder Ungeborenen zu beziehen: »So würden wir sie nennen und so würden wir sie behandeln, wenn wir welche hätten, aber wir haben keine.«

daß dieses Fortschreiten im Grunde irreal oder zumindest irrelevant ist. Der Eindruck einer Aufeinanderfolge, in der Gruppen kollateral Verwandter zeitlich aneinander anschließen, ist eine Täuschung, die zustande kommt, wenn man dieses terminologische System so versteht, als sollte es den Wandel der unmittelbaren Beziehungen eines Menschen zu seinen Verwandten im Verlaufe seines Lebens bis zum Tod ausdrücken, was in der Tat für viele, wenn nicht gar die meisten dieser Systeme zutrifft. Faßt man es jedoch wie die Balinesen vor allem als eine *Commonsense*-Taxonomie der sämtlichen Arten potentieller Familienbeziehungen, als eine Klassifikation der Verwandten nach natürlichen Gruppen auf, so wird deutlich, daß die Streifen auf dem Zylinder für nichts als die genealogische Senioritätsordnung zwischen lebenden Menschen stehen. Sie veranschaulichen die geistigen (und, was dasselbe ist, strukturellen) Beziehungen zwischen gleichzeitig lebenden Generationen, nicht die Position aufeinanderfolgender Generationen in einem unwiederholbaren historischen Ablauf.

Teknonyme

Wenn Eigennamen so behandelt werden, als seien sie militärische Geheimnisse, wenn Namen der Geburtenfolge eigentlich nur für Kinder und junge Heranwachsende gebraucht werden und Verwandtschaftsbezeichnungen allenfalls sporadisch und auch dann nur zur zusätzlichen Bestimmung herangezogen werden, wie redet sich dann die Mehrzahl der Balinesen an, wie bezieht man sich in der Rede aufeinander? Für die große Masse der bäuerlichen Bevölkerung lautet die Antwort: Mit Hilfe von Teknonymen.[15]

Sobald das erste Kind eines Ehepaars seinen Namen erhalten hat, redet man die Eltern als »Vater von« und »Mutter von« Regreg, Pula oder wie immer das Kind heißen mag, an und bezeichnet sie

15 Personalpronomen stellen eine andere Möglichkeit dar. Sie könnten sogar als eigene symbolische Ordnung zur Personbestimmung angesehen werden. Tatsächlich jedoch wird ihr Gebrauch so weit wie möglich vermieden, auch wenn das häufig zu unbeholfenen Ausdrucksformen führt.

auch so vor Dritten. Diese Anredeform (und Form der Selbstbezeichnung) wird bis zur Geburt ihres ersten Enkelkindes beibehalten. Von da an werden sie mit »Großvater von« oder »Großmutter von« Suda, Lilir etc. angeredet und bezeichnet. Eine entsprechende weitere Änderung tritt ein, wenn sie die Geburt des ersten Urenkels noch erleben.[16] Die Bezeichnung, unter der ein Mensch bekannt ist, verändert sich demnach in der »natürlichen« Lebensspanne von vier Generationen (von *kumpi* zu *kumpi*) dreimal: Nämlich zunächst dann, wenn er selbst, dann, wenn wenigstens eines seiner Kinder, und schließlich, wenn zumindest eines seiner Enkelkinder Nachkommen hervorbringt.
Natürlich ist es so, daß viele, wenn nicht die meisten Menschen gar nicht so lange leben oder nicht das Glück haben, über eine so reiche Nachkommenschaft zu verfügen. Dazu kommen unendlich viele andere Faktoren, die dieses vereinfachte Bild komplizieren können. Läßt man jedoch einmal die Feinheiten beiseite, so wird deutlich, daß wir hier ein kulturell außergewöhnlich gut entwickeltes und sozial außerordentlich einflußreiches Teknonymiesystem vor uns haben. Welchen Einfluß hat es auf die Selbstwahrnehmung des einzelnen Balinesen und auf seine Wahrnehmung anderer Personen?
Zunächst einmal wird dadurch das Paar aus Ehemann und Ehefrau bestimmt, ungefähr so, wie das in unserer Gesellschaft durch

16 Diese Einbeziehung des Personennamens von Nachfahren in ein Teknonym widerspricht meinen vorausgegangenen Ausführungen über die Vermeidung dieser Namen in der Öffentlichkeit keineswegs. Der »Name« ist hier Teil der Benennung jener Person, die das Teknonym trägt, und nicht – auch nicht in abgeleiteter Form – der des eponymen Kindes, dessen Namen nur als Bezugspunkt eingesetzt wird und – soweit ich beurteilen kann – keinerlei unabhängigen symbolischen Wert hat. Stirbt das Kind, so wird das Teknonym gewöhnlich nicht geändert, selbst wenn der Tod bereits im Säuglingsalter eintrat. Wenn das eponyme Kind Vater und Mutter anredet oder von ihnen spricht, gebraucht es das Teknonym, das seinen eigenen Namen einschließt, ohne dabei an sich selbst zu denken. Man glaubt auch nicht, daß ein Kind, dessen Name in den Teknonymen seiner Eltern, Großeltern oder Urgroßeltern vorkommt, deshalb irgendwie anders oder privilegierter als seine Geschwister wäre, deren Namen in diesen Teknonymen nicht auftauchen. Teknonyme werden nicht verändert, um die Namen bevorzugter oder geeigneterer Nachkommen usw. aufzunehmen.

die Annahme des Nachnamens des Mannes durch die Frau geschieht. Die Bestimmung erfolgt hier allerdings nicht durch die Heirat selbst, sondern durch die Nachkommenschaft. Symbolisch wird die Verbindung von Ehemann und Ehefrau durch die gemeinsame Beziehung zu ihren Kindern, Enkeln und Urenkeln ausgedrückt und nicht durch die Eingliederung der Frau in die »Familie« ihres Mannes (der sie, da endogame Heirat vorherrscht, gewöhnlich ohnehin angehört).

Diesem Paar aus Ehemann und Ehefrau – oder genauer: Vater und Mutter – kommt sehr große ökonomische, politische und spirituelle Bedeutung zu. Es ist der eigentliche Grundstein der Gesellschaft. Am Rat des Weilers, in dem nur verheiratete Paare einen Sitz haben, können keine alleinstehenden Männer teilnehmen; mit wenigen Ausnahmen haben dort nur Männer mit Kindern Gewicht. (In einigen Weilern wird den Männern erst dann ein Sitz zuerkannt, wenn sie ein Kind haben.) Dasselbe gilt auch für die Abstammungsgruppen, freiwilligen Organisationen, Bewässerungsvereinigungen, Tempelgemeinden usw. Bei nahezu allen lokalen Aktivitäten – von den religiösen bis hin zu den landwirtschaftlichen – tritt das verheiratete Paar als Einheit auf: der männliche Teil verrichtet bestimmte Aufgaben, und der weibliche Teil vervollständigt diese durch bestimmte andere. Indem die Teknonymie einen Mann und eine Frau dadurch verbindet, daß sie den Namen eines ihrer direkten Nachkommen in den ihren hineinnimmt, hebt sie sowohl die Bedeutung des verheirateten Paars in der lokalen Gesellschaft hervor als auch den enormen Wert, der der Nachkommenschaft beigemessen wird.[17]

Diese Wertschätzung zeigt sich eindeutiger noch in der zweiten kulturellen Folgeerscheinung des durchgängigen Gebrauchs von Teknonymen: in der Klassifikation der Menschen nach ihrem generativen Status, wie man in Ermangelung eines besseren Ausdrucks vielleicht sagen könnte. Aus der Sicht eines jeden Subjekts

17 Sie hebt auch noch einen weiteren Punkt hervor, der in allen hier diskutierten Ordnungen zur Personenbestimmung wiederkehrt: den Versuch, den Unterschied zwischen den Geschlechtern möglichst gering zu halten. Die Geschlechter erscheinen in fast allen ihren sozialen Rollen eigentlich austauschbar. Dazu die interessante Arbeit von J. Belo, *Rangda and Barong*, Locust Valley, N. Y. 1949.

unterteilen sich die Mitbewohner seines Weilers in Kinderlose, die Wayan, Made usw. heißen; in Leute mit Kindern, die »Vater (Mutter) von« genannt werden; solche mit Enkeln, die »Großvater (Großmutter) von« genannt werden; und solche mit Urenkeln, die »Urgroßvater (Urgroßmutter) von« genannt werden. Dieser Abstufung entspricht nun ein allgemeines Bild vom Wesen der gesellschaftlichen Hierarchie: kinderlose Leute sind abhängige Unmündige; Väter-von-Jemandem aktive Bürger, mit der Leitung des Gemeinwesens betraut; Großväter-von-Jemandem respektierte Ältere, die aus dem Hintergrund weise Ratschläge erteilen; und die Urgroßväter-von-Jemandem abhängige Alte, schon halbwegs in die Welt der Götter zurückgekehrt. Im Einzelfall müssen verschiedene Mechanismen eingesetzt werden, um diese allzu schematische Formel den praktischen Realitäten soweit anzupassen, daß sich daraus eine brauchbare soziale Stufenleiter ergibt. Nimmt man eine solche Korrektur vor, gibt sie tatsächlich die soziale Hierarchie wieder: Es ist der »generative Status« eines Menschen, der sowohl in seinen eigenen Augen wie in denen aller anderen ein Hauptelement seiner sozialen Identität ist. Die einzelnen Stadien des menschlichen Lebens werden auf Bali nicht unter dem Gesichtspunkt des biologischen Alterns, das in der Kultur dort kaum beachtet wird, sondern unter dem der sozialen Regeneration begriffen.

Entscheidend ist also nicht allein die rein reproduktive Fähigkeit, die Zahl der Kinder, die man in die Welt setzen kann. Ein Paar mit zehn Kindern genießt nicht mehr Ansehen als eines mit fünf, und eines mit nur einem Kind, das seinerseits auch nur ein einziges Kind hat, steht dem Rang nach über beiden. Worauf es ankommt, ist die reproduktive Kontinuität, die Erhaltung der Fähigkeit der Gemeinschaft, sich aus sich heraus zu reproduzieren – ein Sachverhalt, den die dritte Folgeerscheinung der Teknonymie, die Abgrenzung generativer Reihen, ganz deutlich zum Ausdruck bringt.

In welcher Weise die balinesische Teknonymie derartige Reihen bildet, ist aus dem Schaubild (Abb. 1) ersichtlich. Der Einfachheit halber habe ich nur die männlichen Teknonyme aufgeführt und für die Generation, auf die Bezug genommen wird, englische Namen verwendet. Weiterhin habe ich das Beispiel so angelegt, daß man erkennen kann, daß die Verwendung von Teknonymen das absolute Alter und nicht die altersmäßige Abstufung (oder das Geschlecht) der eponymen Nachkommen berücksichtigt. Wie Abb. 1 zeigt, kennzeichnet die Teknonymie nicht nur den generativen Status, sondern auch dessen Fortsetzung über zwei, drei, vier (ganz selten auch einmal fünf) Generationen hinweg. Welche Reihen dabei im einzelnen gebildet werden, ist weitgehend zufällig. Wäre Mary vor Joe oder Don vor Mary zur Welt gekommen, hätte sich eine ganz andere Verbindungslinie ergeben. Doch obwohl es sich bei der Frage, welche Individuen jeweils als Bezugspersonen genommen werden und welche Filiationsketten dadurch entstehen, trotz der symbolischen Relevanz dieser Abfol-

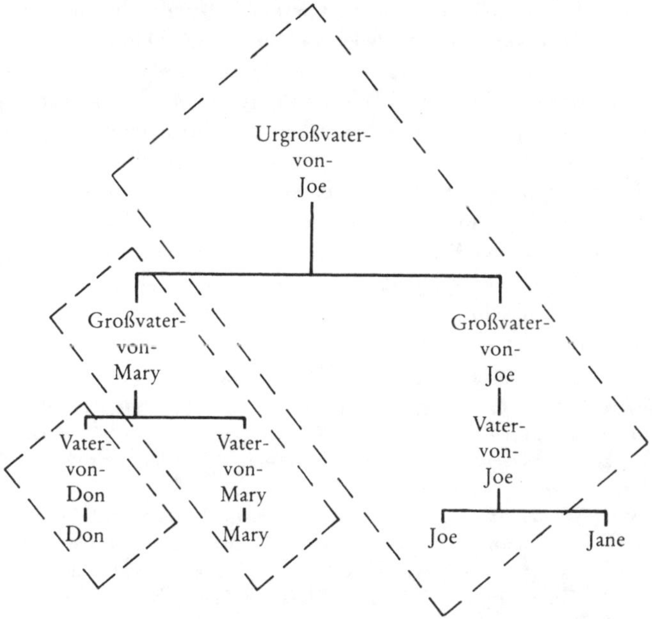

Abb. 1 *Balinesische Teknonymie*

Anmerkung: Mary ist älter als Don, und Joe ist älter als Mary, Jane und Don. Das relative Alter aller anderen Personen ist, sofern sie nicht auf- und absteigenden Generationen angehören, für die Teknonymie irrelevant.

gen um eine Sache des Zufalls und nicht der strengen Konsequenz handelt, so unterstreicht doch die Tatsache, daß derartige Reihen gebildet werden, etwas Wichtiges bezüglich der Identität der Person bei den Balinesen: Um einen Menschen einordnen zu können, muß man nicht seine Vorfahren kennen (was angesichts des Schleiers, den diese Kultur über die Toten legt, auch gar nicht möglich ist), sondern diejenigen, deren Vorfahre er ist. Man wird nicht wie in so vielen anderen Gesellschaften auf der Welt nach denen bestimmt, die einen hervorgebracht haben (als jüngsten Sproß einer mehr oder weniger langen Abstammungslinie, die von einem mehr oder weniger berühmten Ahnherrn ausgeht), sondern nach denen, die man hervorgebracht hat; nach einem ganz bestimmten, noch lebenden, unfertigen Menschen, dem eigenen Kind, Enkel oder Urenkel, mit dem man durch eine Reihe generativer Verbindungsglieder verknüpft ist.[18] Die Verbindung zwischen »Joes Urgroßvater«, »Joes Großvater« und »Joes Vater« besteht darin, daß sie sozusagen zusammengewirkt haben, um Joe hervorzubringen. Sie haben gemeinsam zum sozialen Stoffwechsel des balinesischen Volkes im allgemeinen und zu dem ihres Weilers im besonderen beigetragen. Auch hier ist die scheinbare Betonung eines zeitlichen Verlaufs in Wirklichkeit nur die Betonung der Fortdauer dessen, was Gregory Bateson unter Verwendung eines physikalischen Begriffs als »Gleichgewichtszustand« bezeichnet hat.[19] Mit Hilfe des teknonymischen Verfahrens wird die gesamte Population gemäß ihrer Beziehung zu

18 In Weiterführung dieses Gedankens könnte man die Geburtenfolgenamen daher vielleicht als »Nullteknonyme« bezeichnen und in diese symbolische Ordnung einfügen: eine Person, die Wayan, Njoman etc. heißt, ist jemand, der keine – wenigstens bislang noch keine – Nachkommen hervorgebracht hat.

19 G. Bateson, »Bali: The Value System of a Steady State«, in: M. Fortes (Hrsg.), *Social Structure: Studies Presented to Radcliffe-Brown*, New York 1963, S. 35-53. Bateson war der erste, der, wenn auch nicht immer sehr deutlich, auf die eigentümlich anachronistischen Züge im balinesischen Denken hinwies. Meine thematisch eingeschränktere Untersuchung verdankt seinen umfassenden Einsichten sehr viel. Siehe auch sein Aufsatz »An Old Temple and a New Myth«, *Djawa*, Djogjakarta, 17, 1937, S. 219-307. (Beide Aufsätze sind jetzt wieder abgedruckt in J. Belo (Hrsg.), *Traditional Balinese Culture*, New York 1970, S. 384-402; 111-36.)

demjenigen Teil der Bevölkerung klassifiziert und durch denjenigen Teil repräsentiert, bei dem die soziale Regeneration künftig liegt – der heranwachsenden Schar zukünftiger Eltern. Unter diesem Gesichtspunkt scheint selbst die vergänglichste Zeit des menschlichen Lebens – Urgroßelternschaft –, als Bestandteil einer unvergänglichen Gegenwart.

Statustitel

Der Theorie nach trägt auf Bali ein jeder (oder fast ein jeder) den einen oder anderen Titel – *Ida Bagus, Gusti, Pasek, Dauh,* usw. –, wodurch ihm eine bestimmte Sprosse auf einer für ganz Bali geltenden Statusleiter zugewiesen wird: ein jeder Titel zeigt in bezug auf die anderen einen bestimmten Grad kultureller Über- oder Unterlegenheit an, so daß sich die gesamte Bevölkerung auf verschiedene, einheitlich abgestufte Kasten verteilt. In Wirklichkeit ist die Sache jedoch sehr viel komplexer, wie all jene feststellen mußten, die das System auf diese Weise erforschen wollten.
Das liegt nicht nur einfach daran, daß einige Dorfbewohner niedrigeren Ranges behaupten, sie (oder ihre Eltern) hätten ihre Titel irgendwie »vergessen«, oder daß sich die Rangordnung der Titel von Ort zu Ort, manchmal auch von Informant zu Informant eindeutig widerspricht, noch auch, daß es trotz der Erblichkeit der Titel Möglichkeiten gibt, sie zu ändern. Das alles sind nur Einzelheiten, die zwar nicht uninteressant sind, die aber nur das alltägliche Funktionieren des Systems betreffen. Entscheidend ist, daß Statustitel nicht etwa an Gruppen, sondern nur an Individuen vergeben werden.[20]
Status oder zumindest jene Art Status, der sich in Titeln ausdrückt, ist auf Bali etwas Persönliches und hat mit sozio-struktu-

20 Man weiß nicht, wieviele verschiedene Titel es auf Bali gibt (es müssen weit mehr als hundert sein). Es ist auch nicht bekannt, wieviele Leute denselben Titel haben, da hierzu nie eine Zählung durchgeführt wurde. In vier von mir eingehend untersuchten Weilern auf Südostbali fanden sich insgesamt 32 verschiedene Titel. Der häufigste hatte etwa zweihundertfünfzig Träger, der seltenste einen, wobei der Durchschnitt bei fünfzig bis sechzig lag. Vgl. C. Geertz, »Tihingan: A Balinese Village«, a. a. O.

rellen Faktoren nichts zu tun. Er hat natürlich wichtige praktische Konsequenzen, und diese Konsequenzen erhalten Gestalt und Ausdruck in einer Vielzahl gesellschaftlicher Einrichtungen, von Verwandtschaftsgruppen bis hin zu Regierungsinstitutionen. Wenn man ein *Dewa, Pulosari, Pring* oder *Maspadan* ist, so heißt das zunächst nichts weiter, als daß man das Recht geerbt hat, diesen Titel zu tragen und die damit verbundenen Achtungserweise zu beanspruchen. Es heißt nicht, daß man eine bestimmte Rolle spielt, einer bestimmten Gruppe angehört oder eine bestimmte ökonomische, politische oder priesterliche Stellung bekleidet.

Das System der Statustitel ist ein reines Prestigesystem. Dem Titel eines Menschen kann man – in Relation zum eigenen – genau entnehmen, wie man sich in praktisch jedem Kontext des öffentlichen Lebens ihm gegenüber benehmen muß und welches Benehmen man von ihm erwarten kann – und das ganz unabhängig von allen anderen sozialen Bindungen zu dem Betreffenden und ungeachtet dessen, was man als Mensch von ihm halten mag. Die balinesische Höflichkeit ist sehr hoch entwickelt und beherrscht die sichtbare Seite des sozialen Verhaltens in fast allen Dingen des täglichen Lebens. Sprechstil, Körperhaltung, Kleidung, Essen, Heirat, selbst Hausbau, Beerdigungsort und Art der Einäscherung richten sich nach einem genauen Verhaltenscode, der nicht so sehr der Vorliebe für gesellschaftliche Umgangsformen an sich als vielmehr bestimmten, weiterreichenden metaphysischen Erwägungen entstammt.

Die Ungleichheit zwischen den Menschen, die dem System der Statustitel zugrundeliegt, das wiederum in dem System der Etikette Ausdruck findet, ist weder eine moralische noch eine ökonomische oder politische, sondern eine religiöse. Sie spiegelt im täglichen Miteinander jene göttliche Ordnung wider, nach der dieses Miteinander (das so gesehen selbst eine Art Ritual ist) geformt sein soll. Der Titel eines Menschen zeigt weder seinen Reichtum noch seine Macht oder gar seinen moralischen Ruf, sondern vielmehr seine spirituelle Anlage an. Das Mißverhältnis zwischen dieser Anlage und seiner Stellung in der Welt kann nämlich sehr groß sein. Einigen der bedeutendsten Neuerer und Reformer auf Bali begegnet man ganz ungehobelt, während andere, die sehr taktvoll behandelt werden, oft am wenigsten Respekt genießen. Der balinesischen Auffassung wäre kaum etwas fremder als Machiavellis Bemerkung, nicht der Titel verleihe dem Menschen Würde, sondern der Mensch seinem Titel.

Der balinesischen Theorie zufolge stammen alle Titel von den Göttern. Sie gingen, wenn auch nicht immer ohne Veränderung, wie heilige Erbstücke von den Vätern auf die Kinder über, und der unterschiedliche Prestigewert der einzelnen Titel hängt davon ab, inwiefern ihre Träger den spirituellen Anforderungen, die mit dem Titel gestellt sind, genügt haben. Einen Titel zu tragen heißt zumindest implizit, wenigstens annäherungsweise den göttlichen Handlungsmaßstäben zu entsprechen. Nicht alle Menschen waren dazu gleichermaßen in der Lage. So erklärt sich der bestehende Widerspruch zwischen der Rangordnung der Titel einerseits und der ihrer Träger andrerseits. Im Gegensatz zur sozialen Stellung spiegelt der kulturelle Status auch hier die Entfernung zum Göttlichen.

Mit fast jedem Titel werden einzelne oder ganze Reihen legendärer Ereignisse in Verbindung gebracht, ganz konkrete Vorkommnisse, die von einem spirituell signifikanten Fehltritt irgendeines Titelinhabers handeln. Diese Verfehlungen – man kann sie nicht einmal Sünden nennen – gelten als Gradmesser der Wertminderung des Titels, für die Entfernung von einem vollkommen transzendenten Zustand und damit als Instanz, die – zumindest ganz allgemein – seine Stellung im gesamten Prestigesystem festlegt. Bestimmte (wahrscheinlich mythische) geographische Wanderungen, Heiraten zwischen Trägern verschiedener Titel, militärische Mißerfolge, Verstöße gegen die Trauervorschriften, rituelle Versäumnisse und ähnliches sollen in einem gewissen Ausmaß zur Entwertung der Titel geführt haben – in höherem Maße bei den niedrigeren Titeln, in geringerem Maße bei den höheren.

Dennoch und allem Anschein zum Trotz ist die ungleiche Wertminderung ihrem Wesen nach weder ein moralisches noch ein historisches Phänomen. Kein moralisches, weil die Ereignisse, die die Minderung verursacht haben, selten solche sind, die auf Bali oder anderswo ethisch verurteilt werden. Wirklich moralische Verfehlungen dagegen (Grausamkeit, Verrat, Unehrlichkeit, Liederlichkeit) schädigen den Ruf, der mit dem Träger verschwindet, nicht aber den Titel, der bleibt. Kein historisches, weil diese Ereignisse – einzelne Vorfälle in der Vorzeit – nicht als Ursachen heutiger Gegebenheiten, sondern schlicht als Feststellungen angeführt werden. Das Wichtige an den Ereignissen, die den Wert eines Titels mindern, ist nicht, daß sie in der Vergangenheit oder daß sie überhaupt stattgefunden haben, sondern daß sie wertmindernd wirken. Sie sind weder Ausdruck der Prozesse, die den gegenwärtigen Zustand herbeigeführt haben, noch auch moralischer Urteile darüber (an keinem dieser Denkspiele zeigen die Balinesen viel Interesse), sondern Bilder der verborgenen Beziehung zwischen der Gestalt der menschlichen Gesellschaft und dem göttlichen Grundmuster, dessen (manchmal mehr, manchmal weniger) unvollkommenes Abbild sie nun einmal ist.

Wenn aber nach all dem, was bisher über die Eigenständigkeit des Titelsystems gesagt wurde, eine derartige Beziehung zwischen den kosmischen Grundmustern und den gesellschaftlichen Formen angenommen wird, wie wird sie dann im einzelnen verstanden? In welcher Weise hängt das Titelsystem, das ausschließlich auf religiösen Vorstellungen, auf Theorien über die angeborenen Unterschiede im spirituellen Wert der Individuen gründet, mit dem zusammen, was wir, wenn wir die Gesellschaft von außen betrachten, als die »Realitäten« der Macht, des Einflusses, des Reichtums, des Ansehens usw., wie sie die gesellschaftliche Arbeitsteilung impliziert, bezeichnen würden? Kurz, in welcher Weise wird die tatsächliche Verteilung gesellschaftlicher Macht mit einem völlig anders abgestuften Prestigesystem in Einklang gebracht, so daß die faktisch bestehende lose und allgemeine Beziehung zwischen beiden erklärt und sogar unterstützt wird? Die Lösung liegt in einem äußerst kunstvollen Taschenspielertrick, nämlich jener berühmten kulturellen Institution, die aus Indien importiert und dem lokalen Geschmack angepaßt wurde – dem Varna-System. Das Varna-System dient den Balinesen dazu, einer völlig ungeordneten Ansammlung verschiedener Statuskategorien eine einfache Form zu geben, die sich aus dieser auf ganz natürliche Weise entwickelt zu haben scheint, in Wirklichkeit ihr jedoch willkürlich aufgedrückt wurde.

Das Varna-System umfaßt wie in Indien vier große Gruppen – Brahmanen, *Kṣatriya, Weśya* und *Śudra* –, die nach abnehmendem Prestige gestuft sind, wobei die ersten drei (die auf Bali *Triwangśa,* »die drei Völker«, genannt werden) ein geistiges Patriziat gegenüber der plebejischen vierten darstellen. Auf Bali ist es jedoch so, daß das Varna-System für sich genommen kein kulturelles Mittel der Statusdifferenzierung ist, sondern eines, mit dem die bereits vom Titelsystem getroffenen Unterscheidungen zueinander in Beziehung gesetzt werden. Es faßt die schlechterdings unzähligen feinen Abstufungen, die dieses System enthält, zusammen und ermöglicht eine überschaubare (manchmal fast allzu klare) Trennung in Schafe und Böcke sowie in Schafe erster, zweiter und dritter Klasse.[21] Man versteht sich nicht als *Kṣatriya* oder *Śudra,* sondern beispielsweise als *Dewa* oder *Kebun Tubuh,* und die Unterscheidung *Kṣatriya/Śudra* wird nur dann benutzt, wenn allgemein und aus Gründen der gesellschaftlichen Organisation jener Gegensatz ausgedrückt werden soll, der mit der Identifizierung eines *Dewa* mit einem *Kṣatriya*-Titel und eines *Kebun Tubuh* mit einem *Śudra*-Titel einhergeht. Die Varna-Klassen sind Kennzeichnungen, die nicht Personen, sondern den Titeln von Personen beigelegt werden – sie bringen die Struktur des Prestigesystems zum Ausdruck. Titel andererseits sind Kennzeichnungen, die einzelnen Menschen beigelegt werden – sie weisen den Personen einen Platz innerhalb dieser Struktur zu. Solange die Klassifizierung der Titel durch das Varna-System mit der tatsächlichen Verteilung von Macht, Reichtum und gesellschaftlichem Ansehen – d. h. mit dem System der sozialen Schichtung – im Einklang steht, gilt die Gesellschaft als wohlgeordnet. Die richtigen Menschen befinden sich an den richtigen Plätzen: spiritueller Wert und soziale Position stimmen miteinander überein.

Diese unterschiedlichen Funktionen von Titel und Varna-Kategorie gehen deutlich aus der Art und Weise hervor, in der die mit ihnen korrespondierenden symbolischen Formen verwendet werden. Beim *Triwangśa*-Landadel, der so gut wie keine Tekno-

21 Die Varna-Kategorien werden, besonders von Personen mit hohem Status, häufig in drei abgestufte Klassen unterteilt – in höhere *(utama),* mittlere *(madia)* und niedrigere *(nista)* – und die verschiedenen Titel der jeweiligen Oberkategorie dementsprechend in weitere Untergruppen. Eine vollständige Analyse des balinesischen Systems der sozialen Stratifikation, das sowohl polynesische wie indische Züge trägt, ist hier nicht möglich.

nyme kennt, benutzt man vor allem den Titel eines Menschen, um ihn anzureden oder sich auf ihn zu beziehen. Man redet jemanden mit *Ida Bagus, Njakan* oder *Gusi (nicht* Brahmane, *Kṣatriya* oder *Weśya)* an und benutzt denselben Titel in der Rede über ihn, wobei man zur genaueren Bestimmung vielleicht noch den Geburtenfolgenamen hinzufügt (*Ida Bagus Made, Njakan Njoman,* usw.). Die *Śudra* verwenden den Titel nur dann, wenn sie sich auf jemanden beziehen, doch niemals in der Anrede. Sie setzen ihn vor allem für Angehörige anderer Weiler ein, deren Teknonyme sie nicht kennen oder, falls doch, zu intim klingen, als daß sie für jemanden, der kein Weilergenosse ist, gebraucht werden könnten. Im Weiler selbst macht man von einem *Śudra*-Titel nur dann Gebrauch, wenn man etwas Wichtiges über den Prestigestatus dessen, über den man redet, mitteilen möchte (»Vater-von-Joe ist ein *Kedisan* und daher ›niedriger‹ als wir *Pande*« usw.), während in der Anrede selbstverständlich Teknonyme verwendet werden. Außerhalb der Weilergrenzen, wo die Verwendung von Teknonymen nur noch zwischen engen Freunden möglich ist, ist *Djero* die häufigste Anredeform. Wörtlich meint *djero* »innen« oder »Dazugehöriger«, also einen Angehörigen der *Triwangśa,* der im Gegensatz zu den *Śudra,* die »draußen« *(djaba)* sind, als »dazugehörig« angesehen wird. In diesem Zusammenhang jedoch besagt die Verwendung von *Djero:* »Um höflich zu sein, rede ich dich so an, als wärest du ein *Triwangśa,* was du nicht bist (wenn du einer wärest, würde ich dich mit deinem richtigen Titel anreden), und als Gegenleistung erwarte ich, daß du mir gegenüber das gleiche vorgibst.« Allgemein werden die Varna-Bezeichnungen sowohl von *Triwangśa* wie von *Śudra* nur dann verwendet, wenn man die Prestigehierarchie als solche ausdrücken möchte, was gemeinhin dann notwendig ist, wenn Fragen der Politik, der priesterlichen Ordnung oder der Schichtung angesprochen werden, die außerhalb des Weilerbereichs liegen: »Die Könige von Klungkung sind *Kṣatriya,* aber die von Tabanan nur *Weśya*« oder »In Sanur leben sehr viele reiche Brahmanen, und daher haben die *Śudra* dort so wenig Einfluß auf die Weilerangelegenheiten.«

Das Varna-System bewirkt also zwei Dinge. Zum einen verknüpft es eine Reihe scheinbar *ad hoc* gebildeter und zufälliger

Prestigemerkmale – die Titel – mit dem Hinduismus bzw. der balinesischen Spielart des Hinduismus und verankert sie dadurch in einer umfassenden Weltsicht. Zum anderen liefert es eine Deutung für den Zusammenhang zwischen dieser Weltsicht – mit ihrem Titelsystem – und der sozialen Organisation: das Prestigegefälle des Titelsystems soll sich an der tatsächlichen Verteilung von Reichtum, Macht und gesellschaftlichem Ansehen ablesen lassen, eigentlich vollkommen damit zusammenfallen. Der Grad der tatsächlichen Übereinstimmung ist natürlich auch im günstigsten Falle bescheiden. Wie viele Ausnahmen von dieser Regel es jedoch auch immer geben mag – *Śudra* mit enormer Macht, *Kṣatriya,* die als Pächter Land bestellen, Brahmanen, die weder geachtet werden noch achtenswert sind –, so ist es doch die Regel und nicht die Ausnahme, in der die Balinesen ein treues Abbild der *conditio humana* sehen. Das Varna-System ordnet das Titelsystem so, daß es möglich wird, das soziale Leben aus dem Blickwinkel allgemeiner kosmologischer Ideen zu sehen – Ideen, denen zufolge die Vielfalt menschlicher Talente und das Fortschreiten des historischen Prozesses nur oberflächliche Phänomene sind im Vergleich zum Platz des Menschen in einem System fester Statuskategorien, die unvergänglich und nicht auf den Einzelnen bezogen sind.

Öffentliche Titel

Diese letzte symbolische Ordnung zur Personenbestimmung erinnert auf den ersten Blick sehr an eine der bei uns üblichen Vorgehensweisen zur Bestimmung und Kennzeichnung einzelner Personen.[22] Auch wir sehen Menschen oft (vielleicht allzuoft) vor dem Hintergrund ihrer Berufsgruppe – nicht etwa nur als Leute mit diesem oder jenem Beruf, sondern als geradezu physisch mit ih-

22 Eine weitere Ordnung, die mit der Kennzeichnung der Geschlechter zusammenhängt (*Ni* für Frauen, *I* für Männer), sollte zumindest erwähnt werden. Normalerweise werden diese Titel nur Eigennamen (die meistens geschlechtsneutral sind) vorangestellt oder Eigennamen plus Geburtenfolgenamen beigefügt; aber auch das geschieht nicht häufig. Daher sind sie im Hinblick auf die Bestimmung von Personen nur von nebensächlicher Bedeutung, weshalb ich meinte, sie nicht ausführlich besprechen zu müssen.

rem Beruf verwachsen – als Postbote, Fuhrmann, Politiker oder Handlungsreisender. Die soziale Funktion ist das symbolische Vehikel zur Wahrnehmung der personalen Identität. Die Menschen sind das, was sie tun.

Die Ähnlichkeit ist jedoch nur eine scheinbare. Eingebettet in eine andere Vorstellung von Subjektivität, einer anderen religiös-philosophischen Auffassung vom Wesen der Welt verpflichtet und in den Begriffen eines anderen kulturellen Codes (nämlich dem der öffentlichen Titel) formuliert, unterscheidet sich die balinesische Auffassung der Beziehung zwischen sozialer Rolle und personaler Identität ganz erheblich von der idiographischen Bedeutung dessen, was von uns Beruf, von den Balinesen jedoch *linggih* – »Sitz«, »Ort«, »Liegeplatz« – genannt wird.

Diese Idee eines »Sitzes« rührt daher, daß es im balinesischen Denken und Handeln eine außergewöhnlich scharfe Unterscheidung zwischen dem staatsbürgerlichen und dem häuslichen Sektor der Gesellschaft gibt. Die Grenze zwischen öffentlichem und privatem Lebensbereich ist sowohl im Denken als auch in den Institutionen sehr klar gezogen. Ob innerhalb des Weilers oder am königlichen Hof, auf jeder Ebene werden die öffentlichen Angelegenheiten von den privaten und familiären genau unterschieden und sorgfältig voneinander abgegrenzt. Anders als in so vielen anderen Gesellschaften läßt man keinerlei Vermischung zu. Die balinesische Auffassung vom öffentlichen Bereich als einem Korpus mit eigenen Interessen und Zwecksetzungen ist sehr hoch entwickelt. Wer für diese Interessen und Zwecksetzungen auf irgendeiner Ebene Verantwortung trägt, hat sich vom Tun und Treiben jener Mitmenschen, die das nicht sind, zu unterscheiden, und genau diesen besonderen Status bringen die öffentlichen Titel zum Ausdruck.

Auch wenn die Balinesen den öffentlichen Sektor der Gesellschaft als abgegrenztes und autonomes Gebilde begreifen, so betrachten sie ihn doch nicht als ein nahtloses Ganzes oder überhaupt als ein Ganzes. Sie halten ihn vielmehr für die Zusammenfassung einer Anzahl von getrennten, unzusammenhängenden und bisweilen sogar einander widerstreitenden Bereichen, die jeweils autark, in sich abgeschlossen, auf ihre Rechte bedacht und auf eigenen Organisationsprinzipien gegründet sind. Dazu gehören vor allem:

der Weiler als politische Körperschaft, der Tempel als religiöse Gemeinde und die Bewässerungsvereine als landwirtschaftliche Korporationen. Auf regionaler Ebene – oberhalb der des Weilers – erheben sich dann die weltlichen und geistlichen Verwaltungsstrukturen, um Adel und hohe Priesterschaft.

Eine Beschreibung dieser verschiedenen öffentlichen Bereiche und Sektoren würde eine ausführliche Untersuchung der balinesischen Sozialstruktur verlangen, die den Rahmen dieses Artikels sprengen würde.[23] Uns kommt es hier nur darauf an, daß es für jeden Bereich und für jeden Sektor verantwortliche Beamte – oder vielleicht besser: Funktionäre – gibt, die besondere Titel führen: *Klian*, *Perbekel*, *Pekaseh*, *Pemangku*, *Anak Agung*, *Tjakorda*, *Dewa Agung*, *Pedanda* und viele andere mehr, sicher über fünfzig. Diese Männer nun (ein sehr kleiner Teil der Gesamtbevölkerung) werden mit diesen offiziellen Titeln angeredet und bezeichnet; manchmal werden Geburtenfolgenamen, Statustitel oder (bei den *Śudra*) Teknonyme zur näheren Bestimmung hinzugefügt.[24] Die verschiedenen »Dorfvorsteher« und »Dorfpriester« unter den *Śudra* und das Heer der »Könige«, »Prinzen«, »Herren« und »Oberpriester« unter den *Triwangśa* sind keine reinen Rollenträger; nach ihrem eigenen und ihrer Mitmenschen Verständnis gehen sie in dieser Rolle auf. Sie sind im wahrsten Sinne öffentliche Männer; Männer, für die andere Aspekte der Person – individueller Charakter, Stellung in der Geburtenfolge, Verwandtschaftsbeziehungen, generativer Status und Prestigestufe – zumindest in symbolischer Hinsicht zweitrangig sind. Wir, die wir die psychologischen Züge für das Wesentliche an der Identität einer Person halten, würden sagen, daß sie ihr wahres Selbst der Rolle geopfert haben. Sie, die sie die gesellschaftliche Stellung für das

23 Ein Versuch in dieser Richtung wäre C. Geertz, »Form and Variation in Balinese Village Structure«.

24 Noch gebräuchlicher ist vielleicht die nähere Bestimmung durch Ortsnamen, die der im Titel angezeigten Funktion hinzugefügt werden, z. B. »Klian Pau« – »Pau« ist der Name des Weilers, dessen *klian* (Chef, Ältester) der Träger dieses Namens ist, oder »Anak Agung Kaleran« – »Kaleran«, wörtlich »Norden« oder »nördlich« –, der Name eines Herrscherpalastes (wie auch die Angabe des Ortes, wo er liegt).

Wesentliche halten, sagen, daß ihre Rolle zum Wesen ihres wahren Selbst gehört.

Der Zugang zu diesen mit öffentlichen Titeln verbundenen Rollen ist eng mit dem System der Statustitel und seiner Anordnung nach Varna-Kategorien verbunden – eine Verbindung, die durch das zustande kommt, was man die »Doktrin der spirituellen Qualifikation« nennen könnte. Dieser Doktrin zufolge können politische und religiöse »Sitze« von überlokaler – regionaler oder ganz Bali betreffender – Bedeutung nur mit *Triwangśa* besetzt werden, während solche von lokaler Bedeutung korrekterweise mit *Śudra* besetzt werden sollten. Für die oberen Ebenen hat die Doktrin strenge Geltung: nur *Kṣatriya* – d. h. Männer mit Titeln, die dem Rang nach zu den *Kṣatriya* gezählt werden – dürfen Könige oder oberste Fürsten, nur *Weśya* oder *Kṣatriya* Herren oder niederrangige Fürsten und nur Brahmanen Oberpriester sein, usw. Für die unteren Ebenen gilt sie weniger streng, doch herrscht ziemlich allgemein die Auffassung, daß Weilervorsteher, Vorsitzende von Bewässerungsvereinigungen und Dorfpriester *Śudra* sein und daß die *Triwangśa* in ihrem Bereich bleiben sollten. Es zeigt sich jedoch allenthalben, daß die überwältigende Mehrheit derjenigen, die Statustitel einer oder mehrerer Varna-Kategorien tragen und damit theoretisch für die Funktionärsrolle mit den entsprechenden öffentlichen Titeln in Frage kommen, keine derartigen Rollen innehat und sie wahrscheinlich auch nie erhalten wird. Bei den *Triwangśa* ist der Zugang weitgehend erblich, sogar auf den Erstgeborenen beschränkt, und zwischen dieser kleinen Gruppe von Leuten, die »Macht besitzen«, und der Masse der übrigen Adligen, die keine haben, wird scharf unterschieden. Bei den *Śudra* kommt es häufiger vor, daß der Träger eines öffentlichen Amtes gewählt wird; doch die Anzahl der Männer, denen sich diese Gelegenheit bietet, ist auch hier ziemlich beschränkt. Der Prestigestatus entscheidet, welche öffentliche Rolle man potentiell einnehmen könnte; ob man dann eine solche Rolle auch tatsächlich einnehmen kann, ist eine ganz andere Frage.

Da nun die Lehre von der spirituellen Qualifikation eine allgemeine Wechselbeziehung zwischen Prestigestatus und öffentlichem Amt herstellt, wird die Ordnung der politischen und geistlichen Autorität in der Gesellschaft mit der allgemeinen Vorstellung verklammert, daß die Gesellschaftsordnung die metaphysische ungefähr widerspiegelt, ja sie eigentlich genau widerspiegeln sollte, und daß überdies die Identität einer Person nicht nach derart oberflächlichen, weil bloß menschlichen Dingen wie Alter, Geschlecht, Begabung, Temperament oder Erfolg – mithin biographisch – bestimmt werden sollte, sondern nach ihrem Ort in einer umfassenden spirituellen Hierarchie – mithin typologisch. Wie alle anderen Ordnungen zur Personenbestimmung bringt auch diese von den öffentlichen Titeln ausgehende in verschiedenen sozialen Kontexten eine bestimmte Grundannahme zum Ausdruck: es zählt nicht das, was ein Mensch als Mensch ist (wie wir sagen würden), sondern sein Ort in einem System kultureller Kategorien, die sich nicht verändern und als transzendente sich auch nicht verändern können.

Und auch hier sind die Kategorien so angeordnet, daß sie sich stufenweise dem Zustand der Gottgleichheit nähern (bzw. von ihm entfernen) und dabei in zunehmendem Maße individuelle Züge ausschalten und die Zeit stillstellen. Nicht nur vermischen sich die hohen öffentlichen Titel einiger Menschen allmählich mit denen der Götter bis zur Ununterscheidbarkeit; auf der Ebene der Götter bleibt auch von der Identität buchstäblich nur mehr der Titel übrig. Die Form der Anrede und Bezugnahme auf die Götter und Göttinnen ist *Dewa* (weiblich: *Dewi*), für die höheren *Betara* (weiblich: *Betari*). In einigen wenigen Fällen sind diesen allgemeinen Benennungen besondere hinzugefügt: *Betara Guru, Dewi Stri,* und so fort. Doch selbst diesen besonders bezeichneten Gottheiten wird keine eigene Persönlichkeit zuerkannt; sie gelten sozusagen als zuständige Verantwortliche zur Regelung bestimmter Angelegenheiten von kosmischer Bedeutung: Fruchtbarkeit, Macht, Wissen, Tod usw. In den meisten Fällen wissen die Balinesen nicht – und wollen es auch nicht wissen –, wer die Götter und Göttinnen sind, die sie in ihren zahlreichen Tempeln verehren (es gibt immer ein Paar, einen männlichen und einen weiblichen Teil), sondern nennen sie bloß »*Dewa (Dewi) Pura* Soundso« – Gott (Göttin) des Tempels Soundso. Anders als die alten Griechen und Römer sind die Balinesen im allgemeinen wenig am Tun und Treiben ihrer einzelnen Götter interessiert, auch nicht an deren Beweggründen, persönlichen Eigenheiten oder individuellen Lebensgeschichten. In dieser

Hinsicht herrscht die gleiche Zurückhaltung und Gemessenheit, die in vergleichbaren Dingen gegenüber Älteren und Höhergestellten üblich ist.[25]

Die Welt der Götter ist also nur ein weiterer öffentlicher Bereich, der aber all die anderen übersteigt und der mit einem Ethos erfüllt ist, das auch die anderen nach Möglichkeit zu verkörpern suchen. Die Belange dieses Bereichs sind kosmisch und nicht politisch, ökonomisch oder zeremoniell (d. h. menschlich); seine Funktionäre sind Gestalten ohne eigene Charakterzüge, Wesen, für die die gewöhnlichen, vergänglichen Merkmale der Menschen nicht zutreffen. Die fast ausdruckslosen, vollständig standardisierten, immer gleichen Darstellungen namenloser Götter, von denen man nichts kennt als ihren Titel – Darstellungen, die alljährlich bei den unzähligen Tempelfesten der Insel gezeigt werden – bringen die balinesische Vorstellung von der Person am reinsten zum Ausdruck. Wenn die Balinesen vor ihnen niederknien (genauer gesagt, vor den Göttern, die gerade in ihnen wohnen), so huldigen sie damit nicht nur der göttlichen Macht. Sie treten zugleich dem Bild dessen gegenüber, als was sie sich selber im Grunde verstehen; einem Bild, das durch die biologischen, psychologischen und soziologischen Lebensumstände, die bloße

25 Es gibt einige z. T. ziemlich ausführliche alte Texte, die über bestimmte Tätigkeiten der Götter berichten, und Bruchstücke dieser Geschichten sind bekannt. Diese Mythen zeigen dieselbe typologisierende Sicht von Personen, dieselbe statische Zeitauffassung und dieselben zeremonialisierten Verhaltensformen, die ich darzustellen versuche. Darüber hinaus reflektieren sie auch die allgemeine Zurückhaltung, über die Götter zu reden oder nachzudenken, was zur Folge hat, daß die Geschichten über sie so gut wie überhaupt nicht in die Versuche der Balinesen, »die Welt« zu verstehen und ihr zu entsprechen, eingehen. Der Unterschied zwischen den Griechen und den Balinesen liegt weniger in der Art der Lebensführung ihrer Götter – hier wie da gleich skandalös –, als vielmehr in ihrer Einstellung gegenüber dieser Lebensführung. Die Griechen betrachteten das private Tun und Lassen von Zeus und seinen Mitgöttern als aufschlußreich für das doch so ähnliche Tun und Lassen der Menschen; daher kam dem Klatsch über die Götter philosophische Bedeutung zu. Für die Balinesen ist das Privatleben von Betara Guru und seinen Mitgöttern nichts weiter als Privatleben; Klatsch darüber ist ungebührlich, eigentlich – berücksichtigt man deren Stellung in der Prestigehierarchie – sogar unverschämt.

Vergegenständlichung der historischen Zeit, nur zu leicht aus dem Blickfeld gerät.

Ein kulturelles Kräftedreieck

Es gibt viele Wege, auf denen die Menschen ein Bewußtsein des Verlaufs der Zeit erlangen oder, besser gesagt, sich ein solches Bewußtsein schaffen: durch den Wechsel der Jahreszeiten, die Veränderungen des Monds oder das Wachstum der Pflanzen; das regelmäßige Wiederkehren von Riten, agrikulturellen Arbeiten oder Tätigkeiten im Haushalt; das Vorbereiten und Festsetzen geplanter sowie das Erinnern und Beurteilen bereits durchgeführter Handlungen; das Bewahren von Genealogien, das Erzählen von Legenden und die Aufstellung von Prophezeiungen. Zu den wichtigsten gehört jedoch ohne Zweifel die Wahrnehmung des biologischen Alterns bei sich und anderen: das Auftauchen, Heranreifen, Verfallen und Verschwinden konkreter Einzelmenschen. Die Art, wie dieser Prozeß gesehen wird, beeinflußt deshalb – und zwar wesentlich – die Art, wie Zeit erfahren wird. Zwischen den Vorstellungen eines Volkes darüber, was eine Person ausmacht, und seinen Vorstellungen über die Struktur von Geschichte besteht ein unauflösbarer innerer Zusammenhang.

Was nun an den Kulturmustern, in denen die balinesischen Vorstellungen von der Identität einer Person zum Ausdruck kommen, am meisten auffällt, ist – wie bereits betont – das Ausmaß, in dem im Grunde genommen alle (Freunde, Verwandte, Nachbarn und Fremde, Alte und Junge, Hoch- und Niedergestellte, Männer und Frauen, Vorsteher, Könige, Priester und Götter, sogar die Toten und Ungeborenen) als stereotyp gezeichnete Zeitgenossen, als abstrakte und anonyme Mitmenschen dargestellt werden. Jede der symbolischen Ordnungen zur Personenbestimmung – von der Geheimhaltung der Namen bis hin zu den stolz hervorgekehrten Titeln – ist darauf abgestellt, den Prozeß des Vereinheitlichens, Idealisierens und Verallgemeinerns in den Beziehungen zwischen all jenen Individuen zu betonen und zu verstärken, deren wichtigste Gemeinsamkeit darin besteht, zufällig zur selben Zeit zu leben. Verschwiegen oder übergangen werden dabei tunlichst jene anderen Prozesse, die sich in den Beziehungen zwischen Mitmenschen – Menschen, deren Biographien eng miteinander verstrickt sind –, oder zwischen Vorgängern und Nachfolgern abspielen, die sich wie blinde Erblasser und nichtsahnende Erben zueinander verhalten. Natürlich *sind* die Leute auf Bali direkt und manchmal tief in das Leben anderer Menschen verstrickt; sie wissen sehr wohl, daß ihre Welt durch die Handlungen ihrer Vorgänger gestaltet wurde, und richten ihre Handlungen darauf, die Welt für ihre Nachfahren zu gestalten. Aber nicht diese Aspekte ihrer Existenz als Personen – ihre unmittelbare Gegenwart und Individualität oder ihr besonderes, unwiederholbares Eingreifen in den Gang der geschichtlichen Ereignisse – werden kulturell ausgespielt und symbolisch hervorgehoben, sondern ihre Stellung in der Gesellschaft, ihr besonderer Ort innerhalb einer überdauernden, im Grunde ewigen metaphysischen Ordnung.[26] Die eigentümliche Paradoxie in der Weise, wie die Balinesen ihre Auffassungen von der Person zum Ausdruck bringen, liegt darin, daß es sich – jedenfalls aus unserer Sicht – um eine Entpersönlichung handelt.

Damit entschärfen sie drei der wichtigsten Vorbedingungen für ein Gefühl der Zeitlichkeit, natürlich ohne sie ganz eliminieren zu können: die Wahrnehmung, daß die Gefährten (und mit ihnen auch man selbst) beständig dahinschwinden; das Bewußtsein vom Gewicht, mit dem die vollendeten Leben der Toten auf den unvollendeten Leben der Lebenden lasten; und die Einsicht, daß

26 Als festgelegt gilt die übergreifende Ordnung, nicht der Platz des Individuums in ihr; er ist beweglich, wenn auch nur entlang bestimmter – nicht aller – Achsen. (Auf anderen Achsen, z. B. der der Geburtsordnung, ist er überhaupt nicht beweglich.) Doch entscheidend dabei ist, daß diese Bewegung nicht oder jedenfalls nicht in erster Linie als zeitliche Bestimmung in unserem Sinne aufgefaßt wird: Wird ein »Vater-von« zu einem »Großvater-von«, so wird die Veränderung weniger als eine altersmäßige Veränderung, sondern vielmehr als ein Wandel der gesellschaftlichen (und was hier dasselbe ist, kosmischen) Koordinaten verstanden – eine gerichtete Bewegung durch ein bestimmtes, unveränderliches Attribut – Raum – hindurch. Außerdem wird innerhalb einiger symbolischer Ordnungen zur Personbestimmung der Ort nicht als eine absolute Qualität begriffen, da die Koordinaten vom Ausgangspunkt abhängen: der Bruder eines Menschen ist auf Bali wie überall sonst auch der Onkel eines anderen Menschen.

soeben unternommene Handlungen einen Einfluß auf die noch Ungeborenen haben können.
Wenn sich Mitmenschen begegnen, treffen und begreifen sie sich in einer unmittelbaren Gegenwart, einem synoptischen »Jetzt«; dabei erfahren sie das Entgleitende und Flüchtige eines solchen Jetzt, wie es im kontinuierlichen Strom direkter Interaktion vorübergeht. »Jeder Partner [in einer Beziehung zwischen Mitmenschen] kann den Körper des anderen, seine Gesten, seinen Gang und seinen Gesichtsausdruck unmittelbar beobachten, aber nicht bloß als Dinge oder Ereignisse der äußeren Welt, sondern in ihrer physiognomischen Bedeutung, das heißt als [Ausdrucksformen] für die Gedanken des anderen ... jeder der Partner (hat) am Lebenslauf des anderen teil und (kann) in lebendiger Gegenwart den schrittweisen Aufbau der Gedanken des anderen begreifen ... (Sie) sind wechselseitig einbezogen in ihre je eigenen Biographien, sie altern zusammen ...«[27] Was Vorgänger und Nachfolger betrifft, die physisch voneinander getrennt sind, so nehmen sie einander in Begriffen von Ursprung und Ergebnis wahr und erfahren so den chronologischen Charakter der Ereignisse, den linearen Fortgang einer überpersönlichen Standardzeit – jene Art Zeit, deren Verlauf mit Uhren und Kalendern gemessen werden kann.[28]
Indem die Balinesen jede dieser drei Erfahrungen – die Erfahrung der vergehenden Gegenwart, die der vertraute mitmenschliche Umgang evoziert; die Erfahrung der determinierenden Vergangenheit, die das Nachdenken über Vorfahren evoziert; und die Erfahrung der formbaren Zukunft, die die Antizipation von Nachfahren evoziert – zugunsten eines bloßen Gleichzeitigkeitsgefühls, das in der anonymisierten Begegnung bloßer Zeitgenossen entsteht, *kulturell* möglichst einschränken, schaffen sie gleichzeitig noch ein weiteres Paradox: verbunden mit ihrem entpersönlichenden Personenbegriff ist ein (wiederum aus unserer Sicht) entzeitlichender Zeitbegriff.

27 A. Schütz, *The Problem of Social Reality*, S. 16-7 (dt. A.: S. 18-9). Der Text in eckigen Klammern wurde ergänzt.
28 Ebd., S. 221 f. (dt. A.: 254 f.).

Der balinesische Kalender – die kulturelle Apparatur zur Abgrenzung von Zeiteinheiten – bringt das deutlich zum Ausdruck. Er wird nämlich nicht in erster Linie dazu verwendet, um das Verstreichen von Zeit zu messen oder um die Einzigartigkeit und Unwiederholbarkeit des vergehenden Augenblicks hervorzuheben, sondern um die qualitativen Modalitäten, in denen sich Zeit als solche in der menschlichen Erfahrung manifestiert, zu kennzeichnen und zu klassifizieren. Der balinesische Kalender (oder eigentlich die Kalender; wie wir noch sehen werden, gibt es zwei) zerlegt die Zeit in abgegrenzte Einheiten – nicht, um sie zu zählen und zusammenzurechnen, sondern um sie zu beschreiben und zu charakterisieren, um ihre unterschiedliche soziale, intellektuelle und religiöse Bedeutung auszudrücken.[29]

Bei den beiden Kalendern, die die Balinesen benutzen, handelt es sich um einen Lunisolarkalender und einen, der um die Wechselbeziehung unabhängiger Zyklen von Tagesnamen aufgebaut ist und den ich »Permutationskalender« nennen werde. Der Permutationskalender ist der weitaus wichtigere. Er besteht aus zehn

29 Als Einleitung zur folgenden und Anhang zur vorausgegangenen Erörterung sei angemerkt: Ebenso wie die Balinesen auch Beziehungen zu Mitmenschen und ein gewisses Bewußtsein vom tatsächlichen Zusammenhang zwischen Ahnen und Nachfahren haben, so haben sie auch bestimmte, in unserem Sinne »richtige« Vorstellungen von der Zeitrechnung, nämlich die absolut feststehenden Daten im Rahmen des sogenannten Caka-Systems, die hinduistischen Auffassungen von aufeinanderfolgenden Epochen sowie Kenntnisse des Gregorianischen Kalenders. Im gewöhnlichen Alltagsleben (um das Jahr 1958) fallen sie jedoch nicht ins Gewicht und sind von eindeutig sekundärer Bedeutung. Sie sind abweichende Systeme, die gelegentlich in ganz bestimmten Kontexten von gewissen Personen für besondere Zwecke benutzt werden. Eine vollständige Untersuchung der balinesischen Kultur (soweit so etwas möglich ist) würde sie natürlich einbeziehen müssen, und unter bestimmtem Blickwinkel sind sie ohne Zweifel theoretisch bedeutsam. Doch worauf es hier in dieser doch recht unvollständigen Untersuchung immer wieder ankommt, ist, daß die Balinesen nicht, wie es den Ungarn nachgesagt wird, Einwanderer von einem anderen Stern und von uns völlig verschieden sind, sondern nur darauf, daß sie über bestimmte wichtige gesellschaftliche Fragen zumindest im Augenblick noch deutlich anders denken als wir.

verschiedenen und unterschiedlich langen Zyklen von Tagesnamen. Der längste umfaßt zehn Tagesnamen, die nach einer festgelegten Anordnung aufeinander folgen, worauf der erste Tagesname wiederkehrt und der Zyklus von neuem beginnt. Ebenso gibt es Zyklen mit neun, acht, sieben, sechs, fünf, vier, drei, zwei und sogar – der Extremfall einer »stillgestellten« Zeitauffassung – einem Tagesnamen. Diese Namen sind in jedem Zyklus verschieden; außerdem laufen die Zyklen nebeneinander ab. Auf einen beliebigen Tag entfallen also – zumindest in der Theorie – gleichzeitig zehn verschiedene Namen, je einer aus allen zehn Zyklen. Von den zehn Zyklen haben jedoch nur diejenigen eine größere kulturelle Bedeutung, die fünf, sechs und sieben Tagesnamen umfassen, obschon der Zyklus aus drei Namen zur Bestimmung der Marktwoche verwendet wird und bei der Festlegung bestimmter unbedeutenderer Rituale eine Rolle spielt, beispielsweise bei der oben erwähnten Zeremonie anläßlich der Verleihung des Eigennamens.

Aus dem Zusammenspiel dieser drei Hauptzyklen – des fünf-, sechs- und siebentägigen – ergibt sich nun, daß ein gegebener, trinomisch festgelegter Tag (d. h. ein Tag mit einer bestimmten Kombination von Namen aus allen drei Zyklen) alle 210 Tage auftreten wird. Dabei handelt es sich einfach um das Ergebnis der Multiplikation von fünf, sechs und sieben. Ähnliche Beziehungen zwischen den fünf- und siebennamigen Zyklen ergeben binomisch bezeichnete Tage, die alle 35 Tage wiederkehren, zwischen den sechs- und siebennamigen Zyklen binomisch bezeichnete Tage, die alle 42 Tage auftreten, und zwischen den fünf- und sechsnamigen Zyklen binomisch bezeichnete Tage, die in dreißigtägigen Abständen vorkommen. Die Konjunktionen dieser vier Periodizitäten – also sozusagen die Makrozyklen – *(nicht aber die Periodizitäten selbst)* gelten nicht nur als gesellschaftlich bedeutsam, sondern auch in der einen oder anderen Weise als Widerschein der eigentlichen Struktur der Wirklichkeit.

Diese verwickelten Berechnungen führen zu einer Auffassung, derzufolge Zeit aus geordneten Reihen mit dreißig, fünfunddreißig, zweiundvierzig oder zweihundertzehn Mengeneinheiten (»Tagen«) besteht, wobei jeder der Einheiten eine besondere qualitative Bedeutung zukommt, die durch ihre Drei- oder Zweinamigkeit angezeigt wird – fast wie unsere Vorstellung, daß Freitag der Dreizehnte ein Unglückstag sei. Um einen Tag in der zweiundvierzigtägigen Reihe zu identifizieren und damit seine praktische und/oder religiöse Bedeutung einschätzen zu können, muß man seinen Ort bestimmen, d. h. seinen Namen im sechsnamigen Zyklus (z. B. *Ariang*) und im siebennamigen Zyklus (z. B. *Boda*) – der Tag ist *Boda-Ariang*, und man richtet seine Handlungen dementsprechend ein. Um einen Tag in der fünfunddreißigtägigen Reihe zu identifizieren, braucht man seinen Ort und Namen im fünfnamigen Zyklus (z. B. *Klion*) und im siebennamigen Zyklus (z. B. *Boda-Klion*) – es ergibt sich *rainan*, der Tag, an dem man an verschiedenen Stellen kleine Opfergaben auslegen muß, um den Göttern »zu essen zu geben«. Für die Reihe aus zweihundertzehn Tagen benötigt man zur eindeutigen Bestimmung Namen von allen drei Wochen: z. B. *Boda-Ariang-Klion*, übrigens der Tag, an dem Galungan, der wichtigste balinesische Festtag, gefeiert wird.[30]

30 Weil die Zyklen aus siebenunddreißig Namen *(uku)*, aus denen sich der Zweihundertzehn-Tage-Makrozyklus zusammensetzt, ebenfalls Namen haben, können und werden sie gewöhnlich auch zusammen mit den Fünf- und Sieben-Tage-Namen verwendet; damit erübrigt sich der Gebrauch von Namen aus dem Sechs-Namen-Zyklus. Aber das ist nur eine Frage der Notation; das Resultat ist genau das gleiche, auch wenn die Tage der dreißig- und zweiundvierzigtägigen Makrozyklen dabei in den Hintergrund treten. Die balinesischen Hilfsmittel, Kalendertage festzusetzen und ihre Bedeutung zu bestimmen – Karten, Listen, zahlenmäßige Berechnungen, Gedächtnishilfen –, sind komplex und vielfältig. Was Technik und Interpretation angeht, gibt es Unterschiede zwischen den verschiedenen Menschen, Dörfern und Regionen der Insel. Gedruckte balinesische Kalender (noch immer eine nur wenig verbreitete Neuerung) bringen es fertig, gleichzeitig den *uku*, den Tag in jedem der zehn Permutationszyklen (einschließlich des Tages, der sich nie ändert), Tag und Monat im lunisolaren System, Tag, Monat und Jahr im Gregorianischen und islamischen Kalender sowie Tag, Monat, Jahr und Jahresname im chinesischen Kalender anzuzeigen, dazu alle wichtigen Feiertage – etwa Weihnachten oder Galungan –, die diese verschiedenen Systeme aufweisen. Eine ausführlichere Erörterung der balinesischen Kalendervorstellungen und ihrer sozioreligiösen Bedeutung findet sich bei R. Goris, »Holidays and Holy Days«, in: J. L. Swellengrebel (Hrsg.), *Bali*, Den Haag 1960, S. 115-129; vgl. auch die dort angegebene Literatur.

Läßt man die Einzelheiten beiseite, so ist die Art der Zeitmessung, die ein solcher Kalender ermöglicht, eindeutig nicht auf Dauer, sondern auf Zeitpunkte gerichtet. Er wird also nicht (oder höchstens mit viel Umstand und zusätzlichen Hilfsmitteln) benutzt, um den Ablauf der Zeit zu messen, die Zeit, die seit dem Eintritt irgendeines Ereignisses vergangen ist oder die für die Beendigung irgendeines Projektes bleibt: er ist zur Unterscheidung und Klassifizierung einzelner, für sich bestehender Zeitpartikel – »Tage« – gedacht und wird auch so verwendet. Die Zyklen und Makrozyklen sind ohne Ende und Bezug, sie sind unzählbar und kennen – da ihre innere Ordnung ohne Bedeutung ist – keinen Höhepunkt. Sie summieren sich nicht, fügen sich zu nichts zusammen und verbrauchen sich nicht. Sie geben nicht die Zeit an, sie geben an, welche Art Zeit es ist.[31]

Die Anwendungsmöglichkeiten des Permutationskalenders erstrecken sich im Grunde auf alle Aspekte des balinesischen Lebens. Zunächst einmal legt er (mit einer Ausnahme) alle Festtage fest, d. h. alle allgemeinen Feierlichkeiten der Gemeinschaft, von

31 Genauer gesagt: die *Tage*, die sie bestimmen, geben an, welche Art Zeit es ist. Auch wenn die Zyklen und Makrozyklen, eben weil sie Zyklen sind, immer wiederkehren, so ist es nicht diese Tatsache, die beachtet oder der Bedeutung beigemessen wird. Die Perioden aus dreißig, fünfunddreißig, zweiundvierzig und zweihundertzehn Tagen wie auch die dadurch festgesetzten Intervalle werden nicht oder nur ganz am Rande als solche wahrgenommen, ebensowenig die Intervalle der Grundperioden, der eigentlichen Zyklen, aus denen jene gebildet werden – eine Tatsache, die oft dadurch verwischt wurde, daß man erstere als »Monate« und »Jahre« und letztere als »Wochen« bezeichnet hat. Es sind – und man kann das nicht deutlich genug betonen – nur die »Tage«, auf die es wirklich ankommt. Die Balinesen nehmen Zeit weder zyklisch noch als Dauer wahr; für sie zerfällt sie in einzelne Partikel. – Es gibt einige begrenzte, nicht sehr sorgfältig geeichte Mittel, mit denen Zeitmessungen innerhalb eines Tages vorgenommen werden können: das öffentliche Schlagen von Schlitztrommeln zu verschiedenen Zeiten (morgens, mittags, bei Sonnenuntergang usw.) und Wasseruhren, die bei kollektiven Arbeiten eingesetzt werden, um die Dauer der individuellen Arbeitseinsätze in etwa einander angleichen zu können. Aber selbst ihnen kommt wenig Bedeutung zu. Verglichen mit dem Kalendersystem sind die balinesischen Vorstellungen und Vorrichtungen zur Stundenmessung sehr wenig entwickelt.

denen Goris an die zweiunddreißig aufführt, also durchschnittlich ein Festtag in sieben Tagen.[32] Sie folgen jedoch keinem erkennbaren Gesamtrhythmus. Wenn wir willkürlich von *Radité-Tungleh-Paing* als Nummer »eins« ausgehen, so liegen die Festtage auf Tagen mit den Nummern: 1, 2, 3, 4, 14, 15, 24, 49, 51, 68, 69, 71, 72, 73, 74, 77, 78, 79, 81, 83, 84, 85, 109, 119, 125, 154, 183, 189, 193, 196, 205, 210.[33] Aus diesem unregelmäßigen Auftreten der – kleinen und großen – Feiertage ergibt sich eine Auffassung von Zeit, d. h. von Tagen, die ganz weitgefaßt in zwei sehr allgemeine Arten zerfällt – in »volle« und »leere«; in Tage, an denen etwas Wichtiges stattfindet, und andere, an denen nichts oder zumindest nicht viel stattfindet, wobei die ersteren häufig als »Zeiten« oder »Verbindungsstücke« und letztere als »Löcher« bezeichnet werden. Alle anderen Anwendungsweisen des Kalenders untermauern und vervollkommnen nur diese generelle Auffassung.

Von diesen anderen Anwendungsmöglichkeiten ist die Bestim-

32 Goris, »Holidays and Holy Days«, a. a. O. S. 121. Natürlich handelt es sich dabei nicht nur um große Feiertage. Viele werden auf einfache Weise innerhalb der Familie und recht beiläufig begangen. Zu Feiertagen werden sie dadurch, daß sie für alle Balinesen verbindlich sind, was für andere Feste nicht zutrifft.

33 Ebd. Es gibt selbstverständlich auch Mikrorhythmen, die sich aus dem Ablauf der Zyklen ergeben. So ist jeder fünfunddreißigste Tag ein Feiertag, weil er durch die Wechselwirkung der Fünf- und Sieben-Namen-Zyklen festgelegt ist. Im Sinne einer bloßen Aufeinanderfolge von Tagen jedoch gibt es keine, auch wenn hier und da Häufungen auftreten. Goris hält *Radité-Tungleh-Paing* für den »ersten Tag des ... balinesischen [Permutations]-Jahres« (und daher jene Tage für die ersten ihrer jeweiligen Zyklen); aber selbst wenn es dafür eine Textgrundlage geben sollte (Goris selbst sagt dazu nichts), so konnte ich doch keinen Hinweis dafür finden, daß die Balinesen ihn tatsächlich so auffassen. Wenn es irgendeinen Tag gibt, den die Balinesen in unserem Sinne als zeitlichen Meilenstein ansehen, so wäre das vielmehr *Galungan* (Nummer vierundsiebzig nach der obigen Rechnung). Aber selbst diese Vorstellung ist bestenfalls ganz schwach entwickelt. Wie andere Feiertage auch, ereignet sich *Galungan* einfach nur. Versucht man – und wenn nur auszugsweise –, den balinesischen Kalender mit Hilfe westlicher Vorstellungen vom Zeitfluß wiederzugeben, so wird er meiner Meinung nach unweigerlich phänomenologisch entstellt.

mung der Tempelfeiern die wichtigste. Niemand weiß, wieviele Tempel es auf Bali gibt. Swellengrebel hat ihre Zahl auf mehr als zwanzigtausend geschätzt.[34] Jeder dieser Tempel – Familientempel, Tempel von Abstammungsgruppen, landwirtschaftliche Tempel, Totentempel, Tempel, die zu Siedlungen und Vereinigungen gehören, »Kasten«-Tempel, Staatstempel usw. – hat seinen eigenen Feier-Tag, *odalan* genannt, ein Wort, das zwar oft irreführenderweise mit »Geburtstag« oder, schlimmer noch, mit »Jahrestag« übersetzt wird, wörtlich jedoch »Herauskommen«, »Auftauchen«, »Erscheinen« meint, d. h. nicht den Tag bezeichnet, an dem der Tempel errichtet wurde, sondern den Tag, an dem er »aktiviert« wird (und seit seinem Bestehen von jeher »aktiviert« wurde), an dem die Götter vom Himmel herabsteigen, um ihn zu bewohnen. Zwischen den *odalan* ruht er, unbewohnt, leer, und außer einigen Opferhandlungen, die seine Priester an bestimmten Tagen ausrichten, geschieht dort nichts.

Der *odalan* der überwiegenden Mehrheit der Tempel wird nach dem Permutationskalender festgelegt (für die übrigen werden die *odalan* nach dem Lunisolarkalender bestimmt, was, wie wir noch sehen werden, für die Art der Zeitauffassung etwa auf das gleiche hinausläuft), auch hier auf Grund der Beziehungen zwischen den fünf-, sechs- und siebennamigen Zyklen. Das führt dazu, daß die Tempelfeiern, die von unglaublich kunstreichen bis hin zu einfachen, fast unauffälligen reichen, auf Bali – milde ausgedrückt – häufig stattfinden, obwohl es auch hier gewisse Tage gibt, auf die viele dieser Feiern fallen, und andere, auf die aus vorwiegend metaphysischen Gründen keine fallen.[35]

34 Swellengrebel, *Bali*, a. a. O. S. 12. Diese Tempel gibt es in allen Größen, ihre Bedeutung ist sehr unterschiedlich. Swellengrebel schreibt, daß das *Bureau of Religious Affairs* auf Bali um 1953 die (verdächtig genaue) Zahl von 4661 »großen und wichtigen« Tempeln für die Insel angab, die, das sollte man nicht vergessen, mit ihren 2170 Quadratmeilen etwa so groß wie der amerikanische Bundesstaat Delaware ist.

35 Die Beschreibung eines vollständigen *odalan* (der meistens drei Tage und nicht nur einen Tag dauert) findet sich bei J. Belo, *Balinese Temple Festivals*, Locust Valley, N. Y. 1953. Auch *odalan* werden gemeinhin mit Hilfe des *uku* und der Fünf- und Sieben-Namen-Zyklen und nicht mit Hilfe des Sechs-Namen-Zyklus berechnet. Vgl. Anmerkung 30.

Das balinesische Leben ist also nicht nur mit häufigen, unregelmäßig auftretenden Feiertagen durchsetzt, die ein jeder begeht, sondern auch mit noch häufigeren Tempelfeiern, die nur jene betreffen, die – gewöhnlich von Geburt an – Mitglieder des Tempels sind. Da die meisten Balinesen einem halben Dutzend oder mehr Tempeln angehören, ergibt das ein ziemlich geschäftiges, um nicht zu sagen frenetisches rituelles Leben, wobei auch hier die Unausgewogenheit zwischen Überaktivität und völliger Ruhe nicht zu übersehen ist.

Der Permutationskalender gilt jedoch nicht nur im religiösen Bereich, zur Bestimmung der Feiertage und Tempelfeiern, er durchdringt und umfaßt auch die weltlicheren Bereiche des Alltagslebens.[36] Es gibt gute und schlechte Tage für den Bau eines Hauses, den Beginn einer geschäftlichen Unternehmung, den Wechsel des Wohnorts, den Antritt einer Reise, das Einbringen der Ernte, das Schärfen der Hahnensporen, die Aufführung eines Puppentheaters, einst auch für Kriegsbeginn und Friedenschluß. Der Tag, an dem jemand geboren wurde, sein *odalan,* der keinen Geburtstag in unserem Sinne meint (fragt man einen Balinesen, wann er geboren wurde, so antwortet er z. B.: »Donnerstag, den neunten«, was zur Bestimmung seines Alters wenig beiträgt), gilt als Tag, der das Schicksal eines Menschen weitgehend bestimmt oder, besser noch, anzeigt.[37] Der Tag, an dem man geboren wurde, kann anzeigen, ob man zum Selbstmord oder zum Diebstahl neigt, ob man ein reicher oder ein armer Mann, ein gesunder oder

36 Es gibt auch die Vorstellung, daß Tage mit mehreren Namen verschiedenen übersinnlichen Einflüssen unterliegen, die etwa von Göttern oder Dämonen, Naturgegenständen (Bäumen, Vögeln, wilden Tieren etc.), Tugenden und Lastern (Liebe, Haß etc.) ausgehen. Man erklärt damit, »warum« sie so sind, wie sie sind, was hier jedoch nicht weiter verfolgt zu werden braucht. Die Theorien und Interpretationen dieser metaphysischen Spekulationen wie auch der ihnen verwandten »Wahrsagerei«, von der im Text die Rede ist, sind viel weniger standardisiert, und für die Berechnungen werden nicht nur die Fünf-, Sechs- und Sieben-Namen-Zyklen, sondern auch verschiedene Permutationen der anderen Zyklen herangezogen, wodurch die Auslegungsmöglichkeiten nahezu ins Grenzenlose anwachsen.

37 Für Menschen wird statt *odalan* häufiger der Begriff *otonan* verwendet, doch die ursprüngliche Bedeutung ist dieselbe: »Hervortreten«, »Erscheinen«, »Herauskommen«.

kranker Mensch sein wird und auch, ob man lange leben oder bald sterben, ein glückliches oder unglückliches Leben führen wird. Das Temperament ist auf ähnliche Weise festgelegt, ebenso bestimmte Talente. Bei der Diagnose und Behandlung von Krankheiten ist der Kalender von größter Wichtigkeit: der *odalan* des Patienten kann eine entscheidende Rolle spielen, aber auch der des Heilenden, weiterhin der Tag, an dem der Patient erkrankte, und die Tage, die in einen metaphysischen Zusammenhang mit den Krankheitssymptomen und mit den Heilmitteln gebracht werden. Vor einer Eheschließung werden die *odalan* der Partner miteinander verglichen und geprüft, ob die Verbindung unter günstigen Auspizien steht. Ist das nicht der Fall, so kommt die Heirat nicht zustande, zumindest nicht, wenn die Beteiligten vorsichtig sind – was zumeist der Fall ist. Alles hat seine vorgeschriebene Zeit – das Beerdigen und Verbrennen, das Heiraten und das Scheiden. Es gibt – um von der Sprache der Bibel zur balinesischen überzuwechseln – eine Zeit für die Bergspitze und eine Zeit für den Markt, eine für den Rückzug aus dem gesellschaftlichen Leben und eine für die Teilnahme daran. Sowohl die Zusammenkünfte des Dorfrats, der Bewässerungsvereine und der freiwilligen Gesellschaften wie auch die Zeiten, in denen man still zu Hause sitzt und versucht, Unannehmlichkeiten aus dem Wege zu gehen, werden nach dem Permutationskalender (seltener nach dem lunisolaren) festgelegt.

Dem Lunisolarkalender liegt, obwohl er anders konstruiert ist, die gleiche punktuelle Zeitauffassung wie dem Permutationskalender zugrunde. Was ihn von letzterem unterscheidet und in bestimmten Zusammenhängen brauchbarer erscheinen läßt, ist seine relative Festgelegtheit: er steht in einer festeren Beziehung zu den Jahreszeiten.

Dieser Kalender besteht aus zwölf numerierten Monaten, die von einem Neumond zum nächsten reichen.[38] Diese Monate nun setzen sich aus zwei Arten von (ebenfalls numerierten) Tagen zusammen: aus Mondtagen *(tithi)* und Sonnentagen *(diwasa)*. Ein

38 Die aus dem Sanskrit übernommenen Bezeichnungen für die beiden letzten Monate sind genaugenommen keine Zahlen wie bei den anderen zehn Monaten. Nach balinesischem Verständnis »bedeuten« sie aber »elf« und »zwölf«.

Monat hat immer dreißig Mondtage, doch infolge des Unterschieds zwischen Mond- und Sonnenjahr manchmal dreißig und manchmal neunundzwanzig Sonnentage. Hat er nur neunundzwanzig Sonnentage, so läßt man zwei Mondtage auf einen Sonnentag fallen, d. h. man überspringt einen Mondtag, was alle dreiundsechzig Tage eintritt. Diese Berechnung ist zwar astronomisch ziemlich genau, doch erfolgt die tatsächliche Bestimmung nicht vermittels astronomischer Beobachtungen und Theorien, für die es in der balinesischen Kultur keine ausreichenden Voraussetzungen gibt (vom mangelnden Interesse nicht zu reden), sondern mit Hilfe des Permutationskalenders. Die ursprüngliche Berechnung bediente sich natürlich der Astronomie, sie war jedoch das Werk der Hindus, von denen die Balinesen vor langer Zeit den Kalender übernahmen. Der doppelte Mondtag – der Tag, der zugleich zwei Tage umfaßt – ist für die Balinesen nichts weiter als einer jener besonderen Tage, wie sie im Getriebe der Zyklen und Makrozyklen des Permutationskalenders nun einmal auftreten – apriorisches, nicht aposteriorisches Wissen.

Trotz dieser Korrektur bleibt eine Abweichung von neun bis elf Tagen vom eigentlichen Sonnenjahr bestehen, die durch den Einschub eines Schaltmonats alle dreißig Monate ausgeglichen wird – eine Maßnahme, die, obwohl ebenfalls ursprünglich ein astronomisches Beobachtungs- und Berechnungsergebnis der Hindus, hier ganz mechanisch erfolgt. Auch wenn der Lunisolarkalender wie ein astronomischer *aussieht* und deshalb auf Wahrnehmungen der natürlichen Zeitabläufe – der großen Himmelsuhren – zu beruhen *scheint,* ist dies doch eine Täuschung, die entsteht, wenn man seinen Ursprung und nicht seine Verwendung im Auge hat. Seine Verwendung ist von der Himmelsbeobachtung und auch von jeder anderen Erfahrung eines Zeitablaufs ebenso abgelöst wie die Verwendung des Permutationskalenders, der in strikter Weise seinen Rhythmus bestimmt. Wie beim Permutationskalender ist es das System – ein automatisches, partikulares, nicht metrisch, sondern klassifikatorisch begründetes System –, das den Tag (oder die Art des Tages) angibt, nicht etwa die Gestalt des Mondes, denn die wird beim zufälligen Hinaufsehen nicht als Determinante des Kalenders, sondern als deren Entsprechung erfahren. Das »wirklich Wirkliche« ist der Name des Tages, genauer: die (doppelte) Nummer des Tages, sein Ort in der vom Empirischen abgelösten Taxonomie der Tage – und nicht sein sekundärer Widerschein am Himmel.[39]

Tatsächlich wird der Lunisolarkalender für genau die gleichen Angelegenheiten und auf genau die gleiche Weise verwendet wie der Permutationskalender. Daß er (halbwegs) auf die Jahreszeiten festgelegt ist, hat im Bereich der Landwirtschaft gewisse Vorteile; daher richtet man sich gewöhnlich nach ihm beim Pflanzen, Jäten, Ernten u. ä.; auch einige Tempel, die einen symbolischen Bezug zum Ackerbau und zur Fruchtbarkeit haben, benutzen ihn, um die Besuchsfeiern der Götter festzulegen. Demzufolge finden diese Feiern nur etwa alle 355 (in Schaltjahren etwa alle 385) und nicht alle 210 Tage statt. Im übrigen jedoch ist das Grundmuster das gleiche.

Es gibt noch einen wichtigeren Feiertag, *Njepi* (»ruhig machen«), der ebenfalls nach dem Lunisolarkalender begangen wird. Er wird von westlichen Gelehrten häufig als »balinesisches Neujahrsfest« bezeichnet, obwohl dieses Fest auf den Anfang (d. h. auf den Neumond) des zehnten und nicht des ersten Monats fällt. Es hat auch nichts mit Erneuerung oder Neueinweihung zu tun, sondern vor allem mit der Furcht vor Dämonen und dem Versuch, keine Gemütsregungen zu zeigen. *Njepi* ist ein unheimlicher Tag der Stille: man geht nicht auf die Straße, arbeitet nicht, entzündet weder Feuer noch Licht und unterhält sich selbst innerhalb der Höfe nur leise. Ganz selten nur wird das lunisolare System zum »Wahrsagen« herangezogen, obwohl Neumond-

39 In der Tat sind – eine weitere Übernahme aus dem indischen Raum – auch die Jahre mit Zahlen versehen. Sieht man jedoch von den Priestern ab, für die die Kenntnis dieser Zahlen eine Prestigefrage ihrer Gelehrsamkeit ist, ein kulturelles Ornament, so spielt die Zahl der Jahre beim tatsächlichen Gebrauch des Kalenders fast keine Rolle. Ein lunisolares Datum wird fast immer ohne das Jahr genannt, das bis auf ganz seltene Ausnahmen unbekannt ist und unbeachtet bleibt. In alten Texten und Inschriften finden sich bisweilen Jahresangaben, im gewöhnlichen Leben jedoch »datieren« die Balinesen nie etwas in unserem Sinne, allenfalls sagen sie, daß ein Ereignis – ein Vulkanausbruch, ein Krieg usw. – stattfand, »als ich klein war«, »als die Holländer hier waren«, oder sie verlegen es »in die Zeit von *Madjapahit*«, was bei den Balinesen unserem *illo tempore* entspricht.

und Vollmondtage gewisse besondere Eigenschaften haben sollen – erstere unheilvolle, letztere glückversprechende. Allgemein gesehen ist der Lunisolarkalender eher eine Ergänzung des Permutationskalenders als eine Alternative zu ihm. Er ermöglicht die Anwendung einer klassifizierenden, mit Vorstellungen wie »voll« und »leer« arbeitenden, »enttemporalisierten« Zeitauffassung in all jenen Bereichen, in denen die Tatsache, daß die natürlichen Bedingungen sich periodisch verändern, zumindest ansatzweise berücksichtigt werden muß.

Zeremonie, Lampenfieber und das Fehlen von Höhepunkten

Die Anonymisierung von Personen und das Stillstellen von Zeit sind demnach nur zwei Seiten ein und desselben kulturellen Prozesses auf Bali. Mit symbolischen Mitteln vermeidet man es im Alltagsleben, andere Menschen als Mitmenschen, Nachfolger oder Vorgänger wahrzunehmen, und zieht es statt dessen vor, sie als Zeitgenossen zu sehen. Ähnlich wie die verschiedenen symbolischen Ordnungen zur Personenbestimmung die biologischen, psychologischen und historischen Grundlagen jenes sich verändernden Musters aus Fähigkeiten und Neigungen, das wir Persönlichkeit nennen, hinter einem dichten Schleier vorgefertigter Identitäten und starrer Darstellungsformen verbergen, schwächt der Kalender – oder eher die Verwendung des Kalenders – das Empfinden für die dahinschwindenden Tage und vergehenden Jahre (das unausweichlich geweckt wird, wenn man sich auf jene Grundlagen besinnt), indem sie den Zeitablauf in unzusammenhängende, punktförmige und bewegungslose Teilchen auflöst. Ein Nur-Zeitgenosse braucht, um zu leben, eine absolute Gegenwart – eine absolute Gegenwart kann nur mit Leuten bevölkert sein, die sämtlich zu Zeitgenossen gemacht worden sind. Zu diesen beiden komplementären Besonderheiten tritt jedoch noch eine weitere Komponente, die den Prozeß zu einem Dreieck sich gegenseitig verstärkender kultureller Kräfte werden läßt: die Zeremonialisierung des gesellschaftlichen Umgangs.

Um die (relative) Anonymisierung der Menschen, denen man täglich begegnet, aufrechtzuerhalten, um die Intimität der unmittelbaren Beziehungen niedrig zu halten, kurz: um aus Mitmenschen Zeitgenossen zu machen, muß man die Beziehungen zu ihnen möglichst weitgehend formalisieren, muß man im Umgang mit ihnen einen mittleren sozialen Abstand finden, der klein genug ist, um sie identifizieren zu können, aber nicht so klein, daß man sie wirklich erfassen könnte. Sie bleiben weder völlig Fremde, noch werden sie zu wirklich Vertrauten. Die Zeremonialität in so vielen Bereichen des balinesischen Alltagslebens, das Ausmaß (und die Intensität), in dem zwischenmenschliche Beziehungen durch ein ausgeformtes System von Konventionen und Anstandsformen kontrolliert werden, entspricht daher logisch dem konsequenten Versuch, die eher kreatürlichen Aspekte des Menschen – Individualität, Spontaneität, Vergänglichkeit, Emotionalität, Verwundbarkeit – zu verdecken. Dieser Versuch ist (ebenso wie die beiden anderen in unserem triangulären Kraftfeld) nur zu einem geringen Teil erfolgreich: die Zeremonialisierung der sozialen Interaktion auf Bali ist ebensowenig durchgängig wie die Anonymisierung von Personen und die Stillegung von Zeit. Wie sehr man jedoch den Erfolg wünscht, wie sehr man von diesem Ideal besessen ist, zeigt sich am Grad der tatsächlichen Zeremonialisierung, an der Tatsache, daß auf Bali Umgangsformen nicht nur eine Sache der praktischen Annehmlichkeit oder beliebigen Ausschmückung sind, sondern einem tiefen geistigen Bedürfnis entstammen. Ausgefeilte Politesse, äußere Form an sich, hat einen normativen Wert, dem wir kaum noch Verständnis entgegenbringen. Uns, denen Jane Austen mittlerweile etwa genauso fern ist wie Bali, scheint das prätentiös oder komisch, vielleicht sogar heuchlerisch.

Ein Verständnis wird dadurch noch erschwert, daß inmitten dieses emsigen Feilens an den äußeren gesellschaftlichen Lebensformen ein sonderbarer Zug, eine stilistische Nuance zutage tritt, die wir an dieser Stelle nicht erwarten würden. Da es sich um ein Stilmittel und eine Nuance (wenn auch eine durchgängige) handelt, fällt es schwer, sie jemandem, der sie nicht selbst erfahren hat, zu beschreiben. »Spielerische Theatralik« kommt der Sache vielleicht am nächsten, sofern man dabei im Auge behält, daß das Spielerische dabei nicht unbeschwert, sondern fast gravitätisch, und die Theatralik nicht spontan, sondern geradezu erzwungen

ist. Die gesellschaftlichen Beziehungen auf Bali sind beides zugleich: feierliches Spiel und einstudiertes Schauspiel.
Am deutlichsten läßt sich das am rituellen und (was auf das gleiche hinausläuft) künstlerischen Leben der Balinesen erkennen, das in weiten Teilen eigentlich nur ein Abbild und ein Modell ihres gesellschaftlichen Lebens ist. Das tägliche Miteinander ist derart rituell und das religiöse derart alltäglich, daß man kaum sagen kann, wo das eine aufhört und das andere anfängt. Beide indes sind Ausdruck dessen, was zu Recht als Balis berühmtestes kulturelles Merkmal gilt: seiner künstlerischen Begabung. Was immer man nimmt – die kunstvollen Tempelschauspiele, die pathetischen Opern, die akrobatischen Balletts oder die stilisierten Schattenspiele, die komplizierte Sprache oder die Entschuldigungsgesten –, sie alle bilden eine einzige, untrennbare Einheit. Die gesellschaftlichen Umgangsformen sind eine Art Tanz, der Tanz eine Art Ritual und der Gottesdienst eine Art gesellschaftliche Umgangsform. Kunst, Religion und Höflichkeit huldigen allesamt der äußeren, kunstvoll ersonnenen und schön gestalteten Erscheinung der Dinge. Sie verherrlichen die Formen, und eben diese unermüdliche Bearbeitung der Formen – das, was sie »spielen« nennen – verleiht dem balinesischen Leben den unübersehbaren Charakter des Zeremoniellen.
Die ausgefeilte Gestaltung der zwischenmenschlichen Beziehungen, das Verschmelzen von Ritus, Kunstfertigkeit und Höflichkeit, lassen die grundlegendste und bezeichnendste Eigenart des gesellschaftlichen Lebens auf Bali erkennen: seinen radikalen Ästhetizismus. Die gesellschaftlichen Handlungen, alle gesellschaftlichen Handlungen, sollen in erster Linie gefallen; sie sollen den Göttern, dem Publikum, dem Anderen und einem selbst gefallen, aber so, wie etwas Schönes gefällt, nicht so, wie Tugend gefällt. Ebenso wie die Opferhandlungen im Tempel oder die Gamelankonzerte sind die Höflichkeitserweise Kunstwerke, und als solche sind sie nicht so sehr Ausdruck eines rechtschaffenen Charakters (oder dessen, was wir so nennen würden), sondern von Feingefühl. Das entspräche zumindest ihrer Intention.
Fassen wir zusammen: Das tägliche Leben ist betont zeremoniell; diese Zeremonialität äußert sich in einem ernsten, unablässigen »Spiel« mit öffentlichen Formen; Religion, Kunst und gesell-

schaftliche Umgangsformen sind daher unterschiedliche Äußerungen einer allgemeinen kulturellen Faszination an der künstlich erzeugten äußeren Gestalt der Dinge, und moralisches Verhalten ist infolgedessen im Grunde ästhetisch. Nun wird es möglich, die beiden hervorstechendsten (und am häufigsten kommentierten) Merkmale des affektiven Lebens auf Bali besser zu verstehen: die Bedeutung jener Gefühlsregung in den zwischenmenschlichen Beziehungen, die (zu unrecht) als »Scham« bezeichnet wurde, und die Tatsache, daß keine kollektive Tätigkeit, sei sie religiöser, künstlerischer, politischer oder ökonomischer Natur, eine eindeutig bestimmbare Vollendung erreicht, was (scharfsinnig) als das »Fehlen eines Höhepunkts« beschrieben wurde.[40] Ersteres führt unmittelbar auf den Begriff der Person, das zweite ebenso unmittelbar auf den Begriff der Zeit zurück, womit die Eckpunkte unseres metaphorischen Dreiecks festgelegt sind, das den balinesischen Verhaltensstil mit den ihn umgebenden Vorstellungen verknüpft.

Der Begriff der »Scham« und der ihm moralisch und emotional verwandte Begriff der »Schuld« sind in der Literatur ausgiebig diskutiert worden, wobei mitunter ganze Kulturen zu »Schamkulturen« erklärt wurden, weil man in ihnen ein besonders intensives Interesse an »Ehre«, »Ansehen« und dergleichen zu erkennen glaubte, dagegen aber nur wenig Interesse an »Sünde«, »innerem Wert« usw., das in »Schuldkulturen« vorherrschend sein soll.[41] Es soll hier nicht auf die Brauchbarkeit einer solchen allgemein gehaltenen Einteilung und auf die komplexen Probleme einer vergleichenden dynamischen Psychologie eingegangen werden. Es genügt der Hinweis auf die Schwierigkeit, die sich in allen derartigen Untersuchungen stellt, nämlich das Wort »Scham« von jener Bedeutung zu trennen, die doch im Englischen am häufigsten mit ihm verbunden wird – »Schuldbewußtsein« –, und es ganz und gar von Schuld als solcher – »der Tatsache oder dem Gefühl, etwas Verwerfliches getan zu haben« – abzulösen. Ge-

40 Zum Thema »Scham« in der balinesischen Kultur vgl. M. Covarrubias, *The Island of Bali,* New York 1956, zum »Fehlen von Höhepunkten« G. Bateson und M. Mead, *Balinese Character,* New York 1942.

41 Einen umfassenden kritischen Überblick bieten G. Piers und M. Singer, *Shame and Guilt,* Springfield, Ill. 1953.

wöhnlich geht die Gegenüberstellung davon aus, daß »Scham« tendenziell (obwohl im konkreten Fall keineswegs ausschließlich) dann einsetzt, wenn Verfehlungen öffentlich werden, und das Gefühl von »Schuld« (obwohl ebenfalls keineswegs ausschließlich) dann, wenn sie nicht öffentlich werden. Scham ist das Gefühl der Schande und Demütigung, das einer entdeckten Übertretung folgt, Schuld das Gefühl verborgener Verderbtheit, das mit einer unentdeckten oder noch nicht entdeckten Übertretung einhergeht. Daher gehören Scham und Schuld, auch wenn sie unserem ethischen und psychologischen Vokabular nach nicht identisch sind, zusammen: Schamgefühl stellt sich beim Zutagetreten von Schuld und Schuldgefühl beim Verbergen von etwas Schamvollem ein.

Auf Bali jedoch hat »Scham« oder das, was mit Scham übersetzt worden ist *(lek)*, nichts mit entdeckten oder unentdeckten, offenen oder verborgenen, eingebildeten oder wirklich begangenen Übertretungen zu tun. Das soll nicht heißen, daß die Balinesen keine Schuld- oder Schamgefühle hätten, kein Gewissen und keinen Stolz kennen würden, wie ich ja auch nicht habe sagen wollen, daß sie sich des Verrinnens der Zeit oder der Einzigartigkeit der Menschen als Individuen nicht bewußt wären. Es soll heißen, daß in ihrem zwischenmenschlichen Verhalten Schuld und Scham nicht die wichtigsten gefühlsregelnden Kräfte sind und daß daher *lek*, der bei weitem bedeutendste und hervorgehobenste dieser Regulatoren, nicht mit »Scham«, sondern vielmehr (um in Bild des Theaters zu bleiben) mit »Lampenfieber« übersetzt werden sollte. Die beherrschende Gefühlsregung in den direkten Begegnungen auf Bali ist weder das Bewußtsein einer Übertretung noch das Gefühl einer Demütigung, das einer aufgedeckten Übertretung folgt; beides wird kaum empfunden und schnell vergessen. Es ist im Gegenteil eine diffuse, gewöhnlich schwache, wenn auch in bestimmten, erwarteten oder aktuellen Situationen des gesellschaftlichen Verhaltens fast lähmende Nervosität: eine chronische, meist verhaltene Besorgnis davor, daß man diese Situationen nicht mit der erforderlichen Finesse meistern könnte.[42]

42 Auch hier geht es um kulturelle Phänomene und nicht um psychologische Abläufe. Es ist – obwohl ich nicht glaube, daß ein Beweis dafür oder dagegen erbracht werden kann – natürlich durchaus möglich, daß das »Lampenfieber«

Ohne auf die tieferen Ursachen einzugehen, läßt sich Lampenfieber als die Furcht bestimmen, daß aus Unfähigkeit oder mangelnder Selbstkontrolle – vielleicht auch nur Zufall – eine ästhetische Illusion nicht aufrecht erhalten werden, der Akteur hinter seiner Rolle hervorscheinen und die Rolle daher mit dem Akteur verschmelzen könnte. Die ästhetische Distanz bricht zusammen, das Publikum (wie auch der Akteur) sieht nicht mehr Hamlet, sondern statt dessen – peinlich für alle Beteiligten – den großsprecherischen Otto Schulze in einer hoffnungslosen Fehlbesetzung als Prinz von Dänemark. Das gleiche gilt unter anderen Bedingungen für Bali. Man befürchtet – meistens nur wenig, selten ausgeprägt –, daß man den öffentlichen Auftritt (das nämlich bedeuten die gesellschaftlichen Umgangsformen) verpfuschen könnte, daß infolgedessen die soziale Distanz, auf der die Umgangsformen beruhen, zusammenbricht, daß die Persönlichkeit eines Menschen hervortritt und damit seine festgelegte öffentliche Identität ins Wanken gerät. Tritt dieser Fall ein, was durchaus vorkommen kann, so zerbricht unser Dreieck: das Zeremonielle verflüchtigt sich, die Unmittelbarkeit des Augenblicks macht sich mit quälender Heftigkeit bemerkbar und aus den Menschen werden unfreiwillig Mitmenschen, in wechselseitiger Verlegenheit gebannt, so als wären sie aus Versehen in die Privatsphäre des anderen eingedrungen. *Lek* ist das Bewußtsein von der allgegenwärtigen Möglichkeit einer solchen zwischenmenschlichen Katastrophe und zugleich – wie das Lampenfieber – die anspornende Kraft, sie abzuwenden. Was das gesellschaftliche Miteinander in so planvoll engen Bahnen hält, ist die Furcht vor dem *faux pas*, dessen Wahrscheinlichkeit mit dem Kunstgrad der Politesse nur noch zunimmt. Mehr als irgendetwas sonst schützt *lek* die bali-

der Balinesen mit irgendwelchen unbewußten Schuldgefühlen zusammenhängt. Mir kommt es einzig darauf an, deutlich zu machen, daß *lek* durch die Übersetzung »*guilt*« (Schuld) oder »*shame*« (Scham) in der üblichen Bedeutung dieser Begriffe falsch wiedergegeben wird und daß unser Wort »Lampenfieber« (*stage fright* – »Nervosität beim Erscheinen vor einem Publikum«, um noch einmal bei Webster's Zuflucht zu nehmen) eine viel bessere, wenn auch immer noch unzureichende Vorstellung von dem vermittelt, was die Balinesen tatsächlich meinen, wenn sie fast ununterbrochen von *lek* sprechen.

nesischen Vorstellungen davon, was eine Person ist, vor der individualisierenden Wirkung direkter Zusammenstöße.

Das »Fehlen eines Höhepunkts«, das andere auffallende Merkmal des gesellschaftlichen Verhaltens auf Bali, ist etwas so Eigentümliches und Sonderbares, daß nur die ausführliche Beschreibung konkreter Ereignisse es angemessen wiedergeben könnte. Es handelt sich darum, daß soziale Aktivitäten keiner eindeutig bestimmbaren Vollendung zustreben oder zustreben dürfen. Streitigkeiten entstehen und vergehen, halten gelegentlich sogar auch an, erreichen jedoch fast niemals einen Höhepunkt. Streitpunkte werden nicht so zugespitzt, daß sie einer Entscheidung zudrängen, sondern werden entschärft und gemildert, in der Hoffnung, daß sie durch die Entwicklung der Umstände gelöst werden oder, besser noch, einfach verschwinden. Das tägliche Leben setzt sich aus in sich abgeschlossenen, monadischen Begegnungen zusammen, in denen entweder etwas oder aber nichts geschieht, ein Plan verwirklicht oder nicht verwirklicht wird, eine Aufgabe vollendet oder nicht vollendet wird. Geschieht nichts, mißlingt der Plan, bleibt die Aufgabe unvollendet, so mag der Versuch zu anderer Zeit noch einmal von vorne unternommen oder aber einfach aufgegeben werden. Künstlerische Darbietungen beginnen, dauern an (häufig über einen langen Zeitraum, während dessen man nicht immer anwesend ist, sondern kommt und geht, sich eine Zeitlang unterhält, eine Zeitlang schläft und eine Zeitlang gebannt zusieht) und hören auf. Sie sind so mittelpunktlos wie eine Parade, so richtungslos wie ein Umzug. Das Ritual, etwa bei den Tempelfeiern, scheint weitgehend darin zu bestehen, alles zu richten und zu reinigen. Das Kernstück der Zeremonie, die Huldigung der auf ihre Altäre herabgestiegenen Götter, ist absichtlich so verhalten, daß sie bisweilen wie eine Nebensächlichkeit, wie ein flüchtiges, zögerndes Zusammentreffen einander unbekannter Personen erscheint, die sich physisch sehr nahe kommen, aber sozial entschieden Abstand voneinander bewahren. Das Ganze ist ein einziges Bewillkommnen und Verabschieden, Vorspiel und Nachspiel; die tatsächliche Begegnung mit den heiligen Erscheinungen jedoch tritt hinter den zahllosen Zeremonien und Ritualen völlig zurück. Selbst in der *Rangda-Barong*-Zeremonie, in der das Dramatische viel mehr betont wird, endet der Kampf zwischen der fürchterlichen Hexe und dem täppischen Untier im Zustand totaler Unaufgelöstheit, in einem mystischen, metaphysischen und moralischen Unentschieden, das nichts verändert und den Zuschauer (jedenfalls den fremden) mit dem Gefühl zurückläßt, daß gerade etwas Entscheidendes eintreten wollte, aber dann doch nicht eingetreten ist.[43]

Kurz, Ereignisse verlaufen wie Festlichkeiten. Sie beginnen, gehen zu Ende und kehren wieder als einzelne, sich selbst genügende, je besondere Manifestationen der festen Ordnung der Dinge. Gesellschaftliche Aktivitäten sind voneinander getrennte Aufführungen: sie bewegen sich keinem Ziel zu und führen keine Entscheidung herbei. Das Leben ist ebenso punktuell wie die Zeit. Es ist nicht ohne Ordnung, sondern folgt wie die Tage einer qualitativen Ordnung, die aus einer begrenzten Zahl festgesetzter Ereignisse besteht. Dem sozialen Leben auf Bali fehlen die Höhepunkte, weil es in einer bewegungslosen Gegenwart, in einem vektorlosen Jetzt stattfindet. Oder anders und nicht weniger zutreffend gesagt: der balinesischen Zeit fehlt die Bewegung, weil das soziale Leben auf Bali keine Höhepunkte hat. Beides gehört zusammen, und beides zusammen schließt den Vorgang der Verwandlung von Personen in Zeitgenossen ein und ist darin eingeschlossen. Die Wahrnehmung der anderen Menschen, die Erfahrung von Geschichte und der Charakter des kollektiven Lebens – das, was bisweilen Ethos genannt wurde –, sind durch eine erkennbare Logik miteinander verknüpft. Die Logik ist jedoch keine syllogistische, sondern eine gesellschaftliche.

Kulturelle Integration, kultureller Konflikt, kultureller Wandel

Wenn der Begriff der »Logik« sowohl die formalen Denkprinzipien als auch die rationalen Verbindungen zwischen Fakten und Ereignissen meint, wie man ihn üblicherweise gebraucht, so kann

43 Eine Beschreibung des Kampfes zwischen *Rangda* und *Barong* findet sich bei J. Belo, *Rangda and Barong*, a. a. O.; ein ausgezeichnetes Bild von der Stimmung bei diesem Ritus geben G. Bateson und M. Mead, *Balinese Character*. Vgl. auch S. 80 – 86 in diesem Band.

er in die Irre führen, besonders bei der Untersuchung von Kulturen. Hat man es mit bedeutungshaltigen Formen zu tun, ist die Versuchung beinahe übermächtig, ihre Beziehungen zueinander als immanente, als eine Art innerer Affinität (oder Nichtaffinität) zu sehen. So wird dann häufig kulturelle Integration als Harmonie von Bedeutungen, kultureller Wandel als Instabilität von Bedeutungen und kultureller Konflikt als Inkongruenz von Bedeutungen bezeichnet, wobei so getan wird, als wären Harmonie, Instabilität oder Inkongruenz Eigenschaften der Bedeutung selbst, wie etwa Süße eine Eigenschaft des Zuckers oder Zerbrechlichkeit eine von Glas ist.

Wenn wir jedoch diese Eigenschaften so behandelten wie Süße oder Zerbrechlichkeit, so würden sie sich nicht in der erwarteten Weise »logisch« verhalten. Wenn wir danach fragen, worin diese Harmonie, Instabilität oder Inkongruenz bestehen, werden wir die Antwort wohl kaum in den Dingen finden, deren Eigenschaften sie angeblich sind. Symbolische Formen lassen sich nicht durch so etwas wie kulturelle Versuchsanordnungen schicken, um ihren Harmoniegehalt, ihr Stabilitätsverhältnis oder ihren Inkongruenzindex zu testen. Man kann nur hinsehen und feststellen, ob die betreffenden Formen tatsächlich gleichzeitig bestehen, sich verändern oder in irgendeiner Weise miteinander interferieren, etwa so, wie wenn man Zucker kostet, um festzustellen, ob er süß ist, oder ein Glas fallen läßt, um zu prüfen, ob es zerbrechlich ist; aber nicht so, wie man bei einer Untersuchung der chemischen Zusammensetzung von Zucker oder der physikalischen Struktur von Glas verfährt. Das liegt natürlich daran, daß die Bedeutung den Gegenständen, Handlungen, Vorgängen usw., denen sie zukommt, nicht innewohnt, sondern ihnen – wie Durkheim, Weber und so viele andere hervorgehoben haben – beigelegt wird. Die Erklärung ihrer Eigenschaften ist daher dort zu suchen, wo die Sinngebung stattfindet – bei den Menschen in der Gesellschaft. Die Untersuchung des Denkens ist, wie Joseph Levenson sagt, die Untersuchung von Menschen, die denken[44], und

44 J. Levenson, *Modern China and Its Confucian Past*, Garden City 1964, S. 212. »Denken« meint hier wie auch sonst in meinen Ausführungen nicht nur bewußte Reflexion, sondern jegliche Verstandestätigkeit, und »Bedeutung« eine Eigenschaft, die nicht nur abstrakten »Vorstellungen«, sondern signifi-

da sie das nicht an einem besonderen Ort tun, sondern dort denken, wo sie auch alles andere tun, nämlich in der gesellschaftlichen Welt, muß die Art der kulturellen Integration, des kulturellen Wandels oder des kulturellen Konflikts ebenfalls dort erforscht werden: in den Erfahrungen von Individuen und Gruppen von Individuen, die in Symbolen empfinden, denken, urteilen und handeln.

Das heißt jedoch nicht, daß man sich nun dem Psychologismus zu verschreiben hätte, jenem anderen großen Feind einer Kulturanalyse neben dem Logizismus. Die menschliche Erfahrung – das aktuelle Erleben von Ereignissen – ist nämlich keineswegs reine Empfindung, sondern von der unmittelbaren Wahrnehmung bis hin zum vermitteltsten Urteil mit Bedeutung versehene Empfindung, d. h. interpretierte Empfindung, begriffene Empfindung. Für alle Menschen außer vielleicht den Neugeborenen, die bis auf ihren Körperbau erst der Möglichkeit nach Menschen sind, ist jegliche Erfahrung konstruierte Erfahrung. Ihre innere Struktur ist daher bestimmt durch die symbolischen Formen, nach denen sie konstruiert ist, und durch unzählige andere Faktoren, die von der Zellulargeometrie der Retina bis hin zu den endogenen Stadien der psychologischen Entwicklung reichen. Wenn man die Hoffnung, die »Logik« der kulturellen Organisation in irgendeinem pythagoreischen »Bedeutungsbereich« zu finden, aufgegeben hat, so heißt das nicht, daß man die Hoffnung, sie zu finden, überhaupt aufgegeben hat. Es heißt, daß wir unsere Aufmerksamkeit dem zuzuwenden haben, was den Symbolen Leben verleiht: ihrer Verwendung.[45]

Das für Bali charakteristische verbindende Element, das die symbolischen Strukturen zur Personenbestimmung (Namen, Verwandtschaftstermini, Teknonyme, Titel usw.) mit den symboli-

kanten Phänomenen jeglicher Art innewohnt. Möglicherweise ist das zu beliebig und unscharf. Um über allgemeine Gegenstände sprechen zu können, braucht man jedoch allgemeine Begriffe, selbst wenn das, was unter diese Gegenstände fällt, ziemlich inhomogen ist.

45 »Jedes Zeichen scheint *allein* tot. *Was* gibt ihm Leben? – Im Gebrauch *lebt* es. Hat es da den lebendigen Atem in sich? – Oder ist der *Gebrauch* sein Atem?« L. Wittgenstein, *Philosophical Investigations* (dt.-engl. Ausgabe), Oxford 1958, S. 432. Hervorhebungen im Original.

schen Strukturen zur Kennzeichnung von Zeit (Permutationskalender u. ä.) und diese wiederum mit den symbolischen Strukturen zur Regelung des zwischenmenschlichen Verhaltens (Kunst, Ritual, Politesse usw.) verknüpft, ist das Zusammenspiel der Wirkungen, die jede dieser Strukturen auf die Wahrnehmung derjenigen hat, die sie gebrauchen; die Weise, in der diese Modi der Strukturierung von Erfahrung ineinandergreifen und einander verstärken. Die Neigung, die Mitmenschen »in Zeitgenossen zu verwandeln«, trübt das Bewußtsein des biologischen Alterns; mit dem Bewußtsein des biologischen Alterns entfällt eine der wichtigsten Voraussetzungen für das Bewußtsein eines zeitlichen Ablaufs; ein fehlendes Bewußtsein des zeitlichen Ablaufs verleiht den Ereignissen zwischen Menschen episodischen Charakter. Die zeremonialisierte Interaktion begünstigt eine standardisierte Wahrnehmung anderer; diese standardisierte Wahrnehmung anderer begünstigt die Vorstellung einer Gesellschaft »im Ruhezustand«; diese Vorstellung wiederum begünstigt eine taxonomische Zeitwahrnehmung. Und immer so weiter. Man könnte auch mit den Zeitvorstellungen anfangen und den gleichen Kreislauf in der einen und in der anderen Richtung verfolgen. Der Kreis verläuft zwar kontinuierlich, ist aber nicht im strikten Sinne geschlossen, weil alle diese Erfahrungsweisen nur dominierende Tendenzen, kulturelle Schwerpunkte sind. Neben ihnen gibt es von ihnen niedergehaltene, aber gegen sie ankämpfende Gegenkräfte, die ebenfalls fest in den allgemeinen Bedingungen des menschlichen Daseins gründen und nicht völlig ohne eigene kulturelle Ausdrucksmöglichkeiten sind. Tatsächlich jedoch sind erstere die dominierenden, sie verstärken einander und bestehen beharrlich fort. Es ist genau dieser Zustand – ein Zustand, der weder unveränderlich noch vollkommen ist –, auf den der Begriff »kulturelle Integration« – was Weber »Sinnzusammenhang« genannt hat – legitim angewendet werden kann.

Versteht man kulturelle Integration in diesem Sinne, so ist sie kein Phänomen *sui generis*, das sich getrennt vom menschlichen Alltagsleben in einer eigenen logischen Welt vollzieht. Wichtiger noch, sie ist auch nichts Allumfassendes, alles Durchdringendes, Unbegrenztes. Zunächst einmal gibt es, wie gerade angemerkt, offenbar in allen Kulturen untergeordnete, aber dennoch wichtige Aspekte, die den dominanten entgegenwirken. Beinahe jede Kultur birgt Elemente in sich, die diese mehr oder weniger wirkungsvoll negieren (in zunächst ganz unhegelschem Sinne). Auf Bali bezogen ließe sich das sicher im Rahmen von Untersuchungen des Hexenglaubens der Balinesen (oder, phänomenologisch gesprochen, ihrer Hexenerfahrungen) zeigen, die eine Inversion dessen darstellen, was man ihren Personenglauben nennen könnte, oder im Rahmen einer Untersuchung ihres Verhaltens in Trance, als Inversion ihrer sozialen Verhaltensweisen. Derartige Untersuchungen könnten auch die vorliegende Analyse vertiefen und erweitern. Im übrigen weisen ja bereits einige der bekannteren Arbeiten, die sich gegen traditionelle Charakterisierungen bestimmter Kulturen richten – Untersuchungen etwa über Mißtrauen und Parteibildung bei den »harmonieliebenden« Pueblo-Indianern oder über eine »liebenswürdige Seite« der rivalitätssüchtigen Kwakiutl –, auf die Existenz und die Wichtigkeit solcher Fragestellungen hin.[46]

Aber außer diesen gewissermaßen natürlichen Kontrapunkten gibt es auch klare, unüberbrückbare Gegensätze zwischen den dominierenden Aspekten selbst. Nicht alles ist mit allem anderen in der gleichen direkten Weise verbunden; nicht alles hängt unmittelbar mit allem anderen zusammen oder läuft unmittelbar allem anderen zuwider. Zumindest müßte ein derartiger universaler Primärzusammenhang zunächst einmal empirisch nachgewiesen und nicht nur, wie so häufig der Fall, einfach axiomatisch vorausgesetzt werden.

So wie es kulturelle Integration gibt, gibt es auch kulturelle Gegensätze und soziale Desorganisation, die selbst in sehr stabilen Gesellschaften aus solchen Gegensätzen folgen kann. Die unter Ethnologen noch immer weit verbreitete Auffassung, daß Kultur ein einziges großes Netz sei, ist eben so eine *petitio principii* wie die ältere

46 Li An-che, »Zuñi: Some Observations and Queries«, *American Anthropologist,* 39, 1937, S. 62-76; H. Codere, »The Amiable Side of Kwakiutl Life«, *American Anthropologist,* 58, 1956, S. 334-51. Ob und welches von zwei antithetischen Mustern oder Anhäufungen von Mustern tatsächlich das »übergeordnete« ist, ist natürlich ein empirisches Problem, aber kein unlösbares, besonders dann nicht, wenn man etwas darüber nachdenkt, was »Über-« und »Unterordnung« in diesem Zusammenhang bedeutet.

Ansicht, die nach Malinowskis Revolution in den dreißiger Jahren mit einem gewissen Enthusiasmus abgelegt wurde und die besagt hatte, daß Kultur Flickwerk sei. Systeme müssen nicht lückenlos zusammenhängen, um als Systeme gelten zu können. Sie können sehr dicht oder auch nur sehr locker zusammenhängen. Das aber zu ermitteln, ihr Integrationsprinzip festzustellen, ist Sache der empirischen Forschung. Ehe man den Zusammenhang von Erfahrungsweisen behaupten kann, muß man ihn – wie bei allen Variablen – zunächst einmal finden (und Wege finden, ihn zu finden). Und da es einige ziemlich überzeugende theoretische Gründe für die Annahme gibt, daß ein komplexes System (denn komplex ist es in jeder Kultur), dessen Teile untereinander sämtlich verbunden sind, nicht funktionieren kann, geht es bei der Erforschung von Kultur nicht nur um die Feststellung von Zusammenhängen, sondern ebenso um die Bestimmung unabhängiger Größen, um Verbindungen ebenso wie um Diskrepanzen.[47] Das angemessene Bild einer kulturellen Organisation kann, sofern überhaupt eines nötig ist, weder das eines Spinnennetzes noch das eines Sandhaufens sein. Vielleicht könnte man sie mit einem Polypen vergleichen, dessen Arme weitgehend eigenständig funktionieren, untereinander und mit dem, was beim Polypen als Gehirn gilt, nervenmäßig nur wenig verbunden sind, und der es dennoch zuwege bringt, als lebensfähiges, wenn auch recht ungeschick-

47 »Es hat sich also gezeigt, daß zur Akkumulation von Anpassungen *keine* Kanäle ... zwischen den einen ... und anderen Variablen ... nötig sind. Die in physiologischen Arbeiten häufig anklingende Vorstellung, daß alles in Ordnung gehen wird, solange nur genügend Verbindungen vorhanden sind, ist ... falsch.« W. R. Ashby, *Design for a Brain*, 2. verbesserte Auflage, New York 1960, S. 155. Hervorhebungen im Original. Natürlich sind hier direkte Verbindungen gemeint, die Ashby *»primäre Bindeglieder«* nennt. Eine Variable, die keinerlei Verbindungen zu anderen Variablen des Systems hätte, würde diesem System schlichtweg nicht zugehören. Zu einer Reihe theoretischer Probleme, die damit angesprochen sind, siehe Ashbys Ausführungen S. 171 bis 83, 205-18. J. W. Fernandez vertritt die These, daß kulturelle Diskontinuität mit dem erfolgreichen Funktionieren der sozialen Systeme, in denen sie auftritt, nicht nur kompatibel sein, sondern sogar zu diesem Funktionieren beitragen kann (»Symbolic Consensus in a Fang Reformative Cult«, *American Anthropologist*, 67, 1965, S. 902-29).

tes Wesen zurechtzukommen und sich – zumindest für eine Weile – zu erhalten.
Der in diesem Aufsatz behauptete enge und unmittelbare Zusammenhang zwischen Personenvorstellungen, Zeitvorstellungen und Verhaltensvorstellungen ist – auch wenn die balinesische Form bestimmte Eigentümlichkeiten aufweist – meines Erachtens ein allgemeines Phänomen, da dieser Zusammenhang ein strukturelles Merkmal der Organisation menschlicher Erfahrung ist und eine notwendige Folge jener Bedingungen darstellt, unter denen menschliches Leben verläuft. Sie ist jedoch nur eine aus einer riesigen und unbekannten Anzahl derartiger allgemeiner Zusammenhänge, mit denen sie teilweise sehr direkt, teilweise weniger direkt, teilweise nur indirekt und teilweise wahrscheinlich überhaupt nicht verbunden ist.
Der Untersuchung von Kultur kann es daher nicht um einen heldenhaften »holistischen« Sturm auf die »Grundstrukturen der Kultur«, auf eine übergreifende »Ordnung der Ordnungen« gehen, von der aus begrenztere Konfigurationen als bloße Ableitungen erscheinen, sondern um die Ermittlung von signifikanten Symbolen, signifikanten Symbolgruppen und Gruppen von signifikanten Symbolgruppen – den materiellen Trägern von Wahrnehmung, Emotion und Verstehen – und um den Nachweis jener Regelmäßigkeiten, die der menschlichen Erfahrung zugrunde liegen und bei ihrer Formierung mitwirken. Zu einer brauchbaren Kulturtheorie kann man, wenn überhaupt, nur dann gelangen, wenn man von direkt beobachtbaren Denkweisen ausgeht und zunächst Gruppen von Denkweisen bestimmt, um dann zu variableren, weniger eng zusammenhängenden, gleichwohl aber geordneten »polypenartigen« Systemen von Denkweisen zu kommen, die sich aus voll integrierten Teilen, inkongruenten Teilen und unabhängigen Teilen zusammensetzen.
Auch die Art, in der eine Kultur fortschreitet, gleicht der eines Polypen. Solche Fortschritte geschehen nicht einheitlich, in reibungslos aufeinander abgestimmter Synergie der Teile, nicht im geballten Zusammenwirken des Ganzen, sondern in unzusammenhängenden Bewegungen einmal dieses, einmal jenes und dann wiederum eines ganz anderen Teils – Bewegungen, die dann zusammen irgendwie eine Richtungsänderung bewirken. An wel-

cher Stelle (lassen wir die Kopffüßler jetzt aus dem Spiel) in einer gegebenen Kultur die ersten Impulse zu einem Fortschreiten auftauchen und auf welche Weise und in welchem Ausmaß sie auf das System übergreifen, ist beim gegenwärtigen Stand unseres Wissens zwar nicht völlig, aber doch weitgehend unvorhersagbar. Wenn solche Impulse allerdings innerhalb eines ziemlich engverbundenen und gesellschaftlich wichtigen Teils des Systems auftreten, wird man mit einigem Recht annehmen dürfen, daß ihre treibende Kraft recht groß ist.

Jede Entwicklung, die sich wirkungsvoll gegen die balinesische Auffassung von der Person, gegen die balinesische Erfahrung von Zeit oder gegen die balinesischen Verhaltensvorstellungen richtete, wäre potentiell geeignet, die balinesische Kultur entscheidend umzugestalten. Zwar wären dies nicht die einzigen Punkte, an denen solche umwälzenden Entwicklungen einsetzen könnten (alles, was die balinesischen Prestigevorstellungen und ihre Grundlagen angriffe, wäre ebenso folgenreich), doch gehören sie zweifellos zu den wichtigsten. Sollten die Balinesen jemals eine weniger unpersönliche Wahrnehmung der anderen Menschen, ein dynamischeres Zeitgefühl oder informellere Formen der sozialen Interaktion entwickeln, dürfte sich in ihrem Leben tatsächlich sehr viel – nicht alles, aber sehr viel – ändern; schon deswegen, weil sich jede dieser Veränderungen unmittelbar und direkt auf die anderen auswirken würde und weil alle drei Komplexe – auf verschiedene Weise und in verschiedenen Zusammenhängen – eine entscheidende Rolle bei der Gestaltung ihres Lebens spielen.

Theoretisch betrachtet könnten solche kulturellen Veränderungen entweder von der balinesischen Gesellschaft selbst ausgehen oder aber von außen kommen. Hält man sich jedoch vor Augen, daß Bali heute Teil eines sich entwickelnden Nationalstaats ist, dessen Einflußzentren anderswo – in den großen Städten Javas oder Sumatras – liegen, so ist die Wahrscheinlichkeit, daß sie von außen kommen, größer.

Das Auftreten eines politischen Führers, der – bisher nahezu einmalig in der indonesischen Geschichte – nicht nur tatsächlich, sondern auch in seinem Auftreten menschlich-allzumenschliche Züge besitzt, erscheint fast wie eine Herausforderung gegenüber den traditionellen balinesischen Vorstellungen von der Person.

Nicht nur, daß Sukarno den Balinesen als individualisierte, impulsive und sehr vertraute Persönlichkeit entgegentritt, er wird sozusagen auch öffentlich älter. Auch wenn sie nicht direkt mit ihm zu tun haben, ist er, phänomenologisch gesehen, viel eher ihr Mitmensch als ihr Zeitgenosse. Die Tatsache, daß er in beispielloser Weise diese »mitmenschliche« Beziehung hat herstellen können – nicht nur auf Bali, sondern in fast ganz Indonesien –, erklärt viel von seinem Einfluß auf die Bevölkerung und seiner ungeheuren Popularität. Wie bei allen wirklichen charismatischen Gestalten rührt seine Macht zum großen Teil daher, daß er sich den hergebrachten kulturellen Kategorien nicht beugt, sondern sie durch die betonte Hervorhebung seines Andersseins sprengt. Gleiches gilt, in eingeschränkterem Maße, für die weniger bedeutenden Politiker des Neuen Indonesien, bis hin zu den Kleinausgaben von Sukarno, die es jetzt auch schon auf Bali gibt und zu denen die Bevölkerung tatsächlich direkten Kontakt hat.[48] Möglicherweise stehen die neuen populistischen Fürsten Indonesiens im Begriff, jene Art Individualismus, den nach Burckhardt die Renaissancefürsten einzig kraft ihrer Persönlichkeit in Italien schufen (und damit zugleich auch das moderne abendländische Bewußtsein), auch auf Bali einzuführen, wenn auch freilich in anderer Form.

Auch die vom Nationalstaat eingeschlagene Politik der anhaltenden Krise, die Tendenz, Ereignisse ihrem Höhepunkt zuzutrei-

48 Es mag zum Nachdenken anregen, daß in den ersten Jahren der Republik der einzig wirklich bedeutende Balinese in der indonesischen Zentralregierung (er war eine Zeitlang Außenminister) ein *Kṣatriya* war. Er war der oberste Fürst von Gianjar, einem der traditionellen balinesischen Königtümer mit dem wunderschönen balinesischen »Namen« Anak Agung Gde Agung. »Anak Agung« ist der öffentliche Titel, den die Angehörigen des Herrscherhauses von Gianjar tragen; Gde die Geburtenfolgebezeichnung (das Äquivalent der *Triwangśa* für Wayan) und Agung – obwohl ein Eigenname – wiederholt in Wirklichkeit nur den öffentlichen Titel. Da sowohl »gde« wie »agung« »groß« bedeuten und »anak« Mann heißt, könnte man den ganzen Namen ungefähr mit »Großer großer großer Mann« übersetzen – was er in der Tat auch war, bis er Sukarnos Gnade verlor. Inzwischen sind die balinesischen politischen Führer nach dem Vorbild Sukarnos zu individuelleren Eigennamen übergegangen und verzichten auf Titel, Geburtenfolgenamen, Teknonyme usw., die als »feudal« oder »altmodisch« gelten.

ben statt von ihm wegzulenken, scheint eine Herausforderung zu enthalten, in diesem Fall gegenüber den balinesischen Zeitvorstellungen. Und wenn sich diese Politik (was zunehmend auch geschieht) in den historischen Rahmen stellt, wie er für den Nationalismus fast aller jungen Nationen charakteristisch ist – einstige Größe, fremde Unterdrückung, langer Kampf, Opfer und Selbstbefreiung, bevorstehende Modernisierung –, so wird sich die gesamte Vorstellung von den Beziehungen zwischen gegenwärtigen, vergangenen und zukünftigen Ereignissen verändern.

Schließlich scheinen sich die neuen informellen Lebensformen der Stadt und der sie bestimmenden panindonesischen Kultur – nämlich die zunehmende Bedeutung der Jugend und der Jugendkultur, die damit einhergehende Verringerung, bisweilen sogar Umkehrung, der sozialen Distanz zwischen den Generationen, die gefühlsbestimmte Kameradschaft zwischen Revolutionären, die populistische Egalitätsvorstellung der politischen Ideologie marxistischer wie nichtmarxistischer Prägung – zu einer Bedrohung auch der dritten Komponente des balinesischen Dreiecks, des Ethos oder Verhaltensstils, zu entwickeln.

Alles dies ist, zugegebenermaßen, reine Spekulation (wiewohl angesichts der Ereignisse der letzten fünfzehn Jahre seit der Unabhängigkeit keine völlig unbegründete). Man kann zwar allgemein eine ungefähre Entwicklung voraussagen; doch wann, wie, wie schnell und in welcher Reihenfolge sich die balinesischen Personen-, Zeit- und Verhaltensvorstellungen verändern werden, ist im einzelnen kaum anzugeben. Sobald sie sich jedoch verändern (was meiner Ansicht nach unvermeidlich ist; tatsächlich hat der Prozeß bereits begonnen[49]), könnte uns die hier entwickelte Methode, kulturelle Vorstellungen als aktive Kräfte und Denken als öffentliches Phänomen zu analysieren, das Wirkungen zeitigt wie andere öffentliche Phänomene auch, dabei helfen, die Gestalt, Dynamik und – wichtiger noch – die gesellschaftlichen Implikationen dieser Veränderungen herauszufinden. Möglicher-

49 Dieser Aufsatz wurde Anfang 1965 geschrieben; zu den dramatischen Veränderungen, die im weiteren Verlauf des Jahres eintraten, vgl. C. Geertz »The Integrative Revolution: Primordial Sentiments and Civil Processes in the New States«, in *Interpretation of Cultures*, S. 282 f., und »The Politics of Meaning«, ebd., S. 311-26.

weise erweist sich unsere Methode auch in anderen Zusammenhängen – in anderer Form und mit anderen Resultaten – als fruchtbar.

»Deep Play«: Bemerkungen zum balinesischen Hahnenkampf

Die Razzia

Anfang April 1958 kamen meine Frau und ich, malariakrank und ohne großes Selbstvertrauen, in einem balinesischen Dorf an, wo wir eine ethnologische Untersuchung durchführen wollten. Es war ein kleiner Ort mit ungefähr fünfhundert Bewohnern, relativ abgelegen und eine Welt für sich. Wir kamen von Berufs wegen als Eindringlinge, und die Balinesen behandelten uns in einer Weise, die anscheinend ihren Gewohnheiten gegenüber Leuten entsprach, die nicht ihrer Lebenswelt angehörten und sich doch aufdrängten, nämlich so, als ob wir nicht vorhanden wären. Für sie, und in einem gewissen Grade für uns selber, waren wir Unpersonen, Phantome, Unsichtbare.

Wir zogen in das Anwesen einer Großfamilie, die zu einer der vier Hauptgruppen des Dorfes gehörte (das war vorher mit Hilfe der Provinzregierung arrangiert worden). Doch außer unserem Hausherren und dem Dorfvorsteher, dessen Cousin und Schwager er war, ignorierten uns alle auf eine Weise, wie dies nur Balinesen vermögen. Wenn wir umherwanderten, verunsichert, sehnsuchtsvoll und darum bemüht zu gefallen, dann schienen die Leute durch uns hindurch zu schauen, den Blick auf einen Stein oder einen Baum einige Meter hinter uns gerichtet – auf tatsächlich vorhandene Gegenstände. Kaum einer grüßte uns, wenn uns auch niemand – was fast ebenso willkommen gewesen wäre – finster anschaute oder mit unfreundlichen Worten bedachte. Wenn wir es einmal wagten, uns jemandem zu nähern – wozu man in einer derartigen Atmosphäre starke Hemmungen verspürt –, dann ging dieser fort, gleichgültig, doch bestimmt. Wenn der Betreffende saß oder an einer Wand lehnte und wir ihn solchermaßen gestellt hatten, sagte er überhaupt nichts oder er murmelte ein »yes«, was für den Balinesen das nichtssagendste aller Worte ist. Die Gleichgültigkeit war natürlich einstudiert. Die Dorfbewohner beobachteten jede unserer Bewegungen, und sie waren aufs genaueste darüber informiert, wer wir waren und was wir vorhatten. Sie verhielten sich jedoch so, als ob wir einfach nicht existierten, und wir existierten tatsächlich nicht – oder jedenfalls noch nicht, und das sollte uns ihr Verhalten anzeigen.

Ich behaupte, daß dies auf Bali eine allgemeine Erscheinung ist. Sobald ich sonst ein neues Dorf betrat – anderswo in Indonesien oder (in jüngerer Zeit) in Marokko –, strömten die Menschen von allen Seiten zusammen, um mich ganz aus der Nähe in Augenschein zu nehmen oder – oft sogar etwas zu gründlich – abzutasten. In balinesischen Dörfern, wenigstens in den abseits der Touristen-Routen gelegenen, geschieht überhaupt nichts: die Leute fahren damit fort, Körner zu stampfen, sich zu unterhalten, ihre Opfer zu bringen. Sie schauen weiter in die Luft, tragen Körbe herum, während man ziellos umherirrt und das Gefühl nicht loswird, körperlos zu sein. Auch auf der Ebene der Einzelpersonen trifft dies zu: ein Balinese, den man zum ersten Mal trifft, erweckt den Anschein, als habe er im Grunde überhaupt nichts mit einem zu tun; er ist, um es mit dem berühmten Ausspruch von Gregory Bateson und Margaret Mead zu sagen, *»away«*.[1] Dann aber – nach einem Tag, einer Woche, einem Monat (bei manchen Leuten kommt dieser magische Augenblick niemals) – beschließt er, aus Motiven, die ich nie ganz ergründen konnte, daß man wirklich *ist.* Dann wird er ein herzlicher, fröhlicher, sensibler, mitfühlender Mensch, wobei er doch Balinese bleibt, der sich beständig unter Kontrolle hält. Irgendwie hat man eine moralische oder metaphysische Schattenlinie überschritten. Selbst wenn man nicht so ganz als Balinese akzeptiert wird (dazu muß man geboren sein), so doch wenigstens als Mensch und nicht als Wolke oder Windstoß. In den meisten Fällen wandelt sich der ganze Charakter der Beziehung auf dramatische Weise zu einem freundlichen, fast herzlichen Verhältnis, einer abwartenden, eher scherzhaften, eher gesitteten und eher diffusen Form des Umgangs miteinander.

Meine Frau und ich befanden uns noch immer deutlich im Stadium des Windstoßes, einem höchst frustrierenden und sogar

1 G. Bateson und M. Mead, *Balinese Character: A Photographic Analysis,* New York 1942, S. 68.

nervenaufreibenden Zustand, der einen schließlich selbst daran zweifeln läßt, ob man tatsächlich existiert, als etwa zehn Tage nach unserer Ankunft auf dem Dorfplatz ein großer Hahnenkampf veranstaltet wurde, um Geld für eine neue Schule aufzubringen.

Nun aber sind, von einigen wenigen Anlässen abgesehen, Hahnenkämpfe auf Bali unter der Republik illegal (wie das aus recht ähnlichen Gründen auch bei den Holländern der Fall war), hauptsächlich als Resultat eines puritanischen Anspruchs, wie er gerne mit einem radikalen Nationalismus einhergeht. Die Elite, die selber nicht so besonders puritanisch ist, macht sich Sorgen um den armen, unwissenden Bauern, der all sein Geld verspielt, um das, was wohl die Ausländer denken könnten, und über die Vergeudung von Zeit, die besser zum Aufbau des Landes eingesetzt wäre. Sie betrachtet den Hahnenkampf als »primitiv«, »rückständig«, »nicht fortschrittlich«, überhaupt als unpassend für eine aufstrebende Nation und bemüht sich – nicht besonders systematisch –, dieser und anderen Peinlichkeiten wie Opiumrauchen, Bettelei und unbedeckten Brüsten ein Ende zu setzen.

Ähnlich dem Trinken unter der Prohibition oder dem Marihuanarauchen heutzutage finden die Hahnenkämpfe, die einen Teil des balinesischen »way of life« bilden, natürlich weiterhin statt, und das außerordentlich häufig. Genau wie während der Prohibition oder im Fall des Marihuanarauchens heute fühlt sich die Polizei – die zumindest 1958 fast ausschließlich aus Javanern und nicht aus Balinesen bestand – von Zeit zu Zeit dazu berufen, Razzien durchzuführen, Hähne und Sporen zu konfiszieren und ein paar Leute mit Strafen zu belegen. Manchmal werden einige einen Tag lang in die tropische Sonne gestellt, als Anschauungsunterricht, der doch irgendwie seine pädagogische Wirkung verfehlt, selbst wenn gelegentlich – sehr gelegentlich – das Anschauungsobjekt stirbt.

Daher werden die Kämpfe gewöhnlich in einer abgeschirmten Ecke des Dorfes halbwegs geheim durchgeführt, was zur Folge hat, daß die ganze Aktion ein klein wenig langsamer vonstatten geht; doch die Balinesen stört eine solche Verlangsamung sowieso nicht. In diesem Falle jedoch dachten sie, sie könnten es auf dem Dorfplatz wagen und damit eine größere und enthusiastischere

Menge zusammenbekommen, ohne die Aufmerksamkeit des Gesetzes auf sich zu ziehen – sei es, weil sie Geld für eine Schule aufbringen wollten, das ihnen die Regierung nicht geben konnte, sei es, daß Razzien in der letzten Zeit seltener geworden waren, oder weil sie, wie aus anschließenden Diskussionen hervorging, die notwendigen Bestechungszahlungen geleistet zu haben glaubten.

Man hatte sich getäuscht. Es geschah mitten im dritten Zweikampf – Hunderte von Leuten, darunter (immer noch körperlos) meine Frau und ich, waren rund um den Ring zu einem einzigen Körper, einem wahren Superorganismus, verschmolzen –, als ein Lastwagen voll Polizisten mit Maschinenpistolen herandonnerte. Unter dem Schreien und Kreischen der Menge »pulisi! pulisi!« sprangen die Polizisten herunter in die Mitte des Rings, wo sie sogleich wie Filmgangster mit ihren Gewehren herumfuchtelten, obwohl sie nicht soweit gingen, tatsächlich zu schießen. Der Superorganismus ging sofort in Stücke, und seine Bestandteile zerstreuten sich in alle Himmelsrichtungen. Leute rannten die Straße entlang, sprangen kopfüber hinter Mauern, krabbelten unter Häuserterrassen, kauerten sich hinter Flechtwerkwände oder flohen auf Kokospalmen. Hähne, die mit stählernen Sporen bewaffnet waren, die so scharf waren, daß sie einen Finger abschneiden oder einen Fuß durchbohren konnten, rannten wie wild umher. Alles war Staub und Panik.

Nach dem bewährten ethnologischen Grundsatz »Wenn du in Rom bist«, entschieden meine Frau und ich, kaum weniger unverzüglich als alle anderen, daß wir ebenfalls zu rennen hätten. Wir rannten die Hauptstraße des Dorfes nach Norden hinunter, nicht in Richtung auf unsere Unterkunft, denn wir befanden uns auf der Gegenseite des Ringes. Ungefähr auf halbem Wege tauchte plötzlich ein anderer Flüchtender in ein Anwesen – sein eigenes, wie es sich herausstellte –, und wir, die wir vor uns nichts als Reisfelder, offenes Land und einen sehr hohen Vulkan sahen, folgten ihm. Kaum waren wir alle in den Hof getaumelt, als seine Frau, die dergleichen offensichtlich öfter erlebt hatte, schon einen Tisch, ein Tischtuch, drei Stühle und drei Tassen Tee bereit hatte und ohne jegliche explizite Verständigung setzten wir uns nieder, begannen den Tee zu schlürfen und unsere Fassung wiederzugewinnen.

Einige Augenblicke später marschierte wichtigtuerisch ein Polizist auf den Hof, der den Dorfvorsteher suchte. (Der Vorsteher war nicht nur beim Kampf dabeigewesen, er hatte ihn auch arrangiert. Als der Lastwagen auftauchte, war er zum Fluß gerannt, hatte seinen Sarong abgestreift und war hineingesprungen, so daß er, als man ihn schließlich fand, wie er dasaß und Wasser über seinen Kopf goß, sagen konnte, er sei fort zum Baden gewesen, während sich die ganze Sache abgespielt hatte, und er wisse nichts davon. Man glaubte ihm nicht und verurteilte ihn zu einer Geldstrafe von dreihundert Rupien, die das Dorf gemeinsam aufbrachte.) Als der Polizist meine Frau und mich, »Weiße«, dort im Hof sah, stand er zunächst wie vom Donner gerührt. Nachdem er endlich seine Stimme wiedergefunden hatte, fragte er – sinngemäß –, was zum Teufel wir hier täten. Unser erst vor fünf Minuten gewonnener Gastgeber übernahm sofort unsere Verteidigung, indem er in lebhaften Worten beschrieb, wer und was wir waren, so detailliert und genau, daß es nun an mir war zu staunen, da ich doch seit über einer Woche kaum mit einem lebenden Menschenwesen außer meinem Vermieter und dem Dorfvorsteher geredet hatte. Wir besäßen sehr wohl das Recht hier zu sein, sagte er, wobei er dem Javanesen gerade ins Auge blickte. Wir seien amerikanische Professoren, und die Regierung habe uns ihre Zustimmung gegeben; wir seien da, um Kultur zu studieren; wir seien im Begriff, ein Buch zu schreiben, um den Amerikanern Bali näherzubringen. Und wir seien alle hier gewesen, hätten Tee getrunken, den ganzen Nachmittag hindurch kulturelle Angelegenheiten beredet und wüßten überhaupt nichts von irgendwelchen Hahnenkämpfen. Im übrigen hätten wir den Dorfvorsteher den ganzen Tag nicht gesehen; er müsse wohl in die Stadt gegangen sein. Der Polizist trat in völliger Verwirrung den Rückzug an, was wir nach einer angemessenen Zeit dann ebenfalls taten, verwirrt, doch erleichtert darüber, mit dem Leben davongekommen und in Freiheit geblieben zu sein.

Am nächsten Morgen erschien uns das Dorf wie umgewandelt. Wir waren nun nicht nur nicht länger unsichtbar, wir waren plötzlich der Mittelpunkt aller Aufmerksamkeit, man überschüttete uns förmlich mit Herzlichkeit, Interesse und – das ganz besonders – Spott. Jeder im Dorfe wußte, daß wir genau wie alle anderen die Flucht ergriffen hatten. Sie fragten uns immer wieder danach (ich muß an diesem Tag die ganze Geschichte in allen Einzelheiten gut fünfzigmal erzählt haben), freundlich, teilnahmsvoll, wobei sie uns aber unablässig aufzogen: »Warum seid ihr nicht einfach dort stehen geblieben und habt der Polizei erzählt, wer ihr seid?« »Warum habt ihr nicht einfach gesagt, ihr schaut nur zu und wettet überhaupt nicht?« »Habt ihr euch wirklich vor diesen kleinen Gewehren gefürchtet?« Kinästhetisch eingestellt und die gesetztesten Menschen der Welt selbst dann, wenn sie um ihr Leben laufen (oder es aufgeben, wie es acht Jahre später geschah), machten sie unseren ungraziösen Laufstil nach – ebenfalls immer und immer wieder – und das, was sie unseren panikerfüllten Gesichtsausdruck nannten. Vor allem aber war jedermann äußerst erfreut, ja eher noch überrascht, daß wir nicht einfach »unsere Papiere hervorgezogen« (auch von diesen wußten sie) und unseren Anspruch als Vorzugsgäste geltend gemacht hatten, sondern statt dessen unsere Solidarität mit denen, die nun unsere Dorfgenossen waren, bewiesen hatten. (Es war in Wirklichkeit unsere Feigheit, die wir da bewiesen hatten, aber auch darin gibt es eine gegenseitige Verbundenheit.) Selbst der brahmanische Priester, ein würdiger alter Mann, der sich schon auf halbem Wege zum Himmel befand, der sich deshalb aufgrund seiner Beziehungen zum Jenseits nicht einmal von Ferne an einem Hahnenkampf beteiligt hätte und dem sich selbst andere Balinesen nur unter Schwierigkeiten nähern konnten, hatte uns in seinen Hof gerufen, um uns über die Geschehnisse zu befragen, wobei er schon wegen der Ungewöhnlichkeit der ganzen Angelegenheit beständig kichern mußte.

Wenn man auf Bali verspottet wird, heißt das, man ist akzeptiert. Dies war der Wendepunkt in unserer Beziehung zur Gemeinschaft, und wir waren im wahrsten Sinne des Wortes »in«. Das gesamte Dorf tat sich uns auf, wahrscheinlich mehr und mit Sicherheit schneller, als das sonst je der Fall gewesen wäre (ich wäre vermutlich nie in die Nähe dieses Priesters gelangt, und unser zufälliger Gastgeber wurde einer meiner besten Informanten). Bei einer Razzia der Sittenpolizei verhaftet oder fast verhaftet zu werden, ist vielleicht kein verallgemeinerbares Rezept, um einen sympathetischen *Rapport*, diese geheimnisvolle Vorbedingung für die ethnologischen Feldarbeit, herzustellen; doch mir tat dies gute Dienste. Es brachte mir die plötzliche und ungewöhnlich umfassende Aufnahme in eine Gesellschaft, in die ein Außenseiter nur schwer eindringen kann. Es eröffnete mir jenen unmittelbaren inneren Zugang zu einem Aspekt der »bäuerlichen Mentalität«, den Ethnologen, die nicht das Glück haben, Hals über Kopf mit den von ihnen beobachteten Menschen vor der bewaffneten Autorität zu fliehen, normalerweise nicht erlangen. Schließlich – und das war vielleicht das allerwichtigste, da ich zu den anderen Dingen wahrscheinlich auf andere Weise gekommen wäre – brachte es mich auf jene Mischung aus emotionaler Explosion, Statuskrieg und philosophischem Schauspiel, die in der Gesellschaft, deren inneres Wesen ich so gerne verstehen wollte, von zentraler Bedeutung war. Als ich abreiste, hatte ich ungefähr so viel Zeit auf die Untersuchung der Hahnenkämpfe verwandt wie auf die von Hexerei, Bewässerung, Kaste oder Heirat.

Von Hähnen und Männern

Bali ist gut erforscht, hauptsächlich deshalb, weil es eben Bali ist. Mythologie, Kunst, Ritual, soziale Organisation, Kindererziehung, Gesetzesformen, sogar Trancestilformen wurden mikroskopisch genau auf Spuren jener schwer faßbaren Substanz untersucht, die Jane Belo »Das balinesische Temperament« nannte.[2] Der Hahnenkampf jedoch wurde außer in einigen beiläufigen Notizen kaum erwähnt, obwohl er als populäre Leidenschaft mit übermächtiger Kraft mindestens ebenso viel von dem enthüllt, was ein Balinese »wirklich ist«, wie jene berühmteren Phänomene.[3] Wie sich ein Gutteil von Amerika auf einem Ballspielfeld, einem Golfplatz, einer Pferderennbahn oder um einen Pokertisch zeigt, wird ein Gutteil von Bali im Hahnenkampf-

2 J. Belo, »The Balinese Temper« in *Traditional Balinese Culture,* hrsg. von J. Belo, New York 1970 (zuerst veröff. 1935), S. 85-110.

3 Die beste Erörterung findet sich wiederum bei G. Bateson und M. Mead, *Balinese Character,* a. a. O. S. 24 f. und S. 140, doch auch sie ist zu allgemein und verkürzt.

ring sichtbar; denn nur dem äußeren Anschein nach kämpfen da Hähne gegeneinander, in Wirklichkeit sind es Männer.
Keinem, der einige Zeit auf Bali verbracht hat, entgeht die tiefgehende psychologische Identifikation der Männer mit ihren Hähnen [*cocks*]. Der zweideutige Begriff wird hier bewußt verwendet; er wirkt im Balinesischen genau wie im Englischen, bis hin zu denselben müden Witzen, abgegriffenen Wortspielen und phantasiearmen Obszönitäten. Bateson und Mead haben sogar darauf hingewiesen, daß Hähne, in Übereinstimmung mit der balinesischen Auffassung vom Körper als einem Ensemble belebter Einzelteile, als abnehmbare, selbsttätige Penisse gesehen werden, als wandelnde Genitalien mit einem Eigenleben.[4] Zwar stehen mir derartige Daten aus dem Unterbewußten nicht zur Verfügung, um diese bestechende Idee zu bestätigen oder zu widerlegen, doch die Tatsache, daß es sich um maskuline Symbole handelt, ist kaum anzuzweifeln und für den Balinesen so selbstverständlich wie die Tatsache, daß Wasser bergab fließt.
Die Sprache der alltäglichen Lebensweisheiten ist für die Männer mit Bildern aus dem Bereich der Hähne durchsetzt: *Sabung*, das Wort für Hahn (das in Inschriften schon 922 n. Chr. vorkommt), wird metaphorisch in der Bedeutung »Held«, »Recke«, »Kämp-

4 Ebd., S. 25 f. Ungewöhnlich am Hahnenkampf im Kontext der balinesischen Kultur ist die Tatsache, daß es sich um eine öffentliche Aktivität handelt, an der nur eines der beiden Geschlechter beteiligt ist, während das andere Geschlecht vollkommen und ausdrücklich ausgeschlossen ist. Geschlechterunterschiede werden auf Bali in einem extremen Maße heruntergespielt, und bei den meisten Aktivitäten, seien sie formell oder informell, sind Männer und Frauen gleichberechtigt und zumeist als zusammengehörige Paare beteiligt. Angefangen bei der Religion, über Politik, Wirtschaft, Verwandtschaft bis hin zur Kleidung finden wir auf Bali eher eine »Unisex«-Gesellschaft, was sowohl in den Bräuchen wie in der Symbolik einen deutlichen Ausdruck findet. Selbst in Zusammenhängen, in denen Frauen tatsächlich keine große Rolle spielen, wie in der Musik, in der Malerei oder bei bestimmten landwirtschaftlichen Tätigkeiten, ist ihre Abwesenheit – sowieso nur eine relative – eher eine schlichte Tatsache als ein sozialer Zwang. Zu diesem allgemeinen Muster stellt der Hahnenkampf die bemerkenswerteste Ausnahme dar, denn er gehört völlig zu den Männern, wird für Männer und durch Männer ausgerichtet, und Frauen – zumindest balinesische – schauen nicht einmal zu.

fer«, »begabter Mensch«, »politischer Kandidat«, »Junggeselle«, »Dandy«, »Don Juan« oder »harter Bursche« angewandt. Einen Mann, der viel Aufwand treibt und dessen Verhalten nicht mit seiner eigentlichen Stellung übereinstimmt, vergleicht man mit einem Gockel ohne Schwanz, der umherstolziert, als besäße er das größte und prächtigste Exemplar. Ein verzweifelter Mann, der einen letzten, irrationalen Versuch unternimmt, sich aus einer ausweglosen Situation zu befreien, wird mit einem sterbenden Hahn verglichen, der einen letzten Angriff auf seinen Bedränger unternimmt, um ihn mit ins Verderben zu ziehen. Ein geiziger Mann, der viel verspricht, aber wenig – und das noch unwillig – gibt, gleicht einem Hahn, den man am Schwanz festhält, während er den Gegner anspringt, ohne daß es tatsächlich zum Kampf kommt. Einen jungen Mann im heiratsfähigen Alter, der dem anderen Geschlecht noch sehr schüchtern begegnet, oder jemanden, der in einer neuen Anstellung unbedingt einen guten Eindruck machen will, nennt man »Kampfhahn, der das erste Mal in den Käfig gesetzt wird«.[5] Gerichtsverhandlungen, Kriege, politischer Wettstreit, Erbschaftsstreitigkeiten und Streitereien auf der Straße werden alle mit Hahnenkämpfen verglichen.[6] Sogar die Insel selbst wird in ihrer Form als ein kleiner, stolzer Hahn wahrgenommen, sprungbereit, den Hals gereckt, den Rücken gestrafft, den Schwanz hochgestellt, eine ewige Herausforderung an das massig unförmige, hilflose Java.[7]

5 C. Hooykaas, *The Lay of the Jaya Prana,* London 1958, S. 39. Das Lied hat eine Strophe (Nr. 17), in der die Metapher des unwilligen Bräutigams gebraucht wird. Jaya Prana, der Held in einer balinesischen Urias-Mythe, antwortet dem Herrn, der ihm das schönste von 600 Sklavenmädchen angeboten hatte: »Göttlicher König, mein Herr und Meister / ich bitte dich, laß mich gehn / derartiges habe ich noch nicht im Sinn; / wie ein Kampfhahn im Käfig / spanne ich alle meine Kräfte an / ich bin allein / denn die Flamme wurde noch nicht entfacht.«

6 Dazu siehe V. E. Korn, *Het Adatrecht van Bali,* 2. Aufl., Den Haag 1932, Index unter *toh.*

7 Es gibt tatsächlich eine Legende, nach der die Trennung von Java und Bali durch eine mächtige religiöse Figur aus Java zustande kam, die sich vor einem balinesischen Kulturheros schützen wollte, dem Ahnen zweier *Kṣatriya*-Kasten, der leidenschaftlich beim Hahnenkampf wettete. Siehe C. Hooykaas, *Agama Tirtha,* Amsterdam 1964, S. 184.

Doch die Intimität der Männer mit ihren Hähnen ist mehr als nur metaphorisch. Balinesische Männer, oder jedenfalls eine große Mehrheit von ihnen, verwenden einen gewaltigen Teil ihrer Zeit auf ihre Lieblinge; sie pflegen und füttern sie, diskutieren über sie, probieren sie gegeneinander aus. Oder sie betrachten sie einfach in einer Mischung aus hingerissener Bewunderung und träumerischer Selbstvergessenheit. Wann immer man eine Gruppe balinesischer Männer sieht, die müßig in der Ratshütte oder an der Straße hocken, wie es so ihre Art ist: die Hüften auf den Fersen, die Schultern nach vorne und die Knie oben, dann hat mindestens die Hälfte von ihnen einen Hahn in den Händen. Man hält ihn zwischen den Schenkeln, wippt ihn leicht auf und ab, um seine Beinmuskeln zu stärken, zaust seine Federn mit geistesabwesender Sinnlichkeit, stößt ihn dem Gockel des Nachbarn entgegen, um ihn zu erregen und zieht ihn zwischen die Beine zurück, um ihn wieder zu beruhigen. Ab und zu macht einer mit dem Hahn eines anderen dieselben Spiele, um ein Gefühl für einen anderen Vogel zu bekommen, doch wird er dabei für gewöhnlich eher herüberkommen und sich hinter dem Hahn niederhocken, als daß er ihn sich wie ein gewöhnliches Tier reichen ließe. Im Hof eines Hauses, dem mit hohen Zäunen umgebenen Ort, wo die Leute leben, werden die Kampfhähne in geflochtenen Käfigen gehalten, die man häufig umherträgt, um so ein optimales Gleichgewicht zwischen Sonne und Schatten zu erhalten. Man füttert sie mit einer bestimmten Diät, die je nach individuellen Theorien etwas variiert, doch hauptsächlich aus Mais besteht, aus dem andere Bestandteile mit weitaus mehr Sorgfalt ausgesiebt werden, als das bei menschlicher Nahrung der Fall wäre, und er wird dem Tier Korn für Korn verabreicht. Chili-Pfeffer wird ihnen in den Hals und in den Anus gestopft, um sie feurig zu machen. Sie werden in derselben zeremoniellen Mischung aus lauwarmem Wasser, Arzneikräutern, Blumen und Zwiebeln gebadet wie die kleinen Kinder – und im Falle eines preisgekrönten Hahnes auch ungefähr genauso oft. Man stutzt ihre Kämme, glättet das Gefieder, beschneidet die Sporen, massiert ihre Beine und untersucht sie mit der argwöhnischen Konzentration eines Diamantenhändlers auf Fehler. Ein Mann mit einer Leidenschaft für Hähne, ein Enthusiast im wahrsten Sinne des Wortes, kann den größten Teil seines Lebens mit ihnen verbringen; und die überwiegende Mehrheit der Männer, deren Leidenschaft zwar intensiv, aber doch nicht völlig mit ihnen durchgegangen ist, betreibt mit ihren Hähnen einen Zeitaufwand, der nicht nur Außenstehenden, sondern auch ihnen selber ungehörig vorkommt. Mein Hausherr, nach balinesischen Maßstäben ein sehr normaler *afficionado,* stöhnte: »Die Hähne machen mich verrückt«, wenn er wieder einmal daran ging, einen Käfig umzustellen, ein Bad zu bereiten oder wieder eine Fütterung zu zelebrieren. »Die Hähne machen uns alle verrückt.«

Die Verrücktheit weist jedoch auch einige weniger sichtbare Dimensionen auf. Denn obwohl die Hähne Ausdruck oder Übersteigerung des Selbst ihrer Eigentümer, das narzißtische männliche Ego in äsopischer Gestalt sind, so sind sie doch auch Ausdruck – und zwar unmittelbarer Ausdruck – dessen, was für den Balinesen ästhetisch, moralisch und metaphysisch die direkte Umkehrung des Menschseins darstellt: Animalität.

Es kann nicht genug betont werden, daß die Balinesen einen starken Widerwillen gegenüber allem Verhalten zeigen, das als tierhaft angesehen wird. Aus diesem Grund gestattet man den Babies auch nicht zu krabbeln. Obwohl Inzest keineswegs gutgeheißen wird, ist er doch ein weniger scheußliches Verbrechen als Sodomie (die angemessene Strafe für das letztere ist Tod durch Ertränken; wer das erstere begeht, wird dazu verurteilt, wie ein Tier leben zu müssen).[8] Die meisten Dämonen werden – sei es im Tanz, Ritual, Mythos oder als Skulptur – in irgendeiner wirklichen oder phantastischen Tierform dargestellt. Das wichtigste Pubertätsritual besteht darin, die Zähne des Jugendlichen abzufeilen, damit sie nicht wie Tierzähne aussehen. Nicht nur Defäkation, auch Essen wird als eine widerwärtige, beinahe obszöne Tätigkeit betrachtet, die man eilig und allein erledigt, da man sie mit Animalität in Verbindung bringt. Selbst das Hinfallen, über-

8 Ein Paar, das einen Inzest begangen hat, wird gezwungen, Schweinejoche auf dem Nacken zu tragen, zum Schweinetrog zu kriechen und daraus mit dem Mund zu essen. Dazu siehe J. Belo, »Customs Pertaining to Twins in Bali« in *Traditional Balinese Culture,* hrsg. von J. Belo, a.a.O. S. 49. Zur Abscheu vor Animalität im allgemeinen siehe G. Bateson und M. Mead, *Balinese Character,* a.a.O. S. 22.

haupt jede Art von Ungeschicklichkeit wird als etwas Negatives angesehen. Die Balinesen zeigen gegenüber Tieren, abgesehen von Hähnen und einigen Haustieren ohne größere emotionale Bedeutung – wie Ochsen und Enten –, eine Abneigung, die so weit geht, daß sie ihre zahlreichen Hunde nicht nur gemein, sondern mit phobischer Grausamkeit behandeln. Wenn sich der balinesische Mann mit seinem Hahn identifiziert, dann nicht einfach mit seinem idealen Selbst oder gar mit seinem Penis, sondern gleichzeitig mit dem, was er am meisten fürchtet und haßt und wovon er – wie es nun einmal bei jeder Ambivalenz der Fall ist – am meisten fasziniert ist, mit den »dunklen Mächten«.

Diese Verbindung von Hähnen und Hahnenkampf mit jenen Mächten, jenen animalischen Dämonen, die ständig damit drohen, in den kleinen wohlgeordneten Raum, in dem die Balinesen so sorgfältig ihr Leben eingerichtet haben, einzudringen und seine Bewohner zu verschlingen, ist unübersehbar. Ein Hahnenkampf ist in erster Linie ein Blutopfer, das man den Dämonen mit den angemessenen Gesängen und Opferhandlungen darbringt, um ihren riesigen kannibalischen Hunger zu stillen; ohne ein solches Opfer sollte kein Tempelfest gefeiert werden. (Wird es versäumt, so wird unweigerlich einer in Trance fallen und mit der Stimme eines erzürnten Geistes befehlen, das Versehen sogleich zu korrigieren.) Kollektive Reaktionen auf natürlich bedingte Unglücksfälle – Krankheit, Mißernte, Vulkanausbrüche – beziehen sie fast immer mit ein. Auch dem berühmten balinesischen Feiertag, dem »Tag des Schweigens« *(Njepi)*, an dem jeder schweigend und bewegungslos dasitzt, um den Kontakt mit plötzlich eindringenden Dämonen, die für einen Moment aus der Hölle aufgescheucht wurden, zu vermeiden, gehen am Vortage Hahnenkämpfe in großem Umfang voraus. Sie finden auf fast allen Inseln statt und sind in diesem Falle legal.

Im Hahnenkampf verschmelzen Mensch und Tier, Gut und Böse, Ich und Es, die schöpferische Kraft erregter Männlichkeit und die zerstörerische Kraft entfesselter Animalität in einem blutigen Schauspiel von Haß, Grausamkeit, Gewalt und Tod. Daher wundert es nicht, daß der Besitzer des siegreichen Hahns, wenn er – wie es die unveränderliche Regel ist – den Kadaver des Verlierers, den der wütende Besitzer oft in Stücke gerissen hat, nach Hause zum Essen mitnimmt, er dies in einer Mischung aus angemessener Verlegenheit, moralischer Befriedigung, ästhetischem Widerwillen und kannibalischer Freude tut. Oder daß jemand, der einen wichtigen Kampf verloren hat, manchmal soweit geht, seine Familienheiligtümer zu zerstören und die Götter zu verfluchen – ein Akt metaphysischen (und gesellschaftlichen) Selbstmords. Oder daß die Balinesen, wenn sie nach irdischen Analogien für Himmel und Hölle suchen, den Himmel mit dem Gemütszustand eines Mannes vergleichen, dessen Hahn gerade gewonnen, und die Hölle mit dem Zustand eines Mannes, dessen Hahn soeben verloren hat.

Der Kampf

Hahnenkämpfe *(tetadjen; sabungan)* werden in einem Ring abgehalten, der ungefähr fünfzig Fuß im Quadrat mißt. Gewöhnlich beginnen sie am späteren Nachmittag und dauern drei oder vier Stunden bis zum Sonnenuntergang. Was den allgemeinen Ablauf betrifft, so sind die Kämpfe völlig gleich: es gibt keinen Hauptkampf, keinen Zusammenhang zwischen den einzelnen Kämpfen, keine formalen Unterschiede nach Größen, und ein jeder wird völlig *ad hoc* arrangiert. Sobald ein Kampf zuende ist und die emotionalen Trümmer beiseite geräumt sind – die Wetten ausbezahlt, die Flüche ausgesprochen und die toten Hähne in Besitz genommen –, begeben sich sieben, acht, vielleicht ein Dutzend Männer unauffällig mit ihren Hähnen in den Ring, um dort einen passenden Gegner für sie zu finden. Dieser Vorgang, der selten weniger als zehn Minuten dauert, oft sogar länger, findet in einer sehr scheuen, verstohlenen, oft sogar verheimlichenden Weise statt. Die nicht unmittelbar Beteiligten schenken dem Ganzen eine allenfalls versteckte, beiläufige Beachtung; diejenigen, die – zu ihrer Verlegenheit – beteiligt sind, tun irgendwie so, als geschähe das alles überhaupt nicht.

Wenn ein Paar zusammengestellt ist, ziehen sich die anderen Aspiranten mit derselben betonten Gleichgültigkeit zurück. Dann legt man den ausgewählten Hähnen ihre Sporen *(tadji)* an – rasiermesserscharfe, spitze Stahldolche von vier oder fünf Zoll

Länge. Das ist eine schwierige Aufgabe, und nur wenige Männer, vielleicht ein halbes Dutzend in jedem Dorf, können das richtig ausführen. Derjenige, der die Sporen anlegt, stellt sie auch zur Verfügung, und hat der Gockel, dem er assistierte, gewonnen, schenkt ihm der Eigentümer des Siegers das Sporenbein des Unterlegenen. Man befestigt die Sporen, indem man eine lange Schnur um das Ende des Sporns und um das Bein des Hahns windet. Aus Gründen, auf die ich gleich zu sprechen komme, werden die Sporen von Fall zu Fall anders angelegt, eine langwierige und wohlerwogene Angelegenheit. Viele Bräuche und Überlieferungen sind mit den Sporen verknüpft – sie werden nur bei Mondfinsternis und Neumond geschliffen, sollten nicht von Frauen gesehen werden und so weiter. Nicht nur bei den Kämpfen, sondern auch sonst behandelt man sie mit der merkwürdigen Mischung aus übertriebener Aufmerksamkeit und Sinnlichkeit, die der Balinese im allgemeinen rituellen Gegenständen entgegenbringt.

Sind die Sporen angelegt, werden die Hähne in der Mitte des Ringes von den Hahnenführern (die nicht immer identisch mit den Besitzern sind) einander gegenüber in Stellung gebracht.[9] Eine Kokosnuß, in die ein kleines Loch gebohrt ist, wird in einen Eimer mit Wasser geworfen, in dem sie nach etwa einundzwanzig Sekunden untergeht, eine Zeitspanne, die *tjeng* genannt wird und deren Anfang und Ende durch das Schlagen eines Schlitzgongs angezeigt wird. Während dieser einundzwanzig Sekunden ist es

9 Außer in unwichtigen Kämpfen mit niedrigen Wetten (zur Frage der »Wichtigkeit« von Kämpfen siehe unten) wird der Sporn gewöhnlich nicht vom Eigentümer selbst angelegt. Ob ein Eigentümer seinen Hahn selbst führt oder nicht, hängt mehr oder weniger davon ab, wie geschickt er ist; eine Erwägung, die ebenfalls mit der Wichtigkeit des Kampfes an Bedeutung gewinnt. Wenn es sich bei demjenigen, der den Sporn anlegt oder den Hahn führt, nicht um den Eigentümer handelt, dann doch fast immer um einen sehr nahen Verwandten – einen Bruder oder Cousin – oder um einen sehr guten Freund. Diese Leute sind nahezu Fortsetzungen seiner Persönlichkeit, was sich darin zeigt, daß alle drei von dem Hahn als »meinem« sprechen (»ich« kämpfte gegen den-und-den usw.). Auch sind Eigentümer, Führer und Sporenanleger oft feste »Teams«, wenn auch der ein oder andere an mehreren teilnehmen und innerhalb einer solchen Triade die Rollen tauschen kann.

den Führern *(pengangkeb)* nicht gestattet, ihre Hähne zu berühren. Wenn es, was zuweilen geschieht, in dieser Zeit zu keinem Kampf zwischen den Tieren gekommen ist, nimmt man sie wieder an sich, sträubt ihre Federn, zieht an ihnen, sticht sie und ärgert sie noch auf andere Weise, und setzt sie dann zurück in die Mitte des Ringes, wo der Vorgang von neuem beginnt. Manchmal weigern sie sich selbst dann noch zu kämpfen, oder einer rennt ständig davon; in solch einem Falle werden sie zusammen unter einen Korbkäfig gesteckt, was sie dann für gewöhnlich zum Kämpfen bringt.

In den meisten Fällen jedoch fliegen die Hähne beinahe sofort aufeinander los, in einer flügelschlagenden, kopfstoßenden und um sich tretenden Explosion tierischer Wut, so rein, so absolut und auf ihre Weise so schön, daß sie fast abstrakt zu nennen wäre, ein platonischer Begriff des Hasses. Innerhalb weniger Augenblikke landet einer von beiden einen kräftigen Hieb mit seinem Sporn. Der Führer des Hahnes, der den Hieb angebracht hat, nimmt ihn sofort aus dem Ring, damit er keinen Gegenhieb einfängt, denn wenn er dies nicht tut, wird der Kampf wahrscheinlich in einem für beide Hähne tödlichen Unentschieden enden, werden die beiden Vögel einander in Stücke hacken. Dies tritt hauptsächlich dann ein, wenn, wie es oft geschieht, der Sporn im Körper des Opfers steckenbleibt, denn dann ist der Angreifer seinem verwundeten Feind auf Gnade oder Ungnade ausgeliefert.

Während die Hähne sich wieder in den Händen ihrer Führer befinden, läßt man die Kokosnuß jetzt dreimal versinken, danach muß der Hahn, der den Hieb gelandet hat, niedergesetzt werden, um zu zeigen, daß er in Ordnung ist, was er dadurch demonstriert, daß er ohne Hast im Ring herumwandert, so lange, bis die Kokosnuß wieder versunken ist. Zweimal noch läßt man die Kokosnuß versinken, dann muß der Kampf weitergehen.

Während dieser Pause – etwas über zwei Minuten – hat der Führer des verletzten Hahnes in großer Eile an ihm gearbeitet, wie ein Sekundant, der einen angeschlagenen Boxer zwischen zwei Runden verarztet, um ihn für einen letzten, verzweifelten Versuch, den Sieg doch noch zu erringen, wieder herzurichten. Er bläst ihm in den Schnabel, wobei er den ganzen Hahnenkopf in seinen Mund nimmt, saugt und bläst, zaust ihn, versorgt seine

Verletzungen mit den verschiedensten Medikamenten und versucht im allgemeinen alles, um den letzten Funken Kampfgeist, der noch in ihm schlummern mag, zu wecken. Wenn er dann den Hahn wieder niedersetzen muß, ist er gewöhnlich in Hühnerblut getränkt; doch ein guter Führer ist, wie beim Preisboxen, sein Gewicht in Gold wert. Manch einer kann beinahe Tote wieder auferwecken, wenigstens lange genug für die zweite und letzte Runde.

Im entscheidenden Kampf (wenn es dazu kommt; oft stirbt der verletzte Hahn einfach in der Hand seines Führers oder unmittelbar nachdem man ihn wieder niedersetzt) macht der Hahn, der den ersten Hieb gelandet hat, gewöhnlich seinen geschwächten Gegner endgültig fertig. Doch das ist keineswegs ein unvermeidlicher Ausgang, denn wenn ein Hahn laufen kann, kann er kämpfen, und wenn er kämpfen kann, kann er töten: was zählt, ist der Hahn, der zuerst stirbt. Wenn der Verletzte einen Stich anbringen und sich auf den Beinen halten kann, bis der andere umfällt, dann hat er offiziell gewonnen, selbst wenn er einen Augenblick später selber zusammenbrechen sollte.

Die dicht um den Ring gedrängte Menge folgt diesem Melodrama fast schweigend: die Köpfe folgen in kinästhetischer Sympathie den Bewegungen der Tiere; man feuert die Champions mit wortlosen Handbewegungen, Schulterdrehungen und Kopfwendungen an. Manchmal fällt die Menge zurück, wenn der Hahn mit dem mörderischen Sporn an eine der Seiten des Ringes springt (man sagt, daß manche Zuschauer durch zu aufmerksames Hinsehen Augen und Finger einbüßten), wogt wieder nach vorne. All dies ist von einem weitläufigen Korpus außerordentlich ausgearbeiteter Regeln umgeben.

Diese Regeln sind, zusammen mit dem entwickelten Hähne und Hahnenkampf betreffenden Brauchtum auf Palmblattmanuskripten *(lontar; rontal)* niedergeschrieben, die als Teil der allgemeinen rechtlichen und kulturellen Tradition der Dörfer von Generation zu Generation weitergegeben werden. Bei einem Kampf ist der Kampfrichter *(saja komong; djuru kembar)* – der Mann, der die Kokosnuß hält – für ihre Einhaltung verantwortlich, und seine Autorität ist eine absolute. Ich habe niemals erlebt, daß die Entscheidung eines Kampfrichters in Frage gestellt worden wäre, nicht einmal durch die verzweifeltsten Verlierer; noch auch habe ich gehört – nicht einmal im privaten Gespräch –, daß man einem Kampfrichter unfaire Entscheidungen vorgeworfen oder sich diesbezüglich über Kampfrichter generell beklagt hätte. Nur Bürger, denen man außerordentlich vertraut, zuverlässige und in diesem komplizierten Code erfahrene Personen üben diese Aufgabe aus, und in der Tat nehmen die Männer ihre Hähne nur zu den Kämpfen mit, über die solche Leute wachen. Vor den Kampfrichter bringt man auch Betrugsanklagen, die manchmal, wenn auch äußerst selten, aufkommen. Er ist es auch, der in dem häufigeren Falle, wenn beide Hähne fast gleichzeitig sterben, entscheidet, welcher gewonnen hat (oder ob überhaupt einer gewonnen hat, denn es gibt Fälle von Unentschieden, wenn die Balinesen solche Resultate auch nicht besonders mögen). Mit einem Richter, einem König, einem Priester, einem Polizisten wird er verglichen, und er ist all dies zugleich. Unter seiner sicheren Leitung spielt sich die animalische Leidenschaft im wohlbegründeten Rahmen des bürgerlichen Gesetzes ab. Bei den Dutzenden von Hahnenkämpfen, die ich auf Bali sah, erlebte ich kein einziges Mal eine Auseinandersetzung über die Regeln. Tatsächlich habe ich – außer zwischen Hähnen – überhaupt nie eine offene Auseinandersetzung erlebt.

Dieser Doppelcharakter eines Ereignisses, das vom Gesichtspunkt der Natur aus ungezähmte Raserei und von dem der Kultur aus eine perfektionierte Form darstellt, definiert den Hahnenkampf als einen soziologischen Sachverhalt. Auf der Suche nach einem Namen für etwas, das nicht stabil genug ist, um Gruppe genannt werden zu können, aber auch nicht unstrukturiert genug, um Masse zu heißen, hat Erving Goffman von »fokussierter Versammlung« [focused gathering] gesprochen; eine solche ist der Hahnenkampf: eine Anzahl von Personen, die durch den Verlauf einer gemeinsamen Aktivität völlig in Anspruch genommen werden und die über diesen Verlauf miteinander in Beziehung stehen.[10] Derartige Versammlungen kommen zusammen und zerstreuen sich, ihre Mitglieder fluktuieren, die Aktivität im

10 E. Goffman, *Encounters: Two Studies in the Sociology of Interaction*, Indianapolis 1961, S. 9 f.

Brennpunkt ist diskontinuierlich – eher ein zerstückelter Prozeß, der immer wieder geschieht, als ein kontinuierlicher, der andauert. Solche Versammlungen gewinnen ihre Form aus ihrem Anlaß oder, wie Goffman sagt, aus dem Boden, auf den sie gestellt sind; doch trotz alledem ist es eine Form, sogar eine klar erkennbare. Denn auch die Situation, in der Entscheidungen von Geschworenen, chirurgische Operationen, Häuserversammlungen, Sit-ins und Hahnenkämpfe stattfinden können, muß erst geschaffen werden. Es sind gewisse kulturell privilegierte Themen, die den Boden dafür bereiten – hier, wie wir sehen werden, das Zelebrieren von Statusrivalität –, die den Brennpunkt, um den sich die Akteure versammeln, nicht nur näher bestimmen, sondern überhaupt erst schaffen und die Szenerie arrangieren.

In klassischer Zeit (d. h. vor der Invasion der Holländer 1908), als es noch keine Bürokraten zur Hebung der Volksmoral gab, war die Ausrichtung eines Hahnenkampfes eine explizit gesellschaftliche Angelegenheit. Für einen männlichen Erwachsenen war es eine obligatorische Bürgerpflicht, zu einem wichtigen Kampf einen Hahn zu bringen. Die Besteuerung von Kämpfen, die gewöhnlich an Markttagen abgehalten wurden, war eine wichtige Quelle des öffentlichen Einkommens. Es gehörte zur festgesetzten Verantwortung der Fürsten, diese Kunst zu fördern. Der Kampfring oder *wantilan* lag in der Mitte des Dorfes in der Nähe der anderen Wahrzeichen balinesischer Zivilisation – des Rathauses, des Ursprungstempels, des Marktplatzes, des Signalturms und des Banyan-Baumes. Heute macht, von einigen besonderen Gelegenheiten abgesehen, die neue moralische Veredelung einen solch offenen Ausdruck des Zusammenhangs zwischen den Aufregungen des gesellschaftlichen Lebens und denen eines blutigen Sports unmöglich; doch die Verbindung selbst bleibt – wenngleich weniger direkt ausgedrückt – eng und unversehrt. Zur Erklärung dessen aber muß man sich jenem Aspekt des Hahnenkampfes zuwenden, um den sich alle anderen drehen und durch den sie ihre Stärke gewinnen; ein Aspekt, den ich bisher bewußt übergangen habe. Ich meine natürlich das Wetten.

Die Balinesen führen nie etwas in einfacher Weise aus, wenn es auch komplizierter geht, und das Wetten beim Hahnenkampf ist da keine Ausnahme.

Zunächst einmal gibt es zwei Arten von Wetten oder *toh.*[11] Es gibt die einfache Wette in der Arena zwischen den beiden Hauptpersonen *(toh ketengah)* und weiterhin eine Menge peripherer Wetten in dem Publikum um den Ring herum *(toh kesasi).* Die erste ist normalerweise hoch, die zweite niedrig; die erste ist kollektiv, indem sie um den Eigentümer gruppierte Wettgemeinschaften mit einbezieht; die zweite ist individuell, Mann gegen Mann. Die erste ist eine Angelegenheit des überlegten, ruhigen, beinahe heimlichen Arrangements zwischen den Koalitionsmitgliedern und dem Schiedsrichter, die wie Verschwörer in der Mitte des Ringes die Köpfe zusammenstecken; die zweite geht mit impulsiven Rufen, öffentlichen Angeboten und Zuschlägen in der aufgeregten Menge am Rande vonstatten. Das Merkwürdigste und, wie wir sehen werden, Aufschlußreichste aber ist, *daß bei der ersten Wette immer und ohne Ausnahme gleiche Beträge gegeneinander gesetzt werden, während das bei der zweiten, ebenfalls ohne Ausnahme, niemals der Fall ist.* Der Symmetrie der Einsätze im Mittelpunkt entspricht eine Asymmetrie an der Peripherie.

Die Wette in der Mitte des Rings ist die offizielle, eingebettet in ein Gewebe von Regeln, und wird zwischen den beiden Eigentü-

11 Dieser Begriff, der wörtlich einen unauslöschlichen Fleck oder eine Markierung, etwa ein Muttermal oder eine Äderung im Gestein, bedeutet, wird auch für eine bei einem Rechtsstreit hinterlegte Sicherheit verwendet, für ein Pfand, eine für eine Anleihe gebotene Sicherheit, für das Einstehen für einen anderen in einem juristischen oder zeremoniellen Kontext, für eine Anzahlung bei einem Geschäft, für ein Zeichen, das auf einem Feld aufgestellt wird, um anzuzeigen, daß dessen Eigentümerschaft Gegenstand der Diskussion ist, für den Status einer untreuen Gattin, von deren Liebhaber der Ehemann Satisfaktion erlangen muß, wenn er ihm nicht die Frau überlassen will. Vgl. Korn, *Het Adatrecht van Bali;* Th. Pigeaud, *Javaans-Nederlands Handwoordenboek,* Groningen 1938; H. H. Juynball, *Oudjavaansche-Nederlandsche Woordenlijst,* Leiden 1923.

mern der Hähne mit dem Schiedsrichter als Kontrollinstanz und öffentlichem Zeugen abgeschlossen.[12] Der Betrag dieser Wette, der, wie ich bereits erwähnte, immer relativ – zuweilen sehr – hoch ist, wird niemals lediglich von dem Eigentümer, in dessen Namen sie abgeschlossen wird, aufgebracht, sondern von ihm und vier oder fünf, manchmal sieben oder acht Verbündeten – Verwandten, Dorfgenossen, engen Freunden oder Nachbarn. Es kann sogar sein, daß er, wenn er nicht besonders reich ist, nicht einmal den größten Beitrag leistet, obwohl es schon eine bedeutende Summe sein muß, sei es auch nur, um zu zeigen, daß er nicht in irgendeine Betrügerei verwickelt ist.

Bei den 57 Kämpfen, für die ich genaue und verläßliche Daten über die zentrale Wette besitze, gingen die Einsätze von fünfzehn bis fünfhundert Ringgit, bei einem Durchschnitt von fünfundachtzig und einer ziemlich auffälligen trimodalen Verteilung: kleine Kämpfe (um fünfunddreißig Ringgit), die etwa 45 Prozent der Gesamtzahl ausmachten; mittlere (um siebzig Ringgit), ungefähr 25 Prozent; und große (um hundertfünfundsiebzig Ringgit), ungefähr 20 Prozent. Dabei gab es einige sehr niedrige und einige sehr hohe Wetten an den Extremen der Verteilung. In einer Gesellschaft, in der der normale Tagelohn eines Handarbeiters – eines Ziegelmachers, eines einfachen Landarbeiters oder eines Trägers auf dem Markt – ungefähr drei Ringgit betrug (wobei man bedenken muß, daß in der Gegend, in der ich forschte, im Durchschnitt alle zweieinhalb Tage Kämpfe abgehalten wurden), bedeutet dies sicher ein ernstzunehmendes Geldspiel, selbst wenn die Einsätze gemeinsam und nicht individuell aufgebracht werden.

Die Nebenwetten aber sind etwas völlig anderes. Im Gegensatz zum feierlichen, legalistischen Vertragschluß in der Mitte, spielt

12 Der Betrag der Wette in der Mitte des Rings muß von beiden Parteien vor dem Kampf eingezahlt werden. Der Schiedsrichter behält die Einsätze, bis die Entscheidung gefallen ist, und übergibt sie dann dem Gewinner. Dadurch vermeidet man unter anderem die starke Verlegenheit, die Verlierer wie Gewinner empfinden würden, wenn ersterer den anderen nach der Niederlage auch noch persönlich auszahlen müßte. Ungefähr 10% des Gewinnbetrages werden für die Anteile des Schiedsrichters und der Sponsoren des Kampfes abgezogen.

sich hier das Bieten eher in der Art einer Schwarzmarktbörse ab. Es gibt ein feststehendes, bekanntes Wettsystem, dessen Chancen sich in kontinuierlicher Reihe zwischen mindestens zehn zu neun und höchstens zwei zu eins bewegen: 10:9, 9:8, 8:7, 7:6, 6:5, 5:4, 4:3, 3:2, 2:1. Derjenige, der auf den *unterlegenen Hahn* setzen will (wobei ich hier nicht darauf eingehen möchte, wie Favoriten, *kebut*, und Unterlegene, *ngai*, jeweils festgestellt werden), gibt die Gewinnchance an, die er bekommen möchte, indem er die größere Zahl des Verhältnisses ausruft. Das heißt, wenn er *gasal*, »fünf« ruft, setzt er fünf zu vier auf den Verlierer (oder, von ihm selbst aus gesehen, vier zu fünf); wenn er »vier« ruft, setzt er vier zu drei auf den Verlierer (das heißt, er selbst setzt drei); »neun« heißt neun zu acht, und so weiter. Jemand, der auf den Favoriten setzt und somit erwägt, eine Gewinnchance einzuräumen, wenn sie nur klein genug ist, zeigt dies an, indem er den Farbtyp jenes Hahnes ausruft – »braun«, »buntscheckig«, und so weiter.[13]

13 Tatsächlich beruht die äußerst komplizierte Typeneinteilung der Hähne (ich habe über zwanzig Klassen gesammelt, und damit die Liste sicher nicht abgeschlossen) nicht allein auf der Farbe, sondern auf einer Reihe unabhängiger, zusammenwirkender Merkmale, darunter – neben der Farbe – Größe, Stärke der Knochen, Gefieder und Temperament. (Stammbaum jedoch *nicht.* Die Balinesen züchten Hähne in keinem nennenswerten Ausmaß, und dies gilt auch, soweit ich das feststellen konnte, für frühere Zeiten. Der *asil* oder Dschungelhahn, die zugrundeliegende Kampfrasse überall dort, wo man diesen Sport antrifft, ist in Südostasien heimisch, und man kann in der Geflügelabteilung fast eines jeden balinesischen Marktes ein gutes Exemplar für einen Preis von vier oder fünf bis zu fünzig und mehr Ringgit erwerben.) Normalerweise wird nur das Farbelement zur Typenbezeichnung verwendet, außer wenn zwei Hähne verschiedenen Typs – was prinzipiell der Fall sein muß – diesselbe Farbe haben. In diesem Falle wird eine ergänzende Kennzeichnung aus einer der anderen Dimensionen hinzugezogen (»groß-gefleckt« gegen »klein-gefleckt« usw.). Die Typen hängen mit verschiedenen kosmologischen Auffassungen zusammen, die bei der Aufstellung der Paare eine Rolle spielen. So läßt man z. B. einen kleinen, eigensinnigen, braun-weiß gesprenkelten Hahn mit anliegenden Federn und dünnen Beinen an einem bestimmten Tage des komplizierten balinesischen Kalenders von der Ostseite des Ringes aus kämpfen, und einen großen, vorsichtigen, vollkommen schwarzen Hahn mit gesträubten Federn und stämmigen Beinen an einem anderen Tag von der

Während nun die Rufe zwischen denen, die auf den Verlierer setzen, und denen, die auf den Favoriten setzen, durch die Menge gehen, kreisen die möglichen Wettpartner einander allmählich ein, häufig quer über den Ring hinweg. Der Chancen-Nehmer versucht, durch Rufen den Geber zu einer größeren Vorgabe zu bewegen, der Geber verlangt nach einer kleineren.[14] Der Nehmer, der in dieser Situation der Werbende ist, signalisiert, wie hoch er bei dem vorgeschlagenen Chancenverhältnis zu wetten wünscht, indem er eine Anzahl Finger vor dem Gesicht hochhält und sie heftig hin und her bewegt. Wenn der Geber, der Umworbene, auf dieselbe Weise antwortet, ist die Wette abgeschlossen; wenn nicht, löst man den Blick voneinander, und die Suche geht weiter.

So ist dann das Wetten am Rande der Arena, das beginnt, nachdem die Hauptwette abgeschlossen und ihre Höhe verkündet worden ist, ein Crescendo von Rufen: die Unterstützer des Verlierers offerieren ihre Vorschläge jedem, der sie akzeptiert, während diejenigen, die den Favoriten unterstützen, jedoch mit der angebotenen Summe nicht einverstanden sind, ebenso frenetisch die

Nordseite aus usw. Auch dies alles ist auf Palmblattmanuskripten verzeichnet und bietet für die Balinesen Stoff zu unendlichen Diskussionen, da sie nicht alle identische Systeme haben. Eine umfassende Analyse der Komponenten und der Symbolik der Klassifizierung der Hähne wäre sowohl als Ergänzung zu der Beschreibung des Hahnenkampfes als auch für sich genommen von großem Wert. Meine Daten zu diesem Thema sind zwar umfangreich und vielfältig, doch sind sie wohl nicht vollständig und systematisch genug, um hier eine Analyse versuchen zu können. Allgemeiner zu balinesischen kosmologischen Vorstellungen siehe J. Belo (Hrsg.), *Traditional Balinese Culture*, a. a. O.; J. L. Swellengrebel (Hrsg.), *Bali: Studies in Life, Thought, and Ritual*, Den Haag 1960.

14 Der ethnographischen Vollständigkeit halber sei angemerkt, daß der Mann, der den Favoriten unterstützt – der Chancen-Geber – auch eine Wette abschließen kann, bei der er nicht nur dann gewinnt, wenn sein Hahn siegt, sondern auch, wenn es ein Unentschieden gibt, einhergehend mit einer geringfügigen Verschlechterung des Wettverhältnisses (mir liegen nicht genügend Fälle vor, um dies genau angeben zu können, doch scheint ein Unentschieden nicht häufiger als alle 15 bis 20 Kämpfe vorzukommen). Er zeigt eine solche Absicht an, indem er *sapih* (»unentschieden«) und nicht den Hahnentyp ausruft; doch dergleichen Wetten kommen nicht häufig vor.

Farbe des Hahnes ausrufen, um zu zeigen, daß auch sie unbedingt wetten wollen, aber in einem weniger ungleichen Chancenverhältnis.

Das Ausrufen der Wettchancen – der Tendenz nach sehr einheitlich insofern, als beinahe alle Ausrufenden gleichzeitig dasselbe rufen – nimmt seinen Ausgang vom »längeren« Ende der Reihe, fünf zu vier oder vier zu drei, um sich dann ebenso einheitlich mehr oder weniger schnell, in Richtung auf das »kürzere« Ende der Reihe zu bewegen. Männer, die mit dem Ruf »fünf« anfangen und als Antwort nur den Ruf »braun« bekommen, probieren es mit »sechs« und ziehen damit entweder andere Rufer ziemlich schnell mit, oder sie ziehen sich von der Szene zurück, weil ihre allzu großzügigen Angebote schnell aufgenommen wurden. Sind die Partner nach dem Übergang immer noch rar, wird die Prozedur mit einer Bewegung zu »sieben« und so weiter wiederholt; nur selten, bei den allergrößten Kämpfen, wird das höchste Niveau, »neun« oder »zehn« erreicht. Zuweilen, wenn die Hähne ganz deutlich ein ungleiches Paar abgeben, kann es sein, daß gar keine Bewegung nach oben hin stattfindet, oder daß man sogar die Skala hinuntergeht zu vier zu drei, drei zu zwei oder, sehr selten, zwei zu eins. Entsprechend vermindert sich die Zahl der Wetten, so wie umgekehrt bei einem Wechsel nach oben die Zahl der Wetten zunimmt. Im allgemeinen jedoch bewegen sich die Wetten in größeren oder kleineren Schritten auf der Skala nach oben, auf den (bei Wetten im Publikum) nicht existierenden Endpunkt der paritätischen Wette hin; wobei die überwiegende Mehrzahl der Wetten in den Bereich vier zu drei bis acht zu sieben fällt.[15]

15 Die genaue Dynamik der Wettbewegungen ist eine der interessantesten und kompliziertesten Aspekte des Kampfes und, bei der Hektik, unter der sie stattfindet, der Aspekt, dessen Erforschung am schwierigsten ist. Man benötigte wahrscheinlich Filmaufnahmen und eine Vielzahl von Beobachtern, um dies wirkungsvoll anzugehen. Den Eindrücken nach zu urteilen – der einzige Weg für den einsamen Ethnologen, der sich inmitten all dessen findet – ist es klar, daß bestimmte Männer bei der Bestimmung des Favoriten (d. h. beim eröffnenden Ausrufen des Hahnentyps, wodurch der Prozeß jedesmal in Gang kommt) eine führende Rolle spielen und auch die Richtung der Chancenvorgabe bestimmen. Bei diesen »Meinungsmachern« handelt es sich um die vollendeteren Hahnenkämpfer und soliden Bürger, von denen weiter un-

Wenn der Augenblick naht, in dem die Hahnenführer die Hähne loslassen, nimmt das Geschrei – zumindest bei Kämpfen mit hohem Wetteinsatz im Ring – beinahe rasende Ausmaße an, da die verbleibenden, noch nicht zufriedengestellten Wetter verzweifelt versuchen, zu einer erträglichen Summe noch in letzter Minute einen Partner zu finden. (Ist die Wette in der Mitte niedrig, so zeigt sich eine gegenteilige Tendenz: das Bieten erstirbt, macht allmählich einem Schweigen Platz; die Vorgaben werden höher, und die Leute verlieren das Interesse.) Bei einem gut ausgerichteten Kampf mit hohem Einsatz, jener Art Kampf, die die Balinesen als »richtigen Hahnenkampf« ansehen, entsteht leicht der Eindruck einer entfesselten Menge, das Gefühl, daß unter all diesen winkenden, schreienden, stoßenden und übereinandersteigenden Menschen in jedem Moment das reine Chaos ausbrechen könnte. Dieser Eindruck wird durch die angespannte Stille nur erhöht, die ganz plötzlich eintritt, als habe jemand den Strom abgestellt, wenn der Schlitzgong ertönt, die Hähne niedergesetzt werden und der Kampf beginnt.

Ist er zu Ende, werden im Laufe von fünfzehn Sekunden bis fünf Minuten *alle Wettgewinne unmittelbar ausbezahlt.* Schuldenmachen, wenigstens gegenüber dem Wettpartner, gibt es nicht. Man kann sich natürlich bei einem Freund etwas ausborgen, bevor man eine Wette anbietet oder annimmt; doch um überhaupt bieten oder annehmen zu können, muß man bereits Geld in der Hand haben und bei einem Verlust sofort, bevor der nächste Kampf beginnt, bezahlen. Dies ist ein ehernes Gesetz. Ebensowenig, wie ich je erlebt habe, daß die Entscheidung eines Schiedsrichters angefochten worden wäre (obgleich das zweifellos zuweilen auch vorkommen muß), so habe ich je von einer unbe-

ten noch die Rede sein wird. Wenn diese Männer ihre Ausrufe ändern, folgen andere nach; wenn sie beginnen, Wetten einzugehen, tun andere dasselbe, und damit kommt die Bewegung mehr oder weniger zum Stillstand – wenn es auch immer eine große Anzahl enttäuschter Bieter gibt, die bis zum Schluß noch nach besseren oder schlechteren Chancen rufen. Doch ein detailliertes Verständnis des ganzen Prozesses ist eine Aufgabe, die eines Entscheidungstheoretikers bedarf, der zugleich mit genauen Beobachtungen individuellen Verhaltens gerüstet sein muß, Bedingungen, die kaum jemals zusammenkommen werden.

zahlten Wette gehört; vielleicht deshalb, weil in der durch den Hahnenkampf erregten Menge die Konsequenzen unmittelbar und drastisch wären, wie man es manchmal im Falle von Betrügern hört.

Tatsächlich stellt diese formale Asymmetrie zwischen den paritätischen Wetteinsätzen in der Mitte und den ungleichen am Rande der Arena das zentrale theoretische Problem dar, wenn man danach fragt, welche Stelle dem Hahnenkampf – vermittelt über die Hahnenkampfwette – in der balinesischen Kultur insgesamt zukommt. Aber eine solche Fragestellung eröffnet auch einen Weg, wie dieses Problem gelöst und die Verbindung deutlich gemacht werden kann.

Zunächst ist in diesem Zusammenhang folgendes zu beachten: Je höher die Wette in der Arena ist, umso eher kann man davon ausgehen, daß es sich tatsächlich um gleichstarke Kampfgegner handelt. Dies legen ein paar einfache Überlegungen nahe: Wenn einer fünfzehn Ringgit auf einen Hahn setzt, mag er sich wohl auf eine Wette mit gleichem Einsatz einlassen, selbst wenn er das Gefühl hat, daß sein Tier nicht besonders vielversprechend ist. Bei einem Einsatz von fünfhundert aber wird ihm das wahrscheinlich sehr schwer fallen. Deshalb achtet man bei Kämpfen mit hoher Wette, an denen natürlich die besseren Tiere beteiligt sind, äußerst sorgfältig darauf, daß die Tiere hinsichtlich ihrer Größe, ihres Allgemeinzustandes, ihrer Kampflust und so fort einander so ebenbürig sind, wie es nur immer möglich ist. Um dies sicherzustellen, bedient man sich häufig der verschiedenen Möglichkeiten, die Sporen der Tiere einzustellen. Wenn ein Hahn etwas stärker erscheint, wird man übereinkommen, den Sporn in einem etwas weniger vorteilhaften Winkel anzulegen – eine Art *handicapping,* bei dem man denjenigen, die die Sporen anlegen, eine große Fertigkeit nachsagt. Darüber hinaus achtet man besonders darauf, geschickte, in ihren Fähigkeiten genau ebenbürtige Hahnenführer einzusetzen.

Kurzum, bei einem Kampf mit hoher Wette besteht ein enormer Druck, wirklich ausgeglichene Vorbedingungen bei der Zusammenstellung der Gegner zu schaffen, und dieser Druck wird als solcher auch empfunden. Bei mittelmäßigen Kämpfen ist er etwas geringer, erst recht bei kleinen, wenn man sich auch bemüht, alles so ausgeglichen wie möglich zu gestalten, denn selbst für fünfzehn Ringgit (fünf Tage Arbeit) möchte niemand in einer deutlich ungünstigen Situation eine Wette mit gleichem Einsatz eingehen. Auch dies wird von den statistischen Daten, die ich besitze, bekräftigt. In siebenundfünfzig Kämpfen gewann der Favorit im ganzen dreiunddreißigmal, der als schwächer eingeschätzte Gegner vierundzwanzigmal, ein Verhältnis von 1,4 : 1. Wenn man aber bei den Wetten mit einem Einsatz von 60 Ringgit in der Arena eine Grenze zieht, ergibt sich ein Verhältnis von 1,1 : 1 (12 Favoriten, 11 Schwächere) bei den Wetten oberhalb dieser Grenze, und ein Verhältnis von 1,6 : 1 (21 und 13) bei denen darunter. Betrachtet man gar die Extreme, so beträgt das Verhältnis für sehr große Kämpfe, solche mit Wetten über 100 Ringgit in der Mitte 1 : 1 (7 und 7) und für sehr kleine, d. h. solche mit einem Einsatz von weniger als 40 Ringgit, 1,9 : 1 (19 und 10).[16]

Aus dieser Voraussetzung nun, daß nämlich die Vorbedingungen des Hahnenkampfes umso ausgeglichener sind, je höher der Betrag der Wette in der Mitte ist, ergeben sich fast unmittelbar zwei Folgerungen: 1) Je höher die Wette in der Mitte, desto stärker ist die Tendenz zu niedrigeren Vorgaben am Rande der Arena und umgekehrt. 2) Je höher die Wette in der Mitte, desto stärker ist die Wettätigkeit am Rande und umgekehrt.

Die Gründe dafür sind beidesmal dieselben. Je mehr sich bei einem Kampfe die Wetten auf paritätische Einsätze hin bewegen, desto unattraktiver erscheint der Bereich der großen Wettrelatio-

16 Nimmt man nur eine binomische Verteilung an, so beträgt die Abweichung von einer Fünfzig-zu-Fünfzig-Erwartung im Falle von sechzig Ringgit und darunter nur eine 1,38fache Standardabweichung, oder es besteht (in einem *one-direction-test*) gemäß der Zufallsabweichung schon eine Chance von 8 zu 100; im Falle von weniger als 40 Ringgit ist es eine 1,65fache Standardabweichung, oder ungefähr fünf zu hundert. Daraus, daß diese Abweichungen, wenn sie vorkommen, nicht extrem sind, kann man wieder einmal ersehen, daß selbst bei kleinen Kämpfen die Tendenz besteht, wenigstens einigermaßen gleichwertige Hähne aufzustellen. Es handelt sich hier nur um ein relatives Nachlassen des Druckes, Gleichwertigkeit herzustellen, nicht um seine Aufhebung. Bei den Kämpfen mit hoher Wette tritt natürlich die Tendenz in Richtung auf einen rein zufälligen Ausgang entsprechen deutlicher zutage, und das legt die Vermutung nahe, daß die Balinesen sehr wohl wissen, worum es geht.

nen; sie müssen daher kleiner sein, um überhaupt angenommen zu werden. Daß dies tatsächlich so ist, ergibt schon der bloße Augenschein, wird aber auch von den Einschätzungen der Balinesen selber und den systematischeren Beobachtungen, die ich anstellen konnte, bestätigt. Angesichts der Schwierigkeit, das Wetten im Publikum genau und vollständig aufzunehmen, kann man diese Behauptung kaum mit Zahlen verifizieren; doch in allen meinen Fällen lag der Punkt, an dem der Chancen-Geber und der Chancen-Nehmer sich trafen – ein recht ausgeprägter Mini-Max-Sattel, in dessen Bereich sich die meisten Wetten (schätzungsweise zwei Drittel bis drei Viertel) tatsächlich bewegten –, bei den Kämpfen mit hohem Einsatz in der Mitte um drei oder vier Punkte näher an den bei der Parität liegenden Relationen als bei den Kämpfen mit niedrigem, wobei die Kämpfe mit mittlerem Einsatz in der Mitte im allgemeinen dazwischen lagen. Bei näherem Hinsehen ist diese Übereinstimmung natürlich nicht ganz so exakt, doch das allgemeine Muster ist ziemlich konsistent: Die Fähigkeit der Wette in der Mitte, die peripheren Wetten im Sinne einer Angleichung der Einsätze zu beeinflussen, wächst direkt proportional mit ihrer Höhe, so wie ihre Höhe dem Grad der tatsächlichen Ebenbürtigkeit der Hähne direkt proportional ist. Was die Beteiligung an den Wetten betrifft, so ist sie insgesamt bei Kämpfen mit hoher Wette in der Mitte größer, weil man solche Kämpfe als »interessanter« ansieht, nicht nur in dem Sinne, daß ihr Ausgang weniger leicht abzusehen ist, sondern, entscheidender noch, daß dabei mehr auf dem Spiel steht: Geld, aber auch die Qualität der Hähne und somit, wie wir noch sehen werden, gesellschaftliches Ansehen.[17]

17 Die Verringerung der Einsätze beim Wetten in kleineren Kämpfen (die sich natürlich aus sich selbst reproduziert: einer der Gründe, warum die Leute kleinere Kämpfe uninteressant finden, liegt darin, daß dort weniger eingesetzt wird; für die großen gilt das Gegenteil) findet auf drei einander verstärkende Weisen statt. Erstens, das Interesse läßt einfach nach. Die Leute schlendern fort, auf einen Kaffee oder einen Schwatz mit einem Freund. Zweitens, die Balinesen dividieren die Chancenverhältnisse nicht mathematisch, sondern setzen direkt in Höhe der festgelegten Relationen. So setzt in einer Neun-zu-acht-Wette ein Mann neun Ringgit, der andere acht; bei fünf zu vier setzt der eine fünf, der andere vier. So ist zum Beispiel beim Ringgit,

Das Paradox des paritätischen Einsatzes in der Mitte und der ungleichen Einsätze am Rande der Arena ist also nur ein scheinbares. Obgleich die beiden Wettsysteme der Form nach inkongruent sind, stehen sie doch nicht wirklich im Widerspruch zueinander, sondern sind Teil eines einzigen größeren Systems, in welchem die Wette in der Mitte sozusagen das »Gravitationszentrum« darstellt, das die Wetten im Publikum in Richtung auf gleichhohe Chancen treibt, und das umso eher, je höher sie ausfällt. Somit »macht« die Wette in der Mitte »das Spiel«, oder, vielleicht besser ausgedrückt, sie definiert es, sie signalisiert das, was ich mit einem Begriff von Jeremy Bentham seine »Tiefe« nennen werde.

Die Balinesen sind bestrebt, einen interessanten, wenn man so will »tiefen« Zweikampf herzustellen, indem sie die Wette in der Mitte so hoch wie möglich treiben, um zu gewährleisten, daß die gegnerischen Hähne so ebenbürtig und gut wie möglich sind, daß somit der Ausgang möglichst offen ist. Doch gelingt ihnen das nicht immer. Beinahe die Hälfte der Kämpfe sind relativ triviale und uninteressante – in meiner von Bentham entlehnten Terminologie »flache« – Angelegenheiten. Dies spricht jedoch nicht gegen meine Interpretation, wie ja auch die Mittelmäßigkeit der meisten Maler, Dichter und Bühnenautoren nicht gegen die Ansicht spricht, daß sich Künstler um Tiefe bemühen und einer solchen auch häufig recht nahe kommen. Der Vergleich mit der künstlerischen Technik trifft in der Tat zu: Die Wette in der Mitte ist ein Mittel, ein Werkzeug, um »interessante«, »tiefe« Kämpfe herzustellen, *nicht* der Grund – zumindest nicht der entscheidende – dafür, *daß* sie interessant sind, nicht der Grund ihrer Faszi-

wie bei jeder anderen Währungseinheit auch, in einer 10-zu-9-Wette 6,3mal mehr Geld im Spiel als in einer Zwei-zu-eins-Wette, und das Wetten bewegt sich, wie bereits angemerkt, in kleinen Kämpfen in Richtung auf die ungleicheren Chancen. Schließlich sind die Wetten zunehmend Ein-Finger-Wetten und nicht Zwei-, Drei- oder, wie in einigen der größten Kämpfe, Vier- oder Fünf-FingerWetten. (Die Finger zeigen den Multiplikator der festgelegten Relationen an, um die es gerade geht, und keine absoluten Beträge. Zwei Finger in einer Sechs-zu-fünf-Situation bedeuten, daß ein Mann zehn Ringgit gegen zwölf auf den Verlierer setzen will; drei in einer Acht-zu-sieben-Situation bedeuten einundzwanzig gegen vierundzwanzig usw.)

nation, nicht die Substanz ihrer Tiefe. Die Frage, warum solche Kämpfe interessant sind und warum die Balinesen von ihnen in einzigartiger Weise eingenommen sind, führt uns aus dem Bereich formaler Probleme in einen weiteren, soziologischen und sozialpsychologischen Fragehorizont und zu einer weniger ökonomistischen Vorstellung davon, was die »Tiefe« beim Spielen ausmacht.[18]

18 Neben dem Wetten hat der Hahnenkampf noch andere ökonomische Aspekte (wozu besonders seine sehr enge Beziehung zum lokalen Marktsystem gehört), die, wenn auch ihrer Motivation und Funktion nachgeordnet, dennoch nicht unwichtig sind. Hahnenkämpfe sind offene Veranstaltungen, zu denen jeder, der will, kommen mag, manchmal auch aus weiter entfernten Gegenden. Doch weit über 90 %, wahrscheinlich sogar über 95 % der Kämpfe sind völlig lokale Angelegenheiten, und die betreffende Lokalität wird nicht durch das Dorf, nicht einmal durch den Verwaltungsdistrikt definiert, sondern durch das ländliche Marktsystem. Bali hat eine dreitägige Marktwoche mit der bekannten Rotation des »solaren Systems«. Obwohl die Märkte selbst nie besonders entwickelt waren – unbedeutende Angelegenheiten morgens auf dem Dorfplatz – steckt diese Rotation – grob gesehen – die Mikroregion ab, aus der sich der Kern, tendenziell sogar die Gesamtheit des Hahnenkampfpublikums rekrutiert: 10 oder 20 Quadratmeilen, sieben oder acht benachbarte Dörfer (was heute auf Bali fünf- bis zehn- oder elftausend Leute bedeuten kann). Tatsächlich werden die meisten Kämpfe von Zusammenschlüssen ländlicher Kleinhändler ausgerichtet und organisiert, wobei sie (und mit ihnen alle Balinesen) davon ausgehen, daß Hahnenkämpfe gut für den Handel seien, da »sie Geld aus dem Haus heraus und in Umlauf bringen«. Um den Platz herum werden Stände, an denen die verschiedensten Dinge verkauft werden, und eine Reihe reiner Glücksspielbuden (s. unten) aufgestellt, so daß das Ganze den Charakter eines kleinen Jahrmarktes annimmt. Dieser Zusammenhang von Hahnenkämpfen, Märkten und Marktverkäufern ist sehr alt, wie es auch unter anderem aus gemeinsamen Erwähnungen in Inschriften hervorgeht (R. Goris, *Prasasti Bali,* 2 Bde., Bandung 1954). In ländlichen Gebieten Balis folgte seit Jahrhunderten der Handel immer dem Hahn auf dem Fuße; dieser Sport war eine der treibenden Kräfte bei der Monetarisierung der Insel.

Benthams Konzept des »deep play« findet sich in seiner Theorie der Gesetzgebung.[19] Damit meint er Spiele mit so hohem Einsatz, daß eine Beteiligung daran von seinem utilitaristischen Standpunkt unvernünftig erscheinen müßte. Wenn ein Mann, dessen Vermögen tausend Pfund (oder Ringgit) beträgt, fünfhundert davon in einer Wette mit 50 %iger Gewinnchance einsetzt, so ist der Grenznutzen des Pfundes, dessen Gewinn er zu gewärtigen hat, deutlich geringer als der Grenznachteil des Pfundes, dessen Verlust er riskiert. In einem echten tiefen Spiel trifft das für beide Parteien zu, sie sind bis über die Ohren hinein verstrickt. Auf der Suche nach Vergnügen sind sie eine Partnerschaft eingegangen, die den Beteiligten »netto« eher Unlust als Lust einbringt. Bentham folgerte daher, daß »deep play« von Grund auf unmoralisch sei und – ein für ihn typischer Schritt – gesetzlich untersagt werden sollte.

Interessanter jedoch als das ethische Problem – zumindest für unsere Fragestellung – ist die Tatsache, daß sich Menschen ungeachtet der Logik der Benthamschen Analyse leidenschaftlich und häufig, ja sogar einer möglichen Bestrafung durch das Gesetz zum Trotz, auf derartige Spiele einlassen. Für Bentham und diejenigen, die wie er denken (heutzutage zumeist Juristen, Ökonomen und einige Psychiater), besteht, wie ich bereits sagte, die Erklärung darin, daß solche Leute irrational seien – Süchtige, Fetischisten, Kinder, Narren, Wilde –, die man vor sich selber schützen müsse. Doch für die Balinesen liegt die Erklärung (wenn sie sie natürlich auch nicht in so viele Worte fassen) darin, daß bei einem solchen Spiel Geld weniger ein Maß für gehabten oder künftigen Nutzen ist als vielmehr ein Symbol für einen nicht-materiellen, unbewußten oder bewußten Wert.

Tatsächlich steht bei den »flachen« Spielen – mit ihren niedrigeren Einsätzen – Geldgewinn und -verlust in viel engerem Verhältnis zu dem, was man gewöhnlich unter Nutzen und Nachteil versteht: Lust und Unlust, Glück und Unglück. In den tiefen

19 Der Satz findet sich in der Übersetzung von Hildreth, International Library of Psychology, 1931, Anm. zu S. 106; vgl. L. L. Fuller, *The Morality of Law*, New Haven 1964, S. 6-8.

Spielen, bei denen es um hohe Summen geht, steht viel mehr als der materielle Vorteil auf dem Spiel: Ansehen, Ehre, Würde, Respekt – kurzum: Status, ein Wort, das auf Bali außerordentlich befrachtet ist.[20] Zwar steht er nur symbolisch auf dem Spiel, denn – sieht man von einigen wenigen Wettsüchtigen ab, die sich ruiniert haben – es verändert sich niemandes Status tatsächlich mit dem Ausgang eines Hahnenkampfes; er wird nur für den Moment bestätigt oder bedroht. Doch für die Balinesen, die sich an kaum etwas mehr freuen als an versteckt angebrachten Beleidigungen, und für die nichts schmerzhafter ist, als eine versteckte Beleidigung einstecken zu müssen – besonders wenn gemeinsame Bekannte, die sich durch den äußeren Schein nicht täuschen lassen, zuschauen –, besitzt ein solch hochbewertetes Drama wirklich Tiefe.

Hier muß man sogleich betonen, daß das *nicht* heißen soll, Geld sei für die Balinesen bedeutungslos, oder ein Verlust von fünfhundert Ringgit treffe sie weniger schwer als einer von fünfzehn Ringgit; eine derartige Schlußfolgerung wäre absurd. Eben weil Geld in dieser recht materialistischen Gesellschaft von so hoher Bedeutung ist, setzt man bei steigendem Risiko zugleich eine Menge anderer Dinge zusätzlich aufs Spiel: seinen Stolz, seinen Einfluß, seinen Gleichmut und seine Männlichkeit, zwar wiederum nur für den Moment, aber eben doch in aller Öffentlichkeit. In »tiefen« Hahnenkämpfen setzen die Besitzer und ihre Helfer, in geringerem, aber dennoch erkennbarem Maße auch ihre Unterstützer im Publikum, ihr Geld für ihren Status ein.

Der Grenzverlust des Geldes bei höheren Wetten ist gerade *deshalb* so groß, weil man, wenn man sich an solchen Wetten beteiligt, sein öffentliches Selbst symbolisch und metaphorisch durch das Medium seines Hahnes in die Arena bringt. Während in den Augen eines Anhängers von Bentham die Irrationalität des ge-

20 Natürlich beschränkt sich selbst bei Bentham der Nützlichkeitsbegriff nicht auf monetäre Verluste und Gewinne, und ich sollte hier vielleicht betonen, daß ich lediglich bestreite, daß für die Balinesen – wie für andere Leute auch – Nützlichkeit (Freude, Glück ...) mit Reichtum gleichzusetzen ist. Doch solche terminologischen Probleme sind auf alle Fälle der grundlegenden Tatsache nachgeordnet, daß Hahnenkampf kein Roulette ist.

samten Unternehmens dadurch eher noch steigt, erhöht sich für die Balinesen damit hauptsächlich der Bedeutungsgehalt des Ganzen. Und da der Hauptzweck und die erste Bedingung der menschlichen Existenz (wobei ich eher Weber als Bentham folge) darin besteht, dem Leben Bedeutung zu verleihen, werden die zum Einsatz gelangten ökonomischen Mittel durch den Zugewinn an Bedeutung mehr als ausgeglichen.[21] In Anbetracht dessen, daß bei den größeren Kämpfen Wetten mit gleichem Einsatz die Regel sind, scheinen bedeutende Veränderungen der materiellen Lage der regelmäßigen Teilnehmer im Grunde nicht einzutreten, da sich auf lange Sicht eine Art Ausgleich einstellt. Tatsächlich sind es die kleineren, »flachen« Kämpfe mit den wenigen wirklich süchtigen Spielern – denen es in der Tat vor allem auf das Geld ankommt –, bei denen »wirkliche« Veränderungen der gesellschaftlichen Position stattfinden, und zwar weitgehend nach unten. Solche Leute, Hazardeure, werden von den »wahren Hahnenkämpfen« als Narren, die nicht wissen, worum es bei diesem Sport geht, geschmäht, als gewöhnliche Menschen, die einfach nichts verstehen. Die wahren Enthusiasten – diejenigen, die etwas von der Sache verstehen – betrachten diese Süchtigen als leichte Beute, als Leute, denen man ein wenig Geld abnehmen kann – was leicht genug ist, wenn man sie unter Ausnutzung ihrer Gier in irrationale Wetten auf nicht ebenbürtige Hähne lockt. Die meisten von ihnen schaffen es wirklich, sich innerhalb bemerkenswert kurzer Zeit zu ruinie-

21 M. Weber, *Gesammelte Aufsätze zur Religionssoziologie*, Tübingen 1920. Darin, Bedeutung durch Geld zu vertiefen, liegt nichts spezifisch Balinesisches, wie man aus Whytes Beschreibung von Jugendlichen auf der Straße in einem Bostoner Arbeiterbezirk ersehen kann: »Spielen um Geld spielt für die Leute von Cornerville eine große Rolle. Was für Spiele die Jugendlichen auf der Straße auch beginnen, fast immer schließen sie Wetten auf den Ausgang ab. Wenn nichts auf dem Spiel steht, wird die Partie nicht als richtiger Wettkampf angesehen. Das bedeutet nicht, daß das finanzielle Element übermäßig wichtig wäre. Ich habe oft Leute sagen hören, daß die Ehre, gewonnen zu haben, wichtiger sei als das Geld, um das es geht. Die Jugendlichen auf der Straße halten Spiele um Geld für die wahre Probe ihrer Fähigkeiten, und nur dann gilt ein Mann als ernsthafter Konkurrent, wenn er da, wo es um Geld geht, gut ist.« F. W. Whyte, *Street Corner Society*, 2. Aufl., Chicago 1955, S. 140.

ren. Dennoch scheint es, als seien immer und überall ein oder zwei dabei, die ihr Land verpfänden und ihre Kleider verkaufen, um zu wetten.[22]

Diese abgestufte Korrelation zwischen »Statusspiel« und »tieferen« Kämpfen einerseits und »Geldspiel« und »flacheren« Kämpfen andererseits ist tatsächlich recht allgemein zu beobachten. Die Wettenden selbst bilden in diesem Sinne eine sozial-moralische Hierarchie. Wie schon bemerkt, finden wir bei den meisten Hahnenkämpfen am Rande der Arena eine ganze Reihe geistloser reiner Glücksspiele (Roulette, Würfeln, Münzendrehen, und so weiter), die von Konzessionsinhabern betrieben werden. Lediglich Frauen, Kinder, Heranwachsende und andere Leute, die nicht (oder noch nicht) an den Hahnenkämpfen teilnehmen – die Allerärmsten, die sozial Verachteten, Leute, die aus persönlichen Gründen ausgeschlossen sind –, spielen diese Spiele, natürlich um Pfennige oder weniger. Männer, die am Hahnenkampf teilnehmen, würden sich schämen, sich ihnen auch nur zu nähern. Etwas besser angesehen sind diejenigen, welche, obgleich sie selber keine Hähne kämpfen lassen, doch bei den kleineren Kämpfen im Publikum mitwetten. Danach kommen diejenigen, die Hähne zu kleinen oder gelegentlich auch mittleren Kämpfen in die Arena bringen, jedoch nicht den Status besitzen, an großen Kämpfen teilzunehmen, wenn sie bei solchen auch zuweilen am Rande der

22 Das denkbare Extrem, zu dem dieser Wahn gelegentlich führen kann (auch die Tatsache, daß man es als Wahn ansieht), wird in der balinesischen Volkserzählung *I Tuhung Kuning* deutlich. Ein Spieler wird durch seine Leidenschaft so verrückt, daß er vor einer Reise seiner schwangeren Frau befiehlt, das erwartete Neugeborene gut zu versorgen, wenn es ein Junge ist, es aber als Fleisch an seine Kampfhähne zu verfüttern, sollte es sich um ein Mädchen handeln. Die Frau bekommt ein Mädchen, doch anstatt es den Hähnen zu verfüttern, gibt sie diesen eine große Ratte und versteckt das Kind bei ihrer Mutter. Als der Mann nach Hause kommt, krähen die Hähne im Chor und verraten ihm den Betrug, und er macht sich voller Wut auf, das Kind zu töten. Eine Göttin steigt vom Himmel herab und nimmt das Kind an sich. Die Hähne sterben am genossenen Futter, der Mann kommt wieder zur Besinnung, die Göttin bringt das Kind seinem Vater zurück, und dies vereint ihn wieder mit der Mutter. Die Geschichte findet sich in »Geel Komkommertje« in J. Hooykaas-van Leeuwen Boomkamp, *Sprookjes en Verhalen van Bali*, Den Haag 1956, S. 19-25.

Arena mitwetten Schließlich haben wir die wirklich gestandenen Mitglieder der Gemeinschaft, die etablierte Bürgerschaft, die den Mittelpunkt des lokalen Lebens bildet, und das sind diejenigen, die an den großen Kämpfen teilnehmen und am Rande Wetten abschließen. Diese Männer, die bei derartigen fokussierten Versammlungen die Brennpunkte bilden, beherrschen und bestimmen im allgemeinen den Sport in demselben Maße wie die Gesellschaft. Wenn ein balinesischer Mann in jener beinahe ehrfürchtigen Weise vom »wahren Hahnenkämpfer«, dem *bebatoh* (»Wettender«) oder *djuru kurung* (»Käfigbesitzer«) spricht, dann meint er damit solche Persönlichkeiten und nicht jene Leute, die mit der völlig unangemessenen Mentalität von Würfelspielern zu dem davon völlig verschiedenen Hahnenkampf kommen; auch nicht die süchtigen Spieler (*potét,* ein Wort, das auch Dieb oder Geächteter bedeutet) und deren Anhang. Für den wahren Hahnenkämpfer kommt das, was sich in einem Kampfe abspielt, eher einem Ehrenhandel gleich (wenn auch bei der lebhaften balinesischen Phantasie das vergossene Blut nur symbolisch menschliches repräsentiert), nicht dem stupiden mechanischen Hebel eines Spielautomaten.

Was also den balinesischen Hahnenkampf »tief« macht, ist nicht das Geld an sich, sondern das, was das Geld bewirkt, und zwar umso stärker, je mehr davon eingesetzt ist: die Überführung der balinesischen Statushierarchie in den Hahnenkampf. Während es sich psychologisch um eine äsopische Verkörperung des idealen/dämonischen, recht narzißtischen männlichen Selbst handelt, ist der Hahnenkampf, soziologisch betrachtet, eine ebenfalls äsopische Darstellung der komplexen Spannungsfelder, in denen die kontrollierten, gedämpften, zeremoniellen, jedoch tiefempfundenen Interaktionen eines solchen Selbst alltäglich ablaufen. Die Hähne mögen stellvertretend für die Persönlichkeiten ihrer Eigentümer stehen, Wiedergabe psychischer Strukturen in Tiergestalt, doch der Hahnenkampf ist – oder um es genauer zu sagen, wird absichtlich dazu gemacht – eine Simulation der sozialen Matrix des komplizierten Systems der einander überschneidenden und überlappenden, strikt korporativen Gruppen, denen die Anhänger des Hahnenkampfes angehören: Dörfer, Verwandtschaftsgruppen, Bewässerungsgesellschaften, Tempelvereinigungen, Kasten.[23] Da nun Prestige und die Notwendigkeit, es zu bestätigen, zu verteidigen, zu feiern, es zu rechtfertigen oder sich einfach darin zu sonnen (nicht jedoch, Prestige zu gewinnen, was an der Starrheit der sozialen Schichtung in der balinesischen Gesellschaft liegt), vielleicht die zentrale treibende Kraft dieser Gesellschaft darstellt, finden wir dasselbe auch im Hahnenkampf wieder – ganz abgesehen von wandelnden Penissen, Blutopfern und monetärem Austausch. Dieses vermeintliche Amüsement, dieser scheinbare Sport ist, um noch einen Ausdruck von Erving Goffman zu übernehmen, ein »Status-Blutbad«.[24]

Am leichtesten läßt sich dies anhand des Dorfes, dessen Hahnenkampf-Aktivitäten ich am genauesten beobachten konnte, verdeutlichen und zumindest ein wenig anschaulicher machen, ich meine das Dorf, in dem ich die Razzia erlebte und aus dem meine statistischen Daten stammen.

Wie alle balinesischen Dörfer ist dieses Dorf, Tihingan in der Region Klungkung im Südosten von Bali, höchst komplex organisiert, ein Labyrinth von Allianzen und Oppositionen. Doch zwei Arten von korporativen Gruppen, die sich von vielen anderen unterscheiden und zugleich Statusgruppen darstellen, fallen besonders ins Auge, so daß wir uns *pars pro toto* auf diese konzentrieren können, ohne das Bild ungebührlich zu verzerren.

Zunächst wird das Dorf von vier großen patrilinearen, zum Teil endogamen Abstammungsgruppen dominiert, die miteinander in beständigem Wettbewerb stehen und die wichtigsten Parteiungen des Dorfes bilden. Manchmal schließen sich jeweils zwei zusammen – oder vielmehr die beiden größeren gegen die beiden kleineren, denen sich alle die anschließen, die keiner solchen Partei angehören –; zuweilen operieren sie unabhängig voneinander. Diese Parteiungen sind in weitere Gruppierungen unterteilt, die

23 Zu einer vollständigeren Beschreibung der ländlichen Sozialstruktur auf Bali siehe C. Geertz, »Form and Variation in Balinese Village Structure«, *American Anthropologist*, 61, 1959, S. 94-108; ders., »Tihingan. A Balinese Village«, in: R. M. Koentjaraningrat, *Villages in Indonesia*, Ithaca 1967, S. 210 bis 243; und, obwohl es am Normalfall balinesischer Dörfer ein wenig vorbeigeht, V. E. Korn, *De Dorpsrepubliek tnganan Pagringsingan*, Santpoort, Niederlande 1933.

24 E. Goffman, *Encounters*, a. a. O. S. 78.

ihrerseits wiederum in Untergruppen zerfallen, was sich bis zu recht feinen Unterscheidungen fortsetzt. Als zweites haben wir das Dorf selbst, welches nahezu völlig endogam ist und sich gegen alle nahegelegenen Dörfer abgrenzt, die außerhalb seines Hahnenkampfbezirks liegen (welcher, wie bereits erklärt, mit der Marktregion zusammenfällt). In verschiedenen regionalen politischen und gesellschaftlichen Zusammenhängen geht das Dorf jedoch mit einigen dieser Nachbarn Allianzen gegen andere Dörfer ein. Die konkrete Situation ist also wie überall auf Bali eine ganz besondere, aber das allgemeine Prinzip einer geschichteten Hierarchie von Statusrivalitäten zwischen strikt korporativen, doch unterschiedlich konstituierten Gruppen (und somit zwischen deren einzelnen Mitgliedern) ist deutlich erkennbar.

Hier möchte ich die Aufmerksamkeit auf einige Fakten lenken, die die Behauptung stützen sollen, daß es sich beim Hahnenkampf, besonders beim »tiefen« Hahnenkampf, um eine Dramatisierung von Statusinteressen handelt. Das Folgende stelle ich einfach als Tatsache hin, um auf ausführliche ethnographische Beschreibungen verzichten zu können; doch gibt es zahlreiche und eindeutige Beweise, Beispiele und Zahlen, die zu ihrer Untermauerung angeführt werden könnten.

1. Ein Mann wettet im Grunde nie gegen einen Hahn, der einem Mitglied seiner eigenen Verwandtschaftsgruppe gehört; er fühlt sich gewöhnlich verpflichtet, auf diesen zu setzen, und das umso eher, je enger die Verwandtschaft und je »tiefer« der Kampf ist. Wenn er die Gewißheit hat, daß er nicht gewinnen wird, kann es sein, daß er einfach überhaupt nicht wettet, besonders dann, wenn der Vogel nur einem Cousin zweiten Grades gehört oder wenn es sich um einen »flachen« Kampf handelt. In der Regel jedoch wird er das Gefühl haben, ihn unterstützen zu müssen, und er tut es in »tiefen« Spielen fast immer. Somit bringen die meisten der Leute, die da so demonstrativ »fünf« oder »gesprenkelt« rufen, ihre Unterstützung für den Verwandten zum Ausdruck und nicht ihre Einschätzung seines Vogels, nicht ihre Vertrautheit mit der Wahrscheinlichkeitstheorie, auch nicht die Hoffnung auf ein unverdientes Einkommen.

2. Dieses Prinzip findet eine logische Ausweitung: Wenn die eigene Verwandtschaftsgruppe nicht beteiligt ist, wird man demgemäß

eine verbündete Verwandtschaftsgruppe gegen eine nichtverbündete unterstützen. Dies setzt sich fort durch die sehr verwickelten Allianzverpflichtungen, die, wie ich sagte, dieses und alle anderen balinesischen Dörfer bestimmen.

3. Dasselbe gilt auch für das Dorf als ganzes: Wenn ein fremder Hahn gegen einen Hahn aus dem eigenen Dorf kämpft, herrscht die Tendenz vor, den einheimischen zu unterstützen. Wenn der seltene, doch mögliche Fall eintritt, daß ein Hahn von außerhalb des eigenen Hahnenkampfbezirks gegen einen aus diesem Bezirk stammenden kämpft, wird man ebenfalls dazu tendieren, den »Heimvogel« zu unterstützen.

4. Die Hähne, die aus weiter entfernten Orten kommen, sind fast immer Favoriten, denn die Theorie besagt, daß niemand es wagen würde, einen Hahn, der nicht gut ist, mitzubringen; und er muß umso besser sein, je weiter er angereist ist. Seine Begleiter müssen ihn natürlich unterstützen. Wenn die großen legalen Hahnenkämpfe abgehalten werden (an Feiertagen und so weiter), dann nehmen die Dorfleute die Hähne, die sie für die besten des Dorfes halten – egal, wem sie gehören –, und setzen auf diese, wenn sie auch fast mit Sicherheit Chancen einräumen und hohe Wetten abschließen müssen, um zu zeigen, daß es sich bei ihnen nicht um ein Dorf von Pfennigfuchsern handelt. So selten sie auch vorkommen, so haben solche »Auswärtsspiele« doch die Tendenz, Gegensätze unter den Dorfmitgliedern auszugleichen, die bei den ständigen »Heimspielen«, bei denen die Dorfparteiungen eher gegeneinander als vereint stehen, verschärft werden.

5. Fast alle Kämpfe sind soziologisch relevant. Man findet selten, daß zwei Außenseiterhähne oder zwei Hähne, die nicht von bestimmten Gruppen unterstützt werden, oder die von solchen Gruppen unterstützt werden, die eindeutig nichts miteinander zu tun haben, gegeneinander kämpfen. Wenn einer dieser Fälle tatsächlich eintritt, ist das Spiel sehr »flach«, die Wettätigkeit sehr lustlos und das Ganze recht langweilig; niemand außer den beiden Hauptkontrahenten und ein, zwei Wettsüchtigen ist interessiert.

6. In diesem Sinne findet man auch selten, daß zwei Hähne aus derselben Gruppe, noch seltener aus derselben Untergruppe und so gut wie nie aus derselben Unter-Untergruppe (die in den mei-

sten Fällen mit der Großfamilie zusammenfällt) gegeneinander kämpfen. Ebenso werden bei Auswärtskämpfen selten zwei Dorfmitglieder gegeneinander antreten, mögen sie das auch als erbitterte Rivalen auf heimischem Boden mit Begeisterung tun.

7. Für den einzelnen gilt, daß Leute, die in eine institutionalisierte Feindschaftsbeziehung *(puik)* verwickelt sind, in deren Rahmen sie miteinander nicht sprechen und auch sonst miteinander nichts zu tun haben (es gibt viele Gründe für einen formellen Abbruch der Beziehungen: Frauenraub, Erbstreitigkeiten, politische Differenzen), mit großem Nachdruck gegeneinander wetten, oft in einer fast besessenen Weise. Dies bedeutet einen offenen und direkten Angriff auf die Männlichkeit des Gegners, letztlich die Grundlage seines Status.

8. Die Koalition zur Wette in der Mitte wird in allen Spielen bis auf die allerflachsten *immer* von Angehörigen einer strukturellen Allianz gebildet; kein »Geld von außen« ist beteiligt. »Außen« wird natürlich durch den Kontext definiert, doch im gegebenen Kontext wird kein Geld von außen bei der Hauptwette verwendet; wenn die Hauptopponenten die Summe nicht aufbringen können, wird die Wette nicht abgeschlossen. So ist die Wette in der Mitte, wiederum insbesondere bei »tieferen« Spielen, der direkteste und offenste Ausdruck sozialer Gegensätze, was einer der Gründe dafür ist, daß sowohl die Wette wie auch die Aufstellung der beiden Gegner von so viel Unbehagen, Heimlichkeit, Verlegenheit und dergleichen umgeben ist.

9. Die Regeln für das Geldleihen – daß man sich nämlich wohl *für* eine Wette Geld leihen kann, sich aber nie *in* einer Wette verschulden darf – stammen (und das ist den Balinesen sehr bewußt) aus ähnlichen Erwägungen: Auf diese Weise ist man niemals seinem Feinde *ökonomisch* ausgeliefert. Strukturell gesprochen, bestehen Spielschulden, die bei kurzen Rückzahlungsfristen recht hoch werden können, immer nur gegenüber Freunden, nie gegenüber Feinden.

10. Wenn zwei Hähne in bezug auf einen selbst strukturell unwichtig oder neutral sind (wenn sie auch, wie erwähnt, fast nie im Verhältnis zueinander neutral sind), wird man nicht einmal einen Verwandten oder Freund fragen, auf wen er setzt. Wenn man nämlich weiß, auf wen er setzt, er aber weiß, daß man es weiß

und trotzdem auf den Gegner setzt, wird das zu Spannungen führen. Diese Regel ist explizit und starr; man trifft ausgefeilte, recht künstliche Vorkehrungen, um sie nicht zu durchbrechen. Zumindest muß man so tun, als merke man nicht, was der andere tut, und für ihn gilt dasselbe.

11. Wer beim Wetten gegen die Erwartungen, die in ihn gesetzt werden, verstößt – dafür gibt es ein besonderes Wort *(mpura)*, das auch »Verzeihung bitte« bedeutet –, wird schlecht angesehen, obgleich dies bei Kämpfen mit niedriger Wette im Zentrum zuweilen durchgehen kann, solange es nicht zu oft vorkommt. Je höher aber die Wette ist und je häufiger man es tut, um so eher wird ein Taktieren mit dem »Verzeihung bitte« zu gesellschaftlichen Spannungen führen.

12. Tatsächlich wird die institutionalisierte Feindschaftsbeziehung, *puik*, (auch wenn deren Ursachen anderswo liegen) oftmals mit solch einer »Verzeihung bitte«-Wette bei einem »tiefen« Kampf formell begonnen; man gießt symbolisch Öl ins Feuer. Genauso wird oft das Ende einer solchen Feindschaft und die Wiederaufnahme des normalen gesellschaftlichen Verkehrs dadurch angezeigt (doch wiederum nicht wirklich vollzogen), daß einer der beiden Feinde auf den Vogel des anderen setzt.

13. In schwierigen Situationen, in denen sich Loyalitäten überschneiden – es ist natürlich in diesem komplexen sozialen System häufig der Fall, daß jemand sich zwischen zwei mehr oder weniger gleichgewichtigen Loyalitätsbeziehungen hin und her gerissen findet –, wird er lieber auf eine Tasse Kaffee oder dergleichen davon schlendern, um nicht wetten zu müssen; ein Verhalten, das an das der amerikanischen Wähler in ähnlichen Situationen erinnert.[25]

14. Wer an der Wette in der Mitte beteiligt ist, gehört, besonders bei »tiefen« Kämpfen, normalerweise zu den führenden Mitgliedern seiner Gruppe (Verwandtschafts- oder Dorfgruppe und dergleichen). Auch wer bei solchen Kämpfen im Publikum wettet, zählt – wie gesagt – zu den etablierteren Mitgliedern des Dorfes, den Honoratioren. Hahnenkämpfe sind Sache derjenigen, die

25 B. R. Berelson, P. F. Lazersfeld und W. N. McPhee, *Voting: A Study of Opinion Formation in a Presidential Campaign*, Chicago 1954.

auch im Alltag in Prestigeauseinandersetzungen verwickelt sind, und nichts für Jugendliche, Frauen, Untergebene und so weiter.

15. Was das Geld anlangt, so gibt man sich äußerlich den Anschein, als spiele es keine Rolle. Es ist aber keineswegs, wie ich schon sagte, völlig unwichtig: Balinesen sind mitnichten weniger unglücklich als andere Leute, wenn sie das Einkommen mehrerer Wochen verlieren. Doch sie betrachten die monetären Aspekte des Hahnenkampfes hauptsächlich als einen selbstregulativen Prozeß, bei dem es darum geht, Geld in einer genau abgegrenzten Gruppe ernsthafter Hahnenkämpfer zirkulieren zu lassen. Die wirklich bedeutenden Gewinne und Verluste betrachtet man zumeist aus einem anderen Blickwinkel; und allgemein drückt sich die Einstellung zum Wetten nicht in der Hoffnung aus, abzukassieren und fette Beute zu machen (ausgenommen wiederum die süchtigen Spieler), sondern eher im Gebet des Pferdewetters: »Oh Gott, gib, daß sich Gewinn und Verlust die Waage halten!« Unter dem Gesichtspunkt des Prestiges aber möchte man nicht, daß sich Gewinn und Verlust die Waage halten, sondern irgendwie ganz plötzlich haushoch gewinnen. Die Gespräche (die nie aufhören) handeln von einem Kampf gegen einen soundso gearteten Hahn von Soundso, und wie übel ihn der eigene Hahn zugerichtet hat, nicht davon, wieviel man gewonnen hat. Daran erinnert man sich selbst bei hohen Wetten selten längere Zeit, während man den Tag, an dem man den besten Hahn von Pan Loh besiegte, über Jahre hinaus im Gedächtnis behalten wird.

16. Man muß, abgesehen von einfachen Loyalitätserwägungen, auf die Hähne der eigenen Gruppe setzen, da sonst alle Leute sagen werden: »Was! Ist er zu stolz, um sich mit uns abzugeben? Muß er nach Java oder Den Pasar (der Hauptstadt) gehen, um zu wetten? Ist er so ein bedeutender Mann?« Es besteht also allgemein ein Druck, beim Wetten nicht nur zu zeigen, daß man wichtig am Ort ist, sondern auch, daß man nicht so bedeutend ist, um auf alle anderen herabsehen und sie womöglich als Rivalen verschmähen zu können. Gleichfalls müssen die Angehörigen der Heimatmannschaft gegen die fremden Hähne wetten, sonst würden ihnen die Gäste vorwerfen (was ein ernster Vorwurf wäre), nur Eintrittsgeld kassieren zu wollen und an den

Hahnenkämpfen nicht wirklich interessiert zu sein. Wer sich so verhielte, würde Arroganz und verletzendes Benehmen an den Tag legen.

17. Schließlich bleibt zu bemerken, daß die balinesischen Bauern sich all dessen wohl bewußt sind und es, zumindest gegenüber einem Ethnographen, in beinahe denselben Begriffen, wie ich sie gebrauchte, ausdrücken. Der Hahnenkampf, so formulierten es nahezu alle Balinesen, mit denen ich über dieses Thema sprach, ist ein Spiel mit dem Feuer, wenn man sich dabei auch nicht verbrennt. Man aktiviert dörfliche und verwandtschaftliche Rivalitäten und Feindseligkeiten, doch in Form eines »Spiels«, nähert sich dabei in riskanter und faszinierender Weise einem offenen und direkten Ausbruch von Aggression zwischen Personen und Gruppen (was aber wiederum so gut wie nie im normalen Verlauf des gewöhnlichen Lebens vorkommt), doch auch wiederum nicht zu sehr, denn letztlich ist es doch »nur ein Hahnenkampf«.

Man könnte weitere Beobachtungen dieser Art anführen, doch sind die Grundzüge, wenn auch nicht völlig herausgearbeitet, so doch klar umrissen. Es scheint daher nützlich, die gesamte Argumentation in einem formalen Schema zusammenzufassen:

IN DEM MASSE, wie gewährleistet ist, daß sich in einem Kampf
1. Personen, die nahezu statusgleich (und/oder persönliche Feinde) sind, und/oder
2. Personen mit hohem Status einander gegenüber stehen,
WIRD DER KAMPF »TIEFER«.

JE »TIEFER« DER KAMPF,
1. desto enger die Identifikation von Hahn und Mann (oder, angemessener ausgedrückt: je »tiefer« der Kampf ist, desto eher wird man seinen besten Hahn, mit dem man sich am meisten identifiziert, einsetzen);
2. desto bessere und ebenbürtigere Hähne kommen zum Einsatz;
3. desto mehr Emotionen sind im Spiel; desto eher werden alle vom Kampf mitgerissen werden;
4. desto höher sind die einzelnen Wetten in der Mitte und am

Rande der Arena. Die Wettchancen im Publikum werden sich in Richtung auf ein paritätisches Verhältnis hinbewegen, und die Wettätigkeit wird allgemein zunehmen;
5. desto weniger wird die »ökonomisch« und desto mehr die »statusmäßig« bestimmte Einstellung beim Wetten vorherrschen – und desto eher werden wir die »soliden Bürger« antreffen.[26]

In dem Maße, in dem die Kämpfe »flacher« werden, tritt das Gegenteil ein, das mit umgekehrten Vorzeichen in den Unterhaltungsspielen, wie Münzdrehen oder Würfeln, kulminiert. Für »tiefe« Spiele gibt es keine absoluten Grenzen, außer natürlich praktischen. Man kennt eine Unzahl legendenähnlicher Erzählungen über große Duelle à la »Zwölf Uhr mittags«, die es in klassischer Zeit zwischen Herren und Fürsten gegeben haben soll (die Eliten waren nämlich schon immer genauso am Hahnenkampf interessiert wie das Volk) und die sehr viel »tiefer« waren als alles, was heutzutage selbst Aristokraten irgendwo auf Bali bieten könnten.
So ist einer der großen Kulturheroen auf Bali ein Fürst, nach seiner Leidenschaft für diesen Sport »Der Hahnenkämpfer« genannt, der eines Tages bei einem benachbarten Fürsten einen sehr »tiefen« Hahnenkampf austrug, als seine ganze Familie – Vater, Brüder, Gattinnen und Schwestern – von Aufständischen aus dem Volk umgebracht wurde. Auf diese Weise davongekommen, kehrte er zurück, schlug den Aufruhr nieder, gewann seinen Thron zurück, stellte die alte balinesische Tradition wieder her und errichtete den mächtigsten, ruhmreichsten und blühendsten Staat, der je auf Bali bestand. Bei allem, was die Balinesen in den Hahnenkampf hineinlegen – sich selbst, ihre Sozialordnung, abstrakten Haß, Männlichkeit, dämonische Kräfte – haben sie doch auch den archetypischen Vertreter statusgemäßer Tugenden im Auge, den arroganten, entschlossenen, vom Ehrge-

26 Da dies ein formales Schema ist, soll es die logische und nicht die kausale Struktur des Hahnenkampfes darstellen. Welche dieser Erwägungen nämlich zu welcher führt, in welcher Reihenfolge und durch welche Mechanismen, ist eine andere Frage, auf die ich in der allgemeinen Beschreibung Licht zu werfen versucht habe.

fühl besessenen und mit wirklichem Feuer spielenden *Ksatriya*-Fürsten.[27]

27 In einer anderen Volkserzählung bei Hooykaas-van Leeuwen Boomkamp (»De Gast«, *Sprookjes en Verhalen van Bali*, S. 172-180) verliert ein *Śudra* aus niedriger Kaste, ein großzügiger, frommer und sorgenfreier Mann, der auch gleichzeitig ein vollendeter Hahnenkämpfer ist, nacheinander alle seine Kämpfe, und das trotz seiner Meisterschaft, bis ihm kein Geld und nur noch ein letzter Hahn bleibt. Doch er verzweifelt nicht: »Ich wette«, sagt er, »auf die Unsichtbare Welt.«
Seine Gattin, eine gute, hart arbeitende Frau, weiß, wie sehr er den Hahnenkampf mag und gibt ihm ihren letzten Notgroschen, damit er wetten kann. Doch voller böser Ahnungen wegen seiner Unglückssträhne läßt er seinen Hahn zu Hause und wettet nur am Rande der Arena. Bald verliert er alles bis auf ein, zwei Münzen und begibt sich zu einer Essensbude, um etwas zu sich zu nehmen. Dort trifft er einen gebrechlichen, übelriechenden und überhaupt unappetitlichen alten Bettler, der sich auf seinen Stab stützt. Der Alte bittet um Essen, und der Held gibt sein letztes Geld aus, um ihm welches zu kaufen. Der Alte bittet dann, die Nacht bei dem Helden verbringen zu dürfen, und dieser lädt ihn freudig ein. Da sich im Hause jedoch kein Essen findet, weist der Held seine Frau an, den letzten Hahn zum Nachtmahl zu schlachten. Als der Alte das erfährt, erzählt er dem Helden, daß er selber in einer Berghütte drei Hähne besitze, von denen er sich einen zum Kämpfen aussuchen könne. Er bittet auch darum, daß ihn der Sohn des Helden als Diener begleite, und so geschieht es, nachdem der Sohn zugestimmt hat.
Es stellt sich heraus, daß der Alte Śiva ist, somit in einem großen Palast im Himmel wohnt, wenn es auch der Held nicht weiß. Eines Tages beschließt der Held, seinen Sohn zu besuchen und den versprochenen Hahn mitzunehmen. Er wird zu Śiva emporgehoben und darf unter drei Hähnen auswählen. Der erste kräht: »Ich habe 15 Gegner geschlagen.« Der zweite kräht: »Ich habe 25 Gegner geschlagen.« Der dritte kräht: »Ich habe den König geschlagen.« »Diesen, den dritten wähle ich!« sagt der Held und kehrt mit ihm zur Erde zurück.
Als er beim Hahnenkampf erscheint, verlangt man von ihm die Gebühr für die Teilnahme, und er entgegnet: »Ich habe kein Geld, ich werde bezahlen, wenn mein Hahn gesiegt hat.« Da man weiß, daß er nie gewinnt, läßt man ihn hinein, zumal der König, der gerade kämpft, ihn nicht leiden kann und hofft, ihn in die Sklaverei führen zu können, wenn er verliert und nicht bezahlen kann. Um dies zu gewährleisten, stellt der König seinen besten Hahn gegen den des Helden auf. Als die Hähne niedergesetzt werden, nimmt der Hahn des Helden Reißaus, und die Menge, angeführt von dem hochmütigen König, bricht in lautes Gelächter aus. Der Hahn des Helden springt nun den König selber an und durchbohrt seine Kehle mit dem Sporn. Der Held flieht. Sein

»Poesie läßt nichts geschehen,« sagt Auden in seiner Elegie über Yeats, »sie lebt nur im Tal ihre Worte, ist selbst ein Geschehen, ein Mund.« Auch der Hahnenkampf läßt, wenn man das Wort im umgangssprachlichen Sinne gebraucht, nichts geschehen. Tag für Tag demütigen Menschen einander in allegorischer Weise und erfahren ebensolche Demütigungen; freuen sich im Stillen, wenn sie gewonnen haben, oder sind bedrückt wegen einer Niederlage, was sie kaum deutlicher zum Ausdruck bringen. *Doch niemandes Status verändert sich wirklich.* Man kann nicht, indem man Hahnenkämpfe gewinnt, die soziale Stufenleiter hinaufsteigen – als einzelner kann man das ohnehin nicht –, wie man auf diese Weise auch nicht absteigen kann.[28] Man kann sich an diesem starken Eindruck drastischer und flüchtiger Veränderungen in einer Hierarchie, die der sozialen Stufenleiter ästhetisch ähnlich sieht, nur freuen und sie genießen, oder darunter leiden und sie erdulden. Es sind gewissermaßen imaginäre Statussprünge, die den Anschein einer Mobilität, die es in Wirklichkeit nicht gibt, erwecken.

Haus wird von den Leuten des Königs umstellt. Der Hahn verwandelt sich in Garuda, den großen mythischen Vogel indischer Legenden und trägt den Helden und seine Frau sicher in den Himmel.
Als das Volk das sieht, macht es den Helden und seine Frau zu König und Königin, und als solche kehren sie zur Erde zurück. Später wird ihr Sohn von Śiva entlassen und kehrt ebenfalls zurück, und der König verkündet seine Absicht, eine Einsiedelei zu beziehen. (»Ich will keine Hahnenkämpfe mehr ausfechten, ich habe auf das Unsichtbare gesetzt und gewonnen.«) Er bezieht die Einsiedelei, und sein Sohn wird König.

28 Süchtige Spieler sind tatsächlich nicht so sehr deklassiert (denn ihr Status ist wie der von jedermann sonst ererbt) als vielmehr verarmt und persönlich blamiert. Der hervorragendste süchtige Spieler in meinem Hahnenkampfbezirk war sogar ein sehr hochkastiger *Kṣatriya,* der den größten Teil seines beachtlichen Landbesitzes verkaufte, um seiner Sucht zu frönen. Obgleich ihn privat jedermann für einen Narren oder Schlimmeres hielt (einige Mitleidigere hielten ihn für krank), wurden ihm in der Öffentlichkeit die komplizierte Unterwürfigkeit und Höflichkeit zuteil, die seinem Range zustanden. Zum Auseinanderfallen von persönlichem Ansehen und öffentlichem Status auf Bali siehe den Aufsatz »Person, Zeit und Umgangsformen auf Bali« (S. 133-201 dieses Bandes).

Wie jede Kunstform – das ist es nämlich, womit wir uns hier letztendlich beschäftigen – macht der Hahnenkampf gewöhnliche Alltagserfahrungen verständlich, indem er sie durch Handlungen und Gegenstände darstellt, deren praktische Konsequenzen aufgehoben und auf das Niveau des reinen Scheins reduziert (oder, wenn man will, erhoben) wurden, auf dem ihre Bedeutung stärker artikuliert und deutlicher wahrnehmbar ist. Der Hahnenkampf ist nur für die Hähne »wirklich wirklich«, denn niemand wird getötet, kastriert, auf den Status von Tieren zurückgeworfen; es werden weder die hierarchischen Beziehungen der Menschen untereinander verändert, noch wird die Hierarchie selber umgestaltet; es kommt nicht einmal zu einer irgendwie bedeutenden Umverteilung des Einkommens. Der Hahnenkampf hat jedoch eine Funktion, die der von *König Lear* und *Schuld und Sühne* bei Leuten mit anderem Temperament und anderen Konventionen zu vergleichen ist; er greift deren Themen – Tod, Männlichkeit, Wut, Stolz, Verlust, Gnade und Glück – auf, ordnet sie zu einer umfassenden Struktur und stellt sie in einer Weise dar, die ein bestimmtes Bild von ihrem eigentlichen Wesen hervortreten läßt. Er konstruiert einen Zusammenhang, verleiht diesen Themen für diejenigen, die solche Konstruktionen zu würdigen wissen, eine Bedeutung, macht sie sichtbar, fühlbar, greifbar, »wirklich« in einem bildlichen Sinne. Als Bild, Fiktion, Modell und Metapher ist der Hahnenkampf eine Ausdrucksform. Seine Funktion ist es nicht, soziale Leidenschaften zu zähmen, noch sie zu schüren (wenn dieses Spiel mit dem Feuer auch ein wenig von beidem tut), sondern sie mit Hilfe von Federn, Blut, Menschenansammlungen und Geld darzustellen.

In den letzten Jahren rückte eine Frage zunehmend in den Mittelpunkt des ästhetischen Interesses, nämlich wie es kommt, daß wir in Dingen wie Büchern, Gemälden, Melodien und Theaterstücken Qualitäten wahrnehmen, von denen wir nicht sicher behaupten können, daß sie wirklich darin vorhanden sind.[29]

29 Vgl. S. Langer, *Feeling and Form,* New York 1953; R. Wollheim, *Art and Its Objects,* New York 1968; N. Goodman, *Languages of Art,* Indianapolis 1968 (dt.: *Sprachen der Kunst,* übers. von Jürgen Schläger, Frankfurt am Main 1973); M. Merleau-Ponty, »The Eye and the Mind«, in dem von ihm herausgegebenen *The Primacy of Perception,* Evanston, Ill. 1964, S. 159-190.

Weder mit den Gefühlen des Künstlers, die die seinen bleiben, noch mit denen des Publikums, die ebenfalls die seinen bleiben, kann man erklären, warum ein Bild wild bewegt und ein anderes ruhig und heiter ist. Wir finden in Tonfolgen Erhabenheit, Geist, Verzweiflung und Überschwang; Leichtigkeit, Energie, Ungestüm und Fluß in Steinblöcken. Romanen spricht man Stärke, Bauwerken Beredsamkeit, Theaterstücken Schwung und Ballettstücken Getragenheit zu. Wenn man nun im Sinne dieser exzentrischen Prädikate sagt, ein richtiger Hahnenkampf sei »unruhestiftend«, erscheint dies ganz und gar nicht mehr unnatürlich, höchstens etwas verwirrend, da ich ihm vorher praktische Konsequenzen abgesprochen hatte.

Dieser unruhestiftende Zug entsteht »irgendwie« aus dem Zusammentreffen dreier Eigenschaften des Kampfes: seiner unmittelbar dramatischen Form, seines metaphorischen Gehaltes und seines sozialen Kontexts. In seiner Eigenschaft als kulturelle Darstellung vor einer gesellschaftlichen Kulisse ist der Kampf zugleich ein konvulsives Aufwallen tierischen Hasses, ein Scheinkrieg symbolischer Gestalten und eine formalisierte Simulation von Statusspannungen; und seine ästhetische Kraft entstammt seiner Fähigkeit, diese unterschiedlichen Realitäten zusammenzuzwingen. Der Grund für jene unruhestiftende Eigenschaft liegt nicht darin, daß er materielle Auswirkungen hätte (es gibt sie, doch sind sie unbedeutend), sondern darin, daß er Stolz mit dem eigenen Selbst, das eigene Selbst mit den Hähnen und die Hähne mit Vernichtung in Zusammenhang bringt und so eine Dimension balinesischer Erfahrungen bildlich umsetzt, die normalerweise dem Blick entzogen ist. Die Übertragung von Sinn und Gewicht auf ein ansonsten ziemlich nichtssagendes und gleichförmiges Spektakel, einen Tumult schlagender Flügel und zuckender Beine, kommt dadurch zustande, daß Veranstalter und Publikum darin einen beunruhigenden Aspekt ihrer Art zu leben oder, noch ominöser, ihrer selbst wiedererkennen.

Als dramatische Form weist der Kampf eine Eigenschaft auf, deren Bedeutung erst zutage tritt, wenn man sich vergegenwärtigt, daß sie durchaus nicht selbstverständlich ist, nämlich eine radikal atomistische Struktur.[30] Jeder Zweikampf ist eine Welt für sich, ein vereinzelter Ausbruch von Form. Wir finden das Zusammenstellen der Paare, das Wetten, den Kampf, das Resultat – äußerster Triumph und äußerste Niederlage – und das hastige, verlegene Hin- und Herschieben des Geldes. Der Verlierer wird nicht getröstet; die Leute wenden sich von ihm ab, schauen an ihm vorbei und lassen ihn in Ruhe, damit er sich an seinen jähen Abstieg in die Nicht-Existenz gewöhnen, seine Züge unter Kontrolle bringen und ohne tieferen Schaden unversehrt wieder zur Arena zurückkehren kann. Auch die Sieger werden nicht beglückwünscht, das Geschehen nicht noch einmal aufgewärmt: Ist ein Zweikampf zu Ende, wendet sich die Aufmerksamkeit der Menge vollständig dem nächsten zu, ohne Blick zurück. Eine Spur des Erlebten bleibt ohne Zweifel bei den Hauptbeteiligten zurück, vielleicht sogar bei einigen der Zuschauer eines »tiefen« Kampfes – wie bei uns auch, wenn wir nach einer guten Aufführung eines eindrucksvollen Stückes das Theater verlassen. Doch dies schwindet bald und wird höchstens zu einer schattenhaften Erinnerung, einem diffusen Nachklang oder einem abstrakten Schauder; doch bleibt gewöhnlich nicht einmal das zurück. Jede Ausdrucksform lebt nur in ihrer eigenen, aus sich selbst geschaffenen Gegenwart. Hier aber ist jene Gegenwart in eine Reihe von

30 Bei britischen Hahnenkämpfen (der Sport wurde dort 1840 verboten) scheint dies zu fehlen, so daß sich dort eine andere Formengruppe herausbildete. Bei den meisten britischen Kämpfen handelte es sich um »Mains«, bei denen eine vorher festgelegte Anzahl von Hähnen in zwei Gruppen aufgeteilt und einer nach dem anderen gegeneinander in den Kampf geschickt wurde. Es wurden die Punkte gezählt, und man setzte sowohl auf einzelne Kämpfe, wie auch auf die ganze Mannschaft. Es gab in England und auf dem Kontinent auch die Variante der »Battle Royales«, bei denen man eine große Menge Hähne auf einmal gegeneinander losließ, wobei derjenige siegte, der zum Schluß übrig blieb. Das »Welsh Main« in Wales ging nach einem Ausscheidungsmuster ähnlich dem der heutigen Tennisturniere vor sich, wobei die Sieger in die nächste Runde aufstiegen. Als Genre eignet dem Hahnenkampf vielleicht weniger kompositorische Flexibilität als etwa der lateinischen Komödie, doch geht sie ihm nicht völlig ab. Allgemeiner zum Hahnenkampf vgl. A. Ruport, *The Art of Cockfighting*, New York 1949; G. R. Scott, *History of Cockfighting*, London 1957; L. Fitz-Barnard, *Fighting Sports*, London 1921.

Momentaufnahmen zerteilt, von denen sich einige heller abzeichnen als die anderen, die aber alle unzusammenhängende ästhetische Quanten bilden; der Hahnenkampf stellt das, was er darstellt, in ruckartigen Ausbrüchen dar.
Doch die Balinesen leben ja, wie ich an anderer Stelle ausführlicher dargelegt habe, in einem Rhythmus plötzlicher Ausbrüche.[31] Die Weise, in der sie ihr Leben einrichten und wahrnehmen, zeigt weniger ein Fließen, eine gerichtete Bewegung aus der Vergangenheit über die Gegenwart hinaus auf eine Zukunft, als vielmehr ein pulsierendes Ein- und Aussetzen von Bedeutung und Bedeutungslosigkeit, ein arhythmisches Abwechseln von kurzen Perioden, in denen »etwas« (d.h. etwas Bedeutungsvolles) geschieht, und gleich kurzen Perioden, in denen »nichts« (d.h. nichts Besonderes) geschieht; von »vollen« und »leeren« Zeiten, wie sie selbst sagen, oder, in einer anderen Terminologie, von »Verbindungsstücken« und »Löchern«. Indem der Hahnenkampf alle Aktivität in einem Brennpunkt zusammenfaßt, erweist er sich als ebenso reiner Ausdruck balinesischen Seins wie der monadische Charakter der Begegnungen im Alltag, wie der schrille Pointillismus der Gamelan-Musik und die Tempelfeiern zu Ehren der herabgestiegenen Götter. Es handelt sich nicht um eine Imitation des punktuellen Charakters des sozialen Lebens auf Bali, auch nicht um dessen bildhafte Darstellung, nicht einmal um seinen Ausdruck: es ist ein sorgfältig ausgearbeitetes Beispiel dieses sozialen Lebens.[32]
Wenn die eine Dimension der Struktur des Hahnenkampfes, das Fehlen zeitlicher Gerichtetheit, ihn als typisches Segment des sozialen Lebens überhaupt erscheinen läßt, so gibt ihm die andere Dimension, seine direkte Kopf-gegen-Kopf- (oder Sporn-gegen-Sporn-) Aggressivität, den Anschein eines Widerspruchs dazu, einer Umkehrung oder sogar Subversion. Unter normalen Umständen zeigen die Balinesen eine fast zwanghafte Scheu vor offe-

31 Siehe den Aufsatz »Person, Zeit und Umgangsformen auf Bali« (S. 133 bis 201 dieses Bandes).
32 Zur Notwendigkeit, einen Unterschied zwischen »Beschreibung«, »Repräsentation«, »Exemplifikation« und »Ausdruck« zu treffen (und zur Unwichtigkeit von »Imitation« für all diese Begriffe) vgl. Goodman, *Languages of Art*, S. 61-110, 45-91, 225-241 (dt. A.: S. 18-21, 94-105, 227-242).

nen Konflikten. Sie sind ausweichend, vorsichtig, leise, kontrolliert, Meister der Unklarheit und der Verstellung – sie nennen das *alus,* »wohlerzogen«, »geschmeidig«. Selten lassen sie sich auf eine Konfrontation ein, wenn sie sich entziehen können, selten leisten sie Widerstand, wo sie ausweichen können. Hier aber geben sie sich wild und mörderisch, mit rasenden Explosionen instinkthafter Grausamkeit. Eine kraftvolle Darstellung eines Lebens, wie es die Balinesen aus tiefster Seele ablehnen (um eine Formulierung zu benutzen, die Frye anläßlich der Blendung Gloucesters prägte), findet sich hier eingebettet in ein geradezu paradigmatisches Beispiel des Lebens, wie sie es wirklich leben.[33] Und, weil der Kontext nahelegt, daß es sich bei der Darstellung um keine einfache Beschreibung, aber doch um mehr als ein eitles Trugbild handelt, kommt an dieser Stelle die unruhestiftende Eigenschaft ins Spiel – die unruhestiftende Eigenschaft des *Kampfes,* nicht (oder jedenfalls nicht notwendigerweise) die seiner Veranstalter, die ihn eher ausgiebig zu genießen scheinen. Das Gemetzel im Hahnenkampfring ist kein Abbild dessen, wie sich die Menschen tatsächlich zueinander verhalten, sondern (was beinahe schlimmer ist) davon, wie sie ihr Verhalten unter einem gewissen Blickwinkel wahrnehmen.[34]

33 N. Frye, *The Educated Imagination,* Bloomington, Ind., 1964, S. 99.

34 Zwei andere balinesische Werte und Unwerte, die im Zusammenhang mit punktförmiger Zeitlichkeit auf der einen und ungezügelter Aggressivität auf der anderen Seite stehen, bestärken das Gefühl, daß der Hahnenkampf zugleich eine Fortsetzung des gewöhnlichen gesellschaftlichen Lebens und seine direkte Negation ist. Hierbei handelt es sich um das, was die Balinesen *ramé* und *paling* nennen. *ramé* bedeutet »voll von Menschen«, »laut«, »aktiv«, und dieser soziale Zustand ist sehr begehrt: stark bevölkerte Märkte, Massenfeste, geschäftige Straßen sind alle *ramé,* wie natürlich auch in einem extremen Maße der Hahnenkampf. *ramé* ist das, was in »vollen« Zeiten geschieht (sein Gegenteil, *sepi,* »ruhig«, ist das, was in »leeren« Zeiten geschieht). *paling* ist soziales Schwindelgefühl, das benommene, desorientierte, verlorene und verwirrte Gefühl, das sich bei jemandem einstellt, dessen Platz im sozialen Koordinatensystem nicht klar ist, ein höchst unerwünschter und ungeheuer beängstigender Zustand. Die Balinesen sind der Auffassung, daß das genaue Einhalten der räumlichen Orientierung (»nicht zu wissen wo Norden ist« bedeutet, verrückt zu sein) sowie von Balance, Dekorum, Statusbeziehungen usw. grundlegend für ein geordnetes Leben *(krama)* ist, dessen erbittertster

Dieser Blickwinkel ist natürlich von der sozialen Schichtung abhängig. Der Hahnenkampf ist, wie wir sahen, am aussagekräftigsten im Hinblick auf die Statusverhältnisse, und die Aussage lautet, daß es sich dabei um eine Frage von Leben und Tod handelt. Wo man hinschaut auf Bali – im Dorf, in der Familie, in der Wirtschaft und im Staat –, überall wird Prestige als eine todernste Angelegenheit betrachtet. Die Hierarchie des Ehrgefühls, eine eigenartige Verschmelzung polynesischer Titelränge und hinduistischer Kasten, bildet das geistige Rückgrat der Gesellschaft. Doch nur im Hahnenkampf werden die Gefühle, auf denen jene Hierarchie beruht, in ihrer natürlichen Färbung enthüllt. Während sie ansonsten in den Dunst der Etikette, eine dicke Wolke von Euphemismen und Zeremonien, Gesten und Anspielungen gehüllt sind, werden sie hier, durch die Tiermaske kaum verstellt, zum Ausdruck gebracht, wobei die Maske sie eher wirkungsvoller demonstriert als verdeckt. Neid gehört ebenso zu Bali wie Ausgeglichenheit, Eifersucht ebenso wie Wohlwollen, Brutalität ebenso wie Charme, doch ohne den Hahnenkampf hätten die Balinesen ein viel weniger sicheres Bewußtsein davon, und vielleicht schätzen sie ihn deshalb so hoch.

Jede Ausdrucksform wirkt (wenn sie wirkt) dadurch, daß sie semantische Zusammenhänge in Unordnung bringt, indem sie Eigenschaften, die man üblicherweise gewissen Dingen zuschreibt, in unüblicher Weise anderen zuordnet, als deren Eigenschaften sie dann auch angesehen werden. Den Wind einen Krüppel zu nennen, wie Stevens dies tut, oder den Ton festzulegen und den Klang zu verändern, wie wir es bei Schönberg finden, oder, um näher bei unserem Beispiel zu bleiben, einen Kunstkritiker als liederlichen Bären abzubilden, wie Hogarth es tat, bedeutet, begriffliche Zuordnungen zu durchbrechen. Die überkommene Verknüpfung von Gegenständen und ihren Qualitäten wird verändert, und bestimmte Phänomene – Herbstwetter, melodische Gestalt und Feuilletonjournalismus – werden in Signifikanten ge-

Feind und extremer Widerspruch *paling* darstellt, jene wirbelnde Positionsverwirrung, die durch die raufenden Hähne exemplifiziert wird. Zu *ramé* vgl. G. Bateson und M. Mead, *Balinese Character*, a. a. O. S. 3 und S. 64; zu *paling* a. a. O., S. 11 und J. Belo (Hrsg.), *Traditional Balinese Culture*, a. a. O., S. 90 bis 92.

hüllt, die normalerweise auf andere Referenten verweisen.[35] Ähnlich begünstigt die immer wieder neu hergestellte Verknüpfung zwischen der Konfrontation der Hähne und den Statuskonflikten der Menschen eine Wahrnehmungsverschiebung von ersterer auf letztere, eine Übertragung, die zugleich eine Beschreibung und ein Urteil enthält. (Logischerweise könnte die Übertragung natürlich genausogut andersherum erfolgen, doch sind die Balinesen, wie die meisten von uns, mehr daran interessiert, etwas über Menschen als über Hähne zu erfahren.)

Was aber den Hahnenkampf vom normalen Leben trennt, was ihn aus dem Bereich des Alltäglichen heraushebt und mit einer Aura höherer Wichtigkeit umgibt, ist nicht die Tatsache, daß er, wie es die funktionalistische Soziologie gern sähe, Statusunterschiede verstärkt (solch eine Verstärkung wäre in einer Gesellschaft, in der jede Handlung davon Zeugnis ablegt, kaum nötig), sondern daß er einen metasozialen Kommentar zu der Tatsache liefert, daß die menschlichen Wesen in einer festen Ranghierarchie zueinander stehen – und daß die kollektive Existenz der Menschen überwiegend im Rahmen dieser Rangordnung stattfindet. Seine Funktion, wenn man es so ausdrücken mag, ist eine interpretierende: es handelt sich um eine balinesische Lesart balinesischer Erfahrung, eine Geschichte, die man einander über sich selbst erzählt.

35 Das Stevens-Beispiel bezieht sich hier auf sein »The Motive for Metaphor« (»Dir gefällt es unter den Bäumen im Herbst. / Denn alles ist halbtot. / Der Wind bewegt sich wie ein Krüppel zwischen den Blättern / Und wiederholt Worte ohne Sinn«) [Copyright 1947 bei Wallace Stevens, zitiert nach *The Collected Poems of Wallace Stevens.* Mit freundlicher Genehmigung von A. A. Knopf, Inc., und Faber & Faber Ltd.] Das Schönberg-Beispiel bezieht sich auf das dritte seiner *Fünf Orchesterstücke*, opus 16, und stammt aus H. H. Dragger, »The Concept of ›Tonal Body‹«, in *Reflections on Art*, hrsg. von S. Langer, New York 1961, S. 174. Zu Hogarth und zur Gesamtproblematik, die hier *»multiple matrix matching«* genannt wird, vgl. E. H. Gombrich »The Use of Art for the Study of Symbols«, in *Psychology and the Visual Arts*, hrsg. von J. Hogg, Baltimore 1969, S. 149-170. Der gebräuchlichere Begriff für eine derartige semantische Alchemie ist »metaphorischer Transfer«, und gute technische Erörterungen dazu finden sich bei M. Black, *Models and Metaphors*, Ithaca, N. Y. 1962, S. 25-27; N. Goodman, *Languages of Art*, S. 44-46; W. Percy »Metaphor as Mistake«, *Sewanee Review*, 66, 1958, S. 78-99.

Eine Behandlung des Themas in dieser Weise verlangt nach einer neuen Metaphorik zur Beschreibung der eigenen Tätigkeit. Die Untersuchung der Kulturformen findet ihre Parallelen nicht mehr im Sezieren eines Organismus, im Diagnostizieren eines Symptoms, in der Dechiffrierung eines Codes oder im Anordnen eines Systems – wie die vorherrschenden Analogien in der gegenwärtigen Ethnologie lauten –, sondern gleicht eher dem Durchdringen eines literarischen Textes. Betrachtet man den Hahnenkampf oder jede andere kollektiv getragene symbolische Struktur als ein Mittel, »etwas von etwas auszusagen« (um eine berühmte aristotelische Formulierung zu benutzen), so sieht man sich nicht einem Problem der gesellschaftlichen Mechanik, sondern der gesellschaftlichen Semantik gegenüber.[36] Für den Ethnologen, dessen Anliegen es ist, soziologische Prinzipien zu formulieren, und nicht, Hahnenkämpfe zu fördern oder gut zu finden, stellt sich die Frage, was sich über solche Prinzipien in Erfahrung bringen läßt, wenn man Kultur als eine Montage von Texten auffaßt.
Eine derartige Erweiterung des Textbegriffs über geschriebenes und sogar verbales Material hinaus ist, wenn auch metaphorisch, natürlich nicht ganz neu. In der mittelalterlichen, in Spinoza kulminierenden Tradition der *interpretatio naturae*, die die Natur wie ein Buch zu lesen versuchte; im Bemühen Nietzsches, Wertsysteme als Auslegungen des Willens zur Macht, und dem Marxens, sie als Auslegungen der Eigentumsverhältnisse zu behandeln; schließlich bei Freud, der den enigmatischen Text des manifesten Traumes durch den verständlichen Text der latenten Traumgedanken ersetzte: überall finden wir Präzedenzfälle, wenn sie auch nicht alle gleichermaßen zu empfehlen sind.[37]

36 Der Ausspruch stammt aus dem zweiten Traktat des *Organon. Über die Interpretation* (dt. Übersetzung von Eugen Rolfes). Zu einer Erörterung dieser Stelle und auch zu Argumenten dafür, den »Begriff des ›Textes‹ ... von dem der ›Schrift‹« zu befreien, und so eine allgemeine Hermeneutik zu konstruieren, vgl. P. Ricœur, *L'interprétation. Essai sur Freud,* Paris 1967 (dt.: *Die Interpretation. Ein Versuch über Freud,* übers. von Eva Moldenhauer, Frankfurt am Main 1969, S. 34-39).
37 Ebd.

Doch blieb dieser Gedanke theoretisch bislang unentfaltet, und die für die Ethnologie wichtigste Folgerung, daß kulturelle Formen als Texte, als aus sozialem Material geschaffene Phantasiebildungen behandelt werden können, muß noch systematisch erforscht werden.[38]

Die Behandlung des Hahnenkampfes als Text würde in unserem Falle bedeuten, eines seiner Merkmale (meiner Meinung nach sein zentrales Merkmal) herauszuarbeiten, das, wenn man in ihm bloß ein Ritual oder einen Zeitvertreib sähe – was sich als nächste Alternative anböte –, leicht verborgen bliebe: der Einsatz von Emotionen für kognitive Zwecke. Der Hahnenkampf spricht in einem Vokabular von Empfindungen: der Kitzel des Risikos, die Verzweiflung über den Verlust, die Freude des Triumphes. Doch er sagt nicht einfach, daß ein Risiko erregend, ein Verlust niederschmetternd und ein Triumph befriedigend sei – banale Tautologien des Affektes –, sondern daß es die solchermaßen exemplifizierten Emotionen sind, auf denen sich die Gesellschaft aufbaut und mit deren Hilfe sie ihre Individuen zusammenhält. Wenn ein Balinese Hahnenkämpfe besucht und an ihnen mitwirkt, bedeutet das für ihn eine Art Gefühlsschulung. Er lernt dort, wie das Ethos seiner Kultur und sein privates Empfinden (zumindest bestimmte Aspekte davon) aussehen, wenn sie in einem kollektiven Text ausbuchstabiert werden; weiterhin, daß beide nahe genug beieinanderliegen, um in der Symbolik eines einzigen solchen Textes artikuliert werden zu können; und schließlich (und das ist das Beunruhigende daran), daß der Text, dem diese Enthüllungen zu verdanken sind, daraus besteht, daß ein Hühnervieh ohne Sinn und Verstand ein anderes in Fetzen hackt.

38 Es könnte so aussehen, als stelle der »Strukturalismus« von Lévi-Strauss eine Ausnahme dar. Doch das scheint nur so, denn Lévi-Strauss geht an Mythen, Totemrituale, Heiratsregeln usw. nicht als zu interpretierende Texte heran, sondern als aufzulösende Chiffren, was etwas ganz anderes ist. Er ist nicht bestrebt zu verstehen, wie symbolische Formen in konkreten Situationen bei der Organisierung von Wahrnehmung (Bedeutungen, Emotionen, Konzepten, Einstellungen) funktionieren; er möchte sie völlig in Begriffen ihrer internen Struktur verstehen, *indépendent de tout sujet, de tout objet, et de toute contexte.* Vgl. C. Geertz, »The Cerebral Savage: On the Work of Claude Lévi-Strauss«, in *Encounter,* Bd. 28, Nr. 4, Apr. 1967, S. 25-32.

Wie schon das Sprichwort sagt, liebt ein jedes Volk seine eigene Art Gewalttätigkeit. Der Hahnenkampf gibt die balinesische Form der Gewalttätigkeit wieder: ihre Erscheinungsform, ihre Anwendung, ihre Macht und ihre Faszination. In ihm werden fast alle Erfahrungsebenen der Balinesen angesprochen, werden Themen wie tierische Wildheit, männlicher Narzißmus, Wettspiele, Statusrivalitäten, Massenerregung und Blutopfer zusammengebracht, die hauptsächlich durch ihre Beziehung zur Raserei und der Furcht davor miteinander zusammenhängen. Der Hahnenkampf bindet all diese Themen in eine Reihe von Regeln ein, die sowohl zügeln als auch freies Spiel lassen, wobei er eine symbolische Struktur aufbaut, in deren Rahmen solche inneren Zusammenhänge immer wieder zur Wahrnehmung und Einsicht gebracht werden. Wenn wir uns – um nochmals Northrop Frye zu zitieren – eine Vorstellung von *Macbeth* ansehen, um zu erfahren, wie sich ein Mann fühlt, der ein Königreich gewonnen, aber seine Seele verloren hat, so gehen die Balinesen zu Hahnenkämpfen, um zu erfahren, wie sich ein Mann, der normalerweise gesetzt, reserviert, fast zwanghaft mit sich selbst beschäftigt, eine Art geistiger Autokosmos ist, dann fühlt, wenn er – angegriffen, gequält, herausgefordert, beleidigt und dadurch zu äußerster Wut getrieben – einen völligen Triumph oder eine völlige Niederlage erlebt hat. Der ganze Absatz verdient es, hier wiedergegeben zu werden, da er uns zurück zu Aristoteles bringt (wenn auch eher zur *Poetik* als zur *Hermeneutik*):

»Doch der Poet [im Gegensatz zum Historiker] trifft, wie Aristoteles sagt, niemals wirkliche Feststellungen, keine einzelnen und keine besonderen. Es ist nicht Aufgabe des Poeten, dir zu sagen, was bereits geschah, sondern was geschieht; nicht, was stattgefunden hat, sondern was immer wieder stattfindet. Er liefert dir das typische, wiederkehrende oder, wie Aristoteles es nennt, allgemeine Ereignis. Niemand ginge in eine Vorstellung von *Macbeth,* um etwas über die Geschichte Schottlands zu erfahren; man will erfahren, wie sich ein Mann fühlt, der ein Königreich gewonnen, aber seine Seele verloren hat. Wenn man einem Charakter wie Micawber bei Dickens begegnet, hat man nicht das Gefühl, es müsse einen Mann gegeben haben, den Dickens gekannt hatte und der genauso war; man hat vielmehr den Eindruck, als fände sich ein Stück Micawber in fast allen Leuten, die man kennt, sogar in einem selbst. Wir sammeln unsere Eindrücke vom menschlichen Leben einen nach dem anderen, und für die meisten von uns bleiben sie unverbunden und ungeordnet; doch in der Literatur finden wir beständig eine große Menge solcher Eindrücke gebündelt und in den Brennpunkt gerückt. Und auch dies meint Aristoteles, wenn er vom typischen oder allgemeinen menschlichen Ereignis spricht.«[39]

Der Hahnenkampf erreicht es, verschiedene Erfahrungen des Alltags in einem Brennpunkt zu bündeln, von denen er sich als »nur ein Spiel« absetzt und an die er als »mehr als Spiel« wieder anschließt. So schafft er etwas, das man vielleicht nicht typisches oder allgemeines, sondern eher paradigmatisches menschliches Ereignis nennen könnte, denn es sagt nicht so sehr, was geschieht, sondern eher, was in etwa geschehen würde, wenn das Leben – was ja nicht der Fall ist – Kunst wäre und so uneingeschränkt wie bei *Macbeth* und *David Copperfield* von Gefühlen bestimmt sein könnte.

So ermöglicht es der endlose, endlos neuinszenierte Hahnenkampf dem Balinesen, eine Dimension seiner Subjektivität zu entdecken – ähnlich wie bei uns die wiederholte Lektüre von *Macbeth*. Indem er einem Kampf nach dem anderen zuschaut (es handelt sich hier um das aktive Zuschauen eines Eigentümers oder eines Wettenden; denn ein Hahnenkampf ist als reiner Zuschauersport kaum interessanter als Krocket oder Hunderennen), wird er mit dem Kampf und dem, was er aussagt, vertraut, gerade so, wie jemand, der mit Aufmerksamkeit ein Streichquartett hört oder völlig gefesselt ein Stilleben betrachtet, mit der Zeit eine gewisse Vertrautheit damit gewinnt und sich dadurch einen Zugang zu seiner Subjektivität eröffnet.[40]

39 Frye, *The Educated Imagination*, a. a. O., S. 63-64.

40 Die Verwendung des für Europäer »natürlichen« visuellen Idioms für Wahrnehmung, »sehen«, »zuschauen« usw., ist hier noch irreführender als sonst, da die Balinesen, wie bereits erwähnt, dem Fortschreiten des Kampfes genauso (vielleicht sogar in höherem Maße, da es beim Hahnenkampf kaum mehr als verschwimmende Bewegung zu sehen gibt) mit dem Körper wie mit den Augen folgen. Sie bewegen die Glieder, den Kopf und den Rumpf in einer gestischen Nachahmung der Manöver der Hähne, und das bedeutet, daß die individuelle Erfahrung des Kampfes mehr kinästhetisch als visuell ist. Es gibt wohl kaum ein besseres Beispiel für die Definition eines symbolischen Aktes als »›getanzter‹ Ausdruck einer bestimmten Haltung« (Kenneth Burke, *The Philosophy of Literary Form*, verb. Aufl., New York 1957, S. 9 (dt.: *Dichtung als symbolische Handlung*, übers. von Günter Rebing, Frankfurt am Main

Doch hier begegnen wir wieder einer jener Paradoxien, wie sie – gleich gemalten Gefühlen und folgenlos bleibenden Handlungen – in der Ästhetik immer wieder auftauchen: Da diese Subjektivität nicht eigentlich existiert, bevor sie organisiert wird, erschaffen und erhalten Kunstformen genau diese Subjektivität, die sie vermeintlich nur entfalten. Streichquartette, Stilleben und Hahnenkämpfe sind nicht einfach Widerschein einer vorweg existierenden Empfindung, die analog wiedergegeben wird; sie sind für die Hervorbringung und Erhaltung solcher Empfindungen konstitutiv. Wenn wir uns als eine Meute von Micawbers betrachten, haben wir sicher zuviel Dickens gelesen (zu wenig vielleicht dann, wenn wir uns für illusionslose Realisten halten); und ähnliches gilt bei den Balinesen, für ihre Hähne und Hahnenkämpfe. In dieser Weise also, indem sie die Erfahrungen in ein spezifisches Licht taucht und ihnen Farbe verleiht, spielt die Kunst als Kunst ihre Rolle im sozialen Leben, und nicht so sehr durch irgendwelche materiellen Auswirkungen.[41]

Im Hahnenkampf schafft und entdeckt so der Balinese zur gleichen Zeit sein Temperament und das seiner Gesellschaft, genauer

1966, S. 14) als eben der Hahnenkampf. Zur außerordentlichen Rolle kinästhetischer Wahrnehmung im balinesischen Leben vgl. G. Bateson und M. Mead, *Balinese Character,* a. a. O., S. 84-88; zum aktiven Charakter ästhetischer Wahrnehmung im allgemeinen vgl. N. Goodman, *Languages of Art,* a. a. O., S. 241-244.

41 All diese Nebeneinanderstellungen der großen Werte abendländischer Kultur mit niedrigen orientalischen Dingen werden sicher einige Ästhetiker in Verwirrung stürzen, genau wie frühere Bemühungen von seiten der Ethnologie, Christentum und Totemismus in einem Atemzug zu nennen, Verwirrung bei einigen Theologen hervorrief. Da aber ontologische Fragen Sache der Religionssoziologie sind (oder sein sollten), sind Fragen ästhetischer Urteile Sache der Kunstsoziologie (oder sollten es sein). Jedenfalls ist der Versuch, den Kunstbegriff von seinen geographischen Beschränkungen zu befreien, nur ein Teil der allgemeinen ethnologischen Verschwörung, alle wichtigen sozialen Begriffe – Heirat, Religion, Recht, Rationalität – zu entprovinzialisieren. Auch wenn dies eine Bedrohung für ästhetische Theorien darstellt, die bestimmte Kunstwerke als einer soziologischen Untersuchung unzugänglich erachten, wird die Überzeugung, für die sich Robert Graves nach eigener Darstellung bei seiner Abschlußprüfung in Cambridge einen Tadel einholte, davon nicht bedroht: daß nämlich manche Gedichte besser als andere sind.

gesagt, eine bestimmte Facette von beidem. Es gibt nicht nur eine große Menge anderer kultureller Texte, die Kommentare zur Statushierarchie und zum Selbstwertgefühl auf Bali liefern, es gibt auch neben den Fragen der sozialen Schichtung und den Rivalitäten, über die soviel geschrieben wird, viele andere sensible Bereiche im Leben der Balinesen. Die Zeremonie zur Weihe eines Brahmanenpriesters, die eine strenge Atemkontrolle, unbewegliche Haltung und leere Konzentration auf die Tiefen der Existenz erfordert, stellt eine grundsätzlich andere, doch für die Balinesen gleichermaßen reale Eigenschaft der gesellschaftlichen Hierarchie dar: nämlich ihre Ausdehnung bis ins Numinos-Transzendente. Insofern diese Zeremonie nicht in der Matrix kinetischer Emotionalität von Tieren stattfindet, sondern in der einer statischen Leidenschaftslosigkeit göttlicher Mentalität, drückt sie Ruhe und nicht Unruhe aus. Die Massenfeste bei den Dorftempeln, die die gesamte örtliche Bevölkerung zu einem aufwendigen gastlichen Empfang der sie besuchenden Götter mobilisieren, bestätigen durch Gesänge, Tänze, Komplimente und Geschenke die spirituelle Einheit der Dorfgenossen gegen ihre Statusungleichheit und projizieren eine Stimmung der Freundschaft und des Vertrauens.[42] Der Hahnenkampf stellt nicht den Universalschlüssel zum balinesischen Leben dar, genausowenig wie der Stierkampf für Spanien. Was er über jenes Leben aussagt, wird durch andere, ebenso beredte kulturelle Aussagen durchaus modifiziert oder sogar in Frage gestellt. Dies ist aber kaum überraschender als die Tatsache, daß Molière und Racine Zeitgenossen waren, oder daß dieselben Leute, die Chrysanthemen arrangieren, auch Schwerter herstellen.[43]

42 Zur Weihezeremonie vgl. V. G. Korn, »The Consecration of the Priest«, in J. L. Swellengrebel (Hrsg.), *Bali: Studies*, a. a. O., S. 131-154; eine (etwas überzeichnete) dörfliche Glaubensgemeinschaft ist bei R. Goris, »The Religious Character of the Balinese Village«, a. a. O., S. 79-100, beschrieben.

43 Daß das, was der Hahnenkampf über Bali zu sagen hat, auch direkt wahrzunehmen ist, und daß das, was er über Unruhe im Leben auf Bali ausdrückt, nicht völlig aus der Luft gegriffen ist, zeigt sich daran, daß im Dezember 1965 im Verlaufe zweier Wochen während der Aufstände nach dem erfolglosen Coup in Djakarta zwischen 40 000 und 80 000 Balinesen (von einer Bevölkerung von ca. zwei Millionen) ums Leben kamen, weitgehend indem sie sich gegen-

Die Kultur eines Volkes besteht aus einem Ensemble von Texten, die ihrerseits wieder Ensembles sind, und der Ethnologe bemüht sich, sie über die Schultern derjenigen, für die sie eigentlich gedacht sind, zu lesen. Solch ein Unterfangen bietet enorme Schwierigkeiten, ist von methodologischen Fehlleistungen und auch moralischer Verlegenheit bedroht. Es ist auch durchaus nicht die einzige Art und Weise, in der symbolische Formen soziologisch behandelt werden können: Der Funktionalismus und der Psychologismus blühen und gedeihen. Doch wenn man annimmt, daß derartige Formen »etwas über etwas aussagen«, und daß sie es zu jemandem sagen, wird damit zumindest die Möglichkeit einer Analyse eröffnet, die sich auf die Substanz dieser symbolischen Formen richtet und nicht auf reduktionistische Erklärungsansprüche.

Wie bei uns vertrauteren Übungen kann man mit der Lektüre des Formenrepertoires einer Kultur überall beginnen und an beliebiger Stelle aufhören. Man kann, wie ich es hier tat, innerhalb einer mehr oder weniger abgegrenzten Form bleiben und nur diese ausloten. Man kann sich auf die Suche nach umfassenderen Einheiten oder verdeutlichenden Kontrasten zwischen verschiedene Formen begeben. Man kann sogar Formen aus verschiedenen Kulturen betrachten, um den Charakter der einen in Abgrenzung zur anderen zu bestimmen. Doch auf welcher Ebene und mit welch komplexen Verfahren man auch immer vorgeht, das leiten-

seitig umbrachten – der schlimmste Ausbruch in diesem Land. (J. Hughes, *Indonesian Upheaval,* New York 1967, S. 173-83. Die Zahlen bei Hughes entstammen natürlich recht zufälligen Schätzungen, doch sind dies noch nicht die höchsten.) Damit soll natürlich nicht gesagt sein, daß das Massenmorden durch den Hahnenkampf hervorgerufen wurde, daß man es auf dieser Basis hätte voraussagen können oder daß es sich um eine Art erweiterter Version davon gehandelt habe, bei der wirkliche Menschen die Stelle der Hähne eingenommen hätten – dies ist natürlich alles Unsinn. Es soll damit lediglich gesagt werden, daß die Tatsache, daß solche Massaker vorkamen, zwar kaum weniger abstoßend, doch immerhin weniger mit den Naturgesetzen im Widerspruch zu stehen scheint, wenn man Bali nicht nur durch das Medium seiner Tänze, Schattenspiele, Bildhauerkunst und Mädchen betrachtet, sondern auch durch das Medium seiner Hahnenkämpfe. Es ist so, wie es mehr als ein wirklicher Gloucester entdecken mußte: Manchmal bekommen die Leute gerade so ein Leben, wie sie es ganz und gar nicht wollten.

de Prinzip bleibt stets dasselbe: Gesellschaften bergen wie Menschenleben ihre eigene Interpretation in sich; man muß nur lernen, den Zugang zu ihnen zu gewinnen.

Common sense als kulturelles System

I

Ziemlich zu Beginn seiner Sammlung von Denkspielen und abrupten Metaphern, die er *Philosophische Untersuchungen* nannte, vergleicht Wittgenstein die Sprache mit einer Stadt:

> Daß [einige Residualsprachen, die er für didaktische Zwecke soeben erfunden hatte] nur aus Befehlen bestehen, laß dich nicht stören. Willst du sagen, sie seien darum nicht vollständig, so frage dich, ob unsere Sprache vollständig ist; – ob sie es war, ehe ihr der chemische Symbolismus und die Infinitesimalnotation einverleibt wurden; denn dies sind, sozusagen, Vorstädte unserer Sprache. (Und mit wieviel Häusern, oder Straßen, fängt eine Stadt an, Stadt zu sein?) Unsere Sprache kann man ansehen als eine alte Stadt: Ein Gewinkel von Gäßchen und Plätzen, alten und neuen Häusern, und Häusern mit Zubauten aus verschiedenen Zeiten; und dies umgeben von einer Menge neuer Vororte mit geraden und regelmäßigen Straßen und mit einförmigen Häusern.[1]

Wenn wir dieses Bild auf den Bereich der Kultur ausweiten, können wir sagen, daß die Ethnologen traditionellerweise die Altstadt zu ihrem Gebiet gemacht haben, indem sie durch ihre planlos angelegten Gassen streiften und dabei versuchten, eine grobe Kartenskizze davon anzulegen. Erst neuerdings beginnen sie sich zu fragen, wie wohl die Vororte, die sich in letzter Zeit anscheinend mehr und mehr um sie herum drängen, gebaut sein mögen, in welcher Verbindung sie zur Altstadt stehen (sind sie aus ihr heraus gewachsen? Wurde sie durch deren Entstehen verändert? Werden sie sie vollkommen schlucken?), und wie das Leben an derart symmetrisch angelegten Orten wohl beschaffen sein mag. Der Unterschied zwischen den Gesellschaften, die Ethnologen traditionellerweise untersuchen – den traditionellen –, und denjenigen, die sie normalerweise bewohnen – die modernen –, wurde gewöhnlich mit dem Begriff der Primitivität gefaßt. Doch könnte man diesen Unterschied vielleicht eher daran ablesen, in welchem

1 L. Wittgenstein, *Philosophical Investigations* (dt.-engl. Ausgabe), Oxford 1958, S. 8.

Ausmaße um das alte Wirrwarr überkommener Praktiken, einmütiger Glaubensvorstellungen, gewohnheitsmäßiger Urteile und selbstverständlicher Emotionen jene geglätteten und begradigten Denk- und Handlungssysteme gewachsen sind – Physik, Kontrapunkt, Existentialismus, Christentum, Technik, Jurisprudenz und Marxismus –, die unsere eigene Landschaft so nachhaltig prägen, daß wir uns eine Welt, in der sie oder Vergleichbares fehlen, nicht vorstellen können.

Wir wissen natürlich, daß man auf Tikopia oder in Timbuktu nur wenig Chemie und Mathematik treibt und daß der Bolschewismus, die Fluchtpunktperspektive, Lehren von der hypostatischen Union und Abhandlungen über das Geist-Körper-Problem nicht eben allgemein verbreitete Phänomene sind. Doch sind wir (und vor allem auch die Ethnologen) nicht bereit, daraus den Schluß zu ziehen, daß Naturwissenschaften, Ideologie, Kunst, Religion oder Philosophie oder wenigstens die Kräfte, in deren Dienst sie stehen, nicht Allgemeingut der ganzen Menschheit sind.

Aus diesem Widerstreben ist eine ganze theoretische Tradition hervorgegangen, die beweisen soll, daß »einfachere« Völker sehr wohl einen Sinn für das Göttliche besitzen, ein leidenschaftsloses Interesse an Erkenntnis, ein Gefühl für Rechtsformen und das Schöne an sich, selbst wenn diese Dinge nicht so ordentlich in kulturelle Kästchen sortiert sind, wie wir es gewohnt sind. So hat Durkheim elementare Formen des religiösen Lebens bei den australischen Eingeborenen gefunden, Boas einen spontanen Sinn für Gestaltung an der Nordwestküste Amerikas, Lévi-Strauss eine »konkrete« Naturwissenschaft im Amazonasgebiet, Griaule eine symbolische Ontologie bei einem westafrikanischen und Gluckman ein implizites *ius commune* bei einem ostafrikanischen Stamm. Es gibt nichts in den Vororten, das nicht zuerst in der Altstadt aufgetreten wäre.

Obwohl all dem ein gewisser Erfolg beschieden war, insofern kaum noch jemand glaubt, Primitive – wenn dieser Begriff überhaupt noch verwandt wird – seien schlichte Pragmatiker, die sich durch einen Nebel von Aberglauben zu ihrem physischen Wohlbefinden vortasten, so ist damit die fundamentale Frage doch nicht zum Verstummen gebracht: Worin liegt der Unterschied – denn selbst die leidenschaftlichsten Verfechter der Behauptung, daß ein jedes Volk seine eigene Art von Tiefe hat (und zu diesen zähle ich mich auch), räumen ein, daß solch ein Unterschied besteht –, worin liegt der Unterschied zwischen den entwickelten Formen der erlernten und den groben Formen der Alltagskultur? Eines meiner Argumente wird im folgenden sein, daß diese ganze Diskussion generell eine falsche Form angenommen hat und daß es nicht darum geht, ob man eine elementare Form von Naturwissenschaft auf den Trobriandinseln finden kann, eine elementare Form von Recht bei den Barotse, ob Totemismus »wirklich« eine Religion und der Cargokult »wirklich« eine Ideologie ist (Probleme, die meiner Ansicht nach so vollständig von Definitionen abhängig sind, daß man sie ohne weiteres zu den intellektuellen Geschmacksfragen rechnen kann), sondern darum, inwieweit Aspekte der Kultur an Orten wie den erwähnten systematisiert werden, bis zu welchem Grade es also dort Vorstädte gibt. Ich werde dieses Problem angehen, indem ich mich – was mir vielversprechender erscheint als zunächst nach Wesensdefinitionen von Kunst, Wissenschaft, Religion oder Recht zu suchen und dann zu entscheiden, ob bei den Buschmännern etwas davon vorhanden ist – einer kulturellen Dimension zuwende, von der man – anders als bei jenen vertrauteren Bereichen des Geistes – gemeinhin nicht annimmt, daß sie einen geordneten Bereich darstellt. Ich meine den *»common sense«*.

Es gibt eine Reihe von Gründen dafür, daß man zu einigen nützlichen Schlüssen gelangt, wenn man den *common sense* als einen relativ geordneten Gesamtkomplex bewußten Denkens behandelt und nicht nur als das, was jeder Mensch mit zwei Beinen und einigermaßen klarem Kopf weiß. Am wichtigsten jedoch ist vielleicht die Tatsache, daß es ein charakteristisches Merkmal des *common-sense*-Denkens ist, genau dies zu leugnen und darauf zu bestehen, daß sich seine Behauptungen unmittelbar aus der Erfahrung ergeben und nicht etwa diese Erfahrung gedanklich reflektieren. Das Wissen darum, daß Regen naß macht und daß man ins Haus kommen sollte, um ihm zu entgehen, oder daß Feuer brennt und man damit nicht spielen sollte (um einen Augenblick in unserer Kultur zu bleiben), wird mit einem weiteren Bereich von Gegebenem und Unleugbarem vermengt, einem Katalog von so zwingend selbstverständlichen Realitäten, daß sie sich jedem, der nur einigermaßen bei Verstand ist, geradezu aufdrängen. Doch das ist offensichtlich eine Täuschung. Kein Mensch, oder wenigstens keiner, der halbwegs bei Sinnen ist, stellt in Zweifel, daß Regen naß macht; doch mag es Leute geben, die die Behauptung, man müsse ins Haus kommen, um ihm zu entgehen, in Frage stellen, indem sie dem entgegenhalten, es sei gut für den Charakter, den Elementen zu trotzen – ohne Hut sei man Gott näher. Die Anziehung, die das Spiel mit dem Feuer besitzt, unterdrückt oft – bei manchen Leuten immer – den Gedanken an den notwendig folgenden Schmerz. Die Religion begründet ihre Sache mit der Offenbarung, die Wissenschaft die ihre mit der Methode, die Ideologie mit moralischem Eifer, der *common sense* aber damit, daß es sich gar nicht um etwas Begründungsbedürftiges handelt, sondern um das Leben *in nuce*. Er beruft sich auf die Welt.

Eine Analyse des *common sense* muß also, im Gegensatz zu seiner Verwendung, damit beginnen, diese ausgelöschte Unterscheidung zwischen der Wahrnehmung der reinen Faktizität – oder wie immer man das nennen soll, was wir als einfach und gegeben wahrnehmen – und dem simplen Alltagswissen, den Beurteilungen und Einschätzungen dieser Faktizität wieder einzuführen. Wenn wir sagen, daß jemand *common sense* habe, soll das nicht nur heißen, daß er seine Augen und Ohren gebraucht, sondern daß er sie sozusagen offen hält, sie sinnvoll, intelligent, auffassungsfähig, reflektiv gebraucht oder es zumindest versucht, und daß er in der Lage ist, mit Alltagsproblemen in einer alltäglichen Weise einigermaßen effizient umzugehen. Wenn wir sagen, daß jemandem *common sense* abgeht, meinen wir nicht, daß er geistig zurückgeblieben ist, daß er nicht merkt, daß Regen naß macht und Feuer brennt, sondern daß er mit den Alltagsproblemen, die das Leben ihm stellt, nicht fertig wird. Er verläßt an einem bewölkten Tag das Haus ohne Regenschirm; er verbrennt sich ständig die Finger und hätte nicht nur den Verstand besitzen müssen, es zu vermeiden, sondern erst gar nicht die Flammen schüren dürfen. Wer nicht in der Lage ist, die blanke Wirklichkeit der Erfahrung zu begreifen, ist ein Schwachsinniger; wer nicht in der Lage ist, auf Grund der Erfahrung zu vernünftigen Schlüssen zu gelangen, ist ein Narr. Letzteres hat weniger, als wir gemeinhin annehmen, mit Intellekt im engen Wortsinne zu tun. Wie Saul

Bellow bemerkte – er dachte dabei an bestimmte Regierungsberater und bestimmte radikale Autoren –, ist die Welt voll von Trotteln mit hohem Intelligenzquotienten.
Diese analytische Aufhebung der unausgesprochenen Prämisse, von der der *common sense* seine Autorität herleitet – daß er Wirklichkeit zutreffend präsentiere –, geschieht nicht in der Absicht, jene Autorität zu unterhöhlen, sondern sie neu zu verorten. Wenn der *common sense* ebensowohl eine Interpretation der unmittelbaren Erfahrung darstellt, eine Randbemerkung dazu, wie es bei Mythen, in der Malerei, Erkenntnistheorie und dergleichen der Fall ist, dann ist er wie diese historisch konstruiert und historisch definierten Beurteilungsmaßstäben unterworfen. Er kann in Frage gestellt, bestritten, bestätigt, entwickelt, formalisiert, betrachtet und sogar gelehrt werden, und er kann sich bei verschiedenen Völkern drastisch unterscheiden. Kurzum, es handelt sich dabei um ein kulturelles System, wenn auch gewöhnlich kein besonders fest integriertes, und er ruht auf derselben Grundlage wie alle anderen derartigen Systeme auch: wer über *common sense* verfügt, ist von dessen Wert und Gültigkeit überzeugt. Hier wie anderswo sind die Dinge das, was man aus ihnen macht.
Die Bedeutung all dessen für die Philosophie liegt natürlich darin, daß der *common sense* (oder verwandte Vorstellungen) zu einer zentralen Kategorie, ja *der* zentralen Kategorie zahlreicher moderner philosophischer Systeme geworden ist. Er stellte in derartigen Systemen schon immer eine wichtige Kategorie dar, angefangen beim Platonischen Sokrates (wo er die Funktion hatte, seine eigene Unzulänglichkeit zu zeigen). Ausgangspunkt sowohl der cartesischen als auch der Locke'schen Tradition war die freilich unterschiedlich beantwortete Frage (auch hier ein kultureller Unterschied!), was selbstverständlich sei und was nicht, wenn auch nicht gerade für den Alltagsverstand, so doch für den denkenden Menschen. In unserem Jahrhundert aber ist der Begriff (wie er zunehmend gefaßt wurde) des »ungebildeten« *common sense* – das, was der einfache Mann diesseits aller akademischen Spitzfindigkeiten denkt – beinahe zum Gegenstand der Philosophie geworden, da so vieles andere in den Bereich der Wissenschaft oder Dichtung verschwunden ist. Die Art und Weise, wie sich Wittgenstein, Austin und Ryle auf die normale Spra-

che konzentrieren; die Entwicklung der sogenannten Phänomenologie des Alltagslebens bei Husserl, Schütz und Merleau-Ponty; die Verklärung persönlicher, mitten aus dem Leben stammender Entscheidungen im europäischen Existentialismus; der amerikanische Pragmatismus, der Problemlösungen nach dem Prinzip »leben und leben lassen« zum Paradigma der Vernunft erhebt: all dies reflektiert die Tendenz, in der Struktur des praktisch orientierten Alltagsdenkens des rechtschaffenen Normalmenschen nach dem Schlüssel zu den tieferen Geheimnissen der Existenz zu suchen. G. E. Moore, der die Realität der Außenwelt beweist, indem er eine Hand emporhält und sagt, daß hier ein physikalisches Objekt sei, dann die andere Hand hebt und sagt, daß hier ein weiteres sei, ist, wenn man von den Feinheiten der Lehre absieht, ein typisches Abbild eines sehr großen Teiles der neueren westlichen Philosophie.

Doch obwohl er somit zum Mittelpunkt eines solchen Interesses geworden ist, wurde die Geltung des *common sense* eher unterstellt als ernsthaft analysiert. Husserl und in der Folge Schütz beschäftigten sich mit den begrifflichen Grundlagen der »Alltags«-Erfahrung und der Frage, wie wir die Welt, die wir biographisch bewohnen, konstruieren, achteten dabei aber weniger auf den Unterschied zwischen diesem Alltagswissen und dem, was Dr. Johnson tat, als er einen Stein wegkickte, um Berkeley zu widerlegen, oder was Sherlock Holmes tat, als er über den schweigenden Hund in der Nacht nachdachte. Ryle hat wenigstens beiläufig angemerkt, daß man nicht »beim Gebrauch von Messer und Gabel *common sense* oder Mangel daran zeigt, (sondern eher) im Umgang mit einem zu gut gekleideten Bettler oder bei einer Panne, wenn man nicht die richtigen Werkzeuge hat.« Gewöhnlich hatte man jedoch einen *common-sense*-Begriff vom *common sense:* er ist das, was jeder mit gesundem Menschenverstand weiß.

Hier wie sonst auch kann die Ethnologie von Nutzen sein: indem sie Sachverhalte, die nicht im Rahmen des Üblichen liegen, einführt, stellt sie Vertrautes in einen veränderten Kontext. Betrachten wir die Ansichten von Leuten, die aus den Erfahrungen des Lebens andere Schlüsse als wir ziehen, andere Lektionen in der Schule des Lebens lernen, dann werden wir recht schnell merken, daß *common sense* eine problematischere und tiefergreifende Angelegenheit ist, als es aus der Perspektive eines Pariser Cafés oder eines Professorenzirkels in Oxford erscheinen mag. Als eine der ältesten Vorstädte der menschlichen Kultur – nicht sehr regelmäßig, nicht sehr gleichförmig angelegt, doch der Form nach schon vom Wust der kleinen Straßen und Plätze durch ihre weniger zufällige Anlage unterschieden – stellt er in besonders deutlicher Weise die Motive dar, auf denen solche Entwicklungen beruhen: das Bestreben, die Welt eindeutig zu machen.

2

Betrachten wir einmal die berühmte Abhandlung von Evans-Pritchard über Hexerei bei den Zande unter diesem Gesichtspunkt und nicht wie sonst im Hinblick auf Wesen und Funktion der Magie. Er befaßt sich hier, wie er explizit sagt – was aber anscheinend niemandem besonders aufgefallen ist –, mit Denkformen des *common sense* – *common sense* bei den Zande – als dem allgemeinen Hintergrund, auf dem sich der Begriff der Hexerei entwickelt hat. In den Auffassungen der Zande zeigt sich eine Geringschätzung der natürlichen Kausalität – daß ein Phänomen erfahrungsgemäß ein anderes nach sich zieht –, die die Existenz einer anderen Art Kausalität nahelegt – Evans-Pritchard nennt sie »mystisch« –, die auf eine in Wirklichkeit eher materialistische Konzeption von Hexerei hinausläuft (wobei eine schwärzliche Substanz, die sich im Bauche eines Menschen findet, und dergleichen mehr eine Rolle spielt).

Nehmen wir einmal an, sagt er, ein Zande-Junge hat sich den Fuß an einem Baumstumpf gestoßen und sich daraufhin eine Infektion zugezogen. Der Junge sagt, das ist Hexerei. Unfug, sagt Evans-Pritchard aus der Tradition seines eigenen *common sense* heraus, du hast ganz einfach nicht aufgepaßt, du hättest schauen sollen, wo du hintrittst. Ich hab' aufgepaßt, wo ich hintrete, sagt der Junge, das muß man, wo es hier doch so viele Baumstümpfe gibt. *Wäre ich nicht verhext worden, hätte ich ihn gesehen.* Und er fügt hinzu, »daß nicht alle Schnittwunden Tage brauchen um zu heilen, sie verheilen im Gegenteil rasch, denn das ist bei

Schnittwunden das natürliche«. Diese hier aber fing an zu eitern, also muß Hexerei im Spiel gewesen sein.
Oder nehmen wir einen Zande-Töpfer, einen wirklich erfahrenen Mann, der, wann immer einmal einer seiner Töpfe zerspringt, »Hexerei!« schreit. Unfug, sagt Evans-Pritchard, der anscheinend, wie alle guten Ethnographen, nie etwas hinzuzulernen scheint: Natürlich zerspringen manchmal Töpfe bei der Herstellung, das ist der Lauf der Dinge. Doch ich wählte den Ton sorgsam aus, sagt der Töpfer, ich habe sorgfältig alle Steine und allen Schmutz herausgelesen, ich habe den Ton langsam und sorgfältig hochgezogen und in der Nacht zuvor auch keinen Geschlechtsverkehr gehabt. Und *doch* ist er zerbrochen. Was anders als Hexerei kann es gewesen sein? Ein weiteres Mal, als Evans-Pritchard krank war, oder, wie er es selber ausdrückte, sich nicht in Form fühlte, fragte er sich in Gegenwart einiger Zande, ob er wohl zu viele Bananen gegessen habe. Unsinn, sagten diese, von Bananen wird man nicht krank, es muß Hexerei gewesen sein.
Von welch »mystischem« Gehalt der Hexenglaube der Zande auch immer sein mag (und ich habe bereits zu verstehen gegeben, daß ein solcher für uns nur insoweit existiert, als wir selber nicht daran glauben), seine Funktion bei den Zande ist alles andere als mysteriös. Der Glaube an Hexerei formuliert und verteidigt die Wahrheitsansprüche der alltäglichen Vernunft. Hinter all diesen Gedanken über angestoßene Zehen, verpfuschte Töpfe und übersäuerte Mägen steht ein Geflecht von *common-sense*-Vorstellungen, die die Zande offensichtlich *prima facie* als wahr ansehen: geringfügige Verletzungen heilen schnell, Steine können ein Zerspringen von gebranntem Ton bewirken, sexuelle Enthaltsamkeit ist eine notwendige Voraussetzung für einen Erfolg beim Töpfern, und wenn man im Zande-Land herumläuft, ist es nicht ratsam, Tagträumen nachzuhängen, da die Gegend voller Baumstümpfe ist. Und aus diesem Geflecht von *common-sense*-Annahmen, nicht aus irgendeiner primitiven Metaphysik, gewinnt die Vorstellung von Hexerei ihre Bedeutung und ihre Kraft. Hexerei hat – auch wenn man meint, sie fliege nachts umher wie die Glühwürmchen – nichts mit einer unsichtbaren Ordnung zu tun, sie bezieht sich vielmehr auf eine sichtbare.
Erst dann, wenn sich die gewöhnlichen Erwartungen nicht erfül-

len, wenn sich der Zande Anomalien oder Widersprüchen gegenübersieht, kommt der Gedanke an »Hexerei« auf. Zumindest in dieser Hinsicht ist sie eine Art Scheinvariable im *common-sense*-Denken. Sie transzendiert dieses Denken nicht, sondern bestätigt es eher, indem sie eine allen Zwecken dienliche Idee bereitstellt, die die Zande versichern soll, daß ihr Bestand an Alltagswissen, wenn es auch einen gegenteiligen Anschein haben mag, verläßlich und angemessen ist. Wenn also ein Mann Lepra bekommt, dann wird das nur dann auf Hexerei zurückgeführt, wenn in der Familie kein Inzest vorkam, denn »wie jedermann weiß«, führt Inzest zu Lepra. Auch Ehebruch bewirkt Unglück. Ein Mann kann im Krieg oder auf der Jagd durch die Untreue seiner Frau umkommen. Wenn er in den Krieg oder auf die Jagd zieht, wird er oft klugerweise seine Frau auffordern, ihm die Namen ihrer Liebhaber zu verraten. Wenn sie wahrheitsgemäß sagt, daß sie keinen habe (ich weiß nicht, wie der *common sense* der Zande die Wahrheitsliebe der Frauen sieht, doch muß sie außergewöhnlich sein, wenn schon einfaches Fragen genügt), und er dennoch stirbt, dann muß es Hexerei gewesen sein – es sei denn, natürlich, er hat etwas offensichtlich Unvernünftiges getan. Gleichermaßen sind in den Augen der Zande Ignoranz, Dummheit oder Inkompetenz – jeweils kulturell definiert – ausreichende Gründe für einen Mißerfolg. Wenn der Töpfer seinen zersprungenen Topf untersucht und tatsächlich einen Stein findet, hört er auf, etwas von Hexerei zu murmeln, sondern schimpft über seine eigene Nachlässigkeit, anstatt einfach anzunehmen, daß Hexerei für die Anwesenheit des Steines verantwortlich sei. Wenn einem unerfahrenen Töpfer ein Topf zerspringt, führt man das auf seine Unerfahrenheit zurück, was nur vernünftig erscheint, und nicht auf irgendwelche ontologischen Brüche in der Realität.

Zumindest in diesem Zusammenhang hat der Ruf »Hexerei!« für die Zande dieselbe Funktion wie das »Inscha Allah« für manche Mosleme und das Sichbekreuzigen bei manchen Christen: Statt noch beunruhigendere Fragen – ob nun religiöser oder politischer, wissenschaftlicher oder ethischer Art – aufzuwerfen, etwa die, woraus die Welt besteht und wohin das Leben strebt, verbannt man solche Fragen lieber aus dem Blickfeld und klammert sich angesichts der Zweifel, die die Unzulänglichkeit des *common sense* zwangsläufig aufkommen läßt, umso trotziger an dessen Weltbild. »Alles ist, was es ist, und nichts anderes«, um es mit Joseph Butler zu sagen.

»Seit Generationen«, schreibt Evans-Pritchard, »verfahren die Zande bei ihren ökonomischen Unternehmungen nach überlieferten Kenntnissen, ob es sich nun um Hausbau und Handwerk oder Landwirtschaft und Jagd handelt. Was ihr eigenes Wohlergehen betrifft, so haben sie ein gründliches und brauchbares Wissen von der Natur... Es ist allerdings unvollständig und wird nicht durch irgendeinen systematischen Unterricht vermittelt, sondern im Kindheits- und Jugendalter langsam und beiläufig von einer Generation an die nächste weitergegeben. Es reicht jedoch für ihre alltäglichen Aufgaben und saisonal bedingten Arbeiten aus.« Diese Überzeugung des einfachen Menschen, daß er nämlich mit allen Dingen – nicht nur den ökonomischen – umgehen kann, ist es, die ihm überhaupt Handeln ermöglicht und die daher um jeden Preis verteidigt werden muß – bei den Zande durch einen Rekurs auf Hexerei, um Mißerfolge abzumildern, bei uns durch die Beschwörung einer langen philosophischen Tradition von Geistesblitzen, um die Erinnerung an Erfolge wachzuhalten. Es wurde oft darauf hingewiesen, daß die Aufrechterhaltung des religiösen Glaubens für jede Gesellschaft ein Problem darstellt, was mir richtig zu sein scheint, wenn man nicht eine spontane Religiosität bei den Primitiven unterstellen will. Genauso richtig und bisher noch kaum beachtet ist aber auch die Tatsache, daß es nicht weniger problematisch ist, den Glauben an die Verläßlichkeit der Axiome und Argumente des *common sense* aufrecht zu erhalten. Dr. Johnsons berühmte Methode, Zweifel am *common sense* zum Schweigen zu bringen – »und damit hat sich die Sache!« – ist, genau betrachtet, kaum weniger massiv als Tertullians Methode, dem religiösen Zweifel Einhalt zu gebieten: *»credo quia impossibile«*. Der Ruf »Hexerei!« steht beiden Verfahren in nichts nach. Der Mensch baut Dämme für seine am meisten benötigten Glaubensvorstellungen aus allem, was ihm in die Hände fällt.

All dies stellt sich noch dramatischer dar, wenn man sich nicht darauf beschränkt, eine einzige Kultur als ganze zu untersuchen, sondern ein spezielles Problem in verschiedenen Kulturen synoptisch betrachtet. Der Artikel von Robert Edgerton, der vor einigen Jahren im *American Anthropologist* erschien, bietet ein ausgezeichnetes Beispiel für einen solchen Ansatz. Es geht darin um das Problem der Intersexualität, gemeinhin vielleicht eher unter der Bezeichnung Hermaphrodismus bekannt.

Wenn es einen Sachverhalt gibt, von dem jeder annimmt, daß er Teil der Weltordnung sei, so ist es der, daß die Menschen restlos in zwei biologischen Geschlechtern aufgehen. Natürlich weiß man allenthalben, daß sich einige Menschen – Homosexuelle, Transvestiten usw. – nicht gemäß der Rollenerwartung verhalten, die man ihnen aufgrund ihres biologischen Geschlechts entgegenbringt. In jüngster Zeit sind sogar einige Leute in unserer Gesellschaft so weit gegangen anzuregen, derartige Rollendifferenzierungen überhaupt nicht mehr anzuwenden. Ob man jedoch *»vive la différence«* oder *»à bas la différence«* ruft, die reine Existenz dieser *différence* steht kaum zur Diskussion. Das sprichwörtliche kleine Mädchen, das meint, die Menschen kämen in zwei Ausführungen zur Welt – die eine einfacher, die andere besser ausgestattet –, mag in bedauerlichem Maße unaufgeklärt sein, immerhin hat es jedoch einen tatsächlichen anatomischen Sachverhalt angesprochen.

Andererseits hat es wahrscheinlich keine hinreichend große Stichprobe untersucht. Das Geschlecht beim Menschen ist keine vollkommen dichotomische, aber natürlich auch keine kontinuierliche Variable, denn dann wäre unser Liebesleben noch komplizierter, als es ohnehin schon ist. Zwei bis drei Prozent der Menschen sind deutlich intersexuell, einige davon sogar so weitgehend, daß sie männliche und weibliche Genitalien aufweisen oder einen entwickelten Busen und dazu männliche Genitalien haben usw. Das stellt die Biologie vor gewisse Probleme, doch zeigen sich gerade dort beachtliche Fortschritte. Aber auch für den *common sense* entstehen einige Probleme, besonders für das System praktischer und ethischer Vorstellungen, das auf der Annahme beruht, daß Männlichkeit und Weiblichkeit zu den Grundlagen der Wirklichkeit gehören. Intersexualität ist mehr als eine empirische Überraschung: es ist eine kulturelle Herausforderung.

Dieser Herausforderung begegnet man auf vielfältige Weise. Nach Edgerton glaubten zum Beispiel die Römer, daß Zwitter-

Kinder von den Göttern verflucht seien, und brachten sie daher um. Wie in anderen Fragen auch waren die Griechen Zwittern gegenüber großzügiger. Sie waren, wenn sie ihnen auch merkwürdig vorkamen, nur eine Merkwürdigkeit unter vielen anderen, und so ließen sie sie ihr Leben weitgehend unangefochten leben – schließlich bot Hermaphroditos, der Sohn des Hermes und der Aphrodite, der mit einer Nymphe den gleichen Körper teilte, einen überzeugenden Präzedenzfall. Edgertons Aufsatz hat nun die faszinierende Verschiedenartigkeit zum Thema, mit der drei Völker – die Nordamerikaner, die Navaho und die Pokot (letztere ein Stamm in Kenia) – dem Phänomen der Intersexualität in ihren *common-sense*-Ansichten über das Geschlecht des Menschen und seinen Platz in der Natur begegnen. Verschiedene Menschengruppen können, so schreibt er, sehr wohl unterschiedlich reagieren, wenn sie mit jemandem konfrontiert sind, dessen Körper anomale Geschlechtsmerkmale zeigt, doch sie können sie niemals übersehen. Um die überkommenen Vorstellungen von »normal und natürlich« unbeschadet bewahren zu können, ist es unabdingbar, diesen recht auffälligen Abweichungen gegenüber Stellung zu beziehen.

Nordamerikaner kennen vor Intersexualität nur Abscheu. Der Anblick der Genitalien eines Zwitters oder auch nur ein Gespräch über dieses Thema bewirkt nach Edgerton bei einzelnen Leuten Übelkeit. »Als ethisches und juristisches Dilemma findet es kaum seinesgleichen. Kann so jemand heiraten? Wie steht es mit dem Militärdienst? Welches Geschlecht wird auf der Geburtsurkunde eingetragen? Darf die Eintragung geändert werden? Ist es psychologisch gesehen ratsam – oder überhaupt möglich –, daß jemand, der als Mädchen erzogen wurde, plötzlich ein Junge wird? . . . Wie kann sich ein Zwitter in der Schuldusche, im öffentlichen Bad und beim Rendezvous verhalten?« Es wird klar, daß der *common sense* hier mit seiner Weisheit am Ende ist.

Gewöhnlich reagiert man auf Intersexualität so, daß man den Zwitter mit großer – zuweilen mehr als großer – Hingabe dazu ermutigt, entweder eine weibliche oder eine männliche Rolle anzunehmen. So kommt es, daß viele Zwitter zeitlebens als »normale« Männer und Frauen »gerade noch durchgehen«, was jedoch sorgfältige Verstellung erfordert. Andere nehmen – oft sogar gezwungenermaßen – Zuflucht zur Chirurgie, um, wenn auch nur äußerlich, die Merkmale zu »korrigieren« und »einwandfreie« Männer oder Frauen zu werden. Außerhalb des Schaubudenmilieus gestehen wir dem Dilemma der Intersexualität nur eine Lösung zu: die mit diesen Merkmalen behaftete Person wird zur Anpassung gezwungen, um die besonderen Empfindlichkeiten aller anderen nicht zu verletzen. »Alle Betroffenen«, schreibt Edgerton, »seien es die Eltern oder die Ärzte, bemühen sich herauszufinden, welchem der beiden natürlichen Geschlechter die intersexuelle Person angehört, um dann dem zweideutigen, widersinnigen Ärgernis des »Es« zu helfen, als »Er« oder »Sie« wenigstens teilweise akzeptabel zu werden. Kurzum, wenn Tatsachen und Erwartungen zu weit auseinanderfallen, müssen die Tatsachen verändert oder, wenn nicht anders möglich, kaschiert werden.«

Soweit zu den Verhältnissen bei den Wilden. Wenden wir uns nun den Navaho zu, bei denen, wie W. W. Hills bereits 1935 durchgeführte, systematische Forschungen über Hermaphrodismus zeigen, eine ganz andere Auffassung vorliegt. Auch für sie ist Intersexualität natürlich etwas Anomales, doch empfinden sie ihr gegenüber nicht Abscheu und Schrecken, sondern eher Verwunderung und Ehrfurcht. Man glaubt, der Zwitter sei mit göttlichem Segen ausgestattet, den er auch auf andere übertragen könne. Zwitter werden nicht nur respektiert, sie werden praktisch verehrt. Einer von Hills Informanten drückte das so aus: »Sie wissen alles, sie können Männer- und Frauenarbeit leisten. Ich glaube, wenn sie einmal nicht mehr da sind, bedeutet das das Ende für die Navaho.« »Wenn es keine [Zwitter] gäbe«, sagte ein anderer Informant, »dann würde sich das Land verändern. Sie sind für allen Reichtum des Landes verantwortlich. Gäbe es keine mehr, müßten die Pferde, die Schafe und die Navaho untergehen. Sie sind Führer, genau wie Präsident Roosevelt.« Wieder ein anderer sagte: »Ein [Zwitter] im Hogan bringt Glück und Wohlstand. Einen [Zwitter] in der Nähe zu haben, ist für das Land von Vorteil.« Und so weiter.

Ihr *common sense* läßt den Navaho die Anomalität der Intersexualität – die, wie gesagt, den Navaho nicht weniger anomal als uns vorkommt, denn es *ist* nun mal eine Anomalität – in einem ganz anderen Licht als uns erscheinen. Wenn sie nicht als Abscheulichkeit, sondern als ein Segen interpretiert wird, folgen daraus Vorstellungen, die uns so seltsam erscheinen wie die, daß Ehebruch zu Jagdunfällen und Inzest zu Lepra führt, den Navaho aber erscheinen diese Vorstellungen einfach als zwingend für jeden Menschen, der einigermaßen klar bei Verstand ist. So zum Beispiel die, daß die Herden gedeihen und mehr Milch produziert wird, wenn man die Genitalien von Zwitter-Tieren (die ebenfalls hoch geschätzt werden) am Schwanz von weiblichen und an der Nase von männlichen Schafen und Ziegen reibt. Oder die, daß Zwitter zu Familienoberhäuptern mit vollständiger Kontrolle über das Familieneigentum gemacht werden sollten, das dadurch ebenfalls anwächst. Man braucht nur einige wenige merkwürdige Tatsachen ein wenig anders zu interpretieren, und schon hat man – hier jedenfalls – eine ganz andere Denkweise: nicht gleichmachen und beseitigen, sondern staunen und respektieren.

Beim ostafrikanischen Stamm der Pokot schließlich zeigt sich noch eine andere Auffassung. Wie die Nordamerikaner bringen sie Zwittern keine Achtung entgegen, sie reagieren jedoch ebensowenig wie die Navaho mit Abscheu und Schrecken auf sie. Sie halten sie einfach für ein Versehen. Sie sind, einem offensichtlich sehr populären afrikanischen Vergleich zufolge, wie mißlungene Keramik. Sie sagen: »Gott unterlief ein Fehler«, und nicht: »Die Götter haben ein wunderbares Geschenk geschaffen« oder »Wir stehen hier vor einer unklassifizierbaren Monstrosität.«

Bei den Pokot gilt ein Zwitter als nutzlos. »Es« kann weder die väterliche Linie fortsetzen oder vergrößern wie ein richtiger Mann, noch kann »es« einen Brautpreis einbringen wie eine richtige Frau. »Es« kann sich auch nicht am Geschlechtsverkehr erfreuen, dem »angenehmsten aller Dinge«, wie die Pokot sagen. Genauso leichthin, wie man einen fehlerhaften Topf wegwirft, werden Zwitter oft schon als Kinder getötet, und dasselbe geschieht auch mit Mikrozephalen oder Kindern mit fehlenden Gliedmaßen sowie mit stark mißgebildeten Tieren; oft läßt man sie aber auch, genauso leichthin, einfach weiterleben. Ihr Leben ist zwar elend, doch sie sind keine Parias – nur vernachlässigt, einsam, gleichgültig behandelt wie eben schlecht verfertigte Gegenstände. In ökonomischer Hinsicht geht es ihnen tendenziell besser als den meisten anderen Pokot, denn von ihren Gütern zehrt nicht wie sonst die ganze Verwandtschaft, und sie werden nicht durch ein Familienleben bei der Ansammlung von Reichtümern behindert. Sie haben in diesem ganz typischen segmentären Lineage- und Brautgeld-System keinen Platz. Wer braucht sie schon?

Einer von Edgertons Informanten beklagte sein großes Unglück: »Ich tue nichts als essen, schlafen und arbeiten; was bleibt mir sonst noch? Gott ist ein Fehler unterlaufen.« Ein anderer: »Gott hat mich so geschaffen. Da konnte ich nichts daran machen. Allen anderen [ist] es möglich, als Pokot zu leben. Ich [bin] kein richtiger Pokot.« In einer Gesellschaft, in der der *common sense* sogar einen normal gestalteten Mann, sofern er kinderlos bleibt, zur verlorenen Gestalt stempelt, wo man von einer kinderlosen Frau sagt, sie sei »noch nicht einmal eine Person«, muß das Leben eines Zwitters als äußerste Sinnlosigkeit erscheinen. Er ist »nutzlos« in einer Gesellschaft, in der das »Nützliche«, ausgedrückt in Vieh, Frauen und Kindern, so überaus hoch geschätzt wird.

Kurzum, es folgt keineswegs alles weitere, wenn erst einmal bestimmte Voraussetzungen gegeben sind. *Common sense* ist nicht das, was dem Verstande spontan einleuchtet, wenn er nur einmal störendes Spezialwissen abgelegt hat; er ist das Ergebnis von Schlüssen, die der Verstand aus gewissen Vorannahmen ableitet wie etwa der, daß das Geschlechtliche eine subversive Macht oder die Fähigkeit der Regeneration oder ein praktisches Vergnügen sei. Wenn Gott die Zwitter erschaffen hat, so hat doch der Mensch sie vollendet.

3

Doch damit ist es noch nicht getan. Was der Mensch erschaffen hat, ist ein Diskurs mit einer Norm. Wie bei *König Lear*, beim Neuen Testament oder der Quantenmechanik handelt es sich auch beim *common sense* um eine Darstellung der Dinge, die beansprucht, die richtige zu sein. Tatsächlich ist der *common sense* gewissermaßen ein natürlicher Rivale solcher anspruchsvollerer Diskurse, sofern sie vorhanden sind; er konkurriert aber auch mit phantasmagorischen Darstellungsweisen wie Träumen und Mythen. Als Rahmen für das Denken wie als Denkweise erhebt der *common sense* einen ebenso umfassenden Anspruch wie alle anderen: es gibt keine Religion, die dogmatischer, keine Wissenschaft, die ambitionierter, und keine Philosophie, die generalisierender wäre. Er schlägt andere Töne an, gebraucht andere Argumente, doch wie jene – und wie Kunst und Ideologie – erhebt er den Anspruch, die Illusion zu überwinden, um zur Wahrheit zu gelangen, oder, wie man auch sagt, zu den Dingen, wie sie sind. »Sooft ein Philosoph sagt, etwas sei ›wirklich wirklich‹«, schreibt G. E. Moore, der große zeitgenössische Verfechter des *common sense,* »kann man wirklich sicher sein, daß das, was er ›wirklich wirklich‹ nennt, wirklich nicht wirklich ist.« Wenn dagegen ein Moore, ein Dr. Johnson, ein Zande-Töpfer oder ein Pokot-Hermaphrodit von einer Sache behaupten, sie sei wirklich, dann meinen sie das auch.

Und natürlich weiß man das auch. Es ist die »Klangfarbe«, die besondere Beschaffenheit der Beobachtungen, die an den Schlußfolgerungen ablesbare Geisteshaltung, die die besonderen Merkmale des *common sense* ausmachen. An sich ist dieser Terminus als feststehender Begriff und als explizit umgrenztes semantisches Feld natürlich nicht universal, sondern gehört wie Religion, Kunst und so weiter zu unserer eigenen, mehr oder weniger vom *common sense* bestimmten Art und Weise, kulturelle Ausdrucksformen zu unterscheiden. Wir sahen ja bereits, daß sein jeweiliger Inhalt genau wie bei Kunst, Religion und dergleichen je nach Ort und Zeit viel zu stark variiert, als daß man hoffen könnte, eine eindeutig bestimmbare Konstante in ihm zu finden, ein Urdiskurs, den man sich überall erzählt. Wir können den *common sense* (und alle anderen verwandten Genres) nur dann kulturübergreifend beschreiben, wenn wir das isolieren, was man seine stilistischen Züge nennen könnte, die charakteristische Attitüde, die ihm seinen besonderen Stempel aufdrückt. Wie die Bekundungen der Frömmigkeit, so klingen auch die des gesunden Menschenverstandes immer gleich, ungeachtet dessen, was da gesagt wird; landläufige Weisheiten treten überall mit derselben aufreizenden Attitüde landläufiger Weisheiten auf.

Auf welche Weise man aber diese stilistischen Züge, diese charakteristische Attitüde oder Abschattungen einer Klangfarbe – wie immer man das bezeichnen mag – fassen soll, ist problematisch, da uns dafür kein fertiges Vokabular zur Verfügung steht. Bevor ich einfach neue Termini erfinde, was hier, wo es darum geht, Bekanntes zu charakterisieren, und nicht darum, Unbekanntes zu beschreiben, eher hinderlich wäre, möchte ich lieber die Bedeutung alter Begriffe erweitern, wie es der Mathematiker tut, wenn er sagt, ein Beweis sei tief, oder ein Kunstkritiker, wenn er ein Gemälde stilrein nennt, oder ein Weinkenner, wenn er von einem überzeugenden Bordeaux spricht. Die Begriffe, die ich in diesem Sinne auf den *common sense* anwenden will – ein jeder mit dem Suffix -heit oder -keit versehen, um das Substantiv zu bilden –, sind: natürlich, praktisch, dünn, unmethodisch, zugänglich. »Natürlichkeit«, »Praktischheit«, »Dünnheit«, »Unmethodischheit« und »Zugänglichkeit« sind die ein wenig ungeläufigen Eigenschaften, die ich dem *common sense* als allgemein verbreiteter kultureller Form zuschreiben möchte.

Am grundlegendsten ist vielleicht die erste dieser neu gebildeten Qualitäten. Der *common sense* präsentiert die Dinge – das heißt, nur ganz bestimmte Dinge – so, als läge das, was sie sind, einfach in der Natur der Dinge. Ein Hauch von »wie denn sonst«, eine Nuance von »versteht sich« wird den Dingen beigelegt – aber hier nur ausgewählten, besonders herausgestrichenen Dingen. Sie werden als der Situation innewohnend dargestellt, als von der Wirklichkeit nicht zu trennende Aspekte, so, wie es sich nun einmal mit ihnen verhält. Das gilt sogar für Anomalien, wie z. B. die Intersexualität. Was die amerikanische Einstellung von den beiden anderen unterscheidet, ist nicht so sehr die Tatsache, daß uns Leute mit bisexuellen Organen viel merkwürdiger vorkommen als ihnen, sondern, daß uns diese Merkwürdigkeit unnatürlich scheint, als Widerspruch zu den Gesetzen des Daseins. Jeweils auf ihre Weise zeigen Navaho und Pokot die Einstellung, daß es sich bei Zwittern um ein, wenn auch etwas ungewöhnliches, Produkt normaler Umstände handelt – um mißlungene Töpfe oder begabte Wunderkinder –, während Amerikaner (vorausgesetzt natürlich, daß ihre Einstellung korrekt wiedergegeben wurde) meinen, Weiblichkeit und Männlichkeit erschöpften die natürlichen Kategorien, in denen eine Person überhaupt denkbar ist: was dazwischen liegt, ist unverständlich, eine Beleidigung der Vernunft.

An weniger sensationellen Beispielen wird vielleicht eher deutlich, was unter Natürlichkeit als Kennzeichen jener Darstellungen des Wirklichen, die wir *common sense* nennen, zu verstehen ist. Die australischen Ureinwohner, um ein beliebiges Beispiel zu nennen, halten sehr viele physische Merkmale der sie umgebenden Landschaft für das Werk totemistischer Vorfahren – meistens Känguruhs, Emus, Witchety-Raupen und dergleichen – aus jener Zeit außerhalb der Zeit, die im Deutschen für gewöhnlich mit »Traumzeit« umschrieben wird. Nach Nancy Munn geht diese Verwandlung von Ahnengestalten in landschaftliche Besonderheiten auf wenigstens drei verschiedene Weisen vor sich: durch tatsächliche Metamorphose, d. h. der Vorfahre verwandelt sich in ein materielles Objekt; durch Prägung, d. h. der Vorfahre hinterläßt einen Abdruck seines Körpers oder eines seiner Werkzeuge; durch die von ihr so genannte Externalisierung, d. h. die Ahnen entnehmen ihrem Körper einen Gegenstand und legen ihn ab. So kann ein Felshügel, sogar ein großer Stein, als versteinerter Ahn angesehen werden (die Informanten sagen, daß er nicht gestorben sei, sondern aufhörte, sich zu bewegen und damit »zu Land wurde«); ein Wasserloch, sogar ein ganzer Lagerplatz, kann als Gesäßabdruck eines Ahnen interpretiert werden, der sich auf seinen Wanderungen hier zur Rast niedergesetzt hatte; von verschiedenen materiellen Gegenständen – wie Fadenkreuzen oder ovalen Holztafeln – glaubt man, daß sie von einem vorzeitlichen Känguruh oder einer Schlange aus dem Bauch gezogen und »zurückgelassen« wurden. Sieht man einmal von den außerordentlich komplizierten Details ab, so zeigt sich, daß die natürliche Umwelt, wie ihr die Ureinwohner begegnen, weder reine Realität noch irgendein kompliziertes metaphysisches Objekt, sondern das natürliche Resultat übernatürlicher Ereignisse ist.

Gerade an diesem Beispiel, das hier etwas kursorisch dargestellt wurde, läßt sich gut zeigen, daß die Natürlichkeit, die als modale Eigenschaft den *common sense* charakterisiert, nicht oder nicht notwendig auf einem – in unserer Terminologie – philosophischen Naturalismus beruht, wonach es nichts zwischen Himmel und Erde gibt, von dem sich der endliche Geist des Menschen noch nichts habe träumen lassen. Vielmehr ist für die australischen Ureinwohner wie für die Navaho die Natürlichkeit der Alltagswelt direkter Ausdruck, Resultat eines Seinsbereiches, dem ganz andere Qualitäten zugeschrieben werden: »Erhabenheit«, »Ernst«, »Mysterium«, »Anderssein«. Die Tatsache, daß die physischen Erscheinungen ihrer natürlichen Umwelt bleibende Spuren unverletzlicher Känguruhs oder wundertätiger Schlangen sind, macht diese Phänomene in den Augen der Ureinwohner nicht weniger natürlich. Die Tatsache, daß ein bestimmter Bach entstand, als Opossum einmal seinen Schwanz hinter sich her schleifen ließ, ändert nichts daran, daß ein Bach ein Bach ist. Natürlich wird er dadurch etwas mehr oder etwas anderes als ein Bach, so wie wir ihn sehen; in beiden aber fließt das Wasser nur bergab.

Wir haben es hier mit einer allgemeinen Erscheinung zu tun. Die Entwicklung der modernen Wissenschaften übte einen tiefgreifenden – wenn auch nicht so tiefgreifenden, wie gemeinhin angenommen wird – Einfluß auf die Ansichten des westlichen *common sense* aus. Ganz gleich, ob der Durchschnittsmensch mittlerweile zum echten Kopernikaner geworden ist, was ich bezweifeln möchte (für mich geht die Sonne immer noch auf und scheint auf die Erde hinab): wenigstens die Theorie von den Keimen als Krankheitserregern ist jedem schon einmal begegnet, und sei es im Werbefernsehen. Wie das Werbefernsehen aber auch deutlich macht, glaubt man daran eher im Sinne eines *common sense* als in dem einer ausgearbeiteten wissenschaftlichen Theorie. Über das »eine Erkältung füttern und ein Fieber aushungern« mögen wir hinaus sein, über das »zweimal täglich Zähneputzen, zweimal jährlich zum Zahnarzt« aber wohl nicht. Ähnliches könnte man aus dem Bereich der Kunst anführen: ehe Whistler ihn nicht gemalt hatte, gab es keinen Londoner Nebel, und so weiter. Die Natürlichkeit, die *common-sense*-Vorstellungen allem verleihen – lieber aus sprudelnden Quellen als aus trägen Gewässern zu trinken, in Grippezeiten Menschenansammlungen zu meiden –, kann von anderen, recht ungewöhnlichen Aussagen darüber, wie es in der Welt bestellt ist, abhängig sein. (Oder auch nicht: Wenn man sagt, der Mensch sei zum Leiden geboren, so sicher, wie Funken aufwärts fliegen, hängt die Überzeugungskraft dieser Aussage einzig davon ab, ob man lange genug gelebt hat, um herauszufinden, daß das in erschreckender Weise zutrifft.)

Die zweite Eigenschaft, »Praktischheit«, fällt vielleicht mehr ins Auge als die übrigen auf meiner Liste; denn wenn wir sagen, einem Menschen, einer Handlung oder einem Projekt fehle es deutlich an *common sense,* meint man damit meistens, daß sie unpraktisch sind. Dem betreffenden Menschen droht ein unsanftes Erwachen, die Handlung führt zum Mißerfolg, oder das Projekt kommt nicht zustande. Aber gerade weil dieser Begriff so einsichtig erscheint, wird er so leicht falsch angewandt. Hier handelt es sich nämlich nicht um »Praktischheit« im engeren, pragmatischen Sinne des Nützlichen, sondern um »Praktischheit« im weiteren, populärphilosophischen Sinne von Klugheit. Wenn man jemanden ermahnt: »Gib acht!«, heißt das weniger, daß er sich an das Nützlichkeitsprinzip halten soll, sondern eher, daß er, wie wir sagen, mit Köpfchen vorgehen soll: er soll schlau sein, geistig auf der Höhe, am Ball bleiben, sich kein X für ein U vormachen lassen, sich vor schweren Jungs und leichten Mädchen hüten, die Toten ihre Toten begraben lassen.

Tatsächlich hat man im Verlauf der erwähnten Diskussion über das kulturelle Inventar »primitiverer« Völker auch die Frage erörtert, ob »Primitive« überhaupt an empirischen Tatsachen interessiert sind, die nicht oder nur indirekt mit ihren unmittelbaren materiellen Interessen zu tun haben. Daß dies nicht der Fall sei, war weitgehend die Meinung Malinowskis, und Evans-Pritchard schließt sich ihr in einer Passage über die Zande, die ich absichtlich oben ausließ, an: »Was ihr eigenes Wohl betrifft, so haben sie ein gründliches, brauchbares Wissen von der Natur. Darüber hinaus wird der Natur aber weder wissenschaftliches Interesse entgegengebracht, noch übt sie eine gefühlsmäßige Anziehung aus.« Dagegen argumentieren andere Ethnologen, darunter – wenn nicht als erster, so doch in sehr eindringlicher Weise – Lévi-Strauss, daß die sogenannten »Primitiven«, »Wilden« empirische Wissensbereiche geschaffen und sogar systematisiert haben, die keine klar erkennbare praktische Bedeutung für die

Betreffenden besitzen. Einige philippinische Stämme kennen über sechshundert benannte Pflanzenarten, wobei die meisten dieser Pflanzen nicht verwendet werden, unbrauchbar und überhaupt nur selten anzutreffen sind. Indianer im Nordwesten der Vereinigten Staaten und in Kanada haben eine komplizierte Taxonomie für Reptilien, für die sie weder eine alimentäre noch sonst eine Verwendung haben. Einige Indianergruppen im Südwesten der USA (Pueblo-Indianer) haben besondere Namen für alle Koniferenarten ihrer Region, die sich jedoch kaum voneinander unterscheiden, jedenfalls nicht in einer Weise, die die materiellen Interessen der Indianer berührte. Pygmäen in Südostasien können über fünfzehn Fledermausarten danach unterscheiden, wie sie Blätter fressen. Gegen das Bild vom primitiven Utilitarier, das Evans-Pritchard entwirft – »wisse Bescheid über Dinge, deren Kenntnis dir nützt, und überlasse den Rest der Hexerei« –, wendet sich Lévi-Strauss mit seinem Bild vom primitiven Intellektuellen: »lerne alles kennen, was den Verstand reizen kann, und ordne es nach Kategorien.« »Man wird einwenden«, schreibt er, »eine solche Wissenschaft [nämlich botanische Klassifizierungen, herpetologische Untersuchungen] könne in der Praxis kaum wirksam sein. Aber genau genommen zielt sie auch nicht in erster Linie auf das Praktische. Sie genügt intellektuellen Ansprüchen vor oder anstelle der bloßen Befriedigung von [materiellen] Bedürfnissen.«[2]

Ohne Zweifel ist man sich auf diesem Gebiet heute weitgehend darüber einig, daß die Auffassungen von Lévi-Strauss denen von Evans-Pritchard vorzuziehen sind – »Primitive« interessieren sich für alles mögliche, es muß gar nichts mit ihren Unternehmungen oder ihren Mägen zu tun haben. Doch damit ist das Thema noch nicht erschöpft. Man klassifiziert all diese Pflanzen, unterscheidet alle diese Schlangen und Fledermäuse nicht deshalb, weil eine überwältigende Erkenntnisleidenschaft, die aus irgendwelchen dunklen angeborenen Geistesstrukturen rührt, einen dazu drängt. In einer Umgebung, in der es Koniferen, Schlangen oder laubfressende Fledermäuse gibt, ist es praktisch,

2 C. Lévi-Strauss, *Das wilde Denken,* übers. von Hans Naumann, Frankfurt am Main 1968, S. 20.

über Koniferen, Schlangen oder laubfressende Fledermäuse gut Bescheid zu wissen, ganz gleich, ob dieses Wissen nun im strengen Sinne materiell nützlich ist, weil dort ein derartiges Wissen »praktisch« ist. Wie »Natürlichkeit« ist auch »Praktischkeit« eine Eigenschaft, die der *common sense* den Dingen beilegt und nicht umgekehrt. Wenn uns das sorgfältige Studieren der Aufstellung bei einem Pferderennen als praktische Tätigkeit erscheint, nicht aber eine Schmetterlingsjagd, dann liegt das nicht daran, daß das eine nützlich wäre und das andere nicht, sondern daß man ersteres als – wenn auch vergebliches – Bemühen betrachtet, im Bilde zu sein, letzteres aber nicht, wie vergnüglich es auch sein mag.

Bei der dritten der Quasi-Qualitäten, mit der der *common sense* die Wirklichkeit versieht, »Dünnheit«, fällt es schwer, explizitere Begriffe zu finden. Man könnte ebensogut oder besser von »Einfachheit« oder »Buchstäblichkeit« sprechen, da es hier um die Tendenz des *common sense* geht, alles so darzustellen, als sei es genau das, was es zu sein scheint, nicht mehr und nicht weniger. Die bereits zitierte Zeile von Butler – »alles ist, was es ist und nichts anderes« – ist ein vollendeter Ausdruck dieser Eigenschaft. Die Welt ist das, was der aufmerksam schauende, unkomplizierte Mensch über sie denkt. Nüchternheit, nicht Spitzfindigkeit, Realismus und nicht Phantasie sind die Schlüssel zur Weisheit. Die wirklich wichtigen Tatsachen im Leben liegen offen zutage und nicht schlau verborgen in der Tiefe. Es ist überflüssig, sogar ein großer Fehler, die Offensichtlichkeit des Offensichtlichen zu leugnen, wie es so oft die Dichter, Intellektuellen, Priester und andere tun, die von Berufs wegen die Welt verkomplizieren. Die Wahrheit ist so deutlich wie eine Pike über dem Wasser, sagt ein holländisches Sprichwort.

Auch hier denken sich die Ethnologen, wie Moores überscharfsinnige Philosophen in ihrem grüblerischen Diskurs über das Wirkliche, häufig komplexe Gedankengebäude aus, die sie dann als kulturelle Tatsachen darstellen. Das rührt daher, daß es ihnen nicht gegeben ist, das meiste von dem, was ihre Informanten erzählen, wörtlich zu nehmen, selbst wenn es sich etwas seltsam anhören mag. Für die letzteren nämlich liegen einige der grundlegendsten Eigenschaften der Welt keineswegs hinter einer Maske trügerischer Erscheinungen verborgen – nur aus schwachen Hinweisen zu erschließen und nur aus unbestimmten Zeichen zu enträtseln. Man erblickt sie vielmehr in Steinen, Händen, Bösewichtern und erotischen Dreiecken, und nur der Übergescheite sieht sie nicht. Es braucht seine Zeit (jedenfalls brauchte ich eine ganze Weile), damit fertig zu werden, wenn einem die ganze Familie eines javanischen Jungen erzählt, der Grund dafür, daß er von einem Baum fiel und sich das Bein brach, sei der, daß ihn der Geist seines verstorbenen Großvaters heruntergestoßen habe, da irgendeine rituelle Verpflichtung dem Großvater gegenüber unabsichtlich übersehen worden sei. Was die Familie betrifft, so bleibt für sie zu der ganzen Begebenheit nicht mehr zu sagen: genau das ist ihrer Vorstellung nach geschehen, es ist alles, was geschehen ist; und verwirrt sind sie nur darüber, daß ich so verwirrt darüber bin, daß sie so wenig verwirrt sind. Einmal erzählte mir eine alte, des Lesens und Schreibens unkundige javanische Bauersfrau – eine klassische Erscheinung, wenn es je so etwas gab – durchaus ernsthaft eine lange komplizierte Geschichte über die Rolle der »Tagesschlange«, die bestimmt, ob es klug ist zu verreisen, ein Fest zu geben oder eine Ehe zu schließen (die Erzählung bestand aus detaillierten Berichten über schreckliche Unglücksfälle, die immer dann eingetreten waren, wenn jemand diese Rolle nicht beachtet hatte – Wagen überschlugen sich, Tumore bildeten sich, Besitztümer schwanden dahin). Als ich mich dann schließlich nach dem Aussehen der Tagesschlange erkundigte und zur Antwort bekam: »Sei nicht töricht, kann man denn einen Dienstag sehen?«, wurde mir langsam klar, daß auch Evidenz vom Standpunkt des Betrachters abhängt. Als philosophischer Satz oder wissenschaftliches Bekenntnis mag der Ausspruch »Die Welt besteht aus Tatsachen« sehr wohl falsch sein; er bringt jedoch die »Dünnheit« – die »Einfachheit« und »Buchstäblichkeit« –, die der *common sense* der Erfahrung aufprägt, anschaulich zum Ausdruck.

Nun zur »Unmethodischheit«, einer weiteren, ebenfalls nicht sehr glücklich bezeichneten Qualität, die das *common-sense*-Denken in der Welt vorzufinden glaubt. Sie befriedigt unsere Lust an der Inkonsistenz, die nur den ganz großen Scholastikern fremd ist (»Nur Kleingeister plagen sich ständig mit der törichten Idee einer Konsistenz«, schrieb Emerson, und Whitman: »Ich widerspreche mir selbst, dann widerspreche ich mir eben selbst. In mir liegt Vielheit«). Vergleichbare Genüsse liegen in der unerschöpflichen Vielfalt möglicher Erfahrungen – ein Vergnügen, das nur sehr zwanghafte Menschen nicht erleben (»Die Welt ist voller Überraschungen«; »Das Leben bringt immer etwas Neues«; »Wenn du glaubst, du weißt, woran du bist, beweist das nur, daß du keine Ahnung hast«). Die Weisheit des *common sense* ist schamloses und vorbehaltloses *ad-hoc*-Wissen. Sie zeigt sich in Epigrammen, Sprichwörtern, Spruchweisheiten, Witzen, Anekdoten, Fabeln, einer Flut von Aphorismen, nicht aber in formalen Doktrinen, axiomatisierten Theorien und dogmatischen Lehrgebäuden. Silone schreibt irgendwo, daß süditalienische Bauern ihr Leben damit verbringen, Sprichwörter wie wertvolle Geschenke auszutauschen. Anderswo mag sich diese Weisheit in geschliffenen geistreichen Bemerkungen à la Wilde, in belehrenden Versen à la Pope oder in Tierfabeln à la La Fontaine ausdrücken; bei den alten Chinesen scheint sie in der Gestalt von Zitaten bewahrt worden zu sein. In welcher Form solches Wissen auch auftreten mag, nicht die Stimmigkeit macht seine Weisheit aus, sondern eher das Gegenteil: »Eile mit Weile!«, aber »frisch gewagt ist halb gewonnen«, »der kluge Mann baut vor«, aber »genieße den Tag!« Gerade in den kurzen und bündigen Sprichwörtern – in der gewissermaßen paradigmatischen Form der Volksweisheit – tritt die Unmethodischheit des *common sense* am lebhaftesten zutage. Davon zeugt auch die folgende Sammlung von Sprichwörtern der Ba-Ila, die ich bei Paul Radin fand (der sie seinerseits von Smith und Dale hat):

Werde erwachsen, und du lernst die Dinge dieser Welt kennen.
Wenn du den Doktor verärgerst, freut sich die Krankheit.
Die verschwenderische Kuh warf sogar den Schwanz weg.
Nur die kluge Hyäne lebt lange.
Der Gott, der am lautesten spricht, bekommt das Fleisch.
Du magst dich noch so gründlich waschen und kannst trotzdem ein Sklave bleiben.
Wenn die Frau eines Häuptlings stiehlt, gibt sie die Schuld den Sklaven.
Bau' dein Haus lieber mit einem Hexer als mit einem Lügner, denn der zerstört die Gemeinschaft.

Hilf lieber einem kämpfenden als einem hungrigen Menschen, denn Hungernde kennen keine Dankbarkeit.

Und dergleichen mehr. Es ist gerade dieses Potpourri disparater Inhalte – nicht unbedingt, nicht einmal üblicherweise in der Form von Sprichwörtern –, das *common-sense*-Systeme nicht nur allgemein kennzeichnet, sondern auch als solche empfiehlt, die die unendliche Mannigfaltigkeit des Lebens fassen können. Selbst dafür haben die Ba-Ila ein Sprichwort: »Weisheit kommt aus einem Ameisenhügel.«

Die letzte Quasi-Qualität – nur für uns hier die letzte, in Wirklichkeit natürlich nicht – »Zugänglichkeit«, folgt mehr oder weniger als logische Konsequenz, sobald man die anderen einmal akzeptiert hat. Zugänglichkeit bedeutet einfach die Annahme – die sogar nachdrücklich betont wird –, daß jedermann, dessen geistige Fähigkeiten einigermaßen intakt sind, *common-sense*-Schlüsse begreifen kann und sie sich auch zu eigen macht, wenn sie nur eindeutig genug sind. Natürlich gibt es Leute – gewöhnlich die Alten, zuweilen die Kranken, gelegentlich auch einfach diejenigen, die sich am lautesten Gehör verschaffen –, von denen man glaubt, sie seien weiser als andere (etwa: »Ich habe das alles schon durchgemacht«), während man bei Kindern, häufig genug bei Frauen und – entsprechend der jeweiligen Gesellschaft – bei verschiedenen untergeordneten Klassen, weniger Weisheit als bei anderen anzutreffen glaubt (etwa: »sie sind gefühlsbetonte Geschöpfe«). Trotzdem aber gibt es keine wirklich anerkannten Autoritäten auf dem Gebiet des *common sense;* jedermann hält sich für einen Experten. *Common sense* (engl. *common:* gewöhnlich, allgemein, gemeinsam) definiert sich geradezu dadurch, daß er allgemeines Eigentum aller ist, zumindest aller »guten Bürger«.

In ihm schwingt sogar so etwas wie Experten-, wenn nicht gar Intellektuellenfeindlichkeit mit: wir – und soweit ich das überblicke, andere Völker ebenso – wenden uns gegen jeden, der besondere Fähigkeiten in dieser Hinsicht beansprucht. Da ist kein esoterisches Wissen im Spiel, keine spezielle Technik, keine besondere Begabung und, wenn überhaupt, nur wenig spezialisierte Ausbildung; nur das, was wir so gerne Erfahrung oder, etwas geheimnisvoller, Reife nennen. Anders ausgedrückt, der *common sense* stellt die Welt als vertraute Welt dar, die jedermann kennen kann und kennen sollte, eine Welt, in der jeder auf eigenen Füßen steht oder stehen sollte. Um in den Vororten leben zu können, die da Physik, Islam, Rechtswissenschaften, Musik, Sozialismus oder sonstwie heißen, muß man ganz bestimmte Anforderungen erfüllen; auch sind die Häuser dort nicht alle gleichermaßen beeindruckend. Um in Siedlungen wie denen des *common sense* leben zu können, wo kein Haus wie das andere ist, muß man nur, wie es die alte Redensart schon sagt, einen gesunden Verstand und ein praktisches Bewußtsein haben; wobei diese ehrwürdigen Tugenden natürlich in der jeweiligen Denkweise und Sprache der Stadt, die man bewohnt, definiert werden.

4

Da wir mit einem Straßen- und Gassengleichnis von Wittgenstein begonnen haben, erscheint es angemessen, auch mit einem solchen, noch dichter formulierten, zu schließen: »In der wirklichen Verwendung der Ausdrücke machen wir gleichsam Umwege, gehen durch Nebengassen; während wir wohl die gerade breite Straße vor uns sehen, sie aber freilich nicht benützen können, weil sie permanent gesperrt ist.«[3]

Wenn man beweisen oder doch nahelegen will, wie ich es versucht habe, daß der *common sense* ein kulturelles System ist und daß wir es mit einer selbständigen Ordnung zu tun haben, die man empirisch offenlegen und begrifflich formulieren kann, darf man seine Inhalte, jenen Ameisenhaufen von – selbst innerhalb derselben Gesellschaft uneinheitlichen – Weisheiten nicht katalogisieren wollen. Es ist auch nicht möglich, eine immer wiederkehrende logische Struktur aufzuzeigen, denn eine solche ist nicht vorhanden. Man wird nicht einmal auf immer wiederkehrende, bleibende Schlußfolgerungen stoßen, da es sie nicht gibt. Man muß vielmehr jenem eigenartigen Umweg folgen, der darin besteht, seine charakteristische Färbung und seinen Tonfall zu untersuchen. Es ist eine wenig befahrene Seitenstraße, die uns

3 L. Wittgenstein, *Philosophical Investigations*, a. a. O., S. 127.

über die Konstruktion metaphorischer Attribute – Annäherungen wie »Dünnheit« – dahin führt, das, was man schon wußte, in Erinnerung zu rufen. Der *common sense* hat, um ein anderes Bild zu gebrauchen, etwas von E. A. Poes gestohlenem Brief an sich; er liegt uns so offen vor Augen, daß wir ihn schon nicht mehr bemerken können.

Uns erscheinen Wissenschaft, Kunst, Ideologie, Recht, Religion, Technik, Mathematik, heutzutage sogar Ethik und Erkenntnistheorie, als so genuine Formen kulturellen Ausdrucks, daß wir uns immer wieder fragen, ob und in welchem Maße man diese bei anderen Völkern vorfindet, welche Formen sie dort annehmen und, wenn man die Formen kennt, welches Licht das auf unsere eigenen kulturellen Ausdrucksformen wirft. Für den *common sense* aber trifft das bisher nicht zu. Der *common sense* erscheint uns als das, was übrigbleibt, wenn all jene besser gegliederten Symbolsysteme nicht mehr weiterhelfen; als das, was von der Vernunft bleibt, wenn all ihre anspruchsvolleren Errungenschaften keine Rolle mehr spielen. Vielleicht ist das aber alles nur Schein. Vielleicht ist die Kenntnis des Unterschiedes zwischen Kreide und Käse, zwischen einem Gauner und einer Handsäge, zwischen Gesäß und Ellenbogen (man hätte genausogut »Lebensbezogenheit« als eine weitere Quasi-Qualität des *common sense* anführen können) eine ebenso positive – wenn auch vielleicht weniger edle – Errungenschaft wie der Kunstgenuß beim Hören einer Motette, wie das Verstehen logischer Beweise, die Einhaltung des Bundes mit Gott und die Zerschlagung des Kapitalismus (was wiederum abhängig ist von entwickelten Traditionen des Denkens und Empfindens). In diesem Sinne sollte der vergleichenden Erforschung der »gewöhnlichen Fähigkeit, uns davor zu bewahren, durch grobe Widersprüche, greifbare Inkonsistenzen und unverhohlene Betrügerei getäuscht zu werden« (so die Definition des *common sense* in einer »Geheimen Geschichte der Universität Oxford« aus dem Jahre 1726), größere Aufmerksamkeit zukommen.

Dann nämlich könnten sich der Ethnologie einige neue Perspektiven ergeben, insbesondere bei der Behandlung der alten Frage, woraus sich eine Kultur zusammensetzt und was sie zusammenhält. Es könnte dann eine Bewegung in Gang kommen (die tatsächlich bereits begonnen hat), die sich von den funktionalistischen Beschreibungen der den Gesellschaften zugrundeliegenden Mechanismen verabschiedet und sich um deutende Beschreibungen der von diesen Gesellschaften getragenen Lebensformen bemüht. Für die Philosophie aber könnte man noch schwerwiegendere Auswirkungen erwarten, da hier eine nur unvollständig überprüfte, aber beinahe zentrale Idee auf dem Spiel stünde. Was der Ethnologie nur die jüngste einer langen Reihe von Veränderungen einbrächte, könnte für die Philosophie eine tiefgreifende Erschütterung bedeuten.

»Aus der Perspektive des Eingeborenen« Zum Problem des ethnologischen Verstehens

Vor einigen Jahren sahen wir uns in der Ethnologie einem regelrechten Skandal gegenüber: eine der großen Vaterfiguren plauderte in aller Öffentlichkeit die Wahrheit aus. Er tat dies, wie es einem Ahnherrn zukommt, posthum und auch eher auf Initiative seiner Witwe als aus eigenem Entschluß. Folglich empörte sich unverzüglich eine ganze Anzahl jener geradlinig denkenden Menschen, die sich immer unter uns finden, und man schrie, sie – ohnedies eine eingeheiratete Person – habe Clan-Geheimnisse verraten, ein Idol in den Schmutz gezogen und Verrat begangen. Was werden die Nachkommen denken, wenn sie so etwas lesen, was gar die Laien? Mit diesem zeremoniellen Händeringen war das Problem jedoch noch lange nicht aus der Welt: das verflixte Ding war ja nun schon veröffentlicht. Ähnlich wie James Watson in seinem Buch *Die Doppelhelix* die Forschung der Biophysiker bloßgestellt hatte, schaffte es Bronislaw Malinowskis Tagebuch, *A Diary in the Strict Sense of the Term*, die landläufige Vorstellung darüber, wie der Ethnologe bei seiner Arbeit vorgeht, bedrohlich ins Wanken zu bringen. Derselbe Mann, der vielleicht am meisten dazu beigetragen hatte, den Mythos vom Feldforscher als Chamäleon zu schaffen, das sich perfekt auf seine exotische Umgebung einstellt – ein wandelndes Wunder an Einfühlungsvermögen, Takt, Geduld und Kosmopolitismus – sollte ihn auch zerstören.

Bei all dem Hin und Her um das *Tagebuch* ging es natürlich um Unwesentliches; den Kern der Sache traf, wie zu erwarten war, kein einziger. Anscheinend waren die meisten Leute am heftigsten darüber erschüttert, daß Malinowski – milde ausgedrückt – keineswegs so ein durch und durch netter Kerl war. Er konnte recht grobe Dinge über die Leute, bei denen er lebte, sagen und sich dabei recht grob ausdrücken; die meiste Zeit wünschte er sich nichts anderes, als anderswo zu sein, und bot das Bild eines so unangenehmen Zeitgenossen, wie man sich ihn nur vorstellen kann. (Allerdings auch das Bild eines Mannes, der sich bis zur

Selbstaufgabe einer seltsamen Berufung aufopfert; doch das wurde kaum bemerkt.)
Schließlich ging es bei der ganzen Diskussion nur noch um Malinowskis Charakter bzw. seine Charaktermängel, und man übersah die wirklich wichtige Frage, die sein Buch aufwarf: Wenn ethnologisches Verstehen nicht, wie man uns glauben machte, einer außerordentlichen Sensibilität, einer beinahe übernatürlichen Fähigkeit entspringt, zu denken, zu fühlen und die Dinge wahrzunehmen wie ein Eingeborener (»im strengen Sinne des Wortes«, sollte ich schleunigst hinzufügen), wie ist dann ethnologisches Wissen darüber, wie Eingeborene denken, fühlen und wahrnehmen, überhaupt möglich? Das Problem, das uns das *Tagebuch* mit einem Nachdruck stellt, den vielleicht nur ein Ethnologe im Feld völlig mitvollziehen kann, ist keinesfalls ein moralisches, sondern ein erkenntnistheoretisches. Wenn wir auf der strengen Forderung beharren, die Dinge aus der Perspektive des Eingeborenen zu betrachten – was wir meiner Meinung nach müssen –, wie stellt sich dann unsere Position dar, wenn wir nicht länger eine einzigartige psychologische Nähe oder eine Art transkultureller Identifikation mit unserem Gegenstand beanspruchen können? Was wird aus dem *Verstehen*, wenn das *Einfühlen* [A. d. Ü.: Deutsch im Original] entfällt?
Tatsächlich hat dieses allgemeine Problem in der Methodendiskussion der Ethnologie während der letzten zehn oder fünfzehn Jahre für Bewegung gesorgt; Malinowskis Stimme aus der Gruft steuerte zu diesem professionellen Dilemma nur die zusätzliche Dimension eines menschlichen Dramas bei. Es gab die verschiedensten Formulierungen: »Insider«- gegen »Outsider«-Beschreibungen, Beschreibungen »in der ersten Person« gegen solche in der dritten, »phänomenologische« gegen »objektivistische«, »kognitive« gegen »behavioristische« Theorien oder, vielleicht am weitesten verbreitet, »emische« gegen »etische« Analysen, ein Begriffspaar, das aus der linguistischen Unterscheidung von Phonologie und Phonetik stammt, wobei die Phonologie Laute nach ihrer internen Funktion in der Sprache klassifiziert, die Phonetik aber nach ihren akustischen Eigenschaften als solchen. Am einfachsten aber und vielleicht am einsichtigsten ist eine Unterscheidung, die der Psychoanalytiker H. Kohut für seine Arbeit einge-

führt hat, nämlich zwischen »erfahrungsnahen« und »erfahrungsfernen« Begriffen.

Erfahrungsnahe Begriffe sind, grob gesprochen, solche, die ein Mensch – ein Patient, eine bestimmte Person, in unserem Falle ein Informant – natürlich und mühelos verwenden kann, um zu bestimmen, was er oder seine Mitmenschen sehen, denken, sich vorstellen und so weiter, und die er mühelos verstehen kann, wenn sie in derselben Weise von anderen angewandt werden. Erfahrungsferne Begriffe sind diejenigen, welche alle möglichen Spezialisten – Psychoanalytiker, Experimentatoren, Ethnographen, auch Priester und Ideologen – benutzen, um ihre wissenschaftlichen, philosophischen oder praktischen Ziele zu verfolgen. »Liebe« ist ein erfahrungsnaher Begriff, »Objektbindung« ist ein erfahrungsferner. »Soziale Schichtung« und für vielleicht die meisten Völker der Erde sogar »Religion« (ganz sicher »religiöses System«) sind erfahrungsfern, »Kaste« und »Nirwana« dagegen, zumindest für Hindus und Buddhisten, erfahrungsnah.

Natürlich handelt es sich hier eher um graduelle Abstufungen und nicht so sehr um polare Gegensätze: »Angst« ist erfahrungsnäher als »Phobie«, und »Phobie« erfahrungsnäher als »nicht ichgerecht«. Bei dieser Unterscheidung handelt es sich auch nicht – jedenfalls, soweit es die Ethnologie anbetrifft (in der Physik und in der Dichtkunst liegt der Fall anders) – um eine normative in dem Sinne, daß einem Begriff der Vorzug vor dem anderen eingeräumt werden müßte. Wenn sich der Ethnograph auf erfahrungsnahe Begriffe beschränkt, verliert er sich in einer Flut von Unmittelbarkeiten und bleibt dem örtlichen Dialekt verhaftet. Wenn er sich auf erfahrungsferne Begriffe beschränkt, scheitert er an Abstraktionen und verfällt in Jargon. Die wirkliche Frage – gerade die, die auch Malinowski aufwarf, als er zeigte, daß man kein »Eingeborener« sein muß, um über einen »Eingeborenen« Bescheid zu wissen – lautet: Welche Rolle spielen diese beiden begrifflichen Ebenen in der ethnologischen Untersuchung? Um es genauer zu sagen: Wie muß man sie im jeweiligen Fall einsetzen, um eine Deutung der Lebensweise eines Volkes zu gewinnen, die weder in den geistigen Horizont der Betreffenden eingesperrt bleibt – eine Ethnographie der Hexerei, geschrieben von einem Hexer –, noch der charakteristischen Färbung dieser Lebensform gegenüber systematisch taub und blind bleibt – eine Ethnographie der Hexerei, geschrieben von einem Geometer?

Wenn man die Sache von dieser Seite aus betrachtet – wie eine ethnologische Untersuchung durchgeführt und in welchem Rahmen ihre Ergebnisse dargestellt werden sollen, und nicht, welche psychischen Voraussetzungen Ethnologen aufweisen sollten –, schwindet das Geheimnis um das »Sehen aus der Perspektive des Eingeborenen«. Die Sache wird dadurch aber nicht einfacher, und die Anforderungen an die Wahrnehmungsfähigkeit des Feldforschers werden dadurch nicht geringer. Vorstellungen zu begreifen, die für ein anderes Volk erfahrungsnah sind, und zwar so gut, daß man sie in eine aufschlußreiche Beziehung zu jenen erfahrungsfernen Vorstellungen setzen kann, die Theoretiker entwickelt haben, um allgemeine Kennzeichen sozialen Lebens zu erfassen, ist ganz sicher eine Aufgabe, die nicht minder schwierig, wenn auch etwas weniger magisch ist, als in die Haut eines anderen zu schlüpfen. Es geht nicht darum, eine innere geistige Korrespondenz mit seinen Informanten herzustellen, die darauf ohnehin keinen besonderen Wert legen, da sie, wie wir alle, ihre Seele lieber als ihre eigene Angelegenheit betrachten. Es geht vielmehr darum herauszufinden, wie sie sich überhaupt selber verstehen.

In gewissem Sinne weiß das natürlich niemand besser als sie selbst (daher rührt auch das Bedürfnis, in den Strom ihrer Erfahrungen einzutauchen, und nachträglich dann die Illusion, man habe es auch irgendwie geschafft). Genauer besehen ist diese Binsenweisheit jedoch schlechtweg falsch. Die Leute verwenden ihre erfahrungsnahen Begriffe spontan und ohne sich dessen bewußt zu sein, sozusagen beiläufig im Gespräch: sie merken nicht oder höchstens gelegentlich und ganz flüchtig, daß da überhaupt »Begriffe« im Spiel sind. Erfahrungsnähe bedeutet doch im Grunde, daß die Ideen und die Realitäten, die sie ans Licht bringen, natürlich und unauflösbar miteinander verknüpft sind. Wie anders als Flußpferd sollte man ein Flußpferd nennen? Die Götter sind selbstverständlich mächtig, warum sollten wir sie sonst fürchten? Der Ethnograph nimmt weitgehend nicht das wahr, was seine Informanten wahrnehmen, er kann es meiner Meinung nach auch gar nicht. Er nimmt wahr – und auch das noch unscharf genug –, was sie »mit«, »vermittels«, »durch«, oder wie immer man es nennen will, wahrnehmen. Im Lande der Blinden, die gar nicht so wenig mitbekommen, wie es den Anschein haben könnte, ist der Einäugige nicht König, sondern Zuschauer.

Um all das ein wenig konkreter zu machen, möchte ich kurz einige Beispiele aus meiner eigenen Arbeit anführen, die bei allen sonstigen Schwächen den Vorzug haben, aus eigener Anschauung zu stammen – ein großer Vorzug in derartigen Diskussionen. In jeder der drei Gesellschaften, die ich intensiv untersucht habe, in der balinesischen, javanischen und marokkanischen, habe ich mich bemüht herauszufinden, wie die Leute, die dort leben, sich selbst als Personen definieren, was alles in ihre Vorstellung vom Selbst als Javaner, Balinese oder Marokkaner eingeht (wobei sie, wie ich behaupte, nur vage wissen, daß sie überhaupt so eine Vorstellung haben). Um zu solch intimen Kenntnissen zu gelangen, habe ich also nicht jeweils versucht, mich als jemand anderen – als Reisbauern oder Scheich eines Stammes – vorzustellen und dann herauszufinden, wie ein solcher denkt. Ich suchte und untersuchte vielmehr die symbolischen Formen – Worte, Bilder, Institutionen, Verhaltensweisen –, mit denen die Leute sich tatsächlich vor sich selbst und vor anderen darstellen.

Die Vorstellung von der Person ist in der Tat ein ausgezeichneter Leitfaden, um der Frage nachzugehen, wie man an die Denkweise eines anderen Volkes herankommt. Zunächst einmal läßt sich mit ziemlicher Bestimmtheit sagen, daß irgendwelche Vorstellungen dieser Art in einer erkennbaren Form bei jeder sozialen Gruppe vorhanden sind. Einige Vorstellungen davon, was eine Person ist, mögen aus unserer Perspektive überaus seltsam sein. Vielleicht glaubt man zum Beispiel, Leute könnten nachts in der Gestalt von Glühwürmchen ruhelos hin und her flitzen. Man findet Vorstellungen, wonach wichtige psychische Elemente, etwa der Haß, als schwarze Körner in der Leber sitzen, wo man sie bei einer Autopsie entdecken kann. Anderswo kann das Schicksal von Menschen mit dem von tierischen Doppelgängern verknüpft sein, so daß ihnen, wenn das Tier krank wird oder stirbt, dasselbe widerfährt. Doch irgendeine Vorstellung darüber, was ein menschliches Individuum im Gegensatz zu einem Stein, einem Tier, einem Gewitter oder einem Gott ist, gibt es, soweit ich sehe, überall.

Zugleich aber variieren die jeweiligen Vorstellungsinhalte, wie diese zufällig herausgegriffenen Beispiele zeigen, recht deutlich. Die abendländische Vorstellung von der Person als einem fest umrissenen, einzigartigen, mehr oder weniger integrierten motivationalen und kognitiven Universum, einem dynamischen Zentrum des Bewußtseins, Fühlens, Urteilens und Handelns, das als unterscheidbares Ganzes organisiert ist und sich sowohl von anderen solchen Ganzheiten als auch von einem sozialen und natürlichen Hintergrund abhebt, erweist sich, wie richtig sie uns auch scheinen mag, im Kontext der anderen Weltkulturen als eine recht sonderbare Idee. Statt zu versuchen, die Erfahrungen anderer in den Rahmen unserer Vorstellungen einzuordnen – und nichts anderes steckt in den meisten Fällen hinter der so übermäßig betonten »Empathie« –, müssen wir, um zu einem Verstehen zu gelangen, solche Vorstellungen ablegen und die Erfahrungen anderer Leute im Kontext ihrer eigenen Ideen über Person und Selbst betrachten. So unterscheiden sich im Falle von Java, Bali und Marokko diese Ideen nicht nur recht deutlich von den unseren, sondern sie weichen auch auf nicht weniger dramatische und aufschlußreiche Weise voneinander ab.

Auf Java arbeitete ich in den fünfziger Jahren. Ich forschte in einem kleinen, ärmlichen Landstädtchen: zwei schattenlose Straßen mit weißgetünchten, aus Holz gebauten Läden und Büros; dahinter drängten sich ungeordnet noch wackliger gebaute Bambushütten, hinter denen ein weiter, dichtbesiedelter Halbkreis von Reisbauerndörfern begann. Land war knapp, Arbeit rar, die Politik unstabil, der gesundheitliche Zustand der Leute nicht besonders gut, die Preise stiegen, und die Lebensumstände waren insgesamt nicht vielversprechend. Es herrschte ein Zustand unruhiger Stagnation, in dem die Zukunft genauso weit wie die Vergangenheit weg zu sein schien – wie ich es einmal in einer Betrachtung über die seltsame Mischung von übernommenen Fragmenten der Moderne und verbrauchten Überbleibseln der Tradition dieses Ortes ausgedrückt habe. Dennoch fand sich inmitten dieser deprimierenden Szenerie eine wirklich erstaunliche intellektuelle Vitalität, eine philosophische – und dabei ganz allgemein verbreitete – Leidenschaft, den Rätseln des Daseins auf den Grund zu gehen. Man konnte verarmte Bauern antreffen, die über die Willensfreiheit diskutierten; ungebildete Händler ergingen sich in Diskursen über die Eigenschaften Gottes; gewöhnliche Arbeiter entwickelten Theorien über das Verhältnis von Vernunft und Leidenschaft, das Wesen der Zeit und die Verläßlichkeit der Sinne. Was aber vielleicht am wichtigsten ist, man widmete sich dem Problem des Selbst – seiner Natur, Funktion und Wirkungsweise – mit einer gedanklichen Intensität, die man bei uns nur in den gelehrtesten Kreisen findet.

Die zentralen Begriffe, anhand derer diese Gedanken entwickelt wurden und die somit die Grenzen dieser Betrachtungen und die Vorstellung der Javaner davon, was eine Person ist, vorzeichneten, gliederten sich in zwei letztlich religiöse Gegensatzpaare: einmal den Gegensatz zwischen »innen« und »außen«, zum anderen den zwischen »verfeinert« und »vulgär«. Diese Umschreibungen sind natürlich grob und ungenau: um die Frage, was diese Begriffe eigentlich bezeichnen, und ihre Bedeutungsschattierungen ging es ja gerade. Zusammengenommen bilden sie aber eine eigenständige, keineswegs nur theoretische Vorstellung vom Selbst, die für die Javaner das Medium darstellte, in dem sie andere und natürlich sich selbst wahrnehmen konnten.

Die Begriffe für »innen«/»außen«, *batin* und *lair* (der Sufi-Tradition des moslemischen Mystizismus entlehnt, doch auf lokaler Ebene abgewandelt), beziehen sich einerseits auf den Bereich eigener menschlicher Empfindungen, andererseits auf den Bereich beobachteten menschlichen Verhaltens. Hier muß ich sofort hinzufügen, daß sie nichts mit »Seele« und »Körper« nach unserem Verständnis zu tun haben, denn dafür gibt es ganz andere Begriffe mit ganz anderen Implikationen. *batin,* das Wort für »innen«, bezieht sich nicht auf den besonderen Sitz einer in sich geschlossenen Spiritualität, die getrennt vom Körper besteht oder bestehen kann, und überhaupt auf keine abgegrenzte Einheit, sondern auf das emotionale Leben menschlicher Wesen im allgemeinen. Es meint den unbeständigen, sich ständig verändernden Fluß subjektiver Gefühle, den man in seiner phänomenologischen Unmittelbarkeit direkt wahrnimmt, von dem man jedoch glaubt, daß er – zumindest in seinem Ursprung – bei allen Individuen derselbe ist und deren Individualität somit auslöscht. In diesem

Sinne hat auch *lair*, das Wort für »außen«, nichts mit dem Körper als Gegenstand, nicht einmal als erfahrenem Gegenstand, zu tun. Es bezieht sich vielmehr auf den Teil des menschlichen Lebens, auf dessen Erforschung sich in unserer Kultur strenge Behavioristen beschränken – äußerliche Handlungen, Bewegungen, Gesten, Sprechweise – und von dem man wiederum annimmt, daß er im Grunde bei allen Individuen unveränderlich sei. Daher betrachtet man diese beiden Gruppen von Phänomenen – innere Gefühle und äußere Handlungen – nicht als voneinander abhängig, sondern als unabhängige Daseinsbereiche, die jeweils für sich in die richtige Ordnung gebracht werden müssen.

Hier, im Zusammenhang mit dem »in Ordnung bringen«, kommt der Gegensatz zwischen *alus,* dem Wort für »rein«, »verfeinert«, »glatt«, »erlesen«, »ätherisch«, »fein«, »zivilisiert«, »geschmeidig«, und *kasar,* dem Wort für »unhöflich«, »grob«, »unzivilisiert«, »rauh«, »unsensibel«, »vulgär« zum Tragen. Es geht darum, in beiden getrennten Bereichen des Selbst *alus* zu sein. Um im inneren Bereich diesem Ideal näherzukommen, befleißigt man sich religiöser, größtenteils mystischer Übungen; im äußeren Bereich erreicht man dasselbe Ziel durch Beachtung der Etikette, deren Regeln in diesem Falle nicht nur außerordentlich kompliziert sind, sondern auch beinahe so etwas wie Gesetzeskraft haben. Durch Meditation reduziert der zivilisierte Mensch sein Gefühlsleben auf eine Art konstanter Grundschwingung; durch die Etikette schirmt er einerseits dieses Leben vor äußeren Störungen ab und reguliert andererseits sein äußeres Verhalten derart, daß es anderen als eine vorhersagbare, unauffällige, elegante und recht leere Folge choreographischer Bewegungen und wohlgesetzter Reden erscheint.

Dies ist wichtig, da hier Ontologie und Ästhetik eine Verbindung miteinander eingehen. Was aber unsere Fragestellung betrifft, so haben wir es hier mit einer gespaltenen Auffassung vom Selbst zu tun: auf der einen Seite Gefühle ohne Ausdruck und auf der anderen Ausdruck ohne Gefühle. Eine innere Welt gezähmter Emotionen und eine äußere Welt vorgezeichneten Verhaltens stehen einander als streng unterschiedene, nur auf sich selbst bezogene Bereiche gegenüber, wobei jeder Einzelne sozusagen nur der momentane Austragungsort dieser Konfrontation ist, ein unbeständiger Ausdruck ihrer beständigen Existenz, ihrer beständigen Trennung und der beständigen Notwendigkeit, sie auseinanderzuhalten. Erst dann, wenn man einmal (wie ich damals) einen jungen Mann kennengelernt hat, dessen Frau – die er schon als Kind zu sich genommen hatte und die der Mittelpunkt seines Lebens war – vor kurzem plötzlich eines unerklärlichen Todes gestorben ist, und wenn man dann erlebt, wie er lächelnd jedermann begrüßt und sich förmlich für die Abwesenheit seiner Frau entschuldigt; wie er durch mystische Techniken versucht, die – so seine Worte – Hügel und Täler seiner Gefühle zu einer glatten Ebene zu begradigen (»Man muß«, sagte er mir, »innen und außen glatt sein«) – erst dann kann es uns, unseren eigenen Auffassungen über die Echtheit tiefer Gefühle und die moralische Bedeutung persönlicher Aufrichtigkeit zum Trotz, gelingen, die Möglichkeit einer solchen Auffassung vom Selbst ernst zu nehmen und ihre eigentümliche Kraft, wie fern sie einem auch liegen mag, zu würdigen.

In vielerlei Hinsicht mit Java vergleichbar ist Bali, wo ich ebenfalls in einer kleinen Provinzstadt arbeitete, in der das Leben aber nicht so unsicher und bedrückt ablief, und später dann im Hochland in einem Dorf sehr geschickter Musikinstrumentenbauer. Beide Inseln hatten bis zum fünfzehnten Jahrhundert dieselbe Kultur; näher besehen jedoch sind die Verhältnisse recht unterschiedlich, denn Bali blieb hinduistisch, während Java, zumindest oberflächlich, islamisiert wurde. Das komplizierte rituelle Leben, zu ungefähr gleichen Teilen hinduistisch, baptistisch und polynesisch (dessen Entwicklung auf Java mehr oder weniger abgeschnitten wurde, wobei sich, wie ich beschrieben habe, die indische Komponente zum Reflektiven, Phänomenologischen, ja sogar Quietistischen hin entwickelte), erblühte auf Bali und erreichte glanzvolle Ausmaße, die alle Welt in Erstaunen versetzten. So wurde für die Balinesen das Dramaturgische zu einem sehr viel bestimmenderen Element, was sich auch in der Ausprägung des Selbst niederschlug. Was für Java die Philosophie, ist für Bali das Theater.

Daher finden wir auf Bali ein beständiges systematisches Bestreben, alle Aspekte des persönlichen Ausdrucks bis zu einem Punkt zu stilisieren, an dem alle besonderen Eigenschaften, die jemanden in physischer, psychologischer und biographischer Hinsicht charakterisieren, zugunsten der Rolle ausgeschaltet werden, die ihm in dem fortwährenden und, wie man glaubt, unveränderlichen Schauspiel, das das Leben auf Bali ausmacht, zugewiesen wird. Es sind die Rollen in dem Theaterstück, die von Dauer sind, nicht die Schauspieler; man kann sogar sagen, daß es die Rollen und nicht die Schauspieler sind, die im eigentlichen Sinne wirklich existieren. Physisch betrachtet kommen und gehen die Menschen wie Zufallsereignisse in einer zufallsbestimmten Geschichte, die nicht einmal für sie selbst wirklich von Bedeutung ist. Die Masken aber, die sie tragen, die Bühne, auf der sie stehen, die Rollen, die sie spielen, und vor allem das Stück, das sie aufführen, bleiben und sind keineswegs bloß das Äußere, sondern das Wesen der Dinge und, nicht zuletzt, auch des Selbst. Shakespeares alte Schauspielerweisheit von der Vergeblichkeit des Tuns angesichts des unausweichlichen Todes – »Die ganze Welt ist ein Theater, wir sind nur arme Komödianten, zufrieden, uns zu produzieren« – paßt hier nicht. Hier herrscht nicht der Schein: natürlich sterben die Schauspieler, das Stück aber bleibt, und es ist letzteres, das zählt – das Dargestellte und nicht der Darsteller.

Das alles drückt sich nun nicht in irgendeiner allgemeinen Stimmung aus, die der sensible Ethnologe nur irgendwie einfangen müßte, sondern in einer ganzen Anzahl leicht beobachtbarer symbolischer Formen, nämlich einem reichen Repertoire von Namen und Titeln. Die Balinesen haben mindestens ein halbes Dutzend Systeme der Benennung, Zuordnung und Identifikation – Systeme, die ein Darsteller für andere (und natürlich auch für sich selbst) verwenden kann, um deren Stellung und seine eigene festzulegen. Es gibt Kennzeichnungen der Geburtenfolge, Verwandtschaftsbezeichnungen, Kasten-Titel, Geschlechtsindikatoren, Teknonyme und so weiter, die jedes für sich nicht nur einfach eine Ansammlung nützlicher Etikettierungen darstellen, sondern jeweils ein besonderes, umgrenztes und in sich sehr komplexes terminologisches System bilden. Den einen oder anderen dieser Titel oder Namen (oder, wie es allgemein geschieht, mehrere auf einmal) für eine Person zu verwenden, heißt, sie als bestimmten Punkt in einem festgelegten Muster, als zeitweiligen Inhaber eines besonderen Platzes in einem zeitlosen kulturellen

System zu definieren. Jemanden zu identifizieren, sich selbst oder andere, heißt somit auf Bali, mit dem Betreffenden eine der vertrauten Rollen zu besetzen – »König«, »Großmutter«, »Drittgeborener«, »Brahmane« –, jener Rollen, die das soziale Drama so zwangsläufig aufweist, wie ein Boulevardstück für Tourneetheater – *Charleys Tante* oder *Frühling für Henry*.

Bei dem Schauspiel handelt es sich natürlich nicht um einen Schwank, schon gar nicht um ein Verkleidungsspiel, obwohl auch derlei Elemente enthalten sind. Hier befinden wir uns in einem Theater des Status, es wird Hierarchie inszeniert. Doch wir können dem an dieser Stelle nicht weiter nachgehen, obwohl es sehr wichtig wäre. Hier soll nur so viel gesagt werden, daß die terminologischen Systeme in ihrer Struktur und Funktionsweise dazu beitragen, die menschliche Person als typischen Repräsentanten einer Gattung, nicht als einzigartiges Geschöpf mit individuellem Schicksal zu sehen. Es bedürfte einer ausführlicheren Untersuchung, wollte man genauer betrachten, wie das im einzelnen gelingt, mit welchen Mitteln man sich bemüht, das Nur-Materielle – die biologischen, psychologischen und historischen Aspekte – des individuellen Daseins zugunsten von standardisierten Statuseigenschaften zu verwischen. An dieser Stelle mag aber vielleicht ein einfaches, überdies vereinfacht dargestelltes Beispiel ausreichen, um das Ganze zu verdeutlichen.

Alle Balinesen erhalten Namen, die man als Namen der Geburtenfolge bezeichnen könnte. Davon gibt es vier: »Erstgeborener«, »Zweitgeborener«, »Dritt-« und »Viertgeborener«; danach beginnt der Zyklus von neuem, so daß das fünfte Kind wiederum »Erstgeborener«, das sechste »Zweitgeborener« und so weiter genannt wird. Verstorbene Kinder, sogar totgeborene, werden ebenfalls mitgezählt, wobei man in dieser Gesellschaft mit immer noch hoher Geburtenrate und Kindersterblichkeit aus den Namen kaum etwas Verläßliches über die tatsächliche Geburtenfolge einzelner Personen ersehen kann. Wenn unter lebenden Geschwistern jemand »Erstgeborener« heißt, kann es sich um ein erstes, ein fünftes oder ein neuntes Kind handeln, aber, sofern Geschwister gestorben sind, auch um fast jedes andere Kind. Jemand mit Namen »Zweitgeborener« kann dann in Wirklichkeit der Ältere sein! Durch das System der Geburtenfolge-Namen werden keine

Individuen bezeichnet, was auch nicht beabsichtigt ist: Es geht vielmehr darum zu zeigen, daß bei allen Paaren, die Kinder bekommen, die Geburten eine zyklische Abfolge von »Ersten«, »Zweiten«, »Dritten« und »Vierten« bilden, eine endlose vierstufige Replik einer unvergänglichen Form. Menschen kommen und gehen, ihre Physis ist vergänglich, doch was die Gesellschaft betrifft, so bleiben ihre Akteure – neue »Erste«, »Zweite« usw. – ewig dieselben. Sie kommen aus der zeitlosen Welt der Götter, um den Platz derjenigen einzunehmen, die im Tode wieder in jener Welt aufgehen. Das gleiche würde ich auch für alle anderen Bezeichnungs- und Titelsysteme behaupten wollen: sie alle sind bestrebt, die vergänglichsten Aspekte des menschlichen Daseins so darzustellen, als seien sie bloße Requisiten einer ewigen Gegenwart.

Das Gefühl, beständig im Rampenlicht zu stehen, ist bei den Balinesen ebenfalls sehr stark und ausgeprägt vorhanden. Es findet sich besonders deutlich in einer ihrer vielleicht erfahrungsnächsten Begriffe ausgedrückt, nämlich in *lek*. *lek* wurde bislang auf die verschiedenste Weise mehr oder weniger treffend übersetzt. Am häufigsten versuchte man es mit »Scham«; der wirklichen Bedeutung aber kommt das, was wir Lampenfieber nennen, am nächsten. Lampenfieber ist die Angst davor, aus Mangel an Können oder an Selbstkontrolle oder einfach durch einen Zufall die Illusion der eigenen Unbeteiligtheit nicht aufrechterhalten zu können: die Angst davor, daß der Schauspieler hinter seiner Maske erkennbar wird. Die ästhetische Distanz bricht zusammen; das Publikum (und der Schauspieler) sieht nicht mehr Hamlet, sondern, zu beider Mißbehagen, einen wichtigtuerischen Otto Schulze als peinliche Fehlbesetzung des Prinzen von Dänemark. Auf Bali verhält es sich genauso. Dort fürchtet jeder, seinen öffentlichen Auftritt zu verpfuschen, zu dem ihn seine kulturelle Position verpflichtet, und hat Angst, daß die Persönlichkeit (wie wir es nennen würden; die Balinesen glauben an so etwas natürlich nicht) des Individuums durchbricht und seine standardisierte öffentliche Identität auflöst. Wenn so etwas dann zuweilen geschieht, wird die Unmittelbarkeit dieses Momentes peinlich fühlbar; die Menschen werden plötzlich und ohne es zu wollen kreatürlich, befangen in wechselseitiger Verlegenheit, als habe man den anderen zufällig unbekleidet angetroffen. Es ist die Angst vor dem *faux pas*, die durch die extreme Ritualisierung des täglichen Lebens immer präsent ist, eine Ritualisierung, die den gesellschaftlichen Umgang bewußt in engen Bahnen hält und die dramatisierte Auffassung vom Selbst vor der Bedrohung durch Unmittelbarkeit und Spontaneität schützt, die selbst die leidenschaftlichste Zeremonialität nicht völlig aus den direkten Begegnungen der Menschen ausschließen kann.

In Marokko dagegen ist das Selbst etwas ganz anderes. Dort geht es nicht feucht und fernöstlich, sondern trocken und orientalisch, extrovertiert, lebendig, aktiv, männlich und reichlich formlos zu, kurz: bis auf die fehlenden Saloons und Viehtriebe glaubt man sich in den wilden Westen versetzt. Ich arbeitete dort Mitte der sechziger Jahre hauptsächlich in einem mittelgroßen Ort, einer kleineren Stadt im Vorgebirge des mittleren Atlas, ungefähr dreißig Kilometer südlich von Fes. Es ist eine alte Siedlung, die wahrscheinlich im zehnten Jahrhundert gegründet wurde, möglicherweise auch früher, mit den Stadtmauern, Toren, schlanken Minaretten und deren Plattformen für den Gebetsausrufer der klassischen moslemischen Stadt. Von Ferne sieht der Ort recht gefällig aus: ein unregelmäßiges Oval von blendendem Weiß im Meergrün einer ölbaumbestandenen Oase, unmittelbar dahinter erheben sich felsig und bronzen die Berge.
Aus der Nähe erscheint das Ganze weniger einnehmend, wenngleich aufregender: ein Labyrinth von Gassen und Passagen, drei Viertel davon Sackgassen, mit wallartigen Gebäuden und kleinen Läden, bevölkert von einer erstaunlichen Vielfalt sehr beeindruckender Menschen: Arabern, Berbern und Juden; Schneidern, Hirten und Soldaten; Büroangestellten, Markthändlern, Stammesangehörigen; Reichen, sehr Reichen, Armen, sehr Armen; Einheimischen, Zugereisten, Leuten in westlicher Kleidung, unbeugsamen Traditionalisten und sogar irgendwo, laut Regierungsstatistik von 1960, einem arbeitslosen jüdischen Piloten. Die Häuser der Stadt erweckten in mir den Eindruck einer der schönsten Sammlungen individueller unregelmäßiger Gebäude, die mir je zu Gesicht gekommen sind. Gegen Sefrou (so hieß der Ort) erscheint Manhattan beinahe monoton.

Keine Gesellschaft aber besteht aus anonymen Exzentrikern, die wie Billardbälle aufeinanderprallen, und so stehen auch den Marokkanern symbolische Mittel zur Verfügung, um die Leute voneinander abzugrenzen, und um eine Vorstellung davon zu bekommen, was eine Person ist. Eines dieser Mittel – nicht das einzige, meiner Meinung nach aber das wichtigste, auf das ich hier auch genauer eingehen werde – ist eine eigentümliche linguistische Form, auf Arabisch *nisba* genannt. Das Wort leitet sich von den drei Radikalen n-s-b ab und bedeutet »Zuschreibung«, »Zumessung«, »Bezichtigung«, »Beziehung«, »Ähnlichkeit«, »Entsprechung«, »Verbindung«, »Verwandtschaft«. *nsīb* bedeutet »verschwägert«; *nsab* »zuschreiben, zur Last legen«; *munasāba* heißt »Beziehung«, »Entsprechung«, »Zusammenhang«; *mansūb* bedeutet »zugehörig«, »bezüglich«, und so könnte man noch gut ein Dutzend weiterer Ableitungen, von *nassāb,* »Genealoge«, bis *nisbiya,* »(physikalische) Relativität«, anführen.

nisba bezieht sich so auf einen kombinierten morphologischen, grammatikalischen und semantischen Prozeß, der darin besteht, ein Nomen in etwas zu verwandeln, was man ein Adjektiv der Zugehörigkeit nennen könnte, wodurch im Arabischen aber durch Anhängen eines *ī* (weibl. *-īya*) eine andere Art Nomen entsteht: *Sefrū* /Sefrou – *Sefrūwī* / aus Sefrou gebürtig; *Sūs* / Region in Südwestmarokko – *Sūsī* / ein Mann, der aus jener Gegend kommt; *Beni Yazġa* / ein Stamm in der Nähe von Sefrou – *Yazġī* / ein Angehöriger jenes Stammes; *Yahūd* / die Juden als Volk; *Yahūdī* / ein einzelner Jude; *'Adlun* / Beiname einer prominenten Familie aus Sefrou – *'Adlunī* / ein Mitglied dieser Familie. Die Prozedur beschränkt sich aber auch nicht auf diesen mehr oder weniger naheliegenden »ethnisierenden« Gebrauch, sondern findet in sehr vielen Bereichen Anwendung, um einer Person Eigenschaften, die eine bestimmte Beziehung ausdrücken, beizulegen. So den Beruf *(hrār* / Seide – *hrārī* / Seidenhändler), die religiöse Sekte (*Darqāwā* / eine mystische Bruderschaft – *Darqāwī* /ein Anhänger jener Bruderschaft) oder den spirituellen Status (*'Ali* / der Schwiegersohn des Propheten – *'Alawī* / Nachkomme des Schwiegersohnes des Propheten und somit des Propheten selbst).

Ist einmal eine *nisba* gebildet, zeigt sich die Tendenz, sie in den Eigennamen einzubeziehen – Umar Al-Buhadiwi / Umar vom

Buhadi-Stamm; Muhammad Al-Sussi /Muhammad aus der Gegend von Sus. Diese Art von adjektivischen, attributiven Klassifizierungen wird der Identität eines Individuums öffentlich aufgeprägt. Es gelang mir in keinem einzigen Fall nachzuweisen, daß eine Person allgemein bekannt war oder man über sie etwas wußte, ohne daß die *nisba* des oder der Betreffenden bekannt gewesen wäre. Es ist weitaus wahrscheinlicher, daß Sefroui nicht wissen, wie reich ein Mann ist, wie lange er sich schon in der Gegend aufhält, wie es um seinen Charakter bestellt ist oder wo er genau wohnt, als daß sie seine *nisba* nicht kennen würden – Sussi oder Sefroui, Buhadiwi oder Adluni, Harari oder Darqawi. (Von Frauen, mit denen man nicht verwandt ist, kennt man aller Wahrscheinlichkeit nach nur die *nisba*, genauer gesagt, mehr als die *nisba* darf ein Mann von ihnen nicht kennen.) Die Personen, die in den Gassen von Sefrou einander stoßen und drängeln, gewinnen ihre Definition aus assoziativen, ihnen beigelegten Bezügen zu der sie umgebenden Gesellschaft. Sie sind kontextualisierte Personen.

Die Sache geht aber noch weiter. *nisba*-Bezeichnungen beziehen Menschen auf ihren Kontext, doch da jeder Kontext selbst relativ ist, ist dies auch der Fall mit einer *nisba* – das Ganze erhöht sich sozusagen zum Quadrat, Relativität hoch zwei. So besitzt auf einer Ebene jedermann in Sefrou, zumindest potentiell, dieselbe *nisba*, nämlich Sefroui. In Sefrou aber wird man diese *nisba* nie als Teil der Bezeichnung eines Individuums hören, weil sie eben keinen Unterschied schafft. Nur außerhalb von Sefrou dient die Beziehung zu jenem besonderen Kontext zur Identifizierung. In der Stadt ist man Adluni, Alawi, Meghrawi, Ngadi oder was immer, und innerhalb dieser Kategorie finden sich ähnliche Unterscheidungen. So gibt es zum Beispiel zwölf verschiedene *nisba*-Bezeichnungen (Shakibi, Zuini usw.), mittels derer Sefrou-Alawi sich untereinander noch einmal unterscheiden.

All das gehorcht keinerlei Regelmäßigkeit: welche Ebene und Art *nisba* verwendet wird und (dem Verwender) als relevant und angemessen erscheint, hängt sehr stark von der jeweiligen Situation ab. Ich kannte einen Mann, der in Sefrou wohnte und in Fes arbeitete, aber aus dem Beni Yazgha-Stamm kam, der in der Nähe ansässig war – und innerhalb des Stammes aus der Hima-Lineage der Taghut-Unterabteilung der Wulad-Abteilung. Er war für seine Arbeitskollegen in Fes ein Sefroui, für uns Nicht-Yazghi in Sefrou ein Yazghi, für die anderen Beni Yazghi in der Umgebung ein Ydiri, außer für diejenigen, die ebenfalls zur Wulad-Ben-Ydir-Abteilung gehörten und die ihn einen Taghuti nannten. Die wenigen anderen Taghuti bezeichneten ihn als Himiwi. In diesem Falle endete es damit, doch die Möglichkeiten einer Erweiterung in beide Richtungen sind damit noch nicht erschöpft: Sollte unser Freund einmal nach Ägypten verreisen, würde er dort zum Maghrebi, die *nisba*, die sich vom arabischen Wort für Nordafrika ableitet. Das Verfahren, eine Person in ihrem Kontext zu sehen, ist durchgängig und auf seine merkwürdig unmethodische Art systematisch. Die Menschen bewegen sich nicht als isolierte physische Wesen, die von ihrem Hintergrund losgelöst wären und individuell benannt würden. Wie individualistisch, ja eigensinnig die Marokkaner auch sein mögen, ihre Identität ist ein Attribut, das sie ihrer Umwelt entlehnen.

Wie auf Java, wo die Realität gewissermaßen phänomenologisch zwischen innen und außen, glatt und rauh aufgeteilt wird, und wie beim überperfektionierten balinesischen Titel-System ist auch die Methode, Personen mit Hilfe der *nisba* wahrzunehmen – als seien sie Umrisse, die erst darauf warteten, ausgefüllt zu werden –, kein isolierter Brauch, sondern Teil eines umfassenden Musters im gesellschaftlichen Leben. Ebenso wie bei den anderen fällt es schwer, dieses Muster kurz und bündig zu charakterisieren, doch zu seinen hervorstechendsten Zügen gehört ganz sicher das bunte Durcheinander der verschiedensten Menschen in der Öffentlichkeit, die im Privatleben so sorgfältig auseinandergehalten werden – nach außen kosmopolitisch, engstirnig zu Hause (wofür die berühmte Abschließung der Frauen nur das bekannteste Beispiel darstellt).

Hier kommen wir auf das sogenannte Mosaiksystem der sozialen Organisation, das so oft zur allgemeinen Charakterisierung des Nahen Ostens herangezogen wurde: verschiedenartig geformte und gefärbte Steinchen, die unregelmäßig zusammengefügt werden und so ein verworrenes allgemeines Bild ergeben, in dessen Rahmen aber ihre individuelle Unterschiedlichkeit trotzdem erhalten bleibt. Die marokkanische Gesellschaft, die alles andere als uniform ist, besiegelt diese Verschiedenartigkeit nicht durch ein Kastensystem, verbannt sie nicht in Stammesverbände, teilt sie nicht zwischen ethnischen Gruppen auf und versteckt sie nicht unter dem gemeinsamen Nenner eines Nationalismus, obwohl abwechselnd immer wieder das eine oder andere versucht wurde. Sie handhabt dieses Problem, indem sie mit Sorgfalt und Präzision die Kontexte, innerhalb derer die Menschen durch ihre Ungleichheit getrennt sind – Heirat, Religion, in gewissem Maße auch Ernährung, Recht und Ausbildung –, von denen unterscheidet – Arbeit, Freundschaften, Politik, Handel –, innerhalb derer sie, wie bedingt und vorsichtig auch immer, trotz jener Ungleichheit verbunden sind.

Einem solchen sozialen Muster muß eine Auffassung vom Selbst besonders angemessen erscheinen, derzufolge öffentliche Identität kontextabhängig ist und relativistisch bezeichnet wird, jedoch in Begriffen (des Stammes, des Territoriums, der Sprache, Religion oder Familie), die aus eher privaten und befriedeten Lebensbereichen stammen und dort auch verwurzelt sind und weiterbestehen. Im Grunde ist dieses Muster für den Begriff des Selbst geradezu konstitutiv, insofern sich dabei eine Situation herstellt, in der Menschen im Umgang miteinander Kategorien verwenden, die beinahe ausschließlich eine positionale Bedeutung haben – Ortsbestimmungen im allgemeinen Mosaik –, wobei der wesentliche Gehalt dieser Kategorien (das, was sie als subjektiv erfahrene Lebensformen bedeuten) als etwas entfällt, das besser in Wohnungen, Bethäusern und Zelten verborgen bleibt. *nisba*-Unterscheidungen können mehr oder weniger spezifisch sein, sie können die Position im Mosaik mehr oder weniger genau anzeigen und an fast alle Veränderungen der Umstände angepaßt werden. Doch können sie meist nur sehr skizzenhaft und in Umrissen Aussagen über die Menschen treffen, die dadurch bezeichnet werden. Einen Mann Sefroui zu nennen, ist, wie wenn man ihn einen New Yorker nennen würde: er wird klassifiziert, jedoch nicht typisiert; er bekommt einen Ort zugewiesen, ohne porträtiert zu werden.

Die Fähigkeit des *nisba*-Systems, einen Rahmen zu schaffen, innerhalb dessen Personen gemäß vermeintlich innerer Eigenschaften (wie Sprache, Abstammung, Religion, Herkunft und so weiter) identifiziert werden können, gleichzeitig aber das Gewicht dieser Eigenschaften bei der Gestaltung der praktischen Beziehungen dieser Leute auf den Märkten, in Läden, Büros, auf dem Acker, im Café, im Bad und auf der Straße auf ein Minimum zu beschränken, verleiht ihm so eine zentrale Stellung in der marokkanischen Auffassung vom Selbst. Kategorisierungen nach Art des *nisba*-Systems führen paradoxerweise zu einem Hyperindividualismus in den öffentlichen Beziehungen: da sie nämlich nur eine unausgefüllte (zudem noch nicht einmal festgelegte) Umrißzeichnung dessen liefern, was die handelnden Personen sind – Yazghi, Adluni, Buhadiwi und dergleichen –, bleibt der Rest, das heißt, fast alles, im eigentlichen Prozeß der Interaktion auszufüllen. Das Mosaik wird durch die Gewißheit aufrechterhalten, daß man sich in seinen Beziehungen zu anderen so pragmatisch, adaptiv, opportunistisch, ganz einfach situationsabhängig verhalten kann wie man will – als Wolf unter Wölfen, Krokodil unter Krokodilen –, ohne zu riskieren, das Gefühl dafür zu verlieren, wer man ist. Das Man-selbst-Sein ist niemals in Gefahr, denn außerhalb von so unmittelbaren Situationen wie Fortpflanzung und Gebet sind nur dessen Koordinaten festgelegt.

Ohne daß ich nun versuchen wollte, all die Fäden zu verknüpfen, die ich bei diesem hastigen Überblick über die Auffassungen vom Selbst bei fast neunzig Millionen Menschen nicht nur lose hängengelassen, sondern ohne Zweifel noch mehr verwirrt habe, möchte ich doch auf die Frage zurückkommen, was wir aus all dem über »die Perspektive des Eingeborenen« auf Java, Bali und in Marokko lernen können oder könnten, wenn wir das Problem angemessen behandelten. Wenn wir die Verwendung von Symbolen beschreiben, beschreiben wir dann Wahrnehmungen, Empfindungen, Anschauungsweisen und Erfahrungen? Wenn ja, wie geht das genau vor sich? Was behaupten wir, wenn wir die semiotischen Mittel zu verstehen behaupten, mit deren Hilfe sich in diesen Fällen Personen gegenseitig definieren? Daß wir die Worte kennen oder den Geist?

Zur Beantwortung dieser Frage muß man meiner Ansicht nach zunächst einmal auf das typische intellektuelle Vorgehen all dieser Untersuchungen, den ihnen innewohnenden gedanklichen

Rhythmus achten (und auch vergleichbare Analysen einschließlich der von Malinowski dazu heranziehen), um das beständige dialektische Lavieren zwischen kleinsten lokalspezifischen Details und umfassendsten Strukturen zu erkennen, das beide Seiten gleichzeitig vor Augen zu führen strebt. Beim Versuch, das javanische, balinesische und marokkanische Selbstgefühl zu entdekken, pendelt man unablässig hin und her zwischen exotischen Details (lexikalischen Antithesen, kategorialen Schemata, morpho-phonemischen Transformationen) einerseits, die das Lesen selbst der besten ethnographischen Monographien mühsam gestalten, und verwaschenen Charakterisierungen (»Quietismus«, »Theatralik«, »Kontextualität«) andererseits, die solche Untersuchungen – abgesehen vielleicht von den trockensten – irgendwie unplausibel machen. So springen wir ständig von einer Seite auf die andere, betrachten das Ganze aus der Perspektive seiner Teile, die ihm zu Lebendigkeit und Nähe verhelfen, und die Teile aus der Perspektive des Ganzen, aus dem sie verständlich werden. Wie ein *perpetuum mobile* wollen wir ständig eins aus dem anderen erklären.

All das ist natürlich nichts anderes als die mittlerweile wohlbekannte Denkfigur, die Dilthey hermeneutischen Zirkel nannte, und mir geht es hier nur darum zu zeigen, daß sie ethnographischen Deutungen, das heißt dem Durchdringen der Denkweisen anderer Völker, ebenso zugrunde liegt wie literarischen, historischen, philologischen, psychoanalytischen oder biblischen Deutungen, ganz sicher aber auch dem nichtformalisierten Kommentar zur Alltagserfahrung, den wir *common sense* nennen. Um einem Fußballspiel folgen zu können, muß man wissen, was ein Tor, ein Freistoß, ein Abseits, ein Libero und so weiter ist und worum es in diesem Spiel, zu dem all diese »Dinge« gehören, überhaupt geht.

Wenn ein »hermeneutischer« Literaturkritiker wie Leo Spitzer sich daran macht, Keats' »Ode auf eine griechische Urne« zu interpretieren, stellt er sich abwechselnd die Fragen: »Worum geht es in dem ganzen Gedicht?« und »Was hat Keats auf der Urne, die er beschreibt, eigentlich gesehen (oder uns zeigen wollen)?« Am Ende einer fortschreitenden Spirale allgemeiner Beobachtungen und detaillierter Bemerkungen gelangt er zu einer Les-

art, wonach das Poem den Triumph der ästhetischen über die historische Wahrnehmungsweise behauptet.
Genauso ist es, wenn ein an Bedeutungen und Symbolen orientierter Ethnograph wie ich herauszufinden versucht, was für eine Vorstellung von der Person denn nun eine Gruppe von Eingeborenen hat. Man stellt sich abwechselnd die Fragen: »Welche allgemeine Form weist ihr Leben auf?« und »Welches sind die materiellen Träger dieser Form, in denen sie sich verkörpert?«, um schließlich zum Ende einer ähnlichen Spirale zu gelangen, mit dem Ergebnis, daß sie das Selbst als Kompositum, als Persona oder als Punkt in einem Muster sehen.
Ohne Kenntnis der balinesischen Theatralik ist *lek* ebensowenig zu verstehen wie ein Elfmeter, wenn man Fußball nicht kennt. Und wie man umgekehrt nicht verstehen kann, was eine mosaikartige soziale Organisation ist, wenn man nicht weiß, was eine *nisba* ist, kann man Keats' Platonismus nicht verstehen, wenn man, in Spitzers Worten, den »geistigen Faden« nicht begreift, der sich in Kürzeln wie »Attische Form«, »schweigsame Form«, »Braut der Stille«, »unnahbar schäferlich Gedicht«, »Schweigen und langsame Zeit« verbirgt.[1]
Kurz, man kann Erklärungen der Subjektivität anderer Völker versuchen, ohne dazu übermenschliche Fähigkeiten der Selbstaufgabe und des Einfühlungsvermögens heucheln zu müssen. Eine normale Entwicklung derartiger Fähigkeiten wie auch deren weitere Ausbildung sind natürlich unabdingbar, wenn wir erwarten, daß Menschen unser Eindringen in ihr Leben überhaupt ertragen und uns als Personen, mit denen man sich unterhalten kann, akzeptieren sollen. Ich wollte hier keiner unsensiblen Verhaltensweise das Wort reden und habe das hoffentlich deutlich genug gemacht.
Was man aber, mehr oder weniger genau, darüber erfährt, wie die jeweiligen Informanten »wirklich« sind, hängt nicht von der Erfahrung jenes Akzeptiertwerdens an sich ab, die Teil der eigenen Biographie bleibt und nicht zu der der Informanten gehört. Dazu kommt es vielmehr auf die Fähigkeit an, ihre Ausdrucksformen – das, was ich ihre Symbolsysteme nennen würde – richtig zu deu-

1 J. Keats, *Gedichte*, übertragen von A. V. Bernus, Heidelberg 1958, S. 97 f.

ten, wozu allerdings das Akzeptiertwerden eine wichtige Voraussetzung bildet. Das Verstehen dessen, was im Innern von Eingeborenen (um dieses gefährliche Wort noch einmal zu gebrauchen) vor sich geht, gleicht eher dem richtigen Erfassen eines Sprichworts, dem Begreifen einer Anspielung oder eines Witzes oder, wie ich vorgeschlagen habe, dem Lesen eines Gedichts als einer mystischen Kommunion.

Nachweise

»Dichte Beschreibung. Bemerkungen zu einer deutenden Theorie von Kultur«: »Thick Description: Toward an Interpretive Theory of Culture«, in: Clifford Geertz, *The Interpretation of Cultures. Selected Essays*, New York: Basic Books, 1973, S. 3–30.

»Religion als kulturelles System«: »Religion As a Cultural System«, in: *Anthropological Approaches to the Study of Religion*, ed. M. Banton, London: Tavistock Publications Ltd, 1966, S. 1–46.

»Ritual und sozialer Wandel: ein javanisches Beispiel«: »Ritual and Social Change: A Javanese Example«, in: *American Anthropologist* 61 (1959), S. 991–1012.

»Person, Zeit und Umgangsformen auf Bali«: *Person, Time and Conduct in Bali: An Essay in Cultural Analysis*, Yale Southeast Asia Program, Cultural Report Series 14, 1966.

»›Deep Play‹: Bemerkungen zum balinesischen Hahnenkampf«: »Deep Play: Notes on the Balinese Cockfight«, in: *Daedalus* 101 (1972), S. 1–37.

»Common sense als kulturelles System«: »Common Sense As a Cultural System«, in: *The Antioch Review* 33 (1975), S. 5–26.

»›Aus der Perspektive des Eingeborenen‹. Zum Problem des ethnologischen Verstehens«: »›From the Native's Point of View‹: On the Nature of Anthropological Understanding«, in: *Symbolic Anthropology. A Reader in the Study of Symbols and Meanings*, ed. Janet L. Dolgin e.a., New York: Columbia University Press, 1977, S. 480–492.

Namenregister

Sachregister